宏观经济统计分析

Statistical Analysis of Macroeconomy

主编 吕光明

中国统计出版社
China Statistics Press

图书在版编目(CIP)数据

宏观经济统计分析 / 吕光明主编. —— 北京：中国统计出版社，2016.12(2023.1重印)
ISBN 978-7-5037-8027-1

Ⅰ.①宏⋯ Ⅱ.①吕⋯ Ⅲ.①宏观经济－经济统计－统计分析－高等学校－教材 Ⅳ.①F222.33

中国版本图书馆CIP数据核字(2016)第249106号

宏观经济统计分析

作　　者/吕光明
责任编辑/姜　洋
封面设计/李　静
出版发行/中国统计出版社有限公司
通信地址/北京市丰台区西三环南路甲6号　邮政编码/100073
发行电话/邮购(010)63376909　书店(010)68783171
网　　址/http://www.zgtjcbs.com/
印　　刷/河北鑫兆源印刷有限公司
经　　销/新华书店
开　　本/787×1092mm　1/16
字　　数/460千字
印　　张/19
版　　别/2016年12月第1版
版　　次/2023年1月第3次印刷
定　　价/48.00元

版权所有，侵权必究。
如有印装差错，请与发行部联系退换。

前　言

在现代市场经济社会,无论是政府宏观管理决策,还是企业和居民微观决策都有强烈的宏观经济分析需求。宏观经济统计分析是以宏观经济理论为指导,运用统计资料对宏观经济运行中的数量规律进行统计分析的过程,是对国民经济运行过程和动态所进行的实证统计分析。然而,宏观经济问题的综合复杂性和宏观经济数据的动态更新性决定了很难编写出一本长期流行的经典教材。

在多年教学和研究积累的基础上,借着北京师范大学统计学院课程建设项目立项的机会,我们尝试编写了这本教材。

本书的核心内容是按照长期分析和短期分析两大部分来组织设计的。其中,长期分析部分按照国民经济循环运动模型进行结构设计,具体是:第二章"生产投入统计分析"、第三章"经济增长综合统计分析"、第四章"收入分配统计分析"、第五章"消费和投资统计分析"和第六章"国际收支统计分析";短期分析部分按照从单指标分析到多指标分析的顺序来安排各章,具体是:第七章"产出波动统计分析"、第八章"价格波动统计分析"和第九章"经济周期波动综合统计分析"。此外,本书还包括第一章"绪论"和兼顾长短期的第十章"政府财政和金融调控统计分析"。

本书的内容特点是:

(1)突出培养学生的统计分析思维,着重分析方法工具训练。与现实经济应用情形的变化无常相比,经济统计分析思维和方法工具却是相对永恒的。为此,本书每一章都设立独立的节来阐述相关理论和方法。在具体阐述中,我们一方面注意追踪经济理论和国民核算准则的最新发展动态,厘清统计分析的理论基础和基础数据来源的新变化,另一方面也注意吸纳伴随理论进展和实证推进新出现的分析指标、分析方法、统计规律等内容。

(2)突出培养学生的问题意识,着重问题综合分析训练。著名华裔经济学家邹至庄教授曾指出,学习经济分析方法论首先要学习如何分析解决具体的经济问题。经济统计分析类课程更是这样。本书每一章同样设立独立的节来进行中国实证分析。在具体实证分析中,我们不仅力求选择的问题是中国宏观经济运行中存在的重大问题和经典问题,而且还强调实证分析的系统综合性和重复训练性,既要给出从数据到方法再到结果剖析的分析全过程,又要尽量保证研究过程的训练价值和研究结果的可重复实现。

本书既可以作为研究生和高年级本科生的宏观经济统计分析课程教材,也可作为继续深造学生提高宏观经济问题分析能力的训练教材。宏观经济统计分析课程最好开设在学生修完经济学、统计学、计量经济学和国民经济核算等课程之后。在具体教学使用上，任课教师可以重点讲授统计分析理论和方法内容，同时视课时安排情况将中国实证部分留作课堂案例研讨，也可抽出一部分作为课后作业和综合训练案例。

本书是由我和北京师范大学统计学院李昕副教授共同编写完成的。其中，我负责了本书的整体框架设计，撰写了除第六章外九章的主要内容，李昕副教授撰写了第六章的主要内容。在本书的编写过程中，北京师范大学统计学院的八位研究生也做了大量的实证演算和部分内容的撰写工作，按照顺序依次是：李娴和于学霆（第二、三章）、李莹（第四章）、赵阳（第五章）、梁爽（第六章）、杜小虎和李莹（第七章）、于学霆（第八章）、贺立（第九章）、张旭辉（第十章）。

在本书初稿大体形成之际，北京师范大学统计学院与中国统计出版社就书稿编写还专门组织了研讨会。在研讨会上，中国人民大学赵彦云教授、山西财经大学李宝瑜教授、江西财经大学罗良清教授、国家统计局科研所何平研究员和天津财经大学周国富教授审阅提出了宝贵的修改意见和指导建议。在本书初稿正式完成后，我的博士生导师——东北财经大学统计学院白雪梅教授对全稿进行了认真审校，指出了不少错误和不当之处，并提出相应修改建议。这些意见和建议已经体现在本书的最后定稿之中。这里对他（她）们表示崇高的敬意和诚挚的感谢！

这里还要感谢中国统计出版社的陈悟朝主任和姜洋编辑！陈主任的耐心指导和姜编辑的悉心编校为本书增色不少，谨致谢意。

最后，在本书的编写过程中，我们参考了很多方面的书刊、论文和研究资料，在此一并表示谢意。限于水平，本书难免存在不尽如人意之处，恳请各位同行专家和广大读者朋友提出宝贵的意见和建议。您们的意见和建议将是我们再次修改出版教材的动力，也是推动中国宏观经济统计分析教学和研究不断进步的力量。

吕光明
2016 年 11 月于北京

目　录

第一章　绪　论

第一节　宏观经济统计分析的基本内涵与课程定位 ………………………………………… (1)
第二节　宏观经济统计分析的内容体系与方法基础 ………………………………………… (6)
思考与练习 ……………………………………………………………………………………… (14)

第二章　生产要素投入统计分析

第一节　资本投入统计分析理论和方法 ………………………………………………………… (15)
第二节　劳动要素投入统计分析理论和方法 …………………………………………………… (21)
第三节　中国资本存量实证测算 ………………………………………………………………… (29)
第四节　中国劳动力供给和人力资本测算分析 ………………………………………………… (34)
思考与练习 ……………………………………………………………………………………… (41)

第三章　经济增长综合统计分析

第一节　经济增长因素综合统计分析 …………………………………………………………… (42)
第二节　经济增长质量统计分析 ………………………………………………………………… (52)
第三节　中国全要素生产率实证测算分析 ……………………………………………………… (61)
第四节　中国经济增长质量测度分析 …………………………………………………………… (68)
思考与练习 ……………………………………………………………………………………… (73)

第四章　收入分配统计分析

第一节　国民收入分配流程和格局理论 ………………………………………………………… (74)
第二节　中国国民收入分配格局统计分析 ……………………………………………………… (80)
第三节　个人收入分配统计分析方法 …………………………………………………………… (91)
第四节　中国城乡居民收入的形成及差距分析 ………………………………………………… (99)
第五节　中国区域和行业收入分配差距统计分析 …………………………………………… (104)
思考与练习 ……………………………………………………………………………………… (110)

第五章　消费与投资统计分析

第一节　消费统计分析理论与方法 …………………………………………………………… (111)
第二节　投资统计分析理论与方法 …………………………………………………………… (124)
第三节　中国消费相关问题统计分析 ………………………………………………………… (132)
第四节　中国投资相关问题统计分析 ………………………………………………………… (137)
思考与练习 ……………………………………………………………………………………… (142)

第六章 国际收支统计分析

第一节 国际收支统计的基础理论 …………………………………………… (143)
第二节 国际收支失衡的统计分析理论 ……………………………………… (154)
第三节 中国国际收支失衡的统计测度及成因分析 ………………………… (159)
思考与练习 ……………………………………………………………………… (167)

第七章 产出波动统计分析

第一节 产出波动分析基本理论 ……………………………………………… (168)
第二节 产出波动的统计分析方法 …………………………………………… (173)
第三节 中国产出序列的分解及其波动周期分析 …………………………… (184)
第四节 中国产出波动的统计特征检验分析 ………………………………… (191)
思考与练习 ……………………………………………………………………… (197)

第八章 价格波动统计分析

第一节 价格波动的相关理论 ………………………………………………… (198)
第二节 价格波动的统计分析方法 …………………………………………… (204)
第三节 中国价格波动的统计分析 …………………………………………… (217)
第四节 中国核心通货膨胀的测度与效果评价 ……………………………… (224)
思考与练习 ……………………………………………………………………… (230)

第九章 经济周期波动综合统计分析

第一节 经济周期波动综合统计分析理论 …………………………………… (231)
第二节 经济周期波动综合统计分析方法 …………………………………… (236)
第三节 中国经济周期波动的景气监测预警分析 …………………………… (250)
第四节 中国经济周期波动的典型化事实分析 ……………………………… (255)
思考与练习 ……………………………………………………………………… (259)

第十章 政府财政与货币调控统计分析

第一节 政府财政调控统计分析理论和方法 ………………………………… (260)
第二节 政府货币调控统计分析理论和方法 ………………………………… (271)
第三节 中国政府财政调控问题统计分析 …………………………………… (279)
第四节 中国政府货币调控问题统计分析 …………………………………… (283)
思考与练习 ……………………………………………………………………… (293)

参考文献 ………………………………………………………………………… (294)

第一章 绪 论

宏观经济统计分析在现代市场经济社会,无论是政府宏观管理决策,还是企业和居民微观决策都有强烈的宏观经济分析需求。宏观经济统计分析是以宏观经济理论为指导,运用统计资料和定量研究方法对宏观经济运行中的数量以及国民经济运行过程和动态的实证统计分析。

本章首先介绍了宏观经济统计分析的内涵及由来,并讨论了课程教学的目的,以及该课程与其他相关课程的基本关系,然后讨论了本书的体系设计和内容安排,最后给出了宏观经济统计分析的研究方法和数据处理基础知识。

第一节 宏观经济统计分析的基本内涵与课程定位

一、宏观经济统计分析的内涵及由来

(一)宏观经济统计分析的基本涵义

正如经济学有宏观经济学和微观经济学两个分支一样,经济统计学同样可以划分为国民(宏观)经济统计和商务(微观)经济统计两个分支。前者是从宏观角度考察与宏观(国民)经济运行有关的统计理论和方法,旨在为宏观经济管理和决策提供数据支持和分析框架,这方面的典型课程有国民经济核算、国民经济统计学、宏观经济统计分析等;后者则是从微观角度考察与企业经营管理有关的统计理论和方法,旨在为企业经营管理提供必要的统计数据和有效的分析工具,这方面的典型课程有企业经济统计分析、商务统计学等。宏观与微观经济统计这两者之间既有分工,又有联系。

作为经济统计学国民经济统计分支中的一门课程,宏观经济统计分析顾名思义是对国民经济的统计分析。更为准确地定义,宏观经济统计分析是以宏观经济理论为指导,运用统计资料和定量研究方法对宏观经济运行中的数量规律进行统计分析的过程,是对国民经济运行过程和动态的实证统计分析。

宏观经济统计分析具有综合性和实证性的特点。宏观经济统计分析研究的对象是国民经济系统,这个系统极其复杂,由社会再生产的不同主体部门、不同环节和不同生产要素组成。研究对象的复杂性决定了宏观经济统计分析研究问题、运用资料和运用方法具有综合性。不同于其他经济统计学科课程,宏观经济统计分析的落脚点是经济统计分析,这就决定了它必须从现实宏观经济运行现象和问题出发,运用统计资料和统计手段进行实证分析。这种实证分析不同于抽象的经济理论研究,也不完全等同于运用计量手段进行的经验实证分析。

(二)宏观经济统计分析的由来

宏观经济统计分析是产生于中国的一门课程名称和一个学科术语。作为一门课程,它产生

于20世纪90年代初。其产生的背景是:随着中国社会主义市场经济的发展和统计改革的不断深入完善,以及统计对政府经济管理、咨询、监督、决策功能的加强,宏观经济统计分析的理论与方法愈来愈重要。中国人民大学赵彦云教授联系中国当时情况,阐述了宏观经济统计分析的产生、发展过程、方法和内容体系、学科建设,以及与国民经济核算体系的关系等问题,并对社会总供给和总需求平衡、经济结构、资金流量、通货膨胀、经济周期、经济增长和经济效益等方面统计分析的理论和方法,乃至中国的实际经济问题,作了系统深入的研究,形成了体系比较完整、内容相对成熟的课程体系。在此基础上,赵彦云教授将相关内容编纂成为《宏观经济统计分析》一书,并于1992年由中国统计出版社出版。该书出版后得到了统计学界的广泛好评。它不但被全国主要财经院校采用,而且还成为研究者分析研究实际经济问题时的重要参考。与此同时,宏观经济统计分析开始作为一些主要财经院校乃至部分综合院校统计学专业硕士点和博士点的一个研究方向得以确立。迄今,这一研究方向仍然可以在诸多授予经济学学位的统计学学科点的招生简章中查阅到。

尽管《宏观经济统计分析》的课程体系完整化于20世纪90年代的中国,但并不意味着该课程的根基和内容是全新的。事实上,与该课程相关的很多国民经济统计内容是三百年来一系列辛苦研究的结晶。

国民经济统计最早可以追溯到始于17世纪后半期的国民收入估算分析工作。这项工作的核心是如何在估算的基础上描述和分析诸如国民收入这样的国民经济总量。统计学的奠基人威廉·配第(W. Petty)是这方面探索的先驱者。他在1676年面世的经典著作《政治算术》中,第一次使用"数字、重量和尺度的术语"来描述经济现象,并将这种理论方法命名为"政治算术"。基于政治算术,配第还从收入和支出两个方面进行了国民收入的复式估算。与配第几乎同时代的统计学家金(Kiny)在1696年写成的《对英格兰国势的自然观察和政治观察的结论》一书中对英国国民收入做出了估计,其特点在于:一是分组比较细,把经济活动主体分成26个社会阶级,统计项目也包括收入、支出和储蓄等;二是金进行了英国与法国、荷兰的国际比较。此后,很多学者包括英国经济学家查尔斯·达维南特(Davennant)、法国经济学家弗朗索瓦·魁奈(Quesnay)、法国科学家拉瓦锡(Lavoisier)等,也采用类似的办法估计过国民收入。

上述学者的研究只是对国民收入的零散估算,并未涉及宏观经济运行过程的核心内容,因而只能说是国民经济统计研究的萌芽,对后来宏观经济统计分析的形成也只是产生了部分的影响。现代宏观经济统计分析的形成和发展则是20世纪30年代以后的事情,突出表现在如下方面:

1. 20世纪30年代,现代宏观经济理论的创立为宏观经济统计分析形成提供了理论指导和方法论基础。现代宏观经济理论是由经济学家约翰·梅纳德·凯恩斯创立的。凯恩斯运用国民收入的总量概念对国民经济进行了开创性的"生理学"研究,并在1936年出版的经典著作《就业、利息和货币通论》中创立了宏观经济理论模型。该模型借助于企业、居民和政府之间的循环关系,深入考察消费、储蓄和投资等支出构成变动情形下的国民收入决定问题,并展开对宏观经济运行中各种总量关系的分析。

2. 20世纪中叶,国民核算体系发展的相对成熟为宏观经济运行过程的统计分析提供了科学的工具,从而使宏观经济分析有了系统的统计资料基础和工具支持。联合国1947年公布的《国民收入的计量和社会核算表的编制》和1953年公布的《国民核算表及补充表体系》,是以国民收入生产、分配和使用过程为基础来描述宏观经济运行的国民经济核算体系成熟发展的重要标志。在这一过程中,英国经济学家理查德·斯通(R. Stone)和詹姆斯·米德(Meade)、美国经济学家西蒙·库兹涅茨(Kuznets)发挥着至关重要的作用。自20世纪30年代起,库兹涅茨依托美国国民经济研究局(NBER)开始研究国民收入核算问题和编制国民收入核算体系。此后,库兹涅茨发表了一系列著作,包括1938年的《国民收入和资本形成》、1941年的《1919—1938年的国民收入及其构成》、1945年的《战争时期的国民产值》、1946年的《国民收入:发现的概述》和《1869年以来的国民产值》。这些著作构建起一个相对完善的国民收入核算体系,成为各国进行国民经济统计及宏观经济分析的重要工具。从1939年起,斯通和米德在导师凯恩斯的倡议和推动下,开始采用会计账户,运用复式记账法,设立了生产、消费、积累、国外四大账户,对英国的国民收入与支出进行估算,其研究报告《战时财政资源分析与国民收入和支出数字:1938—1940》发表在英国预算白皮书上。他们1944年出版的著作《国民收入和支出》是运用国民核算进行应用分析的典范。此后,斯通毕其一生主要从事国民核算研究,先后主持了联合国1947年公布的《国民收入的计量和社会核算表的编制》和1953年公布的《国民核算表及补充表体系》。

3. 19世纪末期以来,数理统计理论和方法如概率论、相关分析、统计推断和假设检验等的产生和发展,为经济统计分析提供了手段,从而对宏观经济统计分析的发展也产生了重要影响。然而,对宏观经济统计分析发展影响更大的是在经济学和数理统计方法基础上结合发展起来的计量经济学。一般认为,挪威经济学家弗里希(Frish)于1926年仿照"生物计量学(Biometrics)"一词提出"计量经济学(Econometrics)",1930年12月29日世界计量经济学会成立和由它创办的学术刊物《Econometrica》于1933年正式出版,标志着计量经济学作为一个独立学科正式诞生。计量经济学的出现使宏观经济统计分析的数量关系分析不断向深层次发展,提高了宏观经济统计分析的科学性。正如弗里希在《计量经济学》的创刊词中所指出的:用数学方法探讨经济学可以从好几个方面着手,但任何一方面都不能与计量经济学混为一谈。计量经济学与经济统计学决非一码事;它也不同于我们所说的一般经济理论,尽管经济理论大部分都具有一定的数量特征;计量经济学也不应视为数学应用于经济学的同义语。经验表明,统计学、经济理论和数学这三者对于真正了解现代经济生活中的数量关系来说,都是必要的,但各自并非是充分条件。而三者结合起来,才能发挥各自的威力,这种结合便构成了计量经济学。

二、宏观经济统计分析的课程定位

(一)宏观经济统计分析的课程教学目标

当今时代是大数据时代。数据信息正逐渐成为大数据时代生存的新型战略资源。在现代市场经济社会,各经济主体鉴于宏观经济管理和微观经济决策的需要都对宏观经济信息有着强烈的需求。就政府经济主体而言,宏观经济管理和调控需要一系列动态连续的、系统详细的宏观经济运行信息。就企业和居民等微观经济主体而言,企业经营管理决策和个人投资决策都需要科学的宏观经济信息作为支撑。这些信息中的一部分是宏观经济运行状态数据,另一部分则是在状态数据基础上加工分析得到的数据信息。前者可以依靠国民核算和统计设计理论,通过全面开展国民经济统计工作,进而系统地搜集和整理得到;而后者则必须通过专业的宏观经济分析才能得到。在此背景下,宏观经济统计分析课程的现实需求便应运而生。

本教材正是为了对接上述现实需求,为研究生和高年级本科生而编写的。本教材也可以作为继续深造的学生提高宏观经济问题分析能力的训练教材。开设本课程应该在完成宏观经济学、统计学、计量经济学和国民经济核算等专业课程学习之后。本课程主要是培养学生综合上述专业知识并联系中国宏观经济运行的实际,科学采集统计数据进行实证分析研究的能力。

宏观经济统计分析的课程教学目标是:

1. 培养学生运用宏观经济理论和统计思想、统计分析逻辑，构建宏观经济问题实证统计分析的指标框架和方法体系。与会计、国际贸易、公司金融等实务操作课程相比，宏观经济统计分析课程的抽象程度较高，更需要系统的分析指标框架和方法体系作为支撑。

2. 以国民经济核算体系为基础，掌握系统和综合分析的统计方法，以及指标选择和资料加工、整理和估算等技术，包括根据经济理论和分析目的构建新的经济分析指标的方法。

3. 培养学生灵活运用现代统计分析方法与实证经济问题的研究能力和应用技术，主要是善于捕捉经济问题，能够归纳主要理论观点，系统掌握统计分析方法，运用实际统计资料进行现实问题分析及对策研究。

(二)宏观经济统计分析与相关课程的基本关系

1. 与经济学的课程关系

宏观经济统计分析是运用统计资料和统计方法来描述和分析宏观经济运行中的数量规律，因此，宏观经济统计分析必须以经济学特别是宏观经济学为理论基础。这表现在：第一，宏观经济统计分析中所使用的基本概念都是从经济学理论中提取出来的。要满足统计描述和分析的需要，这些概念必须可以计量，能够于经济过程描述体系中的每一个相关的结构量点之中，而且不产生任何概念上计量的相互矛盾。第二，宏观经济统计分析资料的主体基础是国民经济核算体系，国民经济核算体系的形成和发展也正是在科学地运用了宏观经济理论框架，尤其是其中的国民经济循环理论框架。同时，作为一个指导核算实践的参照文本，SNA 的背后都有明确的经济学概念和理论框架做支撑。第三，宏观经济统计分析的选题和分析理论也是直接参考宏观经济学的理论而开展其具体研究的，引进宏观经济学理论的最新发展是推动宏观经济统计分析不断深入的重要方面。

宏观经济统计分析的不断深入，反过来也可以推动宏观经济理论的丰富和完善。以国民经济核算体系为数据基础的宏观经济统计分析本身就是宏观经济学量化工作的一部分。通过宏观经济统计分析的量化分析，可以总结和提炼宏观经济运行中的基本统计规律，将其上升到理论化的典型事实，为全新宏观经济理论假说的酝酿提出奠定基础；可以验证宏观经济学中的各种理论假说和数理经济假说，实证检验这些假说描述经济现实的可行性和有效性；可以依据特定的研究目的，选择合适的研究方法，完成宏观经济预测及政策分析工作。因此，宏观经济统计分析可以积极有效地推动经济学和宏观经济学的发展。

2. 与国民经济核算的课程关系

作为同属于国民经济统计分支的课程，国民经济核算与宏观经济统计分析两门课程的研究对象相同，均为宏观(国民)经济，不同的是国民经济核算更偏重于国民经济进行系统核算描述，其产品就是国民经济核算资料。西南财经大学向蓉美教授曾对这两门课程的关系做过精彩描述[①]：宏观经济统计分析要以国民经济核算为基础，没有国民经济核算资料，难于做出正确的分析；而没有宏观经济统计分析，国民经济核算资料只是数字的堆积，是对统计信息的极大浪费。国民经济核算与宏观经济统计分析是对国民经济进行统计研究的车之两轮、鸟之两翼，二者关系密切。

宏观经济统计分析的基础是国民经济核算体系。这主要表现在：第一，国民经济核算体系是反映国民经济运行过程的统计体系，是几乎所有应用经济分析的基准框架。在宏观经济分析和管理中，它所提供的一个经济体的全面观察数据，都发挥着极其重要的核心作用。第二，国民

---

① 向蓉美："宏观经济统计分析与国民经济核算体系关系辨析：再学习 SNA 有感"，《统计与信息论坛》，2004 年第 1 期。

经济核算体系为宏观经济统计分析变量的确定、宏观计量模型和大型数据库的建立、复杂关系数据的计算机处理提供了很好的基础。第三，国民经济核算体系的发展推动了宏观经济统计分析的发展。随着国民经济核算体系的发展，投入产出、资金流量、资产负债账户的先后设立，金融中介服务、资本费用、消费者补贴、正规和非正规经济活动的区别、环境核算、功能分类的先后纳入，使相关问题的统计分析成为可能，使与此相关的政策分析和评价成为可能。

宏观经济统计分析促进了国民经济核算体系的发展。宏观经济统计分析的需要反作用于国民经济核算体系，促进了国民经济核算体系的发展与完善，促使一国核算制度的变革。第一，宏观经济统计分析推动了国民经济核算体系的发展和完善。联合国历次的版本修订发展无一不与宏观经济统计分析有关。可以说国际统计标准和宏观经济分析的发展，是国民经济核算体系不断发展和创新的原动力。第二，宏观经济统计分析是国民经济核算的继续，是对国民经济进行统计研究的最高阶段。国民经济核算体系是一个巨大的经济数据库系统，一本本核算资料年鉴或一张张核算资料光盘，只是保管核算数据的仓库，只有用于宏观经济统计分析，国民经济核算数据才算找到了最终的归属，一定时间内的国民经济核算任务才算得以完成。

宏观经济统计分析和国民经济核算互动的典型例子就是宏观经济数据修订。一方面，现实经济中新情况、新问题的出现及在此基础上进行的统计分析，会引发宏观经济数据在核算口径、方法和资料来源等方面发生变更，进而导致相关数据出现修订。另一方面，宏观经济数据修订有助于更好评估宏观经济状况，更加准确反映宏观经济的总量、结构和增长率等信息，为宏观经济形势分析和宏观经济政策制定等方面提供合理依据。当然，宏观经济数据修订也给宏观经济统计分析带来数据选择的困扰。一般来说，对于大多数宏观经济分析而言，应该选择最新修订后的数据；而对于部分宏观经济监测预警而言，未经修订的实时数据则是所处情形下的最优选择。

3. 与国民经济统计学的课程关系

与国民经济核算和宏观经济统计分析课程一样，国民经济统计学也是着眼于宏观，以国民经济总体运动为研究对象。然而，很长时间以来，经济统计学界对国民经济统计学课程的范围存在一些争议，争议的核心是国民经济统计与国民经济核算的关系。一部分人认为，国民经济统计学是研究国民经济运行核算理论和方法的课程，它应该包括国民经济核算，甚至就是国民经济核算；另一部分人则认为，国民经济统计学是与国民经济核算根本不同的方法论学科。前者可称为广义的国民经济统计学，后者可称为狭义的国民经济统计学。

邱东教授曾经指出[①]，经济统计研究大致可分为理论研究、应用统计方法研究和统计应用研究三大类。其中，理论研究是对学科基本问题的探讨，主要是从理论的角度进行的，不涉及纯方法论问题；应用统计方法研究是对统计方法如何运用而进行的研究，是客观上为发展统计方法论所做的工作；统计应用研究是根据基本理论，采用统计学方法，对具体问题进行的研究。从这个角度考虑，国民经济核算和宏观经济统计分析毫无疑问分别属于理论研究和统计应用研究，而广义的国民经济统计学则属于理论和应用统计方法研究，狭义的国民经济统计学则属于应用统计方法研究。

宏观经济统计分析与狭义的国民经济统计学的关系是：宏观经济统计分析是统计方法的具体应用，国民经济统计学是统计方法研究。在形式上，宏观经济统计分析更加灵活一些，与国民经济核算区分得更明显一些，其落脚点是经济统计分析，而非经济统计。从内容上看，宏观经济

---

① 邱东："从市场实现看应用统计方法研究的桥梁作用"，《统计研究》，2001年第4期。

统计分析与国民经济统计学是相通的,它把国民经济统计学的基本内容加以深化、拓展,在体系上更加强调"以解决问题为核心"①。

4. 与(宏观)计量经济学的课程关系

计量经济学是经济学的一个分支学科,是以揭示经济活动中客观存在的数量关系为内容的。计量经济学从20世纪30年代诞生以来就显示了极强的生命力,经过40、50年代的大发展和60年代的大扩张,已经在经济学科中占据极重要的地位。著名经济学家、诺贝尔经济学奖获得者保罗·萨缪尔森(Samuelson)甚至说,"第二次世界大战后的经济学是计量经济学的时代"。

进入20世纪70年代以来,由于经济活动复杂性增强和计量经济学应用领域的扩展,计量经济学理论方法得到了很大的发展。计量经济学正在形成和发展成为三大分支:微观计量经济学、宏观计量经济学和金融计量经济学。从内容看,这三大分支既相互联系,也相互区别。一般而言,微观计量经济学的主要内容是受限因变量模型,研究选择行为和个人的决策问题,对应地的数据集是面板数据,方法论在很大程度上集中于对模型设定和参数的估计。与之不尽相同的是,宏观计量经济学和金融计量经济学所使用的数据集大多为时间序列数据集,从方法论来看宏观计量和金融计量有较多的重叠部分,从这个意义上说,金融计量也许还不能构成一个独立的分支。宏观计量方法论更多集中于检验和收敛问题,而研究的对象和应用的范围则多是宏观经济问题。其区别在于,金融计量研究的多是稳定时间序列数据,如 ARCH 类模型,其实质是模拟数据中所隐含的条件异方差,用以度量风险或收益等。而宏观计量目前主要是研究非平稳数据以及它如何转换为平稳数据,其模型方法主要是 RBC 方法、DFM 方法和 SVAR 方法。

从以上分析可以看出,宏观计量经济学的主要任务是通过对宏观经济数据进行平稳化处理后进行建模分析,以揭示宏观经济运行数量规律。宏观计量经济学与宏观经济统计分析的相同点在于,它们的分析目的相同,都是为了揭示宏观经济运行中的数量规律。二者的不同点在于,前者更多关注宏观经济变量之间的因果关系,采用的研究手段更多是多变量模型推断;后者不仅关注相关关系,同时也关注因果关系,采用的研究手段更多是变化多样的统计分析方法。

第二节 宏观经济统计分析的内容体系与方法基础

一、宏观经济统计分析的内容体系设计

(一)现有国民经济统计的内容体系比较

鉴于宏观经济统计分析从属于国民经济统计分析分支,且所有分支内的课程均以国民经济为研究对象,因此,宏观经济统计分析内容体系与国民经济统计有内在的一致性。这里主要归纳对比分析现有的国民经济统计内容体系。

在国民经济核算体系(SNA)引入中国以后,20世纪90年代初以来,国内学者关于国民经济统计学科建设的讨论很多,出版了一系列的相关著作。归结起来,国内现有的国民经济统计内容体系的设计思路主要有如下几种:

1. 以社会再生产基本环节来设计国民经济统计内容体系

这种内容体系的设计思路是,以社会再生产环节即生产、流通、分配、使用为线索,把国民经济统计分为几个大的模块,相关的内容引入其中。这种设计思路的优点是:通俗直观、符合一般

---

① 宋旭光:"谈谈'宏观统计学'",《统计教育》,2001年第6期.

经济学理念,比较注重理论分析。缺点是:对社会再生产环节的概括过于简要和理论化,部分内容处理存在困难。具体体现在:各环节的内容比例失当,生产部分内容过于庞大,流通部分内容则过于单薄;有些内容,如宏观景气监测预警分析难以纳入到学科体系中来,而另一些内容,如国民经济总量统计、价格统计、金融统计,属于几个环节内容的交叉部分,难以界定准确的环节位置。

2. 按照国民核算体系结合五大核算系统来设计国民经济统计内容体系

这种内容体系的设计思路是,以国民经济核算体系(SNA)为构建框架,结合五大核算子系统——国民收入核算、投入产出核算、资金流量核算、国际收支核算和资产负债核算——来设计安排国民经济统计的内容体系。主张这种做法的学者通常认为国民经济核算和国民经济统计学是同一的。这种设计思路的优点是:分析问题较为明确,核算数据账户衔接对应,便于理论阐述和实际应用。缺点是内容缺失较为明显。一方面,国民经济核算是国民经济统计的主体,但绝不是其全部,宏观景气监测预警分析、生产率统计分析等内容就是其中的典型。另一方面,五大核算只是国民经济核算的基本核算,随着经济和社会的不断发展,SNA 必须不断扩充。事实上,SNA1993 和 SNA2008 两次更新的重要一点就是对 SNA1968 五大核算系统的不断突破。

3. 按照国民经济运行总过程来设计国民经济统计内容体系

这种内容体系的设计思路是,从国民经济运行过程和统计认识过程相结合的角度来设计国民经济统计内容体系,可以分为国民经济资源统计、国民经济总量统计、国民经济过程统计、国民经济动态统计、国民经济结构统计、国际关系统计等方面。这种做法所涉及的领域相当广泛,内容也异常丰富,同时强调国民经济循环的过程与条件、总量与结构、内部与外部、静态与动态等方面的对立和统一。当然,如何更合理设计各个方面,组成逻辑缜密和方法齐全的内容体系,还有待我们进一步探索、思考和发掘。

应该说,以上三种国民经济统计内容体系的设计思路尽管存在这样那样的差异,但各有所长,而非完全对立。在相互交流的过程中,三种设计思路也逐渐地取长补短,相互结合补充,从不同角度对国民经济系统及其运行过程给予相对完整的统计描述和分析。

(二)本书的体系设计和内容安排

借鉴上述三种国民经济内容体系的设计思路和现有宏观经济统计分析教材的经验做法,将宏观经济统计分析分为长期分析和短期分析两个部分。具体安排如下:

1. 长期分析部分的设计安排

国民经济从横向看是由为数众多的经济活动单位构成,这些单位按机构部门划分可以归为企业、居民、政府和国外四类。国民经济从纵向看是一个形形色色的经济活动组成的相互影响和彼此连接的循环过程,这一循环过程起于产品(货物和服务)的生产,止于产品的使用(消费、投资和出口),商品流通和收入分配则介于生产和使用环节之间,成为连接两端的中间环节。

当国民经济循环过程中仅企业和居民两个部门存在时,企业是生产环节的组织者,居民则是使用环节的主导方。居民向企业提供各种生产投入要素,包括劳动、资本和土地等,从企业得到生产投入要素收入(或报酬),如工资、利息、租金和利润;企业运用各种生产投入要素生产产品(货物和劳务),提供给居民,居民用所得的要素收入购买企业生产的产品(货物和劳务)。此外,居民还会出于各种考虑将收入中的一部分用于储蓄,而企业为取得扩大再生产所需的资金,还要通过金融媒介使用居民的储蓄作为投资。

当政府部门加入后,主要通过财政收支活动达到财政调控目的。政府通过向居民和企业征收各种税收取得收入,通过购买产品(货物和劳务)、转移性支付等途径进行支出,转移性支付属于政府福利支出,如对低收入家庭的补助、对失业者和退伍军人等的救济,等等。此外,政府还通过货币发行、国债发行等操作来干预货币供应量,进而达到金融调控的目的。

当国外部门加入后,国外部门涉及的主要是进口和出口。进口是本国向国外购买产品(货物和劳务),出口是本国向国外提供产品(货物和劳务)。在存在国外部门的情况下,政府的一部分收入还将用于购买国外产品,同时通过征收关税取得一部分收入。

上述四部门下国民经济是开放经济条件下现代经济的缩影,其循环运动能够反映现实国民经济综合的运行状态,现实经济中的各种问题和各种关系都可以通过循环运动得到反映和描绘(见图1—1)。有鉴于此,本书的长期分析部分按照国民经济循环运动模型进行结构设计,具体分为"生产要素投入统计分析""经济增长综合统计分析""收入分配统计分析""消费和投资统计分析""国际收支统计分析"五章。

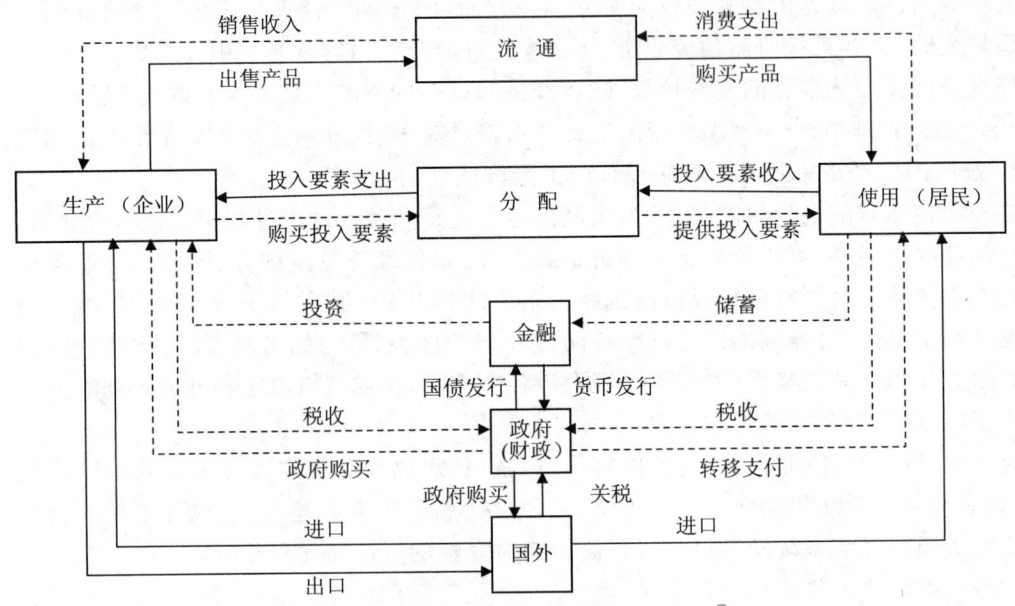

图1—1 国民经济循环过程模型示意图①

在这五章中,"生产要素投入统计分析"一章立足于投入端来剖析国民经济循环过程中生产环节的生产要素投入情况;"经济增长综合统计分析"一章立足于产出端来剖析国民经济循环过程中生产环节的投入产出对比关系和经济增长质量情况;"收入分配统计分析"一章从国民收入分配和个人收入分配两个方面来剖析国民经济循环过程中分配环节的基本情况;"消费和投资统计分析"一章立足于消费和投资支出来剖析国民经济循环过程中使用环节的部分情况;"国际收支统计分析"一章立足于国际收支统计来剖析国民经济循环过程中使用环节的部分情况。

2. 短期分析部分的设计安排

从短期来看,国民经济存在着经济波动现象。经济波动是指宏观经济运行的上下起伏变化,它表现为产出、价格、就业、消费、投资、贸易、财政、货币等综合性经济指标的波动。其中,最为重要的两种波动是产出波动和价格波动。而保持经济平稳、持续增长和保持价格稳定通常也是几乎所有国家宏观经济管理和调控的基本目标。因此,本书的短期分析拿出专门的两章——"产出波动统计分析"和"价格波动统计分析"——来进行专题分析。

---

① 图中实线表示实物流动,虚线表示货币流动,箭头表示流动方向。

如果综合分析可以发现,经济波动还会呈现出周期性繁荣和萧条交替出现,这便是经济周期波动。经济周期波动是经济波动的最主要表现形式,是经济运行中的普遍现象。经济周期波动是通过一系列经济活动、历经多个经济过程来传递和扩散的,任何一个经济变量本身的波动过程都不足以代表总体经济活动的波动过程。因此,经济周期波动的统计分析不能仅仅通过单一指标来分析,而需要进行综合统计分析,这便是短期分析部分"经济周期波动综合统计分析"一章的设计初衷。

总的来说,"产出波动统计分析""价格波动统计分析"和"经济周期波动综合统计分析"三章从局部到一般,从单一到综合,系统而又深入地展现宏观经济统计的短期分析内容。

此外,从调控目标看,政府财政收支调控和货币金融调控不仅瞄准宏观经济的长期增长和结构资源优化等长远方面,同时还兼顾价格稳定、风险监控等短期方面,因此,本书从顺序处理上将"政府财政和金融调控统计分析"一章放在最后。

3. 各章的内容安排思路

除绪论外,本书每一章均按照统计分析理论和方法与中国实证两大部分内容依次展开,力求做到理论和方法与中国实证的密切结合和有机统一。在理论方法部分,在尽可能追踪经济理论和核算准则新发展的同时,大量补充出现的宏观经济统计测算和分析方法。在中国实证部分,首先立足于宏观经济统计分析是实用哲学的定位,力求准确识别中国宏观经济运行中存在的典型现象及其中的主要问题,并采用应用科学适当的研究方法剖析现象和问题及判断未来走势,从而为决策部门采取针对性的政策措施提供决策依据和咨询建议。

二、宏观经济统计分析的研究方法

宏观经济统计分析是在统计学与经济学尤其是宏观经济学密切互动关系基础上不断创新发展的。因此,它的方法论涵盖内容广泛,既有针对经济问题研究的经济学分析方法,也有纯粹的统计描述、数理统计推断、国民经济核算分析和经济统计专门分析等统计学分析方法,还有统计学与经济学、数学等交互发展的计量经济分析方法和典型化事实分析方法。

(一)经济学分析方法

尽管宏观经济统计分析要发挥定量研究的优势,但是,实际分析研究中因为要科学运用经济学理论,宏观经济分析中的静态经济分析、比较静态经济分析、动态经济分析、比较动态经济分析等方法,由于反映了经济学的系统分析的基本思想方法,因此对宏观经济统计分析具有指导作用。

1. 静态经济分析方法

静态经济分析方法是指完全抽象掉时间因素和经济变动过程,在假定各种基本经济条件稳定不变,即人口数量、资本存量、技术知识水平、消费者偏好等均保持不变的条件下,分析经济现象的均衡状态形成及其条件的方法。这种方法通常使用短期资料和横截面资料来分析经济活动的状态特征和规律性。在分析过程中,先从基本因素出发,逐步扩展增加因素,进而展开分析的层次。

2. 比较静态经济分析方法

静态经济分析方法不能分析经济活动的变动特征,因为它把要素和技术视为稳定不变的。比较静态经济分析方法的逻辑前提是,它将经济活动视为一系列均衡状态的总和,各个均衡状态之间的区别在于基本条件的基本数据发生了变化,而不是在于某一均衡状态是由另一均衡状态衍生出来的。因此,比较静态经济分析方法是将构成增长经济的各个孤立的均衡状态加以比较,而不涉及从一种均衡状态发展到另一均衡状态的调节过程和转化过程。也就是说,比较静态经济分析方法不考虑由经济制度中所固有的内生因素所决定的经济过程的发展。

3. 动态经济分析方法

动态经济分析方法是指考虑时间因素,将经济活动变化视为一个连续的发展过程,对从原有均衡过渡到新的均衡的实际变化过程进行分析的方法。该方法的分析重点不再是时点上的状态,而是过程上的特征和规律性;不再把经济分析的变量看作不断重复的变动,而是基于经济变量的时序关系展开分析,即随时间变化的经济过程,以及经济发展由内生因素决定的过程。动态经济分析十分重视时间因素,重视过程分析。

4. 比较动态经济分析方法

比较动态经济分析方法是在动态经济分析方法基础上进行的。如果说动态经济分析是就一个经济过程所进行的分析,那么比较动态经济分析就是对两个经济过程的比较分析,比较差异集中在两个方面,一个是变量之间的时滞关系;另一个是变量之间的依存关系,即参数变动。

(二)统计学分析方法

统计学分析方法是宏观经济统计分析的方法主角。依据方法领域和使用目的的不同,宏观经济统计分析中统计学分析方法可以划分为以下几类:

1. 描述性统计分析方法

如何运用科学的变量体系描述分析一个经济运行整体的数量特征,需要指标体系的选定方法,也需要对所选定的变量进行准确的估计,包括核算、推算和估算,还需要变量数据的可比性处理方法。这些方法需要经验,也需要理论,还需要统计技术或技巧。描述统计方法对于统计分析应用是一个非常重要的基础,探索性统计分析有助于我们构建系统分析的基本逻辑框架,从而根据客观存在与相互关系构建描述经济系统运行的统计指标体系。

2. 国民经济核算分析方法

国民经济核算体系充分描述了国民经济活动的全貌,提供了有关国民经济运行全面的、系统的宏观信息资料,利用这些资料可以对国民经济的发展状况进行科学、系统的分析,这是国民经济核算的基础功能,即核算体系的分析功能。国民经济核算体系分析功能本身就蕴含国民经济核算分析方法和技术。生产核算分析技术、投入产出分析技术、收入分配核算分析技术、资金流量核算分析技术、国际收支核算分析技术、资产负债分析技术等都是比较经典的国民经济核算分析方法和技术,也是宏观经济统计分析常用的基本方法。

利用生产核算分析技术,可以反映一国国民经济发展水平及其经济结构状况;利用投入产出核算分析技术,可以分析揭示各部门间的消耗结构和技术经济联系,以及生产要素之间的平衡关系,以及各部门之间的比例与结构;利用收入分配核算分析技术,可以分析揭示国民收入分配的规模状况及其变动情况,进行收入分配结构分析和收入分配公平程度分析;利用资金流量核算分析技术,可以深入分析国民储蓄与投资总量和构成情况,进行货币需求的因素分析;利用国际收支核算分析技术,可以分析一国的国际收支平衡状况,从收入和支出两方面分析国际收支结构;利用资产负债核算资料,可以研究国民财产的规模水平及其内部各种分类结构状况。

3. 数理统计分析方法

数理统计中应用回归分析、多元统计分析和时间序列分析是在宏观经济分析中运用比较广泛的分析方法。许多经济活动中的经济关系、结构关系、动态关系、对应关系以及经济分析中的聚类、因子分析等都需要数理统计分析方法的支持。分层回归分析、分位回归分析、高维数据分析等方法的发展,对于深入经济因素之间的系统决定关系的统计分析都具有重要的推动作用。

4. 经济统计专题分析方法

指数分析、因素分析、弹性分析、时间序列分析等经济统计专题分析方法在宏观经济分析中不但经常用到，而且有时候还要组合运用。同时，宏观经济分析本身要求对经济做出总体综合评价，而复杂的宏观经济系统中不同个体的差异性和不同方法的应用差别决定了单一样本和单一分析方法难以形成总体判断，不同的人选择不同的样本和分析方法就有不同的结论，也很难统一认识。使用综合分析指标体系或综合评价指标方法就成为宏观经济统计分析中一种非常有效的分析手段。

（三）多学科交叉分析方法

天津财经大学肖红叶教授曾指出：数理统计方法是经济问题研究的主要工具，但不是工具的全部。研究中应根据需要可以应用其他的数量分析方法，如规划方法、博弈方法、控制论方法、非线性动力系统分析方法、复杂性分析方法等，只有应用合适的方法才可能把研究推向深入。[①] 宏观经济统计分析也不例外。在宏观经济统计分析中，综合经济学、统计学和数学等其他学科形成的计量经济分析方法及其他分析方法对推动宏观经济统计分析的深入发展起着十分重要的作用。

1. 宏观计量经济分析方法

宏观经济数据多以低频、加总的时间序列形式出现，这就决定了宏观和微观经济分析所采用的计量方法存在明显的区别。在20世纪30年代，宏观计量经济学的诞生离不开考尔斯委员会（Cowles Commission）的工作，其中包括资助计量经济学会创办《计量经济学》，以及对计量经济学基本方法论和学科规范等重要课题所进行的系统性研究，从而奠定了计量经济分析的概率方法基础，形成了一整套连贯而有效的方法体系。

在考尔斯委员会方法体系的推动下，传统计量分析从小型的市场均衡模型发展到大型的宏观经济模型；从一国模型发展到多国联网的 LINK 计划；从线性回归分析发展到非线性回归分析。但随着研究目标的扩大，考尔斯委员会方法体系显含或隐含的假设与现实情况不符的弊端也逐渐显现，并被更适合处理时间序列数据的"BJ方法论"（Box 和 Jenkins，1976）所取代，简约化方程向自回归移动平均随机过程（ARIMA）模型过渡和发展。随后出现一种处理宏观非平稳数据的模型化方法——向量自回归（VAR）模型方法，它把 ARIMA 模型发展到多个时间序列向量，用模型中所有当期变量对所有变量的若干滞后变量进行回归。然而，VAR 模型从本质上只刻画了数据的动态表现，而没有真正涉及到经济理论的合意解释。

20世纪80年代初，一种基于真实经济周期（Real Business Cycle）理论的结构模型出现了。这种模型起初只能分析技术冲击对实际变量的影响，但随着研究的深入，一些更深层次的冲击，如政府支出的需求冲击和货币供给冲击等也都被纳入这个动态随机一般均衡（DSGE）模型中来，逐渐发展成为一种政策研究的工具。

与此同时，为弥补 VAR 模型缺乏经济理论基础而不能进行结构分析的缺陷，Blanchard 和 Quah（1989）率先在结构向量自回归（Structure VAR，SVAR）模型中添加长短期识别约束条件，用于分析经济变量对结构冲击的响应，同时还可以减少模型的待估参数。尽管经济学家们往往不能就模型的真实结构达成共识，但是20世纪90年代以来，对 SVAR 模型的广泛研究涉足到宏观经济政策的各个领域。即使是在 RBC 理论盛行的年代，SVAR 及其扩展模型依旧能够与 RBC 模型共同分享宏观结构计量经济学的美誉，这不仅是因为 RBC 模型的代表性变量同

---

① 肖红叶："对经济统计研究的思考"，《统计与信息论坛》，2001年第5期．

样可以在 SVAR 模型中通过建模得到参数空间的估计,而且 RBC 模型中各类外生冲击也可以在 SVAR 模型中得以实现。

2. 典型化事实分析方法

与偏重于经验分析的宏观计量经济学分析方法不同,典型化事实分析是一种建立在逻辑分析基础上并兼顾历史分析的分析方法。典型化事实(Stylized Facts)从本义上说,是指具有一定典型性和代表性的客观事实的表述。在经济学研究和归纳中,凡是较为流行的事实表述,如萨伊定律、边际收益递减、规模经济、恩格尔定律等,都是或曾经是"典型化事实"。但是,从西方经济学发展史上看,只是在 1930 年前后计量经济学产生以后,"典型化事实"的概念才被提出来,并且与计量统计分析密切联系起来。

在现代宏观经济学中,经济理论与模型主要致力于解释现实经济运行中的一些重要现象,因此需要对大多数经济中存在的一些具有规律性的经济事实进行分析和归纳。所谓经济运行的典型化事实,即经济运行中经过大量统计验证后确认普遍存在的能够反映经济运行的真实和基本特征的具有代表性的关键性事实。经济运行的典型化事实是经济变量数据经过统计分析、推断、检验后得出的统计结论,基本上同经济理论无关。

宏观经济运行的典型化事实主要与短期经济波动和长期经济增长有关。卡尔多就曾经罗列了六条他认为代表了经济增长过程的典型事实:(1)人均产出持续增长,且其增长率并不趋于下降;(2)人均物质资本持续增长;(3)资本回报率近乎稳定;(4)物质资本—产出比近乎稳定;(5)劳动和物质资本在国民收入中所占的份额近乎稳定;(6)人均产出的增长率在各国之间差异巨大。很多研究表明,卡尔多第(6)条典型事实与跨国数据相当吻合,同时第(1)、(2)、(3)、(4)、(5)条典型事实也与当前发达国家的长期数据相一致。类似地,还有不少经济周期波动的典型化事实。

典型化事实不仅是经济理论和模型研究和解释的对象,同时也是经济模型和经济理论的重要校验标准。归纳宏观经济运行的典型化事实是宏观经济统计分析研究的一个重要组成部分。一般地,宏观经济运行的典型化事实分析是从最基本的宏观经济事实或具体现象开始,经过经济故事案例整理,再经过完善的统计计量分析后最终形成。其中的关键在统计计量分析。为了进行较为完善的统计计量分析,需要注意几个方面:一是宏观经济数据的可靠性和权威性;二是宏观经济代理指标的恰当性;三是统计计量分析方法的科学性。

与其他国家相比,中国宏观经济运行存在一些特殊性,中国经济发展道路的确有自己的一些特征和潜在规律。因此,中国经济的"典型化事实"研究和发现是一个不断进行中的任务。借助于典型化事实分析方法开展研究就成为中国宏观经济统计分析研究的一个重要任务。

三、宏观经济统计分析的数据处理基础

宏观经济统计分析常用的数据形式是时间序列数据,这些数据的频率形式又主要表现为年度数据、季度数据和月度数据。一般而言,数据的频率越高,数据所包含的短期波动信息就越丰富,因此,在宏观经济短期分析中,季度数据和月度数据要比年度数据更为常用,当然,季度与月度数据的分析结果也比年度的更为准确。然而,在宏观经济统计长期分析中,数据的趋势信息更为有用,这就需要对季度数据和月度数据做更多的统计处理才能准确捕捉到其趋势信息。一般地,三种频率形式的时间序列数据在统计分析之前通常需要作如下的预处理。

(一)取对数处理

随着时间的推进,几乎所有的宏观时间序列都存在较强的趋势特征,数据序列计量的量级

在不断增大,序列本身也会呈现出异方差的特征。因此,为了去除趋势和消减异方差,在进行统计分析之前通常需要对宏观时间序列取对数处理。以年度 GDP 名义值为例,取对数前的序列数据和取对数后的序列数据如图 1—2 所示。比较二者可以发现,年度 GDP 序列取对数后趋势要更为平滑,异方差特征同时也减弱不少。

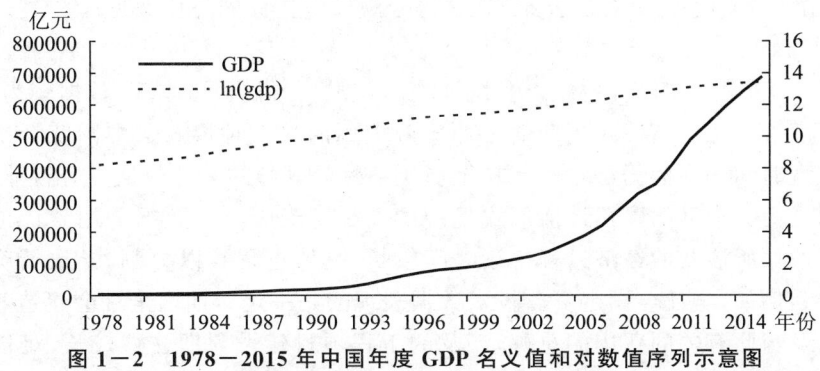

图 1—2　1978—2015 年中国年度 GDP 名义值和对数值序列示意图

一些研究表明,也有一些宏观时间序列如通货膨胀率,数据分布是偏态的。在这种情况下,对数据序列取对数处理可以使其分布具有更好的对称性,能够更好地满足很多统计分析对数据的正态性假设要求。

(二)季节性处理

寒来暑往,秋收冬藏,宏观经济活动会随着季节的不同而发生系列规律性的变化,相应的宏观时间序列也会呈现季节性的变动特征。这些季节性特征会掩盖或混淆宏观经济分析中要寻找的数量规律,导致分析的有效性下降。因此,在经济分析之前,必须对宏观时间序列进行季节性处理。由于年度数据并不包含季节性特征,进而季节性处理的重点在于季度和月度宏观经济数据。

采用同比数据是最简便的季节性处理方法。由于同比数据比较的是前后两年相同月份(季度)的数据,季节性在对比中被自然地消除。当然,由于同比数据中可能包含有"翘尾效应",这会导致同比数据在监测短期宏观经济走势时存在滞后。以某类商品价格季度数据(见图 1—3)为例,假设 2015 年商品各季度价格水平与 2014 年四季度持平,可以看出,该商品价格同比增长率受"翘尾效应"影响直到 2015 年四季度才开始停止增长。在监测短期宏观经济走势时,环比数据更为常用,但必须剔除其中的季度性。

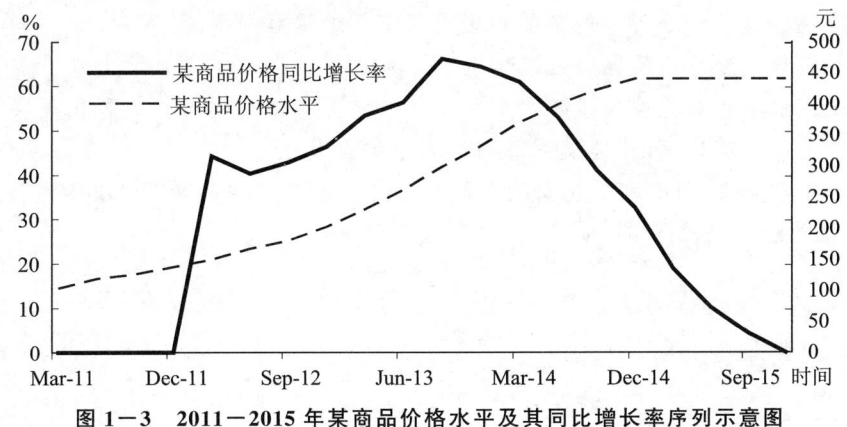

图 1—3　2011—2015 年某商品价格水平及其同比增长率序列示意图

很多统计软件都提供季节性调整的操作,并有很多种方法可供选择。需要注意的是,不少软件的季节调整程序都是在西方节假日分布特点的基础上设定的。使用它们对中国宏观数据序列进行季节调整时,无法完全消除掉中国节假日分布特点带来的季节性,尤其是中国春节导致的季节性。2011年前后,国家统计局研发出适用于中国节假日分布特点的季节调整软件NBS-SA,并在此基础上首次对外公布GDP等宏观经济指标的环比数据。

(三)累计值处理

在当前的中国,由于统计资料缺乏和统计技术有限,获得当月(季度)数据较为困难,累计值成为季度和月度宏观经济指标除当期值之外普遍使用的另一种形式。中国统计中使用的累计值一般是指宏观时间序列数据从每年年初至当年某月(季度)的累计数值。分行业GDP与固定资产投资数据是两类常见的以累计值形式呈现的指标。宏观经济数据采用累计值形式发布的原因一般是该数据所涉及的经济过程持续时间较长、具体进程难以分割,导致精确的确认当期值有较大困难。例如,全社会固定资产投资数据表现的是一定时期内全社会建造和购置固定资产的工作量以及与此有关的费用的总称,涉及的工程项目建设周期往往较长,难以及时细分至每个月份,故均采用累计值形式发布。

累计值与当期值是两个不同的统计体系,难以直接通过累计值准确计算出当期值。直观感觉,统计部门只要将累计值进行逐期差分,即用本期累计值减去上期累计值,就可以得到当月或当季值。这也是在其他数据信息有限的条件下最为有效易用的通过累计值得到当期值的方法。若仔细推敲,由于累计值与当期值对应的是两个不同的统计体系,牵涉到如何将现有完成工作合理分配至各期的问题,尤其当前后两期的价格变动较大时,逐期差分分解效果会比较差。因此,获得更为详尽的分期价格数据然后进行合理分解是更为准确的一种处理办法。

此外,累计值还表现在一些宏观时间序列每年1—2月的数据。受每年春节在1、2月份摆动的影响,统计1—2月累计值就成为中国官方统计的一个常见做法。在这种情况下,采用月度数据进行宏观经济统计分析时,需要采用合理插补方法把1—2月累计值分拆为1月和2月两个单月数值。

思考与练习

1. 什么是宏观经济统计分析?其分析的主要特点是什么?
2. 宏观经济统计分析形成和发展的突出表现在哪些方面?
3. 简述宏观经济统计分析与经济学和国民经济学的课程关系。
4. 宏观经济统计分析的研究方法有哪些?
5. 什么是经济运行的典型化事实?如何归纳总结得到经济运行的典型化事实?
6. 在统计分析之前,如何处理宏观时间序列中的季节性?
7. 试结合中国季度GDP统计实践,评价通过逐期差分方法将季度GDP累计值转化为季度GDP当期值处理方法的优缺点。

第二章 生产要素投入统计分析

生产是国民经济循环过程的起点。国民生产的"蛋糕"规模直接决定后续分配和使用的规模。因此,追求生产规模的扩大即经济增长,就成为宏观经济分析与调控管理的头等大事。生产在经济学上表现为一个投入产出过程。其中,作为投入的资本与劳动被广泛认为是影响经济增长的最基础因素。从资本和劳动两个最主要投入要素出发来探究经济增长的原因,就成为宏观经济统计分析的重要切入点。

本章立足于单要素角度分别从资本投入与劳动投入两个方面对生产要素投入进行统计分析。首先阐述资本投入的作用理论、范围界定、核算框架,在此基础上论述了如何运用永续盘存法进行资本存量和资本服务核算,然后从劳动力资源数量统计和人力资本测算两个方面阐述了劳动投入统计分析理论和方法,最后基于中国数据给出资本存量测算及劳动力供给和人力资本测算的应用实例。

第一节 资本投入统计分析理论和方法

一、资本投入的作用理论和核算框架

(一) 资本积累在经济增长中的作用理论

资本投入对经济增长的作用主要是累积形式来发挥持续影响的。在很早以前,经济学鼻祖亚当·斯密(Smith)就开始关注资本积累对经济增长的作用。亚当·斯密在1776年出版的经典著作《国富论》中分析认为:资本积累可以使资本存量扩大,与之相联系的劳动数量增加,从而直接促进经济增长。亚当·斯密重视资本积累的思想影响深远,之后的很多经济学家都一致强调物质资本积累对经济增长具有决定作用。

著名经济学家凯恩斯认为资本投入对经济增长有着举足轻重的作用。他在1936年出版的经典著作《就业、利息和货币通论》中指出:增加投资,就要增加投资品(生产资料)的生产,从而可以增加就业,增加全社会上的收入;而收入增加时,消费也将随之增加,从而消费品的生产也将增加,这样又可以增加新的就业,引起新的收入增加。这样实现的总就业增量与该项投资直接引起的就业增量之比,称为就业乘数。简言之,当一个部门的资本投入增加时,不仅会使该部门的收入增加,而且会刺激其他相关的国民经济部门有效需求,引起这些部门的收入增加,由于这种的连锁反应,最终总产出的增长若干倍于最初那笔投资,即投资对国民收入增长有乘数效应。凯恩斯通过乘数论阐述了增加投资对于减少失业、摆脱经济不景气的重要作用,肯定了资本积累对经济增长的重要作用。正是由于投资的变动会使收入和产出的变动产生一种乘数效

应，因而凯恩斯更主张政府投资，以促使国民收入成倍地增长。

20世纪40年代，经济学家哈罗德（Harrod）和多马（Domar）通过引入时间因素将凯恩斯的理论动态化、长期化，通过模型突出强调了资本积累（表现为储蓄率或投资率）在经济增长中的重要作用。由于两种模型基本原理基本相同、模型形式比较近似，故后人通常称为哈罗德—多马模型。

在社会产品只有一种、资本和劳动配置比例不变、规模收益不变且没有技术进步等假设条件下，哈罗德将经济增长抽象为三个宏观经济变量之间的函数关系模型：第一个变量是经济增长率 $G_Y=\Delta Y/Y$；第二个变量是储蓄率 $s=S/Y$；第三个变量为资本—产出比率 $v=I/\Delta Y=\Delta K/\Delta Y$。在劳动者愿意进行的储蓄恰好等于投资者预期的投资需求，即 $S=I$ 的前提条件下，经济就可以实现稳定增长，从而有：

$$G_Y=\frac{s}{v} \qquad (2.1.1)$$

从式（2.1.1）中可以看出：一国的经济增长率与该国的储蓄率成正比，与该国的资本—产出比率成反比。哈罗德模型更强调上一期收入水平变动对本期投资的影响。多马模型与哈罗德模型的区别在于用资本生产率来代替资本—产量比率，其更强调本期储蓄完全转化为投资时，本期投资对下一期生产能力的影响。

20世纪60年代之后，美国经济学家罗默（Romer）和卢卡斯（Lucas）等把规模收益递增和内生技术进步引入新古典模型，提出了新经济增长理论。新增长理论认为，经济增长的动力主要包括以下几个因素：技术进步、人力资本及知识等，且这些因素都是内生变量。事实上新增长理论又称作内生增长理论。从某种意义上来说，新经济增长理论只是其扩展了资本的概念，新经济增长理论中的资本积累不仅包括物质资本积累，更重要的还有知识资本和人力资本积累，投资也扩展为包括物资资本投资、知识资本和人力资本投资等多方面。

可以发现的是，资本积累与经济增长之间的关系从经济学诞生以来一直是各国经济学家关注的重点，资本积累对一国的经济发展有着不可或缺的作用，因而定量研究经济增长的关键一步便是进行资本投入核算，而为得到准确可靠的核算结果首先需要对资本核算的分析框架进行界定。

(二) 资本投入的范围界定与核算框架

1. 资本投入的范围界定

从卡尔·马克思直到"剑桥之争"，学者们对于资本的定义有着长时间的争议。资本投入理论是经济理论中最有争议的理论之一。经济学家对于资本投入的定义非常多，如凝固的劳动、递延的消费、耐用品存量、要素服务流量等。资本概念在人类社会早期的经济活动中便已经萌芽，并且一直受到经济学界的广泛关注，但经济学家们没有在这一问题上达成一致。同时，随着经济理论的发展，资本的范围也存在着逐渐过大的趋势。到如今为止，广义的资本可以有很多种类，既包括物质资本、人力资本和知识资本，又包括实际资本的对应形态即虚拟资本。

虽然理论上对于资本概念存在争议，但在具体的资本核算中，必须对核算对象有明确的界定。资本核算是对资本存量和资本服务的核算，核算结果是对宏观经济管理的重要依据，为了保持这一核算与其他经济数据的可比性，必须在现行国民经济核算体系的统一概念框架下进行。

国民经济核算体系中的资产出现在资产负债表和积累账户中。SNA中的资产采用经济资产的概念,大致包括生产资产、非生产资产和金融资产三类,前者又可分为固定资产、存货和贵重物品三种。从世界各国的研究和实践来看,目前资本核算的对象相对来说是一个范围较窄的资产范围,主要是生产资产中的固定资产。正如OECD(2001)《资本测算手册》中就明确指出:"本手册所考虑的资本存量是由企业、部门或经济总体所持有的固定资产的存量。"这一资产范围界定大致相当于经济学上的物质资本概念。

2. 资本投入的核算分析框架

资本在经济增长中的重要作用决定了必须进行资本投入核算。希克斯在1981年就曾经指出,资本投入核算是经济学家交给统计学者们最困难的任务。

一般地,资本投入核算包括两个方面的内容:一个是资本存量核算;一个是资本服务核算。长期研究资本核算的OECD已经就资本存量和资本服务的应用领域达成了共识。资本存量核算主要用于衡量一国的财富总量和财富净额,存量的变化可以在一国的资产负债表中进行反映。资本服务核算主要用于进行经济增长研究,尤其是全要素生产率的测算。在相当长的一段时间里,人们用资本存量表示新古典生产函数分析中的资本项,后来很多经济学家意识到是资本服务的数量而不是资本存量决定产出,即应该用一段时间内资本品所提供的资本服务量作为资本投入项。在全要素生产率的研究中,生产函数描述了要素投入的不同组合生产出的产出量,即一个时期的产出量是该时期要素投入量的函数,这里的要素投入量是一个流量的概念,而非存量。资本作为一个生产要素,其投入量也应该为一个流量。因此,在生产率测算中应该使用资本服务作为资本投入的度量。

资本存量核算的主要指标有资本存量总额和资本存量净额。其中,资本存量总额是计算资本存量净额的传统起点,也是资本服务核算的传统起点。资本存量净额是资本存量总额中的一部分,是扣除了固定资本消耗后剩下的部分,即有:资本存量净额=资本存量总额-固定资本消耗。固定资本消耗构成用于生产的固定资产价值的负变化,是衡量一笔固定资产对生产的有用性下降的一个尺度,这个尺度的大小取决于一笔资产在其正常的使用年限内的生产潜力。不过,固定资本消耗虽然是流量概念,但它与资本存量核算密切相关。

资本服务核算的主要指标有生产性资本存量和资本服务量。生产性资本存量虽然名称为"存量",但实际是一个流量的概念。生产性资本存量是用于生产过程中的资本投入,意味着机器设备运转和厂房建筑的使用,能反映出固定资产的生产能力在生产分析中的利用情况。资本服务量是一定时期内生产性资本存量的服务数量。资本服务量一般认为与生产性资本成比例,进而可以直接从中计算得到。最新修订的SNA2008版本专门引入了资本服务一章来介绍作为流量的资本投入是如何在生产中核算与记录的。

在实践核算中,资本投入多为生产经营主体所拥有,其存量和流量核算没有可资利用的交易信息。因此,如何尽在缺乏经济交易信息的情况下进行存量核算和服务核算就成为资本投入核算的中心问题。通常来说,固定资本形成是核算资本存量与资本服务的核算起点和数据基础。资本存量是过去资本形成的积累,所以对固定资本形成进行核算是开展资本存量核算和资本服务核算的前提,也是资本核算中必须包括的内容。固定资本形成时间序列是资本存量总额和净额以及资本服务核算共同的基础数据。

上述分析构成了资本投入的核算分析框架,见图2-1。

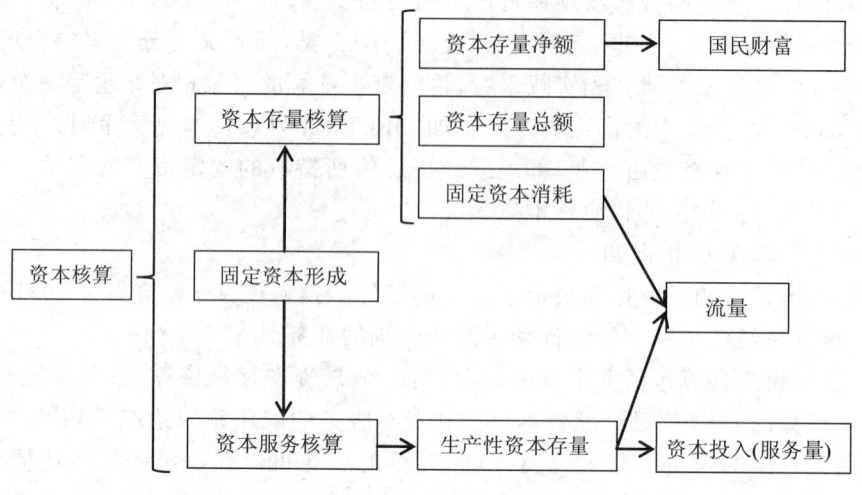

图 2—1 资本投入的核算分析框架

二、资本投入核算的具体方法

目前,国际上资本投入核算的主流方法是永续盘存法(Perpetual Inventory Method,PIM)。永续盘存法最先由 Goldsmith 于 1951 年开创性提出,此后经过美国哈佛大学经济系教授 Dale Jorgenson 和马里兰大学经济学教授 Charles R. Hulten 等人的完善,至今已发展成为极为成熟的核算技术。OECD 编制的 2001 和 2009 两个版本的资本核算手册,标志着资本投入核算发展已由理论方法层面上升到国际标准层面。目前,世界上多数发达国家统计机构都有官方发布的资本存存量统计数据,而包括中国在内的发展中国家的资本投入核算发展缓慢,缺乏官方发布数据。

(一)永续盘存法的基本原理

采用永续盘存法测算资本存量指标的基本思想是:资本存量是由各期资本形成(投资)流量积累而来的。换句话说,只要资本形成(投资)流量的统计比较健全,可资利用的数据足够长(超过资本品的服役年限),那么就可以利用资本形成的流量数据逐年递推估算资本存量。

运用永续盘存法测算资本存量的基本公式是:

$$K_t = \sum_{\tau=0}^{L-1} d_\tau I_{t-\tau} \quad (2.1.2)$$

式中,K_t 为第 t 年的资本存量总额,L 是资本品的使用年限,I_t 为第 t 年的固定资本形成或投资量,序列 $\{d_t\}$ 是一个宽泛的序列,对于不同类型的资本存量指标,可以有不同的含义。对于资本存量总额而言,d_t 反映 $(t-\tau)$ 投资形成的资本品至第 t 年仍未退役的比例,这时 $\{d_t\}$ 反映的是资本品的残存分布模式即退役模式。对于资本存量净额而言,d_t 反映 $(t-\tau)$ 投资形成的资本品至第 t 年仍占原投资价值的比例,这时 $\{d_t\}$ 反映的是资本品的价值分布模式,其大小与退役模式和年龄—价格函数有关。对于生产性资本存量而言,d_t 反映 $(t-\tau)$ 投资形成的资产至第 t 年仍相当于全新资产能力的比例,这时 $\{d_t\}$ 反映的是固定资产的效率变动模式,其大小与退役模式和年龄—效率函数有关。基于这些差异,可以总结得出永续盘存法应用于不同资本投入核算的条件差异如图 2—2 所示。

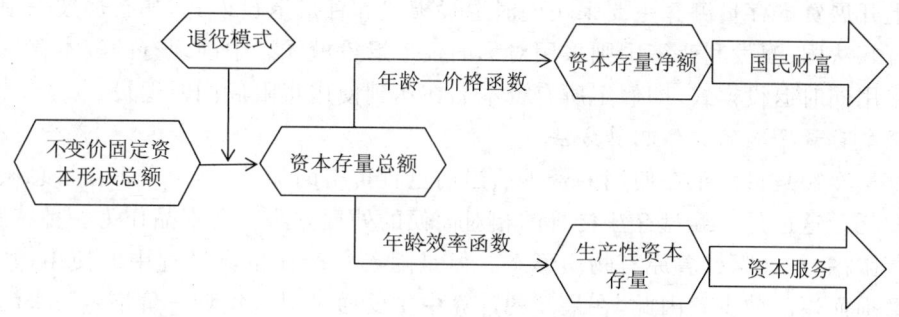

图2—2 PIM应用于不同资本投入核算的条件差异示意图

(二)资本存量总额的具体测算方法

资本存量总额是测算目前正在使用的所有资本品在某一年份的购置价值总和,是将历年不变价的固定资本形成加总,并从中扣除已经退役的资本品价值,不考虑资本品使用年限的长短。通过退役函数(Retirement Function)使用永续盘存法对历年投资序列加权汇总即可得到资本存量总额。永续盘存法测算资本存量总额的基本公式为:

$$K'_t = \sum_{\tau=0}^{L-1} S_\tau I_{t-\tau} = K'_{t-1} + K'_t = K'_{t-1} + I_t - RET_t \tag{2.1.3}$$

式中,K'_t 为第 t 期的资本存量总额,S_τ 为役龄为 τ 的资本品的残存率,K'_t 为第 t 期的资本增量,RET_t 为第 t 期退役的资本品,其价值与退役模式的选择有关。

资本存量总额测算的关键是退役模式的选择。常见的退役模式有如下四种:

(1)同时退役模式,即同一役龄某类资本品在达到使用年限后同时从该类资本品的资本存量中退出,国内对资本存量估算基本采用同时退役模式。

(2)线性退役模式,假设所有资产每年以固定比例逐渐退出的过程,死亡函数(Mortality Function)呈矩形,长度为使用年限,等于从安装到2倍的平均使用期限,高度等于平均使用期限的一半。

(3)延迟线性退役模式,即资产在安装一段时间后开始退出,使其完全退出的时间小于2倍平均使用期限。

(4)钟型退役模式,资产的退出在安装后逐渐开始,在平均使用年限时达到高峰,然后逐渐退出。图2—3所示即为3年役龄资本品的钟型退役模式。资本品投资形成一年后有30%的退役,两年后有50%的资产退役,三年后剩余的20%的退役。

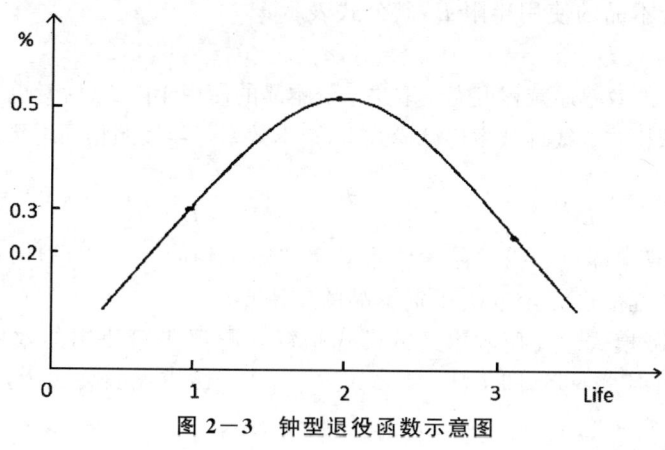

图2—3 钟型退役函数示意图

国际上开展资本存量测算主要采用同时退役模式和钟形退役模式,如新加坡采用同时退役模式,而美国、法国、澳大利亚等国则采用对称的钟形退役模式。中国现有的资本存量估算研究基本上都采用同时退役模式,即假定所有资本品在达到使用年限后同时退役。

(三)资本存量净额的具体测算方法

资本存量净额是目前正在使用的资本品当前重置价格的加总,等于资本存量总额减去固定资本累计损耗。这也是永续盘存法传统的相对简便的处理方法。资本品作为一种特殊的资产,在其使用年限内,往往保持着原有物质形态。但是随着资产在生产过程中的使用,其价值将随着资产的磨损而逐步减少。因此,在最新的计算中主要通过引入年龄—价格函数来测算资本存量净额,其计算公式为:

$$K_t^n = \sum_{\tau=0}^{L-1} AP_\tau \times I_{t-\tau} \tag{2.1.4}$$

式中,AP_τ 为第 τ 期的年龄—价格函数,其反映的是因役龄增加以及货币时间价值两方面因素引起的资本品价值下降。在国民经济核算中,通常用折旧或固定资本消耗来反映资本品在生产使用中的价值损失。当年龄—价格函数确定后,我们很容易根据资产价格的下降率确定得到经济折旧率。

(四)生产性资本存量的具体测算方法

生产性资本存量以资本品的生产效率为单位,不同役龄资本品,因为有形和无形的磨损,其生产效率也不同。比如,相对于蕴含新技术的新机器,旧机器经过多年的使用和磨损,其生产能力仅相当于新机器生产能力的50%,则在计算生产性资本存量时,可将两台旧机器折合为1台新机器。

永续盘存法是计算生产性资本存量的方法之一,即以资本的生产效率为单位,对不同役龄阶段的投资序列进行加总。随役龄增加,与蕴藏新技术进步的资本相比,原来资本的生产效率相对降低。平均年龄—效率函数是衡量资本效率下降路径的基本方法。在此基础上,生产性资本存量就表示为投资序列与相应的平均年龄—效率函数的乘积,即有:

$$K_t^P = \sum_{\tau=0}^{L-1} d_\tau S_\tau I_{t-\tau} = \sum_{\tau=0}^{L-1} \phi_\tau I_{t-\tau} \tag{2.1.5}$$

式中,K_t^P 为第 t 年的生产性资本存量,d_τ 是役龄为 τ 的资本品的相对效率,用年龄—效率函数表示,ϕ_τ 即平均役龄效率函数,由退役模式和相对效率模式共同决定。

生产性资本存量测算的关键在于选择确定退役模式和相对效率模式。常见的年龄—效率函数有如下四种:

(1)(0,1)模式。在(0,1)模式下,资本品在役龄期限内不同役龄阶段的资产效率相同,该效率模式完全取决于资本品的使用年限 L,其公式表示:

$$d_0 = d_1 = \cdots = d_{L-1} = 1, d_{L+\tau} = 0, \tau = 0, 1, 2, \cdots \tag{2.1.6}$$

(0,1)效率模式下的效率递减程度完全取决于资本品的使用年限 L,后者也是相关测算的重点。

(2)线性效率递减模式。线性效率递减模式下,资本效率每年按照相同增量递减,用公式表示为:

$$d_0 = 1, d_1 = 1 - \frac{1}{L}, d_2 = 1 - \frac{2}{L}, \cdots, d_{L-1} = 1 - \frac{L-1}{L}, d_{L+\tau} = 0 \quad \tau = 0, 1, 2, \cdots \tag{2.1.7}$$

其中,$d_{\tau-1} - d_\tau = 1/L$,即每一役龄阶段资本效率递减量相同。与(0,1)模式一样,线性效率递减模式下的效率递减程度也完全取决于资本品的使用年限。

(3)几何效率递减模式。几何效率递减模式是资本测算普遍使用的效率递减模式,该模式下生产能力以固定比率 δ 下降,即 $(d_{\tau-1} - d_\tau)/d_{\tau-1} = \delta$,该模式的公式为:

$$d_0 = 1, d_1 = 1 - \delta, d_2 = (1-\delta)^2, \cdots, d_\tau = (1-\delta)^\tau, \cdots \tag{2.1.8}$$

式中，δ 表示保持资本存量不变需要重置的比例（重置率）或折旧率。几何效率递减模式下的效率递减程度不直接取决于使用年限 L。在几何效率递减模式下，由于折旧率与重置率相同，同类资产的生产性资本存量也就等同于资本存量净额，因此在实证研究中得到广泛使用，但该模式设定了常数折旧率，一般认为与现实情况不符。

（4）双曲线模式。双曲线模式设定了随时间变化的折旧率，弥补了几何效率递减模式的不足，其形式如下：

$$d_\tau = d_0 \frac{L-\tau}{L-b\tau} \quad (2.1.9)$$

式中，L 是资本品的使用年限，τ 为役龄，β 为效率参数，其区间参数为 $(-\infty,1)$。通常设 $d_0=1$。在这一设定下，当 $b=1$ 时，资本效率模式为 $(0,1)$ 模式，当 $b=0$ 时，资本效率模式为线性模式。在固定 L 和 $d_0=1$ 的双曲线模式下，随着 b 值的变化，资本效率随役龄增加呈现不同下降路径，如图2－4所示。由于设定相对复杂，双曲线模式在实践中的运用较为有限。

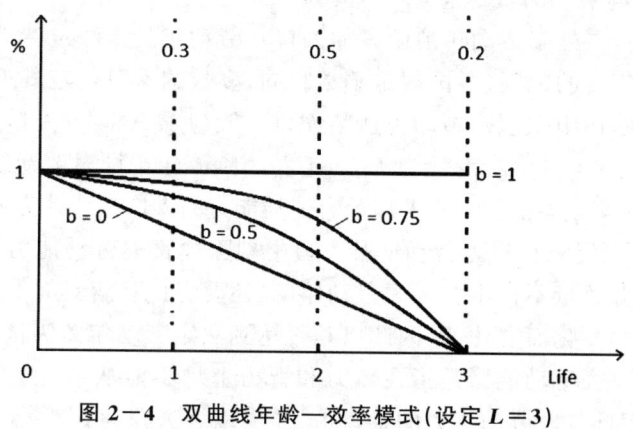

图2－4　双曲线年龄—效率模式（设定 $L=3$）

在同时退役模式和几何效率递减模式下，由于不需要考虑残存函数，同时，重置率等于不变的折旧率 δ，相应地，生产性资本存量估算公式就简化为：

$$K_t^p = K_{t-1}^p - \delta \times K_{t-1}^p + I_t \quad (2.1.10)$$

该公式是测算生产性资本存量中最为简便的计算公式，也是中国国内资本存量测算研究中最为常见的公式。此时，估算生产性资本存量所需要的基础数据变量是：(1)基期资本存量；(2)新增资本流量；(3)投资品价格指数；(4)资本品的折旧率。

第二节　劳动要素投入统计分析理论和方法

劳动力与资本一样作为要素投入在生产过程中创造产出和价值，在生产核算的分析框架中所代表的本质是人口因素对经济增长的影响。劳动力要素从两个方面来影响产出，一是数量方面，代表劳动力要素储备的多少，主要是劳动力资源数量统计分析；二是质量方面，代表劳动力要素的生产能力，主要是人力资本测算分析。

一、劳动力资源数量统计理论和方法

（一）劳动力资源总量分析

一般说来，一个国家全部人口可以划分为劳动年龄人口和非劳动年龄人口。其中，劳动年

龄人口又可分为就业人口、失业人口以及非经济活动人口（窄口径）；非劳动适龄人口可以分为超过劳动年龄人口和不足劳动年龄人口。就业人口和失业人口加在一起构成了经济活动人口，全部人口中的剩余部分构成了宽口径的经济活动人口。这些关系的结构框架如表2—1所示。理解这一结构框架的关键在于搞清楚如下几个总量指标概念。

表2—1 劳动力资源总量的结构框架

全部人口				
劳动适龄人口			非劳动适龄人口	
就业人口	失业人口	非经济活动人口（窄口径）	超过劳动年龄人口	不足劳动年龄人口
经济活动人口		非经济活动人口（宽口径）		

1. 劳动适龄人口与劳动力资源总量

劳动适龄人口是指在处于劳动年龄阶段的人口。劳动年龄指法定劳动年龄，即可以参加社会劳动的年龄。劳动年龄的范围，各国规定不尽相同，多数国家只规定其下限，也有规定上下限的。根据国际标准和便于国际比较，劳动力适龄人口一般为15—64岁人口。1993年以前中国规定的劳动年龄是男性为16—59岁，女性为16—54岁。1996年中国对劳动统计制度进行了改革，取消了劳动年龄的上限规定，凡是16岁及以上有劳动能力的人口都统计为劳动适龄人口。

1999年以前劳动力资源总量为劳动适龄人口中剔除掉丧失劳动能力的人口之后得到的人口总量。即劳动力资源总量不仅不要考虑劳动年龄，还要考虑是否具有劳动能力。劳动能力的大小是随着人的年龄的变化而变化的，因此以是否达到法定劳动年龄为依据来判断是否具有劳动能力。然而理论上丧失劳动能力是指在体力和智力上均不能从事社会劳动。是否丧失劳动能力往往很难界定，而且丧失劳动能力的人口占16岁以上人口比例很小。因此，1999年之后，中国在计算劳动力资源总量时不再从劳动适龄人口中扣除丧失劳动能力的人口。

因此，中国的劳动力资源总量指标就是劳动适龄人口指标，以是否达到法定劳动年龄来判断是否具有劳动能力。人口总量中减去劳动适龄人口之后，剩余的部分称为非劳动适龄人口，其中包括超过法定劳动年龄上限的人口和未达到法定劳动年龄下限的人口总量。

2. 经济活动人口

人力资源实物量的综合测度就是经济活动人口。依据国际劳工组织（ILO）的有关决议以及联合国SNA和SSDS（社会人口统计体系）的定义，经济活动人口字面意思是指具有经济活动能力的人口。经济活动是指各种为了获取工资或赚取利润以及其他报酬而从事的活动。因此经济活动人口具体是指具有劳动力的，且达到法定劳动年龄、从事或正在寻求有报酬工作的人口数。

中国现行统计制度规定，经济活动人口指的是16周岁及以上，有劳动能力，参加或要求参加社会经济活动的人口，包括就业人员和失业人员，也成现实的人力资源。这与国际规范基本一致，国际劳工组织（ILO）的标准建议是劳动力人口应该有一个年龄下限，但并未指明这一下限年龄是多少岁，也并不给定年龄上限。而各国根据国情下限设置存在差异，例如，对于劳动人口起始年龄的规定，中国为16周岁，意大利为14周岁，而加拿大、英国、日本为15周岁。

与经济活动人口相对应的概念是非经济活动人口。在统计非经济活动人口的时候有两种口径：一种是窄口径的非经济活动人口，是相对于劳动适龄人口而言的，它是从劳动适龄人口中扣除经济活动人口得到的人口总数；另一种是宽口径的非经济活动人口，是相对于人口总量而言的,是从人口总量中剔除经济活动人口以后剩余的人口总数。

经济活动人口与劳动适龄人口是两个既紧密联系,又相互区别的概念。由表2—1可知,劳动适龄人口包括经济活动人口,且大部分都属于经济活动人口,但已丧失劳动能力或没有就业愿望的劳动年龄人口则应排除在外,如在校学生、待升学者、家务劳动者,还有极少量的赋闲者通常不算入经济活动人口。

从人口总量中除去经济活动人口之后,余下的部分是宽口径的非经济活动人口,即没有从事、也不要求从事有报酬工作的全部人口。它由劳动适龄人口中的不在劳动力人口以及所有非劳动适龄人口构成,主要包括:未达到法定劳动年龄的人口,已达到法定劳动年龄但不具备或丧失劳动能力的人口,达到法定劳动年龄且具备劳动能力却没有就业要求的人口(如家务劳动者、在校学生、离退休人员和养老金享受者),游离于社会生产体系之外的自食其力的人口(如原始部落的人群),以及其他被赡养的人口。其中大部分概念界定与国际上一致,部分存在差异,例如女性干部55周岁,关于退休人口的年龄下限各国基于国情存在不同,中国现行法定退休年龄一般为:男性干部和工人60周岁,女性干部55周岁,女性工人50周岁,而美国男性女性法定退休年龄均为67岁,日本男性女性退休年龄则均为65周岁。

3. 就业人口

国际上通用的就业人口指的是那些达到法定劳动年龄、在一定时期之内从事一定社会劳动并取得劳动报酬或经营收入的人口。具有下列情况者都被统计为就业人口:(1)正在工作中,即在规定时期内正在从事有收入的职业的人;(2)有职业但临时没有工作的人,如由于疾病、事故、劳动争议、休假、旷工或气候不良等原因而临时停工的人;(3)雇主和自营人员,或正在协助家庭经营企业或农场而不领取报酬的家属成员,在规定时期,从事正常工作时间1/3以上者。

中国现行统计制度规定,就业人员指的是所有年龄在16岁及以上,在一定时期内从事一定的社会劳动并取得劳动报酬或经营收入的人员。具体包括:(1)有酬从业人员(包括在岗职工、再就业的离退休人员);(2)自营从业人员(包括私营业主和个体业主、私营和个体就业人员);(3)其他就业人员(包括民办教师、宗教职业者、现役军人等)。

4. 失业人口

失业人口是指达到法定劳动年龄,在一定时期之内没有工作或者有就业意愿并积极寻找工作的人口。非劳动适龄人口、丧失劳动能力或不希望就业的劳动适龄人口,以及自我雇佣的个体经营者,这些都不属于失业人口的范畴。

迄今为止,世界各国对于失业的定义及相关统计标准仍存在较大差异。国际劳工组织(ILO)曾将失业的标准界定为满足:(1)没有工作,既没有被雇佣也没有自谋职业;(2)目前可以工作,即具备劳动能力;(3)愿意并正在寻找工作。换言之,失业必须同时符合三个条件:一是没有工作,二是能够到岗,三是积极寻找工作。

然而,具体到每个国家实际执行这些标准时往往存在着不同的理解与解释,再结合各国的具体情况,因而不同国家给出的失业定义存在差异。例如,美国规定,劳动者在一周之内从事有报酬的工作不足1小时者视为失业;而中国劳动部门规定,由劳动能力和劳动意愿的劳动者在一个月内从事有报酬的劳动不足15个工作日的即为失业。因此在进行失业状况的国际比较时,不宜直接对数据进行简单对比,而需要按照某种统一的标准对有关国家的失业数据进行调整,据此进行比较所得结果才具有实际意义。

在中国特定某一时期里,曾存在过与失业有些类似的另一个概念——下岗,两者的相同之处是失业者与下岗者都没有工作且都没有收入;两者的不同之处则在于:失业者没有工作单位,而下岗者虽失去了工作的机会,但名义上还属于原单位职工,他们和辞职人员有所差别。例如社会上有些单位还替下岗人员交纳社会养老保险金。

此外,在中国,由于农村幅员辽阔,农业人口比重大,且农业生产大多属于农民自主经营的类型,农村劳动力与农业生产资料通常处于自然结合的状态,在这里就业与失业并没有明显的界限,区分起来非常困难。因而中国的就业(失业)核算目前主要限于城镇范围,所采用的指标主要是"城镇登记失业人员",具体指的是有非农业户口、在一定的劳动年龄内(16周岁至退休年龄)、有劳动能力,无业而要求就业,并已在当地就业服务机构进行求职登记的人员。应该注意到,"登记失业"还不是完整的"失业"概念,据此得到的失业指标在分析上也有一定的局限性。

(二)劳动力资源结构分析

1. 劳动参与率

劳动参与率是用来反映一国或者一个地区的劳动力参与经济社会发展程度的重要指标。劳动参与率有广义和狭义两种形式。

(1)广义的劳动参与率

广义的劳动参与率反映的是经济活动人口在一个国家或地区所拥有的人口总量的中所占的比重,其计算公式为:

$$广义的劳动参与率 = \frac{经济活动人口}{人口总量} \times 100\% \qquad (2.2.1)$$

该指标说明了人们参与和从事社会经济活动的普遍程度,反映了对人力资源利用的数量和质量情况。

(2)狭义的劳动参与率

狭义的劳动参与率是经济活动人口(包括就业者和失业者)占劳动适龄人口的比率,是用来衡量人们参与经济活动状况的指标。其计算公式为:

$$狭义的劳动参与率 = \frac{经济活动人口}{劳动适龄人口} \times 100\% \qquad (2.2.2)$$

式中,经济活动人口=就业人口+失业人口。

这一指标反映了一定时期内全部劳动力资源的实际利用情况,是研究中国基本国情国力的重要指标。

2. 就业率与失业率

就业率指标是计算就业人口占经济活动人口的比重。其计算公式为:

$$就业率 = \frac{就业人口}{经济活动人口} \times 100\% \qquad (2.2.3)$$

式中,经济活动人口=就业人口+失业人口。

失业率是政府、企业和住户共同关注的一个经济敏感性指标,它不仅直接反映社会劳动力的失业水平和供求状况,而且间接反映经济发展的景气情况。失业率是相对量指标,是反映失业人口在经济活动人口中的占比情况,其公式为:

$$失业率 = \frac{失业人口}{经济活动人口} \times 100\% \qquad (2.2.4)$$

目前,中国常用的是城镇调查失业率和城镇登记失业率指标。

城镇调查失业率是指城镇调查失业人数占城镇就业人数与城镇失业人数之和的比重,其公式为:

$$\text{城镇调查失业率} = \frac{\text{城镇调查失业人数}}{\text{城镇就业人数} + \text{城镇调查失业人数}} \times 100\% \qquad (2.2.5)$$

城镇登记失业率是指城镇登记失业人员占城镇单位就业人员(扣除使用的农村劳动力、聘用的离退休人员、港澳台及外方人员)、城镇单位中的不在岗职工、城镇私营业主、个体户主、城镇私营企业和个体就业人员、城镇登记失业人员之和的比重。其公式为:

城镇登记失业率＝城镇登记失业人员／[(城镇单位就业人员－使用的农村劳动力
　　　　　－聘用的离退休人员－聘用的港澳台及外方人员)
　　　　　＋城镇单位不在岗职工＋城镇私营业主＋个体户主
　　　　　＋城镇私营企业和个体就业人员＋城镇登记失业人员] 　　(2.2.6)

式中,城镇登记失业人员是指有非农户口,在一定的劳动年龄(16岁至法定退休年龄)内,有劳动能力,在计算期内无业并根据人力资源和社会保障部《就业登记规定》在当地劳动保障部门登记失业的人员。不包括:(1)正在就读的学生和等待就学的人员;(2)已经达到国家规定的退休年龄或虽未达到退休年龄但已办理了退休退职手续的人员;(3)尚有部分劳动能力但需要特殊安排的残疾人;(4)其他不符合失业定义的人员。

3. 人口红利

当人口年龄结构处在最富有生产性的阶段时,充足的劳动力供给和高储蓄率为经济增长提供了一个额外的源泉,这被称作人口红利。从经济意义上说,人口红利是人口转型过程中出现的人口年龄结构优势导致的高劳动力参与率对一国经济增长的积极效应,而对人口红利作用的衡量则常用劳动年龄人口规模的增加和比重的上升来表示。其计算公式可以表示为:

$$\text{人口红利} = \frac{\text{劳动适龄人口}}{\text{人口总量}} \times 100\% \qquad (2.2.7)$$

劳动适龄人口占总人口数量的比重越低,说明未来不符合劳动年龄人口的人越多,而这部分人包括两部分,一是16岁以下人口,这部分人越多则未来劳动力资源发展会出现增长趋势;二是需要注意的老年人口,如果人口老龄化问题严重,则实际的未来劳动力资源反而会出现下降趋势,因此需结合实际的人口年龄分布情况来观察劳动力资源占人口比重的指标值。

(三)就业弹性分析

经济增长的就业弹性,简称就业弹性,是以经济增长(GDP)为自变量,就业量为因变量计算出来的弹性。指在影响经济增长的其他因素不变时,经济增长变化一个百分比引起的就业变化的比率,即经济增长对就业的吸纳能力。

假设 L 为就业量,ΔL 为就业增加量,Y 为 GDP,ΔY 为 GDP 增加量,G_L 为就业增长率,G_Y 为 GDP 增长率。则就业弹性的计算公式为:

$$E_L = \frac{\Delta L}{L} \Big/ \frac{\Delta Y}{Y} = G_L / G_Y \qquad (2.2.8)$$

就业弹性系数等于就业增长率与经济增长率之间的比值。显然,就业弹性与经济增长和就业增长两因素有关。就业弹性一方面反映经济对就业的拉动性。一般说来,就业弹性越大,经济增长带动就业增长的效果就越大,依靠经济增长拉动就业的作用就越明显。在经济增长速度相对稳定的前提下,保持较高就业弹性对于就业和再就业增长更具现实意义;而当就业弹性水平较低时,即使经济保持高增长,也不一定会对就业有较强劲的拉动。

就业弹性另一方面也反映了就业对经济的推动性。就业弹性的高低并不直接反映就业形势的好坏,就业弹性高并不说明就业更加充分;反之,就业弹性低也不意味着失业更加严重。分析就业弹性变化趋势的目的是为了更好地把握就业形势。我们可以从就业弹性的结构变化中对就业状况做出判断,判断出哪种产业最能带动就业增长,而其中又是哪些行业最能拉动就业,从而有助于我们寻求促进扩大就业政策的正确而较为有效的路径,有利于提高扩大就业政策的有效性。

当就业弹性为正值时,含义比较简单和容易解释:弹性高,经济增长对就业的拉动效应大;弹性小,经济增长对就业的拉动效应低。一般来说,在经济不断趋向成熟的过程中,就业的弹性会出现逐渐减小的趋势。就业弹性不断减小说明,每创造一个增量的价值所需要的劳动增量变小了,这实际上意味着劳动生产率的提高。劳动生产率的提高主要途径有两个:一个是技术进步,另一个是与经济结构相对应的就业结构的变化。由于技术进步,过去由两个人做的工作现在由一个人即可完成,就业弹性必然会降低。如果资金相对密集型达到产业和行业的经济增长高于劳动相对密集的产业或行业,就业弹性也会变小。

当就业弹性为负值时,弹性的含义就变得比较复杂,形成一种"海绵"效应,即经济增长对就业的作用在这种情况下可以分为两种:一种为"挤出"效应,这种效应来自于经济为正增长但就业减少的情况,此时就业弹性绝对值越大,对就业"挤出"效应就越大,就业弹性绝对值越小,对就业"挤出"效应就越小;另一种方"吸入"效应,这种效应来自于经济为负增长但就业增加的情况,此时就业弹性绝对值越大,对就业的"吸入"效应就越大,就业弹性绝对值越小,对就业"吸入"效应就越小。严格说来,"吸入"效应不是一种正常的经济现象,这种现象有悖于经济发展的一般规律,比如典型的农村经济对劳动力的"蓄水池"作用。此外,如果就业弹性为零,说明经济增长对就业增长没有拉动作用。当然,在经济增长率为零的情况下,就业弹性也就不存在了。

二、人力资本测算理论和方法

人力资本测算实际上是对劳动力资源的一种质量测定。要测算人力资本首先要厘清劳动力和人力资本的概念和口径问题。人力资本是关于劳动者所拥有的科学知识、经验技能、体力和健康,以及获取未来收入的能力等素质的综合测度。从成本法的角度出发,广义上来说,人力资本包括有形人力资本、教育培训投资、卫生保健投资及研究发展投资。依次来看:(1)有形人力资本是指将一个儿童培养到15岁所需的消费支出;(2)教育培训投资,属于无形资本;(3)卫生保健投资,属于无形资本;(4)研究和发展投资,该项为无形非人力资本。

与物质资本类似,人力资本同样可以测算存量。人力资本存量水平是指一定时点上通过投资形成的、蕴藏于劳动者身上的知识和技能的总量。依据劳动者是否处于实际就业状态,人力资本存量可区分为人力资本资源总量和人力资本运行总量,前者反映特定时点潜在的人力资本存量,对应物质资本中的物质资本存量概念,后者反映特定时点实际投入经济运行的人力资本存量,即人力资本投入,对应物质资本中的物质资本投入量概念。人力资本资源总量是人力资本投资积累的直接结果,资源总量的一部分伴随其载体——劳动力进入就业状态从而成为实际运行中的人力资本总量,即人力资本运行总量。

在界定了人力资本以后,劳动或简单劳动就限定于以成年人体力为基础的基本生产能力。那么具体哪几项可以称谓真正的人力资本呢?钱雪亚等人(2008)提出一个界定的标准:"某一项支出是否属于人力资本投资,关键在于这项支出的目的是否在原来一般劳动力的基础上增加了该劳动力的人力资本存量"。根据这条判断标准:教育培训投资直接增加了知识技能水平,卫生保健投资通过影响劳动者的健康水平间接影响人力资本的有效存量水平,故通过教育保健研发形成的人类生产能力就成为狭义的人力资本。有形人力资本与简单劳动概念有所重合也有所不同,有形人力资本是从投资角度讲的以货币衡量的,简单劳动是劳动的投入,是从劳动数量角度讲的以劳动时间或人数衡量。有形人力资本没有投入生产就不是劳动投入。

正如 Lucas(1988)所指出的那样,人力资本在经济增长的模型分析中是经济增长的动力,可人力资本却是无法在现实中观察到的变量。经过近几十年的研究和应用,人们对人力资本的认识逐渐加深,一些测算人力资本的方法得以提出。常见的测算方法有:

（一）成本法

此类方法认为人力资本的形成源于投资,由此人力资本投资的成本支出可以看作人力资本的形成额,于是可以将人力资本与物质资本同样看待,基于物质资本存量的测算思路来测量人力资本存量。

成本法的人力资本存量运用永续盘存法进行测算,对人力资本的投资支出进行累计,并对已有的人力资本存量进行折旧,其公式表示为:

$$HCS_t = (1-\delta)HCS_{t-1} + PHC_t \qquad (2.2.9)$$

式中,HCS_t 和 HCS_{t-1} 分别表示本期和上期的人力资本价值存量,δ 为折旧率,PHC_t 为以固定价格计算的本期人力资本投资额。有形的人力资本投资主要是平均的终生养育费用,无形的人力资本投资包括个人、企业、政府用于正式和非正式教育的成本,如表2-2所示。

表2-2　三大主体的无形人力资本投资内容

投资主体	无形人力资本投资内容
个人	(1)私人正式教育投资:私人教育机构场所与设备的净租金,以及学生的开支、学生的潜在收入等;(2)私人非正式教育投资:私人部门用于广播、电视、书刊、博物馆等方面的支出
企业	政府非正式教育支出:公共财政用于图书馆、娱乐设施的成本,以及军费开支
政府	企业非正式教育支出:如常规会议中的教育成分

基于成本的人力资本测算方法虽然能够提供资源流量现值,有利于成本效益分析,但人力资本投资往往很难界定,因为其往往既具有投资的特点,又具有消费特点,且永续盘存法估计人力资本存量时的折旧率和价格因素对结果有重要影响,但往往难于确定。因此,在中国目前的数据条件下,成本法主要适于测算人力资本投资流量而非存量。

（二）终生收入法

收入法测算人力资本存量其核心是通过人力资本产生的未来收益现值之和来反映,此时可以用收入流贴现公式进行计量。Jorgenson 和 Fraumeni 的终生收入法(简称 J-F 法)以个人预期生命期的终生收入现值来衡量个体人力资本水平,并通过对个体人力资本水平的加总得到社会的人力资本水平。采用终生收入而不是当前收入来度量人力资本的一个重要原因,是因为这样能够更加准确合理地反映出教育、健康等长期投资对人力资本积累的重要作用。

终生收入法在人力资本测算领域得到了广泛的应用,许多国家还用它来构建人力资本账户。该方法测算的人力资本存量与成本法相同,也是货币价值量指标。其主要观点是工资收入中含有人力资本的信息,高人力资本意味着高工资收入,不同的工资收入水平意味着不同的人力资本,工资的相对差异反映了人力资本的相对差异。

终生收入法主要通过生存率、升学率和就业率来估计预期未来收入。在估计未来的收入现值时,终生收入法考虑到了劳动收入增长率和折旧率,并假设二者是不变的。同时,使用倒推的方式,从60岁、59岁、58岁等一直推到0岁。对于青少年人群,计算的是其毕业后的预期终生收入。

生命周期可以划分为五个阶段,预计收入的计算也相应地使用不同的公式,用表2-3展示

J—F法的这五个划分阶段及各阶段的预期收入计算公式。

表2—3　J—F法计算的五阶段介绍

阶段	阶段描述	预期收入公式	公式说明
第五阶段	退休,不上学不工作:假设男性大于等于60岁,女性大于等于55岁	$mi_{y,s,a,e} = 0$	y代表年份,s代表性别,a代表年龄,e代表受教育程度。mi代表劳动者预期未来的终生劳动收入。这个公式表示:退休的人的预期未来终生收入为0。
第四阶段	工作,不上学:这一阶段的年龄限制为:女性(25—54),男性(25—59)	$mi_{y,s,a,e} = ymi_{y,s,a,e}$ $+ sr_{y+1,s,a+1}$ $\times mi_{y,s,a+1,e}$ $\times \dfrac{1+G}{1+R}$	sr是该人群的存活率,即劳动者活到下一岁的概率;ymi代表a岁的群体当年的年收入;G为实际增长率,R为折现率;假设y年a岁的人在$y+1$年时的预期未来收入等于y年$a+1$岁相应人群的预期未来终生收入,折现后最后再乘以存活率sr得出。
第三阶段	边上学边工作:该阶段年龄限制为16—24岁	$mi_{y,s,a,e} = ymi_{y,s,a,e}$ $+ [senr_{y+1,s,a+1,e+1}$ $\times sr_{y+1,s,a+1} \times mi_{y,s,a+1,e+1}$ $\times (1-senr_{y+1,s,a+1,e+1})$ $\times sr_{y+1,s,a+1} \times mi_{y,s,a+1,e}]$ $\times \dfrac{1+G}{1+R}$	$senr$是该群体的升学率;假设y年a岁受教育程度为e的人在$y+1$年时的预期未来收入可以分为两种情况:①继续读书的人,即y年$a+1$岁,受教育程度为e的相应人群,有概率为$senr$人的预期未来终生收入;②没有继续读书的人,即y年$a+1$岁受教育程度为e的人群中有概率为$1-senr$的人的预期未来终生收入。
第二阶段	上学,但没有工作:该阶段年龄限制为6—15岁	$mi_{y,s,a,e} = [senr_{y+1,s,a+1,e+1}$ $\times sr_{y+1,s,a+1} \times mi_{y,s,a+1,e+1}$ $\times (1-senr_{y+1,s,a+1,e+1})$ $\times sr_{y+1,s,a+1} \times mi_{y,s,a+1,e}]$ $\times \dfrac{1+G}{1+R}$	读书的学生没有年收入,因此该式没有年收入ymi,其他与上式一致。
第一阶段	既不上学也不工作:这个阶段可假设为0—5岁人群	$mi_{y,s,a,e} = sr_{y+1,s,a+1}$ $\times mi_{y,s,a+1,e}$ $\times \dfrac{1+G}{1+R}$	y年a岁的人在$y+1$年时的预期未来收入,等于y年,$a+1$岁,受教育程度为e的人的预期未来终生收入

测算了每一阶段人群的预期未来终生收入后,再测算各人群的人力资本存量数据。一个国家总人口的预期未来终生收入,即从收入角度出发测算的人力资本存量为:

$$MI(y) = \sum_s \sum_a \sum_e mi_{y,s,a,e} L_{y,s,a,e} \qquad (2.2.10)$$

式中,用$L_{y,s,a,e}$表示y年,性别为s,年龄为a,受教育程度为e的人口数,mi为各阶段人群的预期未来收入量。

采用终生收入法核算人力资本存量需具备三个条件:一是掌握所核算的人力资本对象所能获得收入的生命周期长度;二是整个生命周期的货币收入量;三是折现率的标准。这种方法由于收入数据在中国不易收集,故在研究中使用较少。终生收入法测算人力资本的关键是要确定未来收入及其折现率。从中国现有官方统计资料来看,尚不具备采用收入折现法测量人力资本存量的充分条件,学者的测算也是基于一系列假设及其他来源数据做补充的情况下得出的结果,而假设是否合理,其他来源数据是否准确都将影响估算结果。

(三)教育指标法

由于成本法、收入法在测算人力资本存量中存在的未解问题,考虑到教育是形成人力资本的重要源泉,因此目前被广大学者采用的一般做法是利用相关教育指标作为人力资本的代表,平均受教育年份和总受教育年限是两个最常用的替代指标。

教育指标法是 Barro 和 Lee 于 1993 年提出的,它的出发点是教育是人力资本积累的主要途径,故自然想到用人们所受教育程度来对人力资本进行估算。其基本思想是:受教育程度不同的人具有不同人力资本,因而将劳动者按照受教育年限进行分类,运用教育回报函数对各劳动者的人力资本进行估算,进而对各类劳动者的人力资本进行汇总从而得到经济体的人力资本总量。该方法设定人力资本存量总量为:

$$H = e^{rs} L \tag{2.2.11}$$

式中,L 为劳动力人数,s 为受教育年限,$\varphi(s)$ 为以单位具有 s 年教育的劳动力的生产效率,通常其导数被认为是教育收益率 r,即 $\varphi'(s) = r$,也即 $\varphi(s) = rs$。

因此,最终的人力资本存量总量为:

$$H = e^{\varphi(s)} L \tag{2.2.12}$$

考虑到教育的阶段性,可以将人力资本测算公式写为分段函数的形式,第 i 个受教育级别的劳动力总量人力资本存量为:

$$H = e^{\sum_{j=1}^{i} r_j s_j} L, i = 1, 2, \cdots, k \tag{2.2.13}$$

该方法还有只考虑受教育年限的简化测算方法,仅用各年龄段平均受教育年限与相应劳动力数量的乘积来代表人力资本存量。虽然计算极为简单,但却忽略不同受教育水平回报率的差异。

教育指标法仅考虑教育对人力资本积累的作用,并没有考虑人力资本积累的其他方式(如干中学、在职培训)。在具体使用时,还存在着一个教育回报函数的选择,人力资本估算的结果强烈地依赖于对不同年限的教育回报所进行的估算。目前对于教育指标的选择也较多,有人选用教育投资数据,有人选用劳动人口平均受教育年限,有人选用入学率等,且基于不同指标的测算结果往往差异较大,缺乏一定的稳定性。

第三节 中国资本存量实证测算

这里首先假定中国所有资本品在达到使用年限后同时退役,即采用同时退役模式。在此基础上,本节结合中国基期资本存量以及折旧率未知的具体情况,分别使用相对效率几何下降模式的 PIM 简化方法和相对效率双曲线下降模式的 PIM 标准方法,探讨不同方法下估算结果的差异、影响与启示,为探索适合中国国情的资本存量测算方法打下基础。

一、资本存量测算方法说明

(一)几何模式"年龄—效率"函数的 PIM 简化方法

在同时退役模式下,由于不需要考虑残存函数,同时,重置率 I_t 等于不变的折旧率 δ,就可以得到 PIM 的简化公式:$K_t^p = I_t + (1-\delta) \times K_{t-1}^p$。显然,若有建筑安装工程、设备工器具和其他费用三类资本品的基础数据,就可以计算 PIM 简化法的生产性资本存量。

(二)双曲线模式"年龄—效率"函数的 PIM 标准方法

该方法是在资本存量总额测算的基础上,通过"年龄—效率"函数转化为生产性资本存量测算,通过"年龄—价格"函数转化为资本存量净额测算。为方便后续比较,此处采用双曲线模式的"年龄—效率"函数:

$$d_\tau = \frac{L-\tau}{L-b\tau} \qquad (2.3.1)$$

参数 b 参考澳大利亚统计局(ABS)和美国劳工统计局(LBS)的设定,将设备工具类和其他投资类均取为 0.5,建筑安装工程类取为 0.75。在已知 d_τ 和历年固定资本形成数据后,在同时退役模式下,利用下式就可以计算得到生产性资本存量。

$$K_t^p = \sum_{\tau=0}^{L-1} d_\tau \times I_{t-\tau} \qquad (2.3.2)$$

在此测算框架下,"年龄—价格"函数依赖于"年龄—效率"函数,同一资产在不同使用年限的价值为:

$$P_t = \sum_{\tau=0}^{L-1} \frac{d_\tau \times C_{t+\tau}}{(1+r)^\tau} \qquad (2.3.3)$$

式中,r 是利息率(或报酬率),参考国内企业债券收益率和银行中长期贷款利率水平,这里设定为 5%,C_t 是 t 期资本租赁价格($t=1,2,\cdots,T$),由于在估算资本存量总额时使用了不变价,消除了价格变动产生的影响,此时将资本租赁价格视为不变。则"年龄—价格"函数形式为:

$$AP_\tau = P_t/P_0 \qquad (2.3.4)$$

在已知某类资产的"年龄—价格"函数与历年固定资本形成数据后,就可以利用式(2.1.4)直接计算得到资本存量净额。

二、变量参数选择与数据来源说明

接下来分别使用上述两种方法估算中国 1952—2013 年的资本存量。本节测算所采用的变量参数和数据来源具体说明如下:

(一)新增资本流量的选择

选取固定资本形成总额作为新增资本流量,一方面数据的可获得性好,另一方面 OECD 也建议使用这个指标。由于官方统计部门并未公布固定资本形成总额结构分类数据,为了获取后续估算所需的分类数据,这里假定建筑安装工程、设备工器具和其他类投资在全社会固定资产投资中和固定资本形成总额中的比重相同。计算得到三类投资占全社会固定资产总投资比重的平均数分别为 62.3%、27.9% 和 9.8%。

(二)投资品价格指数的选择

在合并资产类型估算中,选取固定资产投资价格指数作为投资品价格指数。官方统计部门只公布了 1990 年以后的全国固定资产投资价格指数,但是 1997 年出版的《中国国内生产总值核算历史资料 1952—1995》隐含了该指数,则 1952—1990 年使用固定资产投资隐含平减指数,计算公式如下:

$$\text{某年的固定资产投资隐含价格指数}(1952=100)$$
$$= \frac{\text{某年的固定资本形成总额(当年价)}}{\text{1952 年的固定资本形成总额(1952 年价)} \times \text{某年的固定资本形成指数}} \qquad (2.3.5)$$

(三)基期资本存量的选择

对于基期资本存量的确定,为尽量保证基期资本存量估算的客观性和合理性,参考 Hall 和

Jones(1999)稳态法。这种方法用式(2.3.6)表示：
$$K_0 = I_0(1+\mu)/(\mu+\delta) \quad (2.3.6)$$
式中，K_0 为基年的资本存量，I_0 为基年新增投资，δ 为折旧率，μ 为投资的年均几何增长率。由于1951年的固定资本形成总额在年鉴上未公布，故1952年各类资本品的增长率无法计算，这里采用1952年的资本形成总额比上折旧率与1953—1957年间各类资本品年均几何增长率。为了与PIM标准方法保持一致，此处的估算对不同资产类型分别进行，在估算出各类资产资本存量净额的基础上，加总得到全部资产类型的基期资本存量(见表2—4)。由此可得1952年中国资本存量为321.4亿元。

表2—4 三类资本品的基期资本存量 单位：亿元

年份	1953	1954	1955	1956	1957	年均几何增长率	1952年资本存量
I(建筑安装)增长率	0.54	0.10	0.04	0.56	−0.10	0.198	K=52.62(1+0.198)/(0.198+0.077)=229.2亿元
I(设备工器具)增长率	0.26	0.48	0.34	0.49	−0.09	0.286	K=20.5(1+0.286)/(0.286+0.182)=56.3亿元
I(其他投资)增长率	0.29	0.65	−0.29	0.29	−0.25	0.079	K=7.59(1+0.079)/(0.079+0.149)=35.9亿元

资料来源：作者整理。

(四)折旧率的选择

采用Maddison(1993)的建议，设定建筑安装、设备工器具和其他投资的使用年限分别为40年、16年和20年。

首先，对于PIM简化方法，这里利用残值率和使用年限来估计折旧率的方法。其计算公式为：
$$\delta_i = 1 - (d_i)^{\frac{1}{t_i}} \quad (2.3.7)$$
式中，i 为资本品类别，δ_i 为该类资本品的折旧率，t_i 为该类资本品的使用年限，d_i 为资本品的残值率。这里设定残值率为4%[①]，即假定资本品退出使用时，相对效率为新资本品的4%。

其次，在PIM标准方法中，用可比价折旧额占可比价资本存量净额的比率估算出折旧率。具体过程见表2—5。

表2—5 三类资本品的折旧率及总折旧率

设备工器具类				建筑安装工程类				其他费用类				折旧率(%)
寿命(年)	残值率(%)	折旧率(%)	权重(%)	寿命(年)	残值率(%)	折旧率(%)	权重(%)	寿命(年)	残值率(%)	折旧率(%)	权重(%)	
16	4	18.2	27.9	40	4	7.7	62.3	20	4	14.9	9.8	11.3

资料来源：作者整理。

(五)数据来源说明

利用数据对资本存量进行测算：1952—2004年固定资本形成总额来自《中国国内生产总值核算历史资料：1952—2004》，2005—2013年数据来自对应年份的《中国统计年鉴》；1952—1991年投资品价格指数使用固定资产投资隐含平减指数，1992年以后使用《中国统计年鉴》公布的固定资产

---

① 中国法定残值率约为3%—5%，一般取中间值4%。

投资价格指数;1952—2013年中国国内生产总值和国内生产总值指数来自国家统计局;1952—1980年建筑安装工程类、设备工器具类资产的相关数据来源于《中国统计年鉴1981》,1952—1980年其他费用类资产的相关数据则直接根据《中国统计年鉴1981》提供的前两类资产的比重加以计算①,1981—2013年各项比重数据来自历年《全国固定资产投资年鉴》。

三、中国资本存量测算分析

采集数据代入两种方法可以得到资本存量测算结果,见表2-6。从资本存量的数值上来看,PIM标准方法大于PIM简化方法。2013年,PIM标准方法计算得到的生产性资本存量比PIM简化方法分别多出大约14万亿元(1952年价),是同期GDP的1.64倍,这意味着不同方法估算的生产性资本存量在全要素生产率分析等研究中将影响结论的稳健性;加入资本存量净额后两种结果的数值差异也非常大,这一结果反映了两者在折旧率上的差异。具体而言,PIM标准方法的常数折旧率分别是11.3%,而PIM标准方法的时变折旧率在3.6%—7%之间②,呈现前高后低的趋势。

表2-6 三种方法估算的中国资本存量结果(1952年价)

年份	KP1（亿元）	KP2（亿元）	KN2（亿元）	折旧率(%) 资产1	折旧率(%) 资产2	折旧率(%) 资产3
1952	321.40	321.40	321.40	—	—	—
1953	401.77	434.08	427.37	1.92	8.14	3.93
1954	499.86	571.80	555.87	1.99	8.61	3.82
1955	598.16	718.37	689.89	2.05	8.95	4.54
1956	764.84	941.49	896.73	2.10	9.21	4.62
1957	886.78	1134.39	1067.81	2.14	9.38	5.12
1958	1156.34	1484.50	1391.49	2.19	9.70	4.70
1959	1472.11	1903.72	1775.08	2.21	9.69	4.99
1960	1791.98	2353.53	2178.68	2.23	9.79	5.21
1961	1827.79	2544.85	2312.67	2.26	9.97	5.89
1962	1792.01	2661.72	2369.09	2.33	10.56	6.23
1963	1789.81	2801.99	2448.77	2.41	11.32	6.42
1964	1863.31	3010.71	2597.10	2.48	12.07	6.48
1965	1996.70	3278.74	2804.09	2.54	12.65	6.48
1966	2178.61	3599.41	3062.35	2.59	12.98	6.11
1967	2255.63	3822.51	3221.43	2.64	13.11	6.30
1968	2311.12	4020.16	3358.38	2.70	13.58	6.55
1969	2480.58	4331.35	3606.67	2.78	13.82	6.49
1970	2778.08	4776.53	3988.39	2.83	13.75	6.25
1971	3095.64	5259.74	4403.55	2.86	13.25	6.53
1972	3389.17	5739.15	4809.99	2.88	12.88	6.79
1973	3692.71	6247.81	5239.24	2.91	12.57	6.93
1974	4047.33	6824.72	5731.24	2.95	12.26	6.94

① 其他费用类比重=100-建筑安装工程类比例-设备工器具类比例。
② 按三类资产的比重加权得到。

续表

年份	KP1（亿元）	KP2（亿元）	KN2（亿元）	折旧率(%)		
				资产1	资产2	资产3
1975	4487.28	7516.53	6322.96	2.97	11.94	6.79
1976	4856.22	8177.19	6861.61	2.99	11.69	6.86
1977	5216.47	8863.91	7402.09	3.02	11.68	6.88
1978	5692.57	9689.92	8066.99	3.05	11.87	6.82
1979	6169.22	10542.70	8748.05	3.06	12.01	6.84
1980	6718.81	11494.34	9520.59	3.07	12.28	6.75
1981	7182.85	12394.24	10232.95	3.07	12.55	7.16
1982	7712.73	13387.10	11030.62	3.07	12.86	7.16
1983	8342.57	14515.00	11952.86	3.08	13.09	7.19
1984	9197.46	15901.13	13126.83	3.08	13.19	7.06
1985	10245.59	17534.07	14535.45	3.08	13.03	6.81
1986	11392.65	19338.29	16096.00	3.07	12.77	6.73
1987	12755.33	21442.64	17930.82	3.06	12.56	6.51
1988	14202.72	23732.38	19920.55	3.04	12.33	6.44
1989	15099.76	25575.43	21431.59	3.03	12.15	6.68
1990	15986.00	27455.89	22961.49	3.04	12.24	6.64
1991	17156.50	29665.75	24800.94	3.05	12.33	6.44
1992	18837.64	32460.08	27194.04	3.06	12.35	6.13
1993	21181.45	36056.22	30325.52	3.05	12.29	5.66
1994	24055.30	40363.06	34104.49	3.04	12.18	5.59
1995	27337.68	45309.71	38440.95	3.01	12.04	5.36
1996	30894.82	50791.92	43232.45	2.98	12.08	5.40
1997	34459.95	56561.20	48221.54	2.95	12.10	5.42
1998	38341.68	62902.03	53691.77	2.94	12.05	5.39
1999	42351.60	69653.73	59470.65	2.93	12.04	5.52
2000	46717.10	77060.98	65790.26	2.93	12.03	5.55
2001	51605.59	85308.46	72810.71	2.93	12.01	5.56
2002	57501.04	94918.99	81046.35	2.93	11.98	5.47
2003	65070.20	106638.99	91223.27	2.93	11.97	5.38
2004	73928.67	120236.59	103056.76	2.92	11.89	5.47
2005	83768.64	135513.99	116304.57	2.91	11.80	5.52
2006	95539.79	153465.60	131954.06	2.90	11.75	5.53
2007	108897.87	173895.26	149760.83	2.88	11.65	5.54
2008	123908.12	196990.06	169879.00	2.86	11.62	5.60
2009	144136.20	226439.36	195944.83	2.85	11.57	5.54
2010	166576.54	259727.46	225307.37	2.82	11.49	5.53
2011	190428.63	296231.03	257258.97	2.80	11.46	5.68
2012	216221.67	336553.95	292398.76	2.77	11.51	5.78
2013	244293.23	381161.79	331140.35	2.76	11.58	5.95

说明：KP1、KP2分别是PIM简化方法和PIM标准方法计算的生产性资本存量，KN2是PIM标准方法计算的资本存量净额；资产1、资产2和资产3分别是建筑安装工程、设备工器具及其他费用三类资本品。

第四节 中国劳动力供给和人力资本测算分析

一、中国劳动力供给情况的统计描述

(一)劳动力资源的总量情况

根据我国国务院人口普查办公室即国家统计局人口和就业统计司统计并公布的全国第5次与第6次人口普查数据,整理2000年及2010年劳动力资源总量数据如图2—5所示。可以发现,全国经济活动人数及就业人数整体呈增长趋势,失业人数下降[①],具体体现为经济活动人口2000年为69354777人,而2010年为73666301人,10年内增长了约431万人;就业总人数从2000年的66874889人增长到2010年的71547989人,增加幅度约为467万;而失业总人数则从2479888人降至2118312人,减少近36万人。由于经济活动人口由就业人口与失业人口组成,故可以发现10年内我国经济活动人口增加主要源于就业人口增加,且增加的绝对量明显大于失业人口减少量。

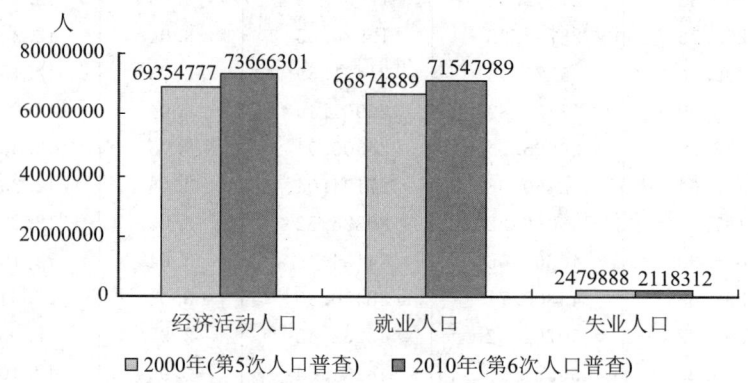

图 2—5 2000 年、2010 年我国劳动力资源总量情况

数据来源:国家统计局《中国 2000 年第五次人口普查资料》及《中国 2010 年第六次人口普查资料》。

进一步汇总全国劳动力资源总量普查数据并进行相关比率计算得到表2—7。分析表2—7可知,2000年我国全国总人口为118067424人,其中16周岁及以上的有88335047人,到2010年总人口数升至127339585人,而其中劳动年龄人口数增加至103817124人,据此我们计算得到我国劳动年龄人口占比已从2000年的76.46%增长为2010年的81.53%,表明从整体上来看,我国人口红利在此期间是呈上升趋势的。此外,结合10年间经济活动人口变化情况,计算得到2000年我国狭义的劳动参与率为78.51%,2010年为70.96%,下降7.56个百分点,主要由于我国经济活动人口增长幅度小于劳动年龄人口增长幅度,使得两者比值减小。具体分析经济活动人口内部变化情况,与就业人口及失业人口相对应的比率变化表现为,2010年我国就业率相比2000年上涨0.7个百分点,失业率下降0.7个百分点,整体上表明从相对量来看我国就业形势有所提升。

[①] 我国实际劳动力资源调查中对就业及失业的相关定义与ILO给出的标准建议有些许差别,本章第2节中已介绍,此处进行说明但不再赘述。

表 2-7 2000 年、2010 年我国劳动力资源总量变化情况

指　　标	2000 年	2010 年	变化情况
全国总人口（人）	118067424	127339585	9272161
全国劳动年龄人口（人）	88335047	103817124	15482077
人口红利（%）	74.82	81.53	6.71
全国经济活动人口（人）	69354777	73666301	4311524
劳动参与率（%）	78.51	70.96	-7.56
全国就业人口（人）	66874889	71547989	4673100
就业率（%）	96.42	97.12	0.70
全国失业人口（人）	2479888	2118312	-361576
失业率（%）	3.58	2.88	-0.70

数据来源：国家统计局《中国 2000 年第五次人口普查资料》及《中国 2010 年第六次人口普查资料》。

（二）劳动力资源的构成情况

整理国家统计局公布的我国第五次和第六次人口普查数据并进行比例计算得到如表 2-8 所示结果，分析可知，区分性别构成可以发现，经济活动人口中，男性占比从 2000 年的 54.6% 提升至 2010 年的 55.2%，女性占比略有下降，表明全国经济活动人口增加主要由于男性经济活动人口增加。具体来看，就业人口中男性占比 10 年间增加了 0.68 个百分点，女性占比略有下降，故可以认为全国就业人口的增加同样主要由于男性就业人口增加，而失业人口的变化则表现为男性所占比重下降而女性比重上升，变化幅度为 2.76 个百分点，表明伴随全国失业人口的减少，2000-2010 年这 10 年间女性失业人数明显多于男性失业人数，因而女性失业人口对应比重出现较大幅度的增加。其次，区分行政区划构成可以发现，经济活动人口中，城市占比从 2000 年的 21.69% 增加至 27.61%，镇占比从 12.36% 增加至 18.3%，而乡村占比从 65.95% 下降至 54.09%，表明全国经济活动人口的增加主要由于城市和镇经济活动人口的增加；具体来看，就业人口中城市占比 10 年间增加了 6.46 个百分点、镇占比增加 6.12 个百分点，而乡村占比下降较为明显，故可以认为全国就业人口的增加同样主要是因为城市和镇就业人口的增加，而失业人口的变化则主要表现为城市失业人口占比减少了 3.54 个百分点，其余两项占比均略有上升，表明伴随失业人口的减少，2000-2010 年间城市失业人口呈现较为大幅度的下降趋势，因而其对应的比重表现为明显的下降。综上分析可以发现，2000-2010 年这 10 年间，从性别上看，男性就业人口增加及失业人口减少是造成男性乃至全国经济活动人口增加的主要原因；而从区划上看，城市就业人口增加及失业人口较大幅减少是造成城市乃至全国经济活动人口增加的主要原因。

表 2-8 2000 年、2010 年我国劳动力资源构成比较　　　　　单位：%

占　比	经济活动人口		就业人口		失业人口	
	2000 年	2010 年	2000 年	2010 年	2000 年	2010 年
全国	100	100	100	100	100	100
全国男性	54.60	55.20	54.66	55.34	53.05	50.29
全国女性	45.40	44.80	45.34	44.66	46.95	49.71
全国	100	100	100	100	100	100
全国城市	21.69	27.61	20.38	26.84	57.20	53.66
全国镇	12.36	18.30	12.02	18.14	21.57	23.55
全国乡村	65.95	54.09	67.60	55.02	21.23	22.80

数据来源：国家统计局《中国 2000 年第五次人口普查资料》及《中国 2010 年第六次人口普查资料》。

类似地,整理国家统计局公布的我国第五次及第六次人口普查数据计算得到如表 2—9 所示结果。分析可知,区分性别构成可以发现,无论男女均表现为 2010 年就业率高于 2000 年,且失业率低于 2000 年失业率,与全国整体就业率及失业率变化方向一致,但其中男性对应比率变化幅度更大,从另一方面也反映出从性别上看男性劳动力资源变化对全国劳动力资源变化的影响相对更大;而区分行政区划构成可以发现,10 年间城市和镇所对应的就业率呈上升趋势而失业率呈下降趋势,这与全国整体就业率及失业率变化方向一致,而乡村对应两比率变化方向相反。其中城市对应的就业率及失业率变化幅度相对最大,同样从另一方面表明,从区划上看城市劳动力资源变化对全国劳动力资源变化的影响相对最大。

表 2—9 2000 年、2010 年我国就业率及失业率构成比较   单位:%

占比	就业率		失业率	
	2000 年	2010 年	2000 年	2010 年
全国男性	96.53	97.38	3.47	2.62
全国女性	96.30	96.81	3.70	3.19
全国城市	90.57	94.41	9.43	5.59
全国镇	93.76	96.30	6.24	3.70
全国乡村	98.85	98.79	1.15	1.21

数据来源:国家统计局《中国 2000 年第五次人口普查资料》及《中国 2010 年第六次人口普查资料》。

二、就业弹性实证

(一)全国就业弹性系数测算及分析

整理《中国统计年鉴》就业相关数据,根据就业弹性系数定义及计算公式对我国就业弹性系数进行测算,结果如表 2—10 所示。

表 2—10 1978—2014 年我国就业弹性的变化情况

年份	就业人员(万人)	就业增长率(%)	GDP 指数(上年=100)	经济增长率(%)	就业弹性(%)
1978	40152		111.6	11.6	
1979	41024	2.17	107.6	7.6	0.29
1980	42361	3.26	107.9	7.9	0.41
1981	43725	3.22	105.1	5.1	0.63
1982	45295	3.59	109.0	9.0	0.4
1983	46436	2.52	110.8	10.8	0.23
1984	48197	3.79	115.2	15.2	0.25
1985	49873	3.48	113.5	13.5	0.26
1986	51282	2.83	108.9	8.9	0.32
1987	52783	2.93	111.7	11.7	0.25
1988	54334	2.94	111.3	11.3	0.26
1989	55329	1.83	104.2	4.2	0.44
1990	64749	17.03	103.9	3.9	4.37
1991	65491	1.15	109.3	9.3	0.12

续表

年份	就业人员（万人）	就业增长率（%）	GDP指数（上年=100）	经济增长率（%）	就业弹性（%）
1992	66152	1.01	114.3	14.3	0.07
1993	66808	0.99	113.9	13.9	0.07
1994	67455	0.97	113.1	13.1	0.07
1995	68065	0.90	111.0	11.0	0.08
1996	68950	1.30	109.9	9.9	0.13
1997	69820	1.26	109.2	9.2	0.14
1998	70637	1.17	107.8	7.8	0.15
1999	71394	1.07	107.6	7.6	0.14
2000	72085	0.97	108.4	8.4	0.12
2001	72797	0.99	108.3	8.3	0.12
2002	73280	0.66	109.1	9.1	0.07
2003	73736	0.62	110.0	10.0	0.06
2004	74264	0.72	110.1	10.1	0.07
2005	74647	0.52	111.3	11.3	0.05
2006	74978	0.44	112.7	12.7	0.03
2007	75321	0.46	114.2	14.2	0.03
2008	75564	0.32	109.6	9.6	0.03
2009	75828	0.35	109.2	9.2	0.04
2010	76105	0.37	110.6	10.6	0.03
2011	76420	0.41	109.5	9.5	0.04
2012	76704	0.37	107.7	7.7	0.05
2013	76977	0.36	107.7	7.7	0.05
2014	77253	0.36	107.3	7.3	0.05

分析表2—10可以发现，1990年存在异常值。1990年以后就业人员资料根据人口变动情况抽样调查调整，因此与1990以前数据的统计口径不同，导致1990年的就业弹性产生异常，在此用前后两年的数据进行修正。修正后作图得到1979—2014年就业弹性的趋势图，见图2—6。

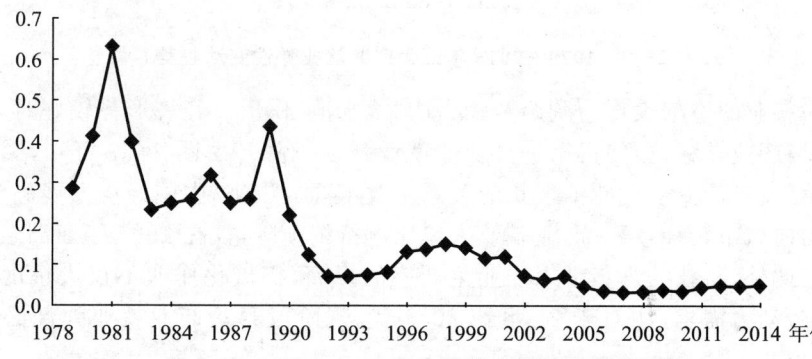

图2—6　1979—2014年全国就业弹性变化趋势图

数据来源：《中国统计年鉴2014》，中国统计出版社。作者根据《中国统计年鉴》数据计算。其中，中国统计局1997年调整了1990年以来的就业人数的统计口径，但未相应调整1990年以前数据，使得1990年就业人口出现大幅增加，当年的就业弹性高达4.48，图中使用1989年与1991年均值代替1990年数据。

从图2—6中可以发现,总就业弹性整体上呈现先上升后下降的趋势,并具有阶段性特征。从改革开放初期到20世纪80年代末,我国属于"高增长、高就业"阶段,就业弹性保持在较高的水平,全都保持在25%以上,在这一阶段,经济增长对就业有着明显的拉动作用。进入20世纪90年代后,我国的经济开始变为"高增长,低就业",就业弹性显著降低,这个时间段里,经济增长对就业的拉动明显降低。尤其是近10年,经济增长率保持在10%左右,而就业弹性却均在5%以下,说明经济增长对就业的吸纳能力越来越低。

总就业弹性变化呈现出上述特点的原因可以归结为以下几个方面:

第一,技术进步的影响。社会的经济发展史表明,经济增长水平总是伴随着技术水平的提高而上升,技术进步虽然推动经济的持续增长,但是对就业却有挤出效应,也就是说技术进步使得经济发展对劳动力的需求降低了,造成就业增长缓慢,从而使得就业弹性下降。

第二,经济体制改革的影响。20世纪90年代以来劳动就业制度的变革,使得国有企业和集体企业有了更大的用工自主权,并在90年代导致了大量的工人从国有企业和集体企业下岗失业,这是导致我国就业弹性在1990年后显著下降的直接原因。

第三,非正规就业的影响。非正规就业是指未签订劳动合同,但已形成事实劳动关系的就业行业。20世纪90年代以来,我国非正规就业数量大幅增长,但现有就业统计难以纳入。因此,也会导致真实就业弹性低估,统计计算的就业弹性下降。

(二)三大产业就业弹性系数测算及分析

就业弹性由两部分构成,一部分是经济增长,另一部分是就业增长。由于三大产业在社会发展中扮演的角色不同,对经济增长的贡献和对劳动力的吸纳能力也存在一定差异。整理统计年鉴各产业就业数据,计算三大产业就业弹性系数结果如图2—7所示。

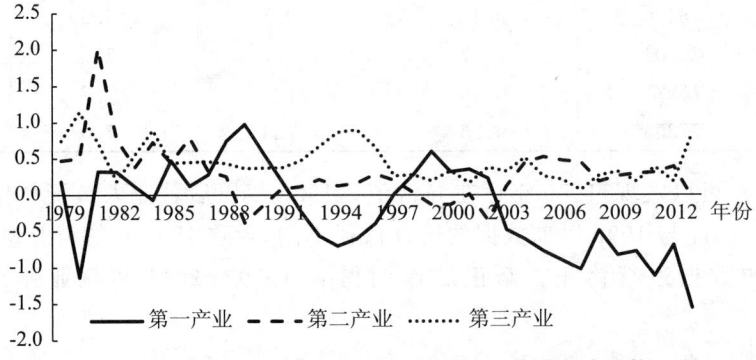

图2—7 1979—2013年三大产业就业弹性变动趋势

第一产业对就业的贡献表现为剩余劳动力的"蓄水池"作用。经济形势较好时,农村剩余劳动力向第二、第三产业转移,会使得第一产业的就业弹性下降。由图2—7可知,第一产业就业弹性的变动同第二、三产业呈现此消彼长的关系。改革开放以来,中国经济发展势头迅猛,吸引大量农村劳动力向城市转移,第一产业就业人口比重持续下降,仅在1997年亚洲金融危机期间保持平稳趋势。此外,科技的进步带来农业生产率的提高,机械化作业不仅大幅度增加了农业产值,也减少了劳动力需求,相对于20世纪80年代,现阶段第一产业就业弹性必然会出现下降,甚至出现负值。

第二产业对经济增长的贡献率一直很大,但由于生产技术的不断提高、管理制度的不断完善,其对劳动力的吸纳能力在减弱,就业弹性整体呈现下降趋势。当然,这也体现了我国企业制度改革精简编制、消除冗员的改革成果和整个行业全要素生产率的提高。

第三产业对经济增长的贡献率在逐年增加，2013年已超过第二产业贡献率，对劳动力的吸纳能力也最强，是我国目前就业增长的主要动力。需要注意的是，第三产业既包括诸如零售、餐饮等劳动密集型的传统行业，也包括金融、房地产这样的资本密集型新兴行业，后一类行业对经济增长的促进作用明显，但对劳动力的吸纳能力相对第一类较弱。由于相对于传统第三产业来说，新兴服务行业的经济增长相对较快，所以第三产业的就业弹性也会出现下降。

三、全国人力资本投入测算

（一）测算方法介绍

由于人口普查数据提供较为详尽的各年龄层的受教育程度数据，因此首先利用人口普查数据测算1954年、1982年、1990年、2000年、2010年几次普查年份的人力资本存量：先计算15—60岁全社会人口的受教育年限总量，再假设从业人口受教育年限年龄分布与全社会15—60岁人口基本一致，从而推算出普查年的从业人口平均受教育年限及总教育年限。然后，可以按照王小鲁、樊纲（2000）的方法用以下两个公式分别向前或向后进行推算：

第t年人力资本存量H_t＝上年人力资本存量＋本年由正规学校毕业的就业人员的受教育年限＋本年由各类成人学校毕业的就业人员的受教育年限＋本年肄业的受教育年限－本年退休人员的受教育年限－本年其他自然减员的受教育年限 (2.4.1)

第t年人力资本存量H_t＝次年人力资本存量－本年由正规学校毕业的就业人员的受教育年限－本年由各类成人学校毕业的就业人员的受教育年限－本年肄业的受教育年限＋本年退休人员的受教育年限＋本年其他自然减员的受教育年限 (2.4.2)

推算出所有年份的平均受教育年限和总教育年限之后，我们可以将平均受教育年限作为人力资本数据使用在索洛模型中测算全要素生产率及各生产要素对经济增长的贡献，而总受教育年限则可作为复合人力资本使用。

（二）测算步骤

本节仅测算2010年的人力资本总量。根据第六次人口普查数据进行2010年15—60岁人口的受教育年限的计算，表2—11展示了2010年六普提供的6岁及以上人口学历的层次分布。2010年我国15—60岁人口9.45亿，其中文盲及半文盲占比2.19%，小学学历人口占比19.22%，初中学历占比48.08%，高中及中专学历占比18.57%，大学及以上学历占比11.93%。

表2—11 2010年15—60岁人口学历层次分布 单位：万人

年龄组	合计	文盲半文盲	小学	初中	高中	大学
6岁及以上	124255	6214	35721	51818	18665	11837
15—60岁	94751	2079	18210	45560	17598	11304

数据来源：国家统计局《中国2010年第六次人口普查资料》。

为计算15—60岁人口受教育年限总和，使用公式：

$$H_t = \sum (P_{it} \times Y_i) \quad (2.4.3)$$

式中，H_t代表人口受教育年限总和即第t年的人力资本存量，P_{it}和Y_i则分别代表第t年第i学历水平的劳动力数量和第i学历水平的受教育年限。在对Y_i的设定中，我们采用王小鲁和樊纲（2000）的方法：

文盲及半文盲：$Y_i = 0$

小学学历：$Y_i = 6$

初中学历：$Y_i = 3$

高中及中专学历：$Y_i = 3$

大学及以上学历：$Y_i = 4$

受教育年限总和除以总人口得到平均受教育年限：

$$HY_t = H_t / \sum P_{it} = \sum (P_{it} \times Y_i) / \sum P_{it} \qquad (2.4.4)$$

根据式(2.4.3)和式(2.4.4)计算得到 2010 年我国 15—60 岁人口的受教育年限总和为 911340 万人年，并且 15—60 年人口平均受教育年限为 9.6183 年。6 岁及以上人口的总受教育年限为 1094060 万人年，平均受教育年限为 11.5467 年。

在 15—60 岁的人口中还存在大量未进入劳动力市场的在校学生，而他们的存在会提高受教育水平，因此需剔除在校学生的受教育年限总和，其中包括在校初中生、在校高中生及在校大学生（大学及以上学历）。

剔除初中学历在校生：按照唐家龙（2013）的方法，假设初中学历中 15 岁人口全部为在读生，16 岁人口的一半为在读生计算估算初中学历在校生的教育年限总量：

初中学历在校生教育年限总量

= （初中学历 15 岁人口数 + 初中学历 16 岁人口数 × 0.5）× 初中学历人口受教育年限

= （初中学历 15 岁人口数 + 初中学历 16 岁人口数 × 0.5）× 9 (2.4.5)

剔除高中学历在校生：

高中学历在校生受教育年限总量

= （高中学历在校生数 + 职业中学在校生数）× 年限赋值

= （高中学历在校生数 + 职业中学在校生数）× 12 (2.4.6)

剔除大学及以上学历在校生：

大学学历在校生受教育年限总量

= 高校学历在校生数 × 年限赋值

= 高校学历在校生数 × 16 (2.4.7)

根据式(2.4.5)至式(2.4.7)及表 2—12 的数据，测算得到需剔除的在校学生受教育年限总和为 87767.8 万人年，在校生人数合计为 6963.1 万人，将这部分内容扣除后 15—60 岁人口受教育年限总量为 1006292.2 万人年，15—60 岁人口数为 87787.9 万人，平均受教育年限为 11.4627 年。

表 2—12 需剔除的各学历阶段人口数量　　　　　　　　　　　　单位：万人

学 历	初中学历		高中学历		高校在校生
	15 岁人口数	16 岁人口数	高中在校生	职业中学在校生	高校在校生
人数	1147.6731	427.2271	2427.3351	729.7505	2231.7929
学历阶段合计	1574.9002		3157.0856		2231.7929
受教育年限	14174.1014（万人年）		3788.50272（万人年）		3570.86864（万人年）
在校生人数合计	6963.7787				
受教育年限合计	87767.81495（万人年）				

数据来源：国家统计局数据库。

接下来需要对肄业、辍学人员进行修正,根据表2-13所示。

表 2—13 2010年不同人口学历完成情况

学业完成情况	合计	小学	初中	高中	大学专科	大学本科	研究生
人数(人)	54563329	22538438	26157546	4655362	903463	296690	11830
在校(%)	18.89	24.07	11.54	29.57	36.27	51.76	51.38
毕业(%)	75.73	66.83	85.50	68.30	62.79	47.73	46.94
肄业(%)	2.29	3.60	1.45	1.09	0.44	0.23	0.63
辍学(%)	2.36	4.23	1.14	0.78	0.22	0.11	0.39
其他(%)	0.73	1.27	0.37	0.27	0.29	0.17	0.66
总计(%)	100	100	100	100	100	100	100

数据来源:国家统计局《中国2010年第六次人口普查资料》。

我们把肄业、辍学、其他归为一类,将这部分人口的受教育年限缩短至一半:

$$未完成学业人口数 = 5456.3 \times \frac{2.29+2.36+0.73}{100} = 293.5(万人)$$

未完成学业人口受教育年限=小学学历人口×小学未完成学业比例×6×0.5+初中学历人口×初中未完成学业比例×9×0.5+高中学历人口×高中未完成学业比例×12×0.5+高校学历人口×高校未完成学业比例×16×0.5=2253.8×9.1‰×6×0.5+2615.8×3.0‰×9×0.5+465.5×2.1‰×12×0.5+121.9×0.8‰×16×0.5=1034.9(万人年)

修正后,最终测算得到15—60岁人口受教育年限总量为1005257.3万人年,平均受教育年限为11.4510年。

思考与练习

1. 请结合哈罗德—多马模型阐述资本积累在经济增长中的重要作用。
2. 资本投入核算包括哪两方面内容?各自的主要核算指标有哪些?
3. 为什么在经济增长或生产率测算中应该使用资本服务而不是资本存量作为资本投入的度量?
4. 简述采用永续盘存法测算资本存量指标的基本原理。
5. 如何采用永续盘存法测算资本存量总额?其中的关键参数如何确定?
6. 如何采用永续盘存法测算生产性资本存量?其中的关键参数如何确定?
7. 请尝试采集数据测算中国改革开放以来的生产性资本存量。
8. 国际劳工组织(ILO)如何界定失业?中国城镇登记失业与其的差别是什么?
9. 劳动力资源结构的常见分析指标有哪些?
10. 就业弹性的定义是什么?其现实含义有哪些?
11. 试论述人力资本的常见测算方法。
12. 试采集中国主要行业数据,计算分行业的就业弹性,并分析其含义。

第三章 经济增长综合统计分析

经济增长的源泉问题一直是经济学家们非常关心的问题。现代经济增长的源泉分析不光关注资本和劳动要素投入,还要关注这些因素组合起来的全要素生产率以及相应的质量状况。自从索洛在新古典经济增长模型基础上创建了增长核算模型之后,关于经济增长综合因素的探讨分析陆续展开,相关分析方法的拓展研究也取得了很大进展。近年来,一些从指标体系构建角度考察经济增长质量的研究也在不断开展。在当前中国经济增长亟待由要素驱动转变为创新驱动、由关注数量增长转变为注重质量增长的背景下,这些研究探讨具有重要的现实意义。

本章首先在现代经济增长理论发展的基础上依次对索洛的增长核算模型、若干学者的经济增长因素分析以及相关分析方法的新发展等进行归纳总结和评述分析;然后对经济增长质量的内涵界定和指标体系测度分析进行了探讨分析;再后,运用索洛增长核算模型及其改进方法、青木昌彦方法对中国经济增长综合因素进行实证测算;最后依托相关学者的指标体系研究对中国经济增长质量指数进行了测算分析。

第一节 经济增长因素综合统计分析

一、经济增长综合因素分析的缘起

(一)现代经济增长理论的发展

在经济增长理论的研究领域,早期的研究思路都集中在如何处理单要素投入与经济增长的关系上。现代经济增长理论的起点就是前述的哈罗德—多马模型。哈罗德—多马模型尽管得出了一国的经济增长率等于储蓄率除以资本—产出率的结论,但该结论的决定因素储蓄率和资本—产出比率均是独立于经济体系之外的外生变量,而且增长均衡状态的实现要以长期保持充分就业为条件,这些与现实明显不符。另外,从经济生产机制来看,经济产出并不是仅由单一生产投入要素生产出来的,而是各种投入要素共同作用的结果,因此之前的单要素生产率体现的其实是投入要素组合的共同结果。为解决这些问题,新古典经济增长理论和内生增长理论依次产生。

1. 新古典经济增长理论

20世纪50年代,美国经济学家索洛和斯旺等人对哈罗德—多马模型进行了修正,进而提出了一种新的经济增长分析模型。由于它的基本假设和分析方法沿用了新古典经济学的思路,故被称为新古典增长模型。

新古典经济增长模型主要有以下的假定:

(1) 生产过程中只有资本和劳动力两种投入要素,且能够互相替代,即能够以可变的比例组合。这与哈罗德—多马模型中资本和劳动力按固定比例组合不同;

(2) 在不考虑技术进步的情形下,生产函数 $F(K,L)$ 具有如下性质:每一种投入都有正且递减的边际产品;规模报酬不变,即函数一次齐性;随着资本(或劳动)投入趋于0,资本(或劳动)的边际产品趋于无穷大;若资本(或劳动)投入趋于无穷大,则资本(或劳动)的边际产品趋于0。

(3) 为克服收益递减约束,引入希克斯中性技术进步,即边际产出的比率保持不变,技术进步使产出水平向外移动。

根据上面的基本假设,生产函数可以用柯布—道格拉斯(Cobb-Douglas,C-D)形式表述为:

$$Y = AF(K,L) = AK^{\alpha}L^{\beta} \tag{3.1.1}$$

式中,A 代表技术水平参数,即技术进步,α、β 分别表示资本要素和劳动要素的产出弹性系数,具体指在其他要素的投入量保持不变的条件下资本投入 K 或劳动投入 L 每增加1%所能够带来产出 Y 增加的百分比。在完全竞争市场假设下,α、β 分别对应资本要素收入和劳动要素收入在国民收入中所占的份额。一般地,$0<\alpha<1$,$0<\beta<1$。根据 α、β 的组合,C-D 生产函数有三种不同类型:(1) 当 $\alpha+\beta=1$ 时,代表生产效率不会随着生产规模的扩大而提高,即为规模报酬不变型;(2) 当 $\alpha+\beta>1$ 时,代表以当前技术用扩大规模的方式来提高产量是有利的,即规模报酬递增型;(3) $\alpha+\beta<1$ 时,则表示以当前技术用扩大规模的方式来提高产出是得不偿失的,即规模报酬递减型。

不妨设人均资本为 $k=K/L$,人均产出为 $y=Y/L$,n 为(人口)劳动力增长率,结合式(3.1.1)可以得到:

$$y = Ak^{\alpha} \tag{3.1.2}$$

假设产出在消费 C 和投资 K 之间分配,在不变的资本折旧率 δ 下,可以推导得到资本积累的动态方程:

$$\dot{k} = sAk^{\alpha} - (n+\delta)k \tag{3.1.3}$$

进一步可得到新古典模型的平衡增长条件:

$$sAk^{\alpha} = (n+\delta)k \tag{3.1.4}$$

在式(3.1.4)中,k 作为一个可变变量而存在,突破了哈罗德—多马模型中有条件的均衡增长特征,平衡增长得以实现。

新古典模型在将技术进步作为促进经济增长的外生变量的条件下,通过改变资本—产量比率来解决哈罗德—多马模型均衡增长状态的实现问题,并且突破了在经济增长理论中长期占统治地位的"资本积累是经济增长的决定性因素"的观点,第一次提出了"技术进步对经济增长具有最重要的贡献"的观点,使人们认识到了技术进步对经济发展的重要性和关键性。

需要指出的是,新古典经济增长模型认为技术进步是经济增长的决定因素,却又假定技术进步是外生变量,结果使得新古典模型对一些重要的增长事实无法解释。

2. 内生增长理论

20世纪80年代后,经济学家在新古典经济增长模型的基础上观察到储蓄率和技术进步都不是孤立于经济体的外生变量,由此发展出了内生增长理论。

内生增长理论在索洛模型的基础上进行了两个方向的拓展:一个方向是考虑一个专门的知

识生产部门,增加对该部门的投入会增加知识产出,最终导致物质生产部门产出的增加,从而把技术进步内生化。这个方向的工作主要是由罗默(Romer,1986)开创的。

罗默模型把知识作为一个独立的生产要素,并强调知识作为生产要素的重要性。知识具有很强的正外部性。一个企业的知识资本的增加不仅会使本企业产量增加,也会使别的企业产量增加。知识具有非竞争性,一个人使用某种知识并不影响别人对该知识的使用,知识一经发现,提供的边际成本几乎为零。罗默模型认为,一些国家之所以长期处于低水平的增长路径上,就是由于对知识生产部门的投资不够,技术进步率太低。因此,一个自然的结论就是,应该鼓励对知识生产的投资。

另一个方向是对资本概念的拓展,既引入人力资本的因素,这样即使不考虑外生知识增长率的不同,也可以很好地解释经济的长期增长和国与国之间的差异,这一方向的工作首先是由卢卡斯(Lucas,1988)进行的。卢卡斯在索洛模型的基础上加入人力资本的内部效应和外部效应,其中,内部效应是指人力资本可以提高人力资本拥有者生产率的效应,外部效应是指人力资本存量的平均水平可以影响所有生产要素的生产效率。这样卢卡斯生产函数模型就变成:

$$Y = AK^{\alpha} [uhL]^{\beta} h_{\beta}^{\gamma}, 0 < \alpha, \beta, \gamma < 1 \tag{3.1.5}$$

式中,u 为用于实际生产的时间,h 为人力资本存量,h_{β}^{γ} 为人力资本的外部效应。卢卡斯模型将劳动力所携带的人力资本水平及实际生产劳动时间引入形成了有效劳动力的概念,同时将劳动力人口的平均人力资本存量水平引入生产函数,使产出的规模收益递增成为可能,进而实现了增长的内生化。

在卢卡斯模型中,人力资本是一个与知识有关系但又相互区别的概念。人力资本和知识一样,在生产过程中有正的外部作用。但人力资本并不像知识那样必须以物质资本为载体,而主要是通过学习和教育获得的,附着在活生生的人身上,因此人力资本具有竞争性。在不同的国家,由于所积累的人力资本不同,对相同知识的使用可以产生完全不同的收益,进而导致经济增长率和人均产出的不同。由此得到的结论是,应该鼓励人们投资于教育和学习,从而积累更多的人力资本,以此获得经济的持续增长。

内生增长理论通过上述处理手段把技术进步内生化,拓展了新古典经济增长模型,更加贴近了实际,能够很好地解释不同国家间的经济增长差异。

(二)经济增长因素分析的发展脉络

现代经济增长的源泉分析不光关注资本和劳动要素投入,还要关注这些因素组合起来的效率状况。根据考虑投入要素的多少,经济增长效率测算可以分为单要素生产率测算和多要素生产率测算。乔治·斯蒂格勒(George Stigler)于1947年将多要素生产率综合起来提出"全要素生产率"的概念,并由此成为美国国家经济研究局一个主要研究项目的出发点。

1957年美国经济学家索洛基于C—D形式的生产函数提出全要素生产率的测算方法。他将技术进步纳入生产函数中,在把资本增长和劳动增长对经济增长的贡献剥离以后,剩余部分归结为技术进步,他认为美国几乎所有的经济增长均归于生产率的残差增长,这便是有名的"索洛余值",使人们能分析出生产率的增长源泉。"索洛余值"的分析方法开创了经济增长源泉分析的先河,是新古典增长理论的一个重要贡献。

在这之后又先后经历了肯德里克(1961)、丹尼森(1962)、乔根森(1967)等人不断在该领域做出的贡献:肯德里克进一步完善了全要素生产率的概念;丹尼森细分了投入要素的划分,并且在延用肯德里克全要素生产率概念的基础上进行了进一步的定量分析;乔根森等人则是通过把要素投入增长分解为数量增长和质量增长,并将R&D投入纳入要素投入进一步把生产率理论和测算方法提升了一个水平。

基于上述学者在生产率测算方面做出的贡献,逐渐形成了生产核算法测算全要素经济增长率的成熟理论框架。该方法主要利用生产函数将经济增长分解为各生产要素对经济增长的影响,进而分析资本、劳动等生产要素的投入和全要素生产率对经济增长的贡献程度。

下面是依次对索洛的增长核算模型、若干学者的经济增长因素分析以及相关分析方法的新发展等进行的归纳总结和评述分析。

二、索洛的增长核算模型

1957年,索洛发表了一篇名为《技术变化和总量生产函数》的经典文章。该文章将总产出看作是资本、劳动两个投入要素的函数,从总产出增长中扣除资本、劳动力带来的产出增长,将所得到的"余值"作为技术进步对产出的贡献。结果表明,1909—1949年间美国经济增长的80%以上要归功于技术进步。索洛的增长核算模型搭建了用增长核算来测算全要素生产率及分解经济增长的基本框架。

(一)索洛增长核算模型的基本思想

对新古典生产函数 $Y = AK^\alpha L^\beta$ 的两端取对数,可得:

$$\ln Y = \ln A + \alpha \ln K + \beta \ln L \tag{3.1.6}$$

对上式两边求全微分,得到式(3.1.7):

$$\frac{dY}{Y} = \frac{dA}{A} + \alpha \frac{dK}{K} + \beta \frac{dL}{L} \tag{3.1.7}$$

也可以将其表示为离散形式:

$$\frac{\Delta Y}{Y} = \frac{\Delta A}{A} + \alpha \frac{\Delta K}{K} + \beta \frac{\Delta L}{L} \tag{3.1.8}$$

式中,α, β 分别代表资本和劳动的产出弹性系数。

如果定义 $G_Y = \frac{\Delta Y}{Y}$,$G_A = \frac{\Delta A}{A}$,$G_K = \frac{\Delta K}{K}$,$G_L = \frac{\Delta L}{L}$ 带入式(3.1.8),可以得到:

$$G_Y = G_A + \alpha G_K + \beta G_L \tag{3.1.9}$$

式(3.1.9)可以清楚地表明了决定经济增长的三大因素:资本投入的增加、劳动投入的增加和全要素生产率的增长。其中,全要素生产率的增长是总产出增长中无法用劳动投入和资本投入增长解释的部分,即式(3.1.9)中的 G_A,这部分通常称为"索洛余值"。

为了进一步测算三因素的贡献份额,对式(3.1.9)除以 G_Y 可得:

$$100\% = \frac{G_A}{G_Y} + \frac{\alpha G_K}{G_Y} + \frac{\beta G_L}{G_Y} \tag{3.1.10}$$

式(3.1.10)清楚展示出资本、劳动和全要素生产率三个方面因素对经济增长的贡献份额。

(二)索洛增长核算模型的参数确定

索洛增长核算模型无疑为测算生产率奠定了一个良好的基础。在实际应用中,我们可以借助索洛增长核算模型从纵向的角度研究生产率增长,测算生产率增长水平及其对经济增长的贡献。当基本条件差异不大时,也可以从横向的角度,通过测算不同企业、部门、地区的生产率增长,进行比较研究。

在实际测算中,索洛增长核算模型的应用难点在于资本产出弹性系数 α 和劳动产出弹性系数 β 的确定,常见的方法主要有三种:

1. 回归法。首先将约束 $\alpha+\beta=1$ 代入形如式(3.1.6)生产函数模型方程得到精简形式的方程,然后收集的数据采用最小二乘法等计量方法估计得到弹性系数 α 或 β。

2. 收入法 GDP 测算法。由于在完全竞争市场假设下 α 和 β 分别对应资本要素收入和劳动要素收入在国民收入中所占的份额。因此,可以采用收入法 GDP 数据进行测算,具体方法参见第四章中的两要素收入分配格局测算方法。

3. 经验比值法。结合各国要素收入份额的卡尔多经验事实,采取经验比值法确定。比如,有美国学者研究认为,美国 1850—1952 年劳动收入份额长期稳定在 65% 左右,进而将 β 确定为 2/3;也有学者借鉴类似思想将中国的 α 或 β 确定为 0.5 和 0.5 或 0.4 和 0.6 等。20 世纪 70 年代以来欧美多数国家及 20 世纪 90 年代以来中国的劳动收入份额都在不断下降,采用经验比值法失去其应有的前提。

(三)索洛增长核算模型的局限性

采用索洛增长核算模型测算的全要素生产率存在着如下局限性:

首先,采用索洛增长核算模型测算的全要素生产率结果的精确性有待提高。索洛增长核算模型核算的索洛余值是总产出增长率与要素投入增长加权总和的差额,显然,"余值"不仅包括狭义技术进步,还包括了其他因素的影响,如资源配置方式的改善、规模经济、劳动质量的提高等,甚至包括模型形式的设置误差,这直接导致了技术进步贡献率的高估。正如 Abramovitz 所指出的,索洛增长核算只是一种大致的核算,所得到的索罗余值是我们所忽略的东西的一个较低的边界。

其次,技术进步外生性、非体现型、希克斯中性假定的质疑。Felipe 曾对此进行了批判,他认为技术进步的外部性意味着技术进步被叠加在系统上,即假定随着时间的推移而增长,并且由所考虑的经济系统以外的因素决定。非体现型的技术进步是一种外部性技术进步,这种技术进步不需要新投入,生产函数形式并不随时间改变而改变。希克斯中性意味着增长路径上的点,技术替代率独立于时间,即对于给定的一个要素价格比率,技术进步不会影响资本投入和劳动力投入之间的比值。在上述假设条件下,技术进步被认为是公共物品,获得知识被假定是没有成本的和瞬时的,技术进步不依赖劳动投入和投资。现实经济中几乎所有国家都不满足这些假设条件。

三、肯德里克的因素分析

自 20 世纪 50 年代开始,肯德里克就对美国的国民收入统计资料进行整理分析,以确定生产率提高和要素投入量增加对经济增长的贡献各占多大的比例。在 1961 年编著出版的《美国生产率趋势》一书中,肯德里克进一步明确和完善了全要素生产率概念。全要素生产率是指产量与全部生产要素投入量之比,即所有投入要素的生产率之和,全部生产要素包括生产中使用的资本、劳动和土地。

肯德里克认为,全要素生产率可以根据 C—D 生产函数来计算。在计算时将生产中的投入要素区分为劳动和资本(把土地归为资本)两项,再把劳动和资本的生产性服务的报酬分为土地和资本收益(包括利润、利息和地租),然后将产量与投入要素量之比定义为要素生产率,其中,产量与全部投入量之比称为全要素生产率。

设 Y 代表年产出,L 和 K 分别代表劳动投入量和资本投入量,w_0 代表基期实际小时工资,i_0 代表基期资本实际小时报酬(包括利息、地租和利润),T 代表全要素生产率。根据边际生产力理论,基期支付给劳动和资本的全部报酬等于这些生产要素投入量所产出的价值,设 $T_0=1$,

则：
$$Y_0 = w_0 L_0 + i_0 K_0 \qquad (3.1.11)$$
将第 t 年的劳动和资本投入量分别用基期的 w_0 和 i_0 加权,则有真实第 t 年产量:
$$Y_t = T_t(w_0 L_t + i_0 K_t) \qquad (3.1.12)$$
由此可得第 t 年全要素生产率为:
$$T_t = \frac{Y_t}{w_0 L_t + i_0 K_t} \qquad (3.1.13)$$
而按照基期的生产率,t 年的劳动投入量 L_t 和 t 年的资本投入量 K_t 生产,所能得到的预期产出 Y'_t 为:
$$Y'_t = T_0(w_0 L_t + i_0 K_t) = w_0 L_t + i_0 K_t \qquad (3.1.14)$$
如果第 t 年的生产率 T_t 比基期的生产率 T_0 有所提高,则真实的 Y_t 必然会大于基于基期的产出预期 Y'_t,从而 $T_t > 1$;反之,如果第 t 年的生产率 T_t 有所降低,则真实的 Q_t 必然会小于预期产出 Y'_t,从而 $T_t < 1$。

明确全要素生产率的定义后,肯德里克还对全要素生产率进行了详细的划分,如图 3—1 所示。他将实际总产出增长分解为有形要素投入增长和全要素是生产率增长两部分。其中有形要素投入增长就是劳动和资本要素投入的增长;全要素生产率的增长被分解为三部分:(1)与要素质量有关的因素,包括:知识进步、劳动力素质变化、土地质量变化和资源重新分配;(2)产权有关的因素,包括:规模经济、需求强度以及非常规因素;(3)剩余因素部分,包括:纯政府部门因素以及其他剩余因素。

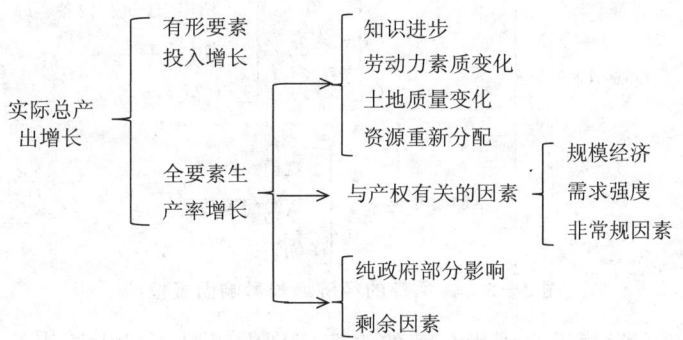

图 3—1 肯德里克的全要素生产率分解结构

四、丹尼森的因素分析

丹尼森是另外一位对全要素生产率研究做出贡献的经济学家。乔根森的主要著作《美国经济增长的因素和我们面临的选择》《增长率为何不同:九个西方国家战后的经验》《低速经济增长的原因:20 世纪 70 年代的美国经济》以及和相关争论论文都对全要素生产率研究做出了卓越的贡献。

丹尼森对生产率的测算也是在总量层次上进行的。从方法上讲,他沿用了索洛的方法,即通过测算总产出增长率和各种投入要素增长率加权和,求出二者之差以得出全要素生产率的增长率。但与索洛不同的是,丹尼森对投入要素的分类要比索洛的分类细的多。在 1962 年出版的《美国经济增长的来源和我们面临的抉择》一书中,丹尼森计算了总投入量增加和全要素生产率提高对经济增长的贡献,并把总投入量和全要素生产率重新分为若干因素。他在新古典生产

函数 $Y=AK^\alpha L^\beta$ 的基础上假设经济系统处于竞争状态和规模报酬不变,然后计算得到增长核算的核心公式:

$$\frac{dY}{Y} = \alpha \frac{dK}{K} + (1-\alpha) \frac{dL}{L} + \frac{dA}{A} \tag{3.1.15}$$

式中,dY/Y 表示年度产出的增长率,α 和 $(1-\alpha)$ 是两个加权项,分别代表资本和劳动力在要素投入中所占的份额。该式将经济增长分解为资本、劳动力和技术进步的增长率之和,其中 dA/A 代表全要素增长率的增长率。

丹尼森发展了索洛余值的测算方法,主要是把投入要素进行更加细化的分析,把资本投入分类为:住宅建筑和住宅土地、非住宅建筑和设备、非住宅土地及存货。在劳动投入分类中考虑了就业工作时效、劳动者教育水平、就业状况、性别和年龄构成等因素。最后利用权数合成总投入指数。

丹尼森的另一方面贡献在于提出了一套分解"索洛余值"的方法。他将索洛余值中包含的因素分为规模经济效率、资源配置的改进和组织管理改善、知识进步以及资本和劳动力质量本身的提高等,如图3-2所示。

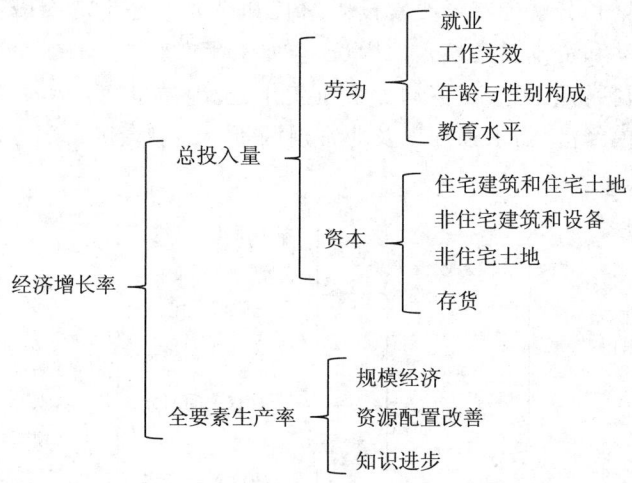

图3-2 丹尼森的经济增长影响因素框架

丹尼森因素分解与肯德里克因素分解的主要区别在于对于投入要素及全要素生产率的分解存在差异。肯德里克将仅将投入要素的数量纳入要素投入部分,投入要素质量的变化被归入全要素生产率的"黑箱";而丹尼森将要素投入分解为数量变化和质量变化两部分,其全要素生产率则主要承载与投入要素无关的因素。例如"劳动者素质的变化"这一因素在肯德里克分解模型中会被归入全要素生产率,而在丹尼森分解模型中则会被归入要素投入部分。

五、乔根森的因素分析

乔根森等人对1948—1979年美国的经济增长进行了估算,得出TFP增长率对美国经济增长的贡献率为23.6%,位居资本与劳动之后,把生产率理论和测算方法提高到了一个新的水平。乔根森在生产率测算研究问题上主要有两个方面的贡献:一是采用超越对数生产函数的形式,在部门和总量两个层次上进行全要素生产率的测算;二是把总量产出、资本投入与劳动投入进行了比丹尼森更加细致的分解,以保证"产出和投入的数量是精确地测量的"。

首先,乔根森等人的生产函数采用超越对数生产函数的形式。1973年乔根森等人提出"共轭对偶和超越对数生产函数"的计量方法,并将之用于生产率的度量。他们所使用的基础模型仍是索洛总量生产函数 $Y=F(K,L,A)$,且具有规模报酬不变的特征。因此,生产率增长率可表示为:

$$G_A = \frac{\partial \ln Y(K,L,A)}{\partial \ln A} \tag{3.1.16}$$

在历史数据支持下,用计量经济方法估计出以上各参数,并以此计算某时期的平均生产率增长率 G_A,即:

$$G_A = \frac{\partial \ln Y(K,L,A)}{\partial \ln A} = \alpha_A + \beta_{KA}\ln K + \beta_{LA}\ln L + \beta_{AA}A \tag{3.1.17}$$

由于超越对数生产函数中引入了二次项,交互项的引入能使生产率增长率的估计精度提高。

其次,乔根森的第二个贡献是把资本投入和劳动投入的增长分解为数量增长和质量增长,并且对质量的分解因素考虑得更加细致。他在1967年发表的论文《生产率变化的解释》中,对产量与投入要素思想进行了较好的阐述。如将劳动力按行业、性别、年龄、教育背景和职业等六个特征进行交叉分类,假设分类得到 l 个不同效率的劳动力组别 $L=L(L_1,L_2,\cdots,L_{l-1},L_l)$。对劳动力投入函数进行处理后,可将其变化率分解为劳动力的数量变化与劳动力由于内部重组而引起的质量的变化。即当投入中效率高的组在投入中所占比例或份额提高时,表现为劳动力投入的增长是工时数和劳动质量两者变动的综合。

这是乔根森测算投入指数时与别人所使用的方法的不同之处,也是增长核算在20世纪下半叶的重要发展之一,迄今该方法论仍代表着生产率研究的世界先进水平,并且在美国、澳大利亚、加拿大、日本、韩国等国家的经济研究中被广泛运用。

乔根森的最后一个贡献在于提出资本和劳动的投入应包括用于技术创新的投入。他们认为如果包括在投入中的支出部分的社会收益率等于私人收益率,创新的影响应该能够核算出来,那么"余值"中创新的部分就不存在了;如果社会收益率与私人收益率不同,"余值"中创新的部分则反映了外部效应。

六、经济增长因素和生产率分析的新发展

近些年来,在索洛增长核算模型及几位学者的因素分析基础上,经济增长因素和生产率分析取得了进一步发展,具体表现在如下几个方面:

(一)生产函数形式角度的方法扩展

索洛增长核算模型是基于新古典的C—D生产函数框架建立的。在实际测算中,还有应用其他形式的生产函数,如CES和超越对数生产函数。

如果放宽C—D生产函数的假设条件,将C—D生产函数的生产要素之间的替代弹性恒为1放宽为替代弹性 σ 为固定的常数,且附加上要素效率水平,同时维持希克斯中性技术进步、完全市场竞争以及市场均衡假设不变,就可以得到不变替代弹性(CES)生产函数:

$$Y = A[\delta(B^K K)^{-\rho} + (1-\delta)(B^L L)^{-\rho}]^{-\frac{v}{\rho}} \tag{3.1.18}$$

式中,ρ 为替代系数($\sigma=1/(1+\rho)$ 即为资本和劳动要素的替代弹性),通常要求 $\rho \leqslant 1$,v 为规模报酬系数,B^K 和 B^L 分别为资本和劳动的效率水平,分别反映一般要素增强型技术进步。

CES生产函数与C—D生产函数的区别在于:CES生产函数中的替代弹性 σ 为固定常数;CES生产函数是 v 阶齐次函数,靠此来判断规模报酬情况;CES生产函数的替代参数 ρ 可取任

意不小于 -1 的值,使得函数具有广泛的适用性,在特定的条件下它可以变化为线性生产函数、替代弹性为 1 的 C—D 生产函数;与 C—D 生产函数相比,CES 生产函数的经济意义较为丰富,不仅可以给出各单个投入要素的产出弹性和效率水平,还可以给出独立的替代弹性和分配参数。

如果进一步放宽假设,无需预先假定技术进步希克斯中性,只需要完全竞争市场和市场均衡,则超越对数生产函数的一般形式为:

$$\ln Y = \alpha_0 + \sum_{i=1}^{n} \alpha_i \ln X_i + \frac{1}{2} \sum_{i=1}^{n} \sum_{j=1}^{n} \beta_{ij} \ln X_i \ln X_j \quad (3.1.19)$$

式中,X_i 为第 i 种生产要素,$i = 1, 2, \cdots, n, C_{ij} = C_{ji}$。

超越对数生产函数测算全要素生产率的特点是:(1)无需预先假定技术进步希克斯中性,只需要完全竞争市场和市场均衡的假设;(2)替代弹性可变,且两两要素的替代弹性各不相同;(3) C—D 生产函数和 CES 生产函数都是超越对数生产函数的特殊形式。在只有资本和劳动投入两种生产要素情况下,当 $\beta_{KK} = \beta_{LL} = \beta_{KL} = 0$ 时,超越对数生产函数退化为 C—D 生产函数;当 $\beta_{KK} = \beta_{LL} = -\beta_{KL}$ 时,超越对数生产函数则退化为 CES 生产函数。

在我们逐步放宽假设的条件下,生产函数法衍生出了 CES 生产函数和超越对数生产函数,它们比 C—D 生产函数有着更为广泛的适用性,在目前的全要素生产率测算研究领域发挥着重要作用。

(二)投入要素分解的方法扩展

在生产率因素分解方面,还有不少其他方面的发展,其中一类思路是将新的影响因素纳入模型,将其内生化。比如卢卡斯的人力资本模型在生产函数中引入人力资本要素,或者有的方法直接将生产率分解为重要影响因素,如青木昌彦将经济增长率分解为产业转移(库兹涅茨效应)、人口红利等要素。

索洛增长核算模型基于新古典经济增长模型框架,以资本和劳动力作为投入要素进行分析,并认为技术进步是一种外生因素。然而技术进步是可以影响投入要素的生产效率的,因而内生理论将技术进步等投入要素内生化,扩展了新古典经济增长模型。Lucas 的人力资本积累模型改变了新古典生产函数的形式,将人力资本引入生产函数,将生产函数拓展为:$Y = AK^\alpha [uhL]^\beta h_\beta^\gamma, 0 < \alpha, \beta, \gamma < 1$。经过生产率测算的一般步骤,最后得到:

$$\frac{\Delta Y}{Y} = \frac{\Delta A}{A} + \alpha \frac{\Delta K}{K} + \beta \frac{\Delta [uhL]}{uhL} + \gamma \frac{\Delta h_\beta}{h_\beta} \quad (3.1.20)$$

可以看到,产出增长率 $\frac{\Delta Y}{Y}$ 等于技术进步率 $\frac{\Delta A}{A}$,资本增长率 $\frac{\Delta K}{K}$ 和劳动增长率 $\frac{\Delta [uhL]}{uhL}$,以及人力资本增长率 $\frac{\Delta h_\beta}{h_\beta}$ 的加权平均值。在索洛模型中,$\frac{\Delta A}{A}$ 代表技术进步率,即全要素生产率 TFP 的增长率。$\alpha \frac{\Delta K}{K}, \beta \frac{\Delta [uhL]}{uhL}$ 分别代表劳动力和资本的贡献份额。

再如,青木昌彦将产业转移(库兹涅茨效应)、人口红利等要素引入模型分析框架,从人口红利、劳动参与率、库兹涅茨效应以及非农产业人均劳动生产率的角度来分解人均 GDP 的增长率,即

$$g(y) = g\left(\frac{M}{N}\right) + g\left(\frac{L}{M}\right) + g(Kuznets) + g\left(\frac{Y_{2,3}}{L_{2,3}}\right) \quad (3.1.21)$$

式中,$g(M/N)$ 代表人口红利,它是劳动适龄人口占人口总量的比值;$g(L/M)$ 代表劳动参与

率,它是总从业人口数量与劳动适龄人口的比值;$g(Y_{2,3}/L_{2,3})$代表非农产业人均劳动生产率的变化;$g(Kuznets)$代表库兹涅茨效应,它是指劳动人口从生产效率低下的农业向生产效率相对较高的第二、三产业转移而带来的产出增长现象。其具体计算方法为:

$$g(Kuznets)=g(1-\tau \cdot \Delta) \tag{3.1.22}$$

式中,$\tau=L_1/L$,$\Delta=1-(\dfrac{Y_1/L_1}{Y_{2,3}/L_{2,3}})$,$Y_1/L_1$代表第一产业的人均劳动生产率,$Y_{2,3}/L_{2,3}$为非农产业(即二、三产业)的人均劳动产生率。

(三)边界生产函数角度的方法扩展

以索洛为代表的生产函数法测度全要素生产率时,假定所有生产者在技术上是充分有效的,从而将产出增长扣除要素投入贡献后的剩余全部归结为技术进步。但 Farrell(1957)等人指出,并不是每一个生产者都处在生产函数的前沿上,能够达到技术前沿的只是少数生产者,大部分生产者的效率与最优的生产效率存在着一定的差距,这种差距被定义为技术无效率。在生产函数测算中,直接使用实际要素投入和产出数据进行生产函数的常规拟合,得到的生产函数反映的只是一定投入要素组合与平均产出量之间的关系。在生产函数分析过程中,应当将生产者的全要素生产率分解为前沿技术和技术效率两个部分,从而能够进一步研究生产率变化和经济增长的根源,比索洛余值方法更接近生产和经济增长的实际情况。当今有许多新兴方法如 DEA 方法、随机前沿法等则可以有效估计生产边界。

确定前沿法采用线性规划模型求解出所观测投入空间的凸边界,从而测算生产前沿函数和技术效率。通过模型求解,就可以得到全部生产前沿面上的参数,从而确定生产前沿面。在确定性前沿模型基础上引入随机扰动项,发展出了随机前沿方法。该模型的基本含义是:每个厂商生产的产量受到生产函数以及随机扰动和技术非效率的综合影响,个别厂商因为受到随机扰动和技术非效率的影响而不能达到最优状态。尽管随机扰动和非技术效率无法直接观测,但在假定随机扰动为白噪声的情况下多次观测的均值应当为 0,因此个别生产者的技术效率可以用样本中该生产者产出的期望与随机前沿的期望的比值来确定。

数据包络分析(Data Envelopment Analysis,DEA)方法用一组输入输出数据来估计相对有效的生产前沿面,其本质是利用统计数据确定相对有效的生产前沿面,运用生产前沿面的理论和方法建立非参数的最优化模型,研究相同类型生产单位间的效率差异。DEA 方法是评价具有多个"输入"和"输出"的决策单元(DMU)相对有效性的模型。其本质是先利用统计数据来确定 DEA 有效生产前沿面,再把非 DEA 有效的决策单元影射到 DEA 有效的生产前沿面上。通过比较非 DEA 有效的决策单元"偏离"DEA 有效生产前沿面的程度来评价各决策单元的相对效率。随机前沿法所估计的随机边界函数实际上是生产函数的一种。随机边界生产函数利用随机边界生产函数方法测算生产率增长。边界生产函数根据已知的一组投入、产出观察值定义出投入产出的一切可能组合的外部边界,使得所有投入产出观察值组成的坐标都位于这个边界的"下方",而且与其尽可能地靠近。利用随机边界生产函数理论可以建立模型,并据之以测算一定生产单位的技术效率、研究其生产率增长。

上述几种方法均可以测算技术效率。DEA 方法可以得到相对效率,不能够测算出绝对生产率水平及其增长;随机边界分析法可以通过对误差项进行分解,对技术效率进行测算;还有一种基于 DEA 和指数法发展出的 Malmquist 生产率指数法,可以进一步把生产率变化分解为技术进步变化指数、技术效率变化指数和规模效率变化指数。

第二节 经济增长质量统计分析

经济增长既有量的要求,又有质的规定性,是数量和质量的统一。数量型经济增长主要关注于经济增长的速度、规模、动力和源泉。从古典经济学到新古典经济学,乃至现代经济学,经济学家们对经济增长理论的研究主要是基于数量型经济增长的研究。自 20 世纪美国经济学家库兹涅茨建立现代国民收入核算体系以来,以 GDP 和 GDP 增长率为代表的总量指标一直是经济增长的评判准则。

然而,由于人们过度地追求经济增长的数量,自 20 世纪后半期以来,世界经济增长过程中出现了各种经济问题、社会问题,贫富差距不断扩大、环境恶化、生态破坏、道德滑坡等,这些恰恰是经济增长的质量方面。质量型经济增长主要关注于经济增长的质量方面,反映经济增长的优劣程度或品相属性。质量型经济增长把经济增长的系统从经济系统扩展到了自然生态系统和社会系统,拓宽了经济增长的内涵和外延。目前对经济增长质量的分析主要是集中于经济增长质量内涵的界定和经济增长质量的测度。

一、经济增长质量内涵的界定

在文献资料中对经济增长质量内涵的界定主要存在两种观点:一种是从狭义上来界定经济增长质量的内涵,将经济增长质量理解为经济增长的效率。另一种是从广义上来界定经济增长质量的内涵,认为经济增长质量是相对于经济增长的数量而言的,属于一种规范性的价值判断,具有丰富的内涵。

(一)狭义经济增长质量内涵

狭义的经济增长质量内涵,是指资源要素投入比例、经济增长效果或经济增长的效率,也即经济活动的要素投入与经济产出成果之间的比较,体现为经济增长方式的转变。对于一定时期的全部或某项经济活动,如果给定投入下产出越多,或一定产出目标下投入越少,则表明经济增长效率越高,经济增长质量也越高。这也是从投入产出效率层面来界定经济增长质量的内涵。

从产出角度看,经济增长质量反映等量投入带来的产出变化。等量投入带来的产出增加,则经济增长质量提高,反之亦然。如果由于要素质量或要素资源配置质量的变化导致产出变动,经济增长质量就体现为全要素生产率变化。如果仅用单要素投入的产出来衡量,经济增长质量就是指劳动生产率或资本生产率的变化。

从投入角度去界定,经济增长质量反映单位产出的各种资源消耗的变化。对于劳动力、物质资本和能源等资源的投入,经济增长质量可以界定为单位产出的劳动力消耗变化、资金消耗变化和能耗变化。单位产出的各种资源的消耗越低,则经济增长质量越高。反之,经济增长质量越低。可见,无论从投入角度还是从产出角度界定,经济增长质量内涵是同一的。

从另一侧面来说,根据投入产出效率界定的经济增长质量也意味着经济增长方式不同。即,经济增长方式根据投入产出效率的不同可分为粗放型经济增长和集约型经济增长。粗放型经济增长是指依靠大量投入资金、大量使用劳动力、大量消耗原材料能源等资源来支撑,其特点是高投入、高消耗、低质量、低效益,这种增长方式只片面追求生产要素投入数量。与之对应的是集约型经济增长,集约型经济增长更加注重提高要素效率,其特点是低消耗、高质量、高效益。

(二)广义经济增长质量内涵

1. 基本概念界定

广义的经济增长质量,属于一种规范性的价值判断,具有丰富的内涵。由于学者们研究角度的不同,广义经济增长质量的基本概念因人而异,不同的基本概念所阐述的经济增长质量的内涵也有所差别。大体而言,广义经济增长质量的系统外延由狭义的经济系统扩展到了自然生态系统、社会系统,其内涵除了狭义的经济增长效率外,包含的内容也更加宽泛。因此,可以从经济系统、自然生态系统和社会系统三个方面来定义经济增长质量的概念。

从经济系统来看,经济增长质量不仅包括经济增长效率的提升,还包括经济效益的提高,经济结构的优化,经济运行的稳定性等方面。这意味着,在经济系统中不仅要实现国民财富的不断增加,还要使得经济效益、经济结构、经济运行等保持一个健康稳定的状态,保证经济系统良好运转,实现经济行为活动最优,并且经济发展可持续。

从自然生态系统来看,经济增长质量应该是在经济快速发展的同时要保持自然生态系统的稳定、自然环境的优良、自然资源的合理开发利用,从而实现人与自然和谐相处。

从社会系统来看,经济增长质量的终极价值判断应该是人的生存与发展,其内容应该包括社会安全稳定、国民福利的改善、国民素质和社会文明的提高、社会制度的成熟等。从而在保持社会高效可持续运转的情况下,实现人的自由和全面发展。

广义经济增长质量的概念可以看作是从经济、自然生态、社会三个系统定义的综合。广义经济增长质量是把除增长数量以外的各种因素都纳入到经济增长质量的范围之中,这就使得经济增长质量的外延更加宽泛,内涵更加丰富。

2. 基本内涵界定

广义经济增长质量的内涵十分丰富,文献资料中,不同学者研究角度不同,所界定的广义经济增长质量的内涵也存在差别,但总体来说基本都涉及到经济系统、自然生态系统和社会系统的协同发展方面。在2014年9月,国家统计局正式印发《基于需求的反映提质增效转型升级统计指标体系》(表3—1),标志着中国政府统计从长期偏重反映经济总量及增速,朝着更注重反映经济发展质量和效益迈出重要一步。《指标体系》从经济稳定、经济安全、结构优化、产业升级、质量效益、创新驱动、资源环境、民生改善八个方面,在官方口径上界定了中国广义经济增长质量的内涵。

表3—1 基于需求的反映提质增效转型升级统计指标体系

一级指标	二级指标	计量单位	数据来源
经济稳定	1. 国内生产总值(GDP)增长率	%	统计局
	2. 城镇调查失业率	%	统计局
	3. 居民消费价格指数(CPI)	%	统计局
	4. 经常项目顺差占GDP比重*	%	外汇局、统计局
经济安全	5. 债务余额占财政总收入比重	%	财政部
	6. 新增不良贷款增长率	%	银监会
	7. 进口粮食占国内粮食消费总量比重*	%	粮食局
	8. 原油对外依存度*	%	能源局
结构优化	9. 服务业增加值占GDP比重	%	统计局
	10. 居民消费率	%	统计局
	11. 城镇化率	%	统计局
	12. 高技术产品出口额占货物出口额比重	%	海关总署
	13. 居民可支配收入占国民可支配总收入比重*	%	统计局

续表

一级指标	二级指标	计量单位	数据来源
产业升级	14. 主要规模经济行业产业集中度	%	统计局
	15. 现代农业产业产值占农业总产值比重	%	统计局
	16. 新型工业化进程指数	%	统计局
	17. 生产性服务业增加值占服务业增加值比重	%	统计局
	18. 电子渠道业务量占银行业务量比重	%	银监会
	19. 网上零售额占社会消费品零售总额比重*	%	统计局
质量效益	20. 全社会劳动生产率	元/人	统计局
	21. 土地产出率	元/亩	统计局、国土资源部
	22. 企业总资产贡献率	%	统计局
	23. 工业综合产能利用率	%	统计局
	24. 税收占 GDP 比重	%	税务总局、统计局
	25. GDP 与固定资产投资之比	%	统计局
创新驱动	26. R&D 经费与 GDP 之比	%	统计局
	27. 每万名就业人员 R&D 人员全时当量	人年/万人	统计局
	28. R&D 经费与主营业务收入之比	%	统计局
	29. 发明专利申请授权量与 R&D 经费之比	件/万元	知识产权局、统计局
	30. 人均技术市场成交额	元/万人	科技部、统计局
	31. 新产品销售收入占主营业务收入比重	%	统计局
资源环境	32. 资源产出率	元/吨	统计局、有关部门
	33. 单位 GDP 能源消耗降低率	%	统计局
	34. 单位工业增加值用水量降低率	%	水利部、统计局
	35. 单位 GDP 建设用地面积	公顷/万元	国土资源部、统计局
	36. 环境空气质量达标天数比例	%	环境保护部
	37. 地表水达标率	%	环境保护部
资源环境	38. 主要污染物排放总量削减率	%	环境保护部
	39. 森林覆盖率	%	林业局
民生改善	40. 城镇新增就业人数累计增长率	%	人力资源社会保障部
	41. 居民人均可支配收入与人均 GDP 之比	%	统计局
	42. 基本社会保险覆盖率	%	人力资源社会保障部
	43. 中低收入家庭人均住房面积	平方米	统计局
	44. 高中阶段毛入学率	%	教育部
	45. 平均预期寿命	岁	统计局
	46. 基尼系数	—	统计局

注:标注"*"的指标仅对全国有代表性。

(1)经济稳定

经济稳定是指在经济发展过程中经济增长率稳定、物价水平稳定、就业稳定和国际收支平衡,也即实现宏观经济政策管理的四大目标状态下的稳定。经济增长的稳定性是指经济增长的波动幅度及对潜在产出的偏离程度。稳定性高则意味着经济增长在一个较长的时期中保持平稳的态势,经济增长率在潜在经济增长率附近窄幅波动。经济稳定是经济增长质量的重要体现。

如果经济增长不稳定,波动剧烈,会引起一系列严重后果,如经济停滞、通货膨胀、大量失业等经济危机的出现,不仅会影响人民的正常生活,还会造成社会财富的巨大浪费以及对社会生产力的严重破坏。美国20世纪30年代的"大萧条"、70年代的"滞涨",中国80年代末的商品抢购潮、严重通货膨胀,1997年亚洲金融危机,2008年全球金融危机等,都是由于经济不稳定给经济社会发展带来了重大影响。

(2)经济安全

经济安全是指经济全球化时代一国保持其经济存在和发展所需资源有效供给、经济体系独立稳定运行、整体经济福利不受恶意侵害和非可抗力损害的状态和能力,也即一国的国民经济发展和经济实力处于不受根本威胁的状态。经济安全包括两个方面,一是指国内经济安全,即一国经济处于稳定、均衡和持续发展的正常状态;二是指国际经济安全,即一国经济发展所依赖的国外资源和市场的稳定与持续。

对于经济安全的内涵,一般认为,它主要包括金融安全、资源(如石油、粮食和人才)安全、产业安全、财政安全、信息安全等。在经济全球化对国家经济安全的具体影响方面,经济全球化提高了国家经济安全的地位,扩展了其内涵与外延,并使得经济安全环境、经济安全态势更加复杂多变。经济全球化尽管有助于发展中国家维护国家经济安全,但也加大了外部冲击,加剧了其经济、金融体系的脆弱。

经济安全是经济增长质量不断提高的前提和保证。如果经济安全受到威胁,就不可避免造成经济的动荡,如自然灾害、重大公共事件、全球性金融危机等威胁经济安全的因素都会对经济社会产生重大影响。

(3)结构优化

结构优化即指经济结构优化,经济结构是指国民经济的组成和构造,由许多系统构成的多层次、多因素的复合体。经济结构包括需求结构、产业结构、区域结构、城乡结构和贸易结构等。世界各国经济增长的经验告诉我们,在不同的经济增长阶段,一个国家的结构是不同的。一定的经济总量总是一定结构下的总量,经济总量的变化总是与经济结构的变化结合在一起。经济增长质量本身含有对经济结构优化升级的要求,经济结构优化是经济增长质量的重要内容。

经济结构失衡对经济增长会产生重要影响,如供求结构失衡会引起生产相对过剩和经济衰退;城乡两元结构失衡的不协调会引起需求不足和社会的不稳定;产业结构不合理会造成资源要素配置缺乏效率,造成大量资源浪费,引起经济波动。当前中国经济煤炭钢铁等领域的产能过剩,就是经济结构严重失衡的具体表现。合理的经济结构是实现经济增长且获得较高经济效益的基础,是高质量经济增长的重要内容。

(4)产业升级

产业升级主要指产业素质与效率的提高。产业素质与效率的提高表现为生产要素的优化组合、技术水平和管理水平以及产品质量的提高。在人类经济发展中,每一次科技革命都会促成传统产业的升级换代,新的技术是传统产业升级的关键和主要推动力量。

传统产业主要以劳动密集型、资源密集型产业为主,属于粗放式的发展模式,会造成资源浪费、环境污染等,严重影响经济增长的质量。传统产业可以依靠技术进步来实现产业升级,新技术的应用不仅可以为传统产业的发展提供新的契机,还可以带动经济社会不断向前进步。就中国而言,目前传统的粗放式经营的企业逐渐举步维艰,而依靠资本、技术、知识发展的高新技术企业充满着活力和竞争力。

(5) 质量效益

经济效益是一切经济工作的中心,也是经济增长质量诸多内涵的中心。从根本上说,经济增长的优劣本质上就是经济效益的优劣,经济增长的质量高低就集中体现在经济效益水平的高低上。在既定的要素投入中,如土地、劳动、技术等,生产出来的产品质量越好,产品越多,则经济效益就越好,经济增长的质量也就越高。经济质量效益的好坏体现的是经济资源各要素或各要素综合的生产效率的好坏。

经济资源要素的生产率包括单要素生产率和全要素生产率。单要素生产率指的是产出对于投入之比,其中劳动生产率和资本生产率是常用的两种。全要素生产率是产出对所有生产要素投入量的比率,是生产要素使用效率的综合体现,较之单要素生产率更为全面,具有较强的综合性,是评价经济增长质量一个非常重要的指标。因此,经济资源的生产率越高,经济效率越高,则经济效益越好,经济增长的质量越高。

(6) 创新驱动

创新驱动指那些从个人的创造力、技能和天分中获取发展动力的企业,以及那些通过对知识产权的开发可创造潜在财富和就业机会的活动。也就是说经济增长主要依靠科学技术创新带来的效益来实现集约的增长方式,用技术变革提高生产要素的产出率。创新驱动的本质是指依靠自主创新,充分发挥科技对经济社会的支撑和引领作用,大幅提高科技进步对经济的贡献率,实现经济社会全面协调可持续发展和综合国力不断提升。无论从国家层面来讲,还是科技组织层面来讲,实施创新驱动发展战略意义深远。

中国长期依靠物质要素投入推动经济增长,经济发展方式以粗放型为主,而这种依靠资源等要素投入推动经济增长和规模扩张的粗放型发展方式是不可持续的。当前中国经济已进入"新常态",前期的发展模式难以为继,在国际发展竞争日趋激烈和中国发展动力转换的形势下,必须把发展基点放在创新上,形成促进创新的体制架构,塑造更多依靠创新驱动、更多发挥先发优势的引领型发展,必须坚持创新发展,着力提高发展质量和效益。

(7) 资源环境

经济系统和自然生态系统密不可分,经济增长是经济要素与自然资源与生态环境有机整合的过程,是对自然资源开发利用、对生态环境的耗费占用以及物质生产的废弃物排放的综合过程。自工业革命以来,人类在创造了前所未有的巨大物质财富的同时也付出了沉重的环境代价。生态破坏、环境污染对人类生存和发展构成的严重威胁触目惊心,解决环境问题已成为全球共同面临的刻不容缓的重大任务。

资源环境承载着经济的长期增长,要提高经济增长的质量,就不能以自然资源的损耗和生态环境质量的恶化为代价。只有在自然资源被有效利用和生态环境得到有效保护的前提下,经济增长才是可持续的。如果自然资源遭到毁灭性的破坏,即使耗费巨大的人力、技术和资金资源去拯救,也难以在短时期内恢复,不仅经济增长受阻,而且人类生存也将受到威胁。

(8) 民生改善

经济增长的最终成果要被人民所分享,人民福利水平的改善是我们追求经济增长的最终目的,是经济增长质量的核心内容。经济增长的成果会带来整体居民福利水平的改善,它可以提高人们的收入水平、提高人们的衣食住行等物质条件,改善居民的健康状况,提高居民的受教育程度以及自身的素质。只有整体居民的福利水平都获得了改善与提高,才能实现我们追求经济增长的意义。

同时,居民福利水平的改善不仅仅是指整体层面的,还应当看到经济增长成果在居民间的分配状况。如果经济总量不断扩大,但城乡差距、地区差距、贫富差距、收入差距并没有缩小,经济发展的成果并没有更多、更公平、更实在地惠及广大人民群众,那么这样的经济增长是低水平的、低质量的、不全面的、不平衡的。只有当经济增长的成果能够被绝大多数的人所享受时,经济增长才是一种高质量的增长。

二、经济增长质量的测度

根据经济增长质量的不同内涵,经济增长质量的测度可分为狭义内涵方面的测度和广义内涵方面的测度,狭义内涵方面经济增长质量的测度为全要素生产率,广义内涵方面经济增长质量的测度为综合评价指标体系。

(一)全要素生产率

全要素生产率是产出对所有生产要素投入量的比率,是指除了资本要素和劳动要素之外的(广义)技术进步变化对经济增长贡献,包括劳动效率和资金效率的提高、规模经济、资源再配置及管理水平的提高等,是生产要素使用效率的综合体现。

全要素生产率提高表示以较少要素投入可获得同量产出,或以同量要素投入资源可获得较多产出。狭义的经济增长质量的优劣可以通过测度经济增长的全要素生产率来进行评价。有关全要素生产率的测度方法在本章第一节中已经有详细的介绍,这里不在赘述。

(二)综合评价指标体系

根据上文介绍,广义的经济增长质量,属于一种规范性的价值判断,具有丰富的内涵。在实践中,对经济增长质量的评价通常都采用规范分析和实证分析相结合来进行,由于其包含的内容非常广泛,大多数研究都通过构建综合评价指标体系,即综合经济、社会和自然生态系统中多层次的指标来分析经济增长质量的优劣。

1. 基本指标体系构建

表3-1的指标体系从经济稳定、经济安全、结构优化、产业升级、质量效益、创新驱动、资源环境、民生改善共八个方面,综合考虑数据的可获得性和数据质量,选取了国内生产总值(GDP)增长率、债务余额占财政总收入比重、服务业增加值占GDP比重、居民消费率、城镇化率、R&D经费与GDP之比、每万名就业人员R&D人员全时当量、单位GDP能源消耗降低率、主要污染物排放总量削减率、居民人均可支配收入与人均GDP之比等共46个核心综合指标。

国家统计局制定发布的《指标体系》虽然从八个方面,共46个核心指标来来对经济提质增效转型升级进行评价,可以在理论上构成一个官方的综合评价指标体系,但在实践中,国家统计局并没有公布相关综合指数方面的信息,在实证分析中,对这些基础指标进行加总合成已有一定的困难。

表3-2为西北大学任保平教授在其经济增长质量测度评价中经常用到的综合指标体系。该经济增长质量综合指标体系从国民经济素质、经济增长效率、经济增长结构、经济增长的稳定性、福利变化与成果分项、生态环境代价六个维度构建了中国经济增长质量的测度指数。这六个维度中选择具有较高代表性和可比性的核心指标作为基础指标,最终由37个基础指标构成中国经济增长质量指数。各分类指标选取如下:

表 3—2 中国经济增长质量构成指数

方面指数	分项指标	基础指标	计量单位	正指标	逆指标	适度指标
经济增长的效率		1. 全要素生产率增长率	—	√		
		2. 技术变动	—	√		
		3. 技术效率变动	—	√		
		4. 资本生产率	—	√		
		5. 劳动生产率	—	√		
经济增长的结构	产业结构	6. 工业化率	%	√		
		7. 第一产业比较劳动生产率	—	√		
		8. 第二产业比较劳动生产率	—	√		
		9. 第三产业比较劳动生产率	—	√		
	投资消费结构	10. 投资率	%			√
		11. 消费率	%			√
	金融结构	12. 存款余额/GDP	—	√		
		13. 贷款余额/GDP	—	√		
	国际收支	14. 进出口总额/GDP	—	√		
	城乡二元结构	15. 二元对比系数	—	√		
		16. 二元反差指数	—		√	
经济增长的稳定性	产出波动	17. 经济波动率	%		√	
	价格波动	18. 消费者物价指数	—		√	
		19. 生产者物价指数	—		√	
	就业波动	20. 城镇登记失业率	%		√	
经济增长的福利变化和成果分配	福利变化	21. 人均GDP	元/人	√		
		22. 城市人均住宅建筑面积	平方米	√		
		23. 农村人均住房面积	平方米	√		
		24. 城市居民家庭恩格尔系数	%		√	
		25. 农村居民家庭恩格尔系数	%		√	
	成果分配	26. 泰尔指数	—		√	
		27. 劳动者报酬占比	—	√		
经济增长的生态环境代价	资源消耗	28. 单位地区生产总值能耗			√	
		29. 单位地区生产总值电耗			√	
	环境污染	30. 单位产出大气污染程度	倍数		√	
		31. 单位产出污水排放数	倍数		√	
		32. 单位产出固体废弃物排放数	倍数		√	
国民经济素质	基础素质	33. 公路里程/人口数	万公里/万人	√		
		34. 铁路里程/人口数	万公里/万人	√		
	能力素质	35. 科学技术支出占财政支出比重	%	√		
	协调素质	36. 行政费用占财政支出比重	%		√	
		37. 公共安全支出占财政支出比重	%	√		

资料来源:任保平,魏语谦:"十三五时期我国经济质量型增长的战略选择与实现路径",《中共中央党校学报》,2016年第4期。

(1)经济增长的效率

经济增长的效率是各投入转化为产出有效性的高低。高生产率是高质量增长的根本保证,生产率的长期增长取决于技术进步和经济制度的效率。从经济增长效率测度指标的选择来看,生产率揭示了各种生产要素转化为产出的有效性,因此选择全要素生产率、技术变动、技术效率变动、资本生产率及劳动生产率作为经济增长效率的测度指标。

(2)经济增长的结构

经济增长的结构是指经济系统内各要素之间的联结关系及要素数量之间的比例关系。合理的经济结构是经济高质量增长的前提,经济结构转化可以有效改变经济增长的动力机制,因此分别从产业结构、投资消费结构、金融结构、国际收支结构和城乡二元结构五个分项来进行测度。产业结构选择工业化比率、三次产业比较劳动生产率;投资消费结构选择投资率和消费率;金融结构选择存、贷款余额占GDP的比例作为衡量指标;外贸依存度选择国际收支结构测度指标。由于中国还具有二元经济结构,因此中国经济结构的度量中还需要考虑二元结构的转化问题,因此选择二元对比系数和二元反差指数来衡量城乡二元结构。

(3)经济增长的稳定性

经济增长的稳定性是指经济运行是否平稳。从经济增长稳定性测度指标的选择来看,经济增长过程中的周期波动主要是从产出波动、价格波动和就业波动三个方面来考察,因此可以从这三个层次来测度经济增长的稳定性,分别选择经济波动率、消费者价格指数、生产者价格指数和失业率作为测度指标。

(4)经济增长的福利变化和成果改善

经济增长的福利变化是指居民人均拥有财富的增加,这不仅包括物质财富还包括人力及自然社会财富等方面的内容。经济增长的最终目标是增加社会的福利水平和幸福程度。对于福利变化主要从总体上来考察,分别选择人均GDP、城市人均住宅面积、农村人均住房面积、城市和农村居民家庭恩格尔系数作为基础测度指标。成果分配主要涉及收入分配问题,分别用测度城乡收入差距的泰尔指数和劳动者报酬占比作为基础指标。

(5)生态环境代价

生态环境代价是从成本视角考察经济增长是否可以可持续的方式使用资源,降低资源环境和生态成本。从经济增长的生态环境代价这一维度看,这里选择单位国内生产总值能耗、单位国内生产总值电耗、单位产出大气污染程度、单位产出污水排放数、单位产出固体废弃物排放数作为基础测度指标。

(6)国民经济素质

国民经济素质表现为一个国家长期有效地开发和利用各种资源创造国民财富的基本条件和能力,是经济增长质量的综合体现。国民经济素质包括:基础素质、能力素质和协调素质三个方面。用人均公里里程、人均铁路里程来代表国民经济基础素质。用科学技术占财政支出比重代表国民经济能力素质。用行政费用占财政支出比重、公共安全支出占财政支出比重代表国民经济能力素质。

此外,从国家统计局公布的《指标体系》和任保平研究给出的《中国经济增长质量构成指数》来看。国家统计局《指标体系》的维度划分、基础指标选取更为全面新颖,涵盖了中国经济新常态时期提质增效转型升级的经济增长理念的内容,如产业升级维度不仅有传统的工业、农业指标,还有新型工业、生产性服务业以及近年来发展迅速的电商指标,以及质量效益维度关注企业综合产出、土地产出等,创新驱动方面主要关注R&D相关指标。随着中国经济与世界经济联系日趋密切,世界性或区域性的经济危机对中国影响越来越大,经济安全不可忽视,国家统计局的《指标体系》也还包含了经济安全这一维度,主要从粮食安全、能源安全以及不良债务和债务余额方面考察。

2. 基础指标合成

经济增长质量指数基础指标的合成方法,在文献资料中主要有相对指数法、熵值法、主成分分析等方法。

(1) 相对指数法

相对指数法是将一系列指标变成可比的指数形式,然后进行简单加总或加权加总来评价的一种方法。但各指标对经济增长质量的作用程度各不相同,等权重或主观赋权有很大的随意性。权重主要研究者对各指标重要性程度的认识赋值,依赖于研究者的经验,主观影响也很大。

$$QI = \frac{1}{n}\sum_{i=1}^{k} w_i x_i \tag{3.2.1}$$

式中,QI 为综合指数,$n = \sum_{i=1}^{k} w_i$,当 $w_1 = w_2 = \cdots = w_k$ 时,即为简单平均法;当 $w_i, i=1,\cdots,k$ 不全相等时,为加权平均法。

(2) 熵值法

熵值法属于一种客观赋权的方法,利用信息熵的工具根据各项指标值的变异程度来确定各分类指标的权重。一般来说,若某个指标的信息熵 E_j 越小,表明指标值的变异程度越大,提供的信息量越多,在综合评价中所能起到的作用也越大,其权重也就越大;相反,若某个指标的信息熵 E_j 越大,表明指标值的变异程度越小,提供的信息量越少,在综合评价中所能起到的作用也越小,其权重也就越小。熵值法赋权步骤为:

第一,数据标准化。假设给定 k 个指标 $X_1, X_2, \cdots, X_k$,其中 $X_i = \{x_1, x_2, \cdots, x_n\}$。假设对各指标数据标准化后的值为 $Y_1, Y_2, \cdots, Y_k$,那么

$$Y_{ij} = \frac{x_{ij} - \min(x_i)}{\max(x_i) - \min(x_i)} \tag{3.2.2}$$

第二,确定各指标的信息熵。根据信息论中信息熵的定义,一组数据的信息熵为,

$$E_j = -\ln(n)^{-1} \sum_{i=1}^{n} \ln p_{ij} \tag{3.2.3}$$

式中,$p_{ij} = Y_{ij} / \sum_{i=1}^{n} Y_{ij}$,如果 $p_{ij} = 0$,则定义 $\lim_{p_{ij} \to 0} p_{ij} \ln p_{ij} = 0$。

第三,确定各指标权重。根据信息熵计算公式,计算出各指标的信息熵为 $E_1, E_2, \cdots, E_k$,通过信息熵计算各指标的权重:

$$W_i = \frac{1 - E_i}{k - \sum E_i}, \quad i = 1, 2, \cdots, k \tag{3.2.4}$$

最后根据加权平均法计算公式计算指标评价得分。虽然熵值法属于一种客观赋权的方法,但这种方法不能反映相关指标之间的关系。

(3) 主成分分析法

主成分分析法也属于客观赋权的方法,是通过降维的方式把具有相关性的多个指标约化为少数几个综合指标的方法,可以在尽可能保留原有数据所含信息的前提下实现对统计数据的简化。主成分分析法通过这一方法提取的主成分可以获得构成经济增长质量各个维度的量化结果,所形成的权重结构可以充分反映经济增长质量各维度的基础指标对形成总指数的贡献大小。因此,采用主成分分析法来确定单项指数在各方面指数中的权重以合成方面指数,进而采

用同样的方法合成总指数,对中国经济增长质量状态进行量化是非常合适的[①]。

假设有 n 个被评价对象,每个被评价对象由 p 个指标 $x_1,x_2,\cdots,x_p$ 来描述,则原始数据为 $X_i=(x_1,x_2,\cdots,x_p)$,其中 $x_i=(x_{1i},x_{2i},\cdots,x_{pi})'$,$i=1,2,\cdots,p$。用主成分分析进行综合评价的基本思路为,首先求出原始 p 个评价指标的 p 个主成分,然后选取少数几个主成分来代替原始指标,再将所选取的主成分用适当的形式综合,就可以得到一个综合评价指标。具体步骤为:

第一,将各原始指标标准化后求出相关系数矩阵;

由于主成分是从协方差阵 S 出发求得的,而协方差矩阵受评价指标量纲和数量级的影响,为克服这一缺陷,就必须对原始指标数据标准化。一般采用以下标准化公式:

$$X_{ij}=\frac{x_{ij}-\bar{x}_i}{S_j} \quad (3.2.5)$$

式中,$\bar{x}_i=\frac{1}{n}\sum_{i=1}^{n}x_{ij}$;$S_j^2=\frac{1}{n}\sum_{i=1}^{n}(x_{ij}-\bar{x}_j)$。此时标准化后的协方差阵即为相关系数矩阵 $R=(r_{ij})$,r_{ij} 的计算公式为:

$$r_{ij}=\frac{s_{ij}}{\sqrt{s_{ii}}\sqrt{s_{jj}}} \quad (3.2.6)$$

式中,$s_{ij}=\frac{1}{n-1}\sum_{l=1}^{n}(x_{li}-\bar{x}_i)(x_{lj}-\bar{x}_j)$,可以看出 $r_{ii}=1$ 且 $r_{ij}=r_{ji}$。

第二,计算相关系数矩阵的特征根和特征向量;

通常用雅可比(Jacobi)方法求 R 阵的 p 个特征根 $\lambda_1\geqslant\lambda_2\geqslant\cdots\geqslant\lambda_p\geqslant0$ 及其相应的特征向量 $\alpha_1,\alpha_2,\cdots,\alpha_p$,其中 $\alpha_i=(a_{i1},a_{i2},\cdots,a_{ip})'$,$i=1,2,\cdots,p$。$\lambda_i$ 是第 i 个主成分 y_i 的方差,它反映了第 i 个主成分 y_i 在描述被评价对象上所起的作用的大小。

第三,确定主成分及相应的权数。第 k 个主成分 y_k 方差贡献率 $\alpha_k=\lambda_k/\sum_{i=1}^{p}\lambda_i$,前 k 个主成分 $y_1,y_2,\cdots,y_k$ 累计方差贡献率为 $\alpha(k)=\sum_{j=1}^{k}\lambda_j/\sum_{i=1}^{p}\lambda_i$,前 k 个主成分累计方差贡献率 $\alpha(k)$ 越大,则说明 k 个主成分包含的原始信息越多。

主成分个数一般由累积贡献率来决定,一般要求累计贡献率达到 85% 以上,这样才能保证综合变量能包括原始变量的绝大多数信息。一般采用第一主成分来确定各基础指标的权数,将第一主成分中各基础指标的系数作为各基础指标相应的权重,由此求得第一主成分值来代表各方面指数,再以同样的方法获得经济增长质量指数。

第三节 中国全要素生产率实证测算分析

一、基于传统索洛分析框架

(一)拟合生产函数模型

假定技术进步是非物化的希克斯中性的,并以一个固定的指数比率增长,则扩展的柯布—道格拉斯生产函数可以描述为:

[①] 任保平:《经济增长质量的逻辑》,人民出版社,2015年.

$$Y = A_0 e^{\lambda t} K^\alpha L^\beta e^u \tag{3.3.1}$$

式中，Y、K、L分别为t时期的总产出、投入的资本量和劳动量，A_0为初始技术水平，λ表示技术进步比率，α、β分别为分别是资本和劳动的产出弹性，e^u是误差项。对方程两边取对数，得：

$$\ln Y = \ln A_0 + \lambda t + \alpha \ln K + \beta \ln L \tag{3.3.2}$$

假设$\alpha + \beta = 1$，可以将上式进一步化简为：

$$\ln Y = \ln A_0 + \lambda t + \alpha \ln K + (1-\alpha) \ln L \tag{3.3.3}$$

$$\ln(Y/L) = \ln A_0 + \lambda t + \alpha \ln(K/L) \tag{3.3.4}$$

数据来源分为三部分：国内生产总值用于衡量经济产出，数据来源为《中国统计年鉴》，并将GDP数据以1978年不变价为实际值；由于以1978年为基期，故这里资本存量数据采用王小鲁《中国经济增长方式转换和增长可持续性》的资本存量测算数据；劳动力投入数据采用全社会从业人数，来源为《中国统计年鉴》。数据表3-3所示。

表3-3　1978-2011年中国GDP、资本存量、从业人员数据

年份	GDP(亿元)	K(万元)	L(万人)
1978	365	7006	40152
1979	393	7487	41024
1980	423	7955	42361
1981	445	8409	43725
1982	485	9052	45295
1983	538	9800	46436
1984	620	10787	48197
1985	703	12162	49873
1986	766	13751	51282
1987	856	15589	52783
1988	953	17578	54334
1989	993	19003	55329
1990	1032	20247	64749
1991	1128	21712	65491
1992	1289	23760	66152
1993	1468	26611	66808
1994	1661	30048	67455
1995	1843	33794	68065
1996	2026	37834	68950
1997	2213	42005	69820
1998	2386	46805	70637
1999	2568	51647	71394
2000	2785	56833	72085
2001	3016	62713	72797
2002	3290	69774	73280
2003	3619	79182	73736
2004	3984	90762	74264
2005	4437	105597	74647
2006	5000	124009	74978
2007	5710	146214	75321
2008	6259	162981	75564
2009	6837	185617	75828
2010	7564	210847	76105
2011	8282	237918	76420

注：1978-1991年数据采用唐家龙(2013)《中国经济增长可持续性》一书中的全国从业人口调整数据；GDP和资本存量数据(K)均以1978年为基期进行调整。

采用广义最小二乘法(GLS)进行参数估计。利用 R 软件估计的结果如表 3-4 所示。

表 3-4　模型回归结果

	Coefficient	Std. Error	t-value	P-value
$\ln A_0$	-3.7942	0.0799	-47.450	0.0000***
λ	0.0287	0.0033	8.663	0.0000***
$\ln K$	0.5315	0.0374	14.219	0.0000***
R-squared	0.9982	Residual standard error	0.1767	
Adjusted R-squared	0.9980	Log likelihood	10.8215	
Akaike info criterion	-13.6430	Prob(F-statistic)	< 2.2e-16	

回归结果为:

$$\ln Y_t = -3.7942 + 0.0287t + 0.5315\ln K_t + 0.46851\ln L_t + \varepsilon$$
$$R^2 = 0.9980$$

检验结果说明该模型的方程通过 F 检验,并且资本 $\ln K$ 变量显著。则在 1978—2011 年期间有 $G_Y = 0.0287 + 0.5315 G_K + 0.4685 G_L$。

(二)经济增长因素分解

利用经济增长核算率方程能够分析经济增长因素分解分析。根据公式(3.1.10)可得各生产要素增长对经济增长贡献率的计算公式为:

资本投入贡献率:

$$E_K = \frac{\alpha G_K}{G_Y} \times 100\% \tag{3.3.5}$$

劳动投入贡献率:

$$E_L = \frac{\beta G_L}{G_Y} \times 100\% \tag{3.3.6}$$

技术进步贡献率:

$$E_A = \frac{G_A}{G_Y} = 100\% - E_K - E_L \tag{3.3.7}$$

从而得到中国经济增长因素分析结果及对各要素对经济增长的贡献率,根据拟合方程结果,在 1978—2011 年期间有,$E_K = 62.60\%$,$E_L = 13.84\%$,$E_A = 23.56\%$。同理,根据类似的步骤,我们将 1978—2011 年进行分段,分别在 1978—1989 年、1990—1999 年、2000—2006 年、2007—2011 年四个时间段进行经济增长因素分析,结果见表 3-5。

表 3-5　1978—2011 年中国经济增长因素分析　　　　　　　　　　单位:%

年份	GDP增长率	资本投入增长率	劳动投入增长率	资本投入贡献率	劳动投入贡献率	技术进步贡献率
1978—2011	9.96	11.32	2.01	62.60	13.84	23.56
1978—1989	9.10	9.28	4.13	59.16	31.51	9.33
1990—1999	10.46	10.88	1.08	57.54	5.12	37.34
2000—2006	10.82	14.49	0.63	71.05	2.93	26.02
2007—2011	9.74	12.95	0.36	70.78	1.75	27.47

索洛模型的分析框架下,资本投入、劳动投入和全要素生产率对经济增长的贡献率分解结果如图3-3所示。根据测算结果可以看到,中国经济增长的主要贡献来自于资本要素的投入,1978-2011年期间总体资本投入贡献率最大,为62.60%,劳动投入贡献率为13.84%,技术进步贡献率为23.56%。接下来分析各区间段各要素对经济增长的贡献率情况:资本投入在1978-2006年期间逐渐增长,2007-2011年期间出现下降趋势;劳动投入要素在1978-1989年期间最大,其贡献率达到37.34%,1990年之后劳动投入贡献率开始逐渐减少,2007-2011年期间其贡献率下降至1.75%;技术进步贡献率在1978-1989年期间较小,仅为9.33%,但是1990-1999年期间其贡献率增长较大,为37%以上,而2007年之后贡献率下降至30%以下。

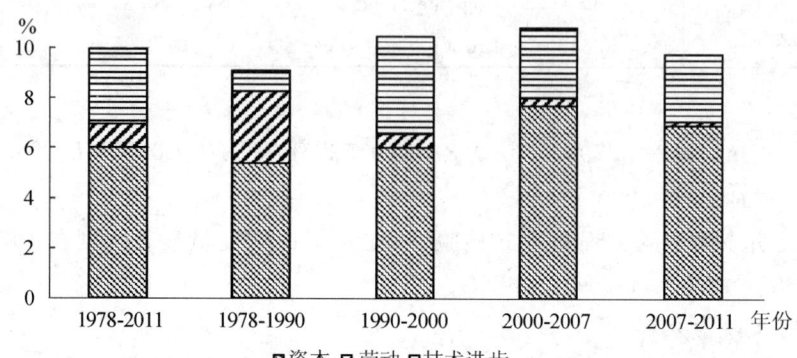

图3-3 1978-2011年中国各要素对人均GDP增长率的贡献率分解

二、基于扩展索洛分析框架

基于扩展索洛分析框架,用从业人口数据对应索罗模型中的劳动力投入变量,平均受教育年限数据对应人力资本模型中的人力资本投入变量,进一步测算中国全要素生产率如下:

(一)拟合生产函数模型

假定技术进步是非物化的希克斯中性的,并以一个固定的指数比率增长,得到劳动增强型新古典模型为:

$$Y = A_0 e^{\lambda t} K^\alpha L^\beta h^\beta e^u \tag{3.3.8}$$

式中,Y、K、L、h 分别为 t 时期的总产出、投入的资本量、劳动量和人力资本存量,A_0 为初始技术水平,λ 表示技术进步比率,α、β 分别为分别是资本和劳动的产出弹性,e^u 是误差项。对方程两边取对数,得:

$$\ln Y = \ln A_0 + \lambda t + \alpha \ln K + \beta \ln L + \beta \ln h \tag{3.3.9}$$

假设 $\alpha + \beta = 1$,则该方程可简化为:

$$\ln Y = \ln A_0 + \lambda t + \alpha \ln K + (1-\alpha) \ln L + (1-\alpha) \ln h \tag{3.3.10}$$

$$\ln Y - \ln L - \ln h = \ln A_0 + \lambda t + \alpha (\ln K - \ln L - \ln h) \tag{3.3.11}$$

数据来源为:国内生产总值用于衡量经济产出,数据来源为《中国统计年鉴》,并将GDP数据以1978年不变价为实际值;由于以1978年为基期,故这里资本存量数据采用王小鲁《中国经济增长方式转换和增长可持续性》的资本存量测算数据;劳动力投入数据采用全社会从业人数,来源为《中国统计年鉴》。并在此基础上加入人力资本测算数据:其中1978-2007年人力资本数据来自唐家龙(2013)测算结果,2007年以后人力资本数据按照每年0.086的速度向后递推。数据如表3-6所示。

表 3-6　1978-2011 年中国 GDP、资本存量、从业人员数据

年份	GDP(亿元)	K(万元)	L(万人)	h(年)
1978	365	7006	40152	5.12
1979	393	7487	41024	5.50
1980	423	7955	42361	5.90
1981	445	8409	43725	6.20
1982	485	9052	45295	6.46
1983	538	9800	46436	6.56
1984	620	10787	48197	6.69
1985	703	12162	49873	6.79
1986	766	13751	51282	6.90
1987	856	15589	52783	7.03
1988	953	17578	54334	7.13
1989	993	19003	55329	7.28
1990	1032	20247	64749	7.43
1991	1128	21712	65491	7.53
1992	1289	23760	66152	7.60
1993	1468	26611	66808	7.68
1994	1661	30048	67455	7.74
1995	1843	33794	68065	7.81
1996	2026	37834	68950	7.87
1997	2213	42005	69820	7.94
1998	2386	46805	70637	8.01
1999	2568	51647	71394	8.07
2000	2785	56833	72085	8.12
2001	3016	62713	72797	8.18
2002	3290	69774	73280	8.24
2003	3619	79182	73736	8.30
2004	3984	90762	74264	8.36
2005	4437	105597	74647	8.43
2006	5000	124009	74978	8.51
2007	5710	146214	75321	8.59
2008	6259	162981	75564	8.68
2009	6837	185617	75828	8.77
2010	7564	210847	76105	8.85
2011	8282	237918	76420	8.94

注:1978-2007 年人力资本数据来自唐家龙(2013)《中国经济增长可持续性》一书中的测算结果,2007 年以后人力资本数据按照每年 0.086 的速度向后递推。

采用广义最小二乘法(GLS)进行参数估计。利用 R 软件估计的结果如表 3—7 所示。

表 3—7 模型回归结果

	Coefficient	Std. Error	t—value	P—value
$\ln A_0$	−4.2712	0.1196	−35.7198	0.0000***
λ	0.0158	0.0023	6.7323	0.0000***
$\ln K$	0.6237	0.0305	20.4517	0.0000***
R—squared	0.9970	Residual standard error	0.0338	
Adjusted R—squared	0.9967	Log likelihood	55.0766	
Akaike info criterion	−102.1531	Prob(F—statistic)	< 2.2e−16	

回归结果为：

$$\ln Y_t = -4.2712 + 0.0158t + 0.6237\ln K_t + 0.37631\ln L_t + 0.3763\ln h_t + \varepsilon$$

$$R^2 = 0.9970$$

检验结果说明该模型的方程通过 F 检验，并且资本 $\ln K$ 变量显著。则在 1978—2007 年期间有 $\frac{\Delta Y}{Y} = 0.0158 + 0.6237\frac{\Delta K}{K} + 0.3763\frac{\Delta L}{L} + 0.3763\frac{\Delta h}{h}$。

(二)经济增长因素分解

引用人力资本增长率 G_h，就可利用经济增长核算率方程进行经济增长因素分解分析。除资本投入贡献率 E_K 和劳动投入贡献率公式等同于(3.3.5)和(3.3.6)外，剩余因素的贡献率为：

人力资本投入贡献率：

$$E_h = \frac{\beta G_h}{G_Y} \times 100\% \quad (3.3.12)$$

技术进步贡献率：

$$E_A = \frac{G_A}{G_Y} = 100\% - E_K - E_L - E_h \quad (3.3.13)$$

从而得到中国经济增长因素分析结果及对各要素对经济增长的贡献率，根据拟合方程结果，在 1978—2011 年期间有，$E_K = 70.89\%$，$E_L = 7.59\%$，$E_h = 6.50\%$，$E_A = 15.02\%$。同理，根据类似的步骤，我们将 1978—2011 年进行分段，分别在 1978—1989 年、1990—1999 年、2000—2006 年、2007—2011 年四个时间段进行经济增长因素分析，结果见表 3—8。

表 3—8 1978—2011 年中国经济增长因素分析 单位：%

年份	GDP增长率	资本投入增长率	劳动投入增长率	人力资本增长率	资本投入贡献率	劳动投入贡献率	人力资本贡献率	技术进步贡献率
1978—2011	9.96	11.32	2.01	1.72	70.89	7.59	6.50	15.02
1978—1989	9.10	9.28	4.13	3.18	63.62	17.08	13.15	6.14
1990—1999	10.46	10.88	1.08	0.90	64.88	3.88	3.23	28.01
2000—2006	10.82	14.49	0.63	0.81	83.52	2.19	2.81	11.48
2007—2011	9.74	12.95	0.36	0.99	82.86	1.40	3.81	11.93

在引入人力资本要素的索罗框架下,经济增长率可以分解为资本投入、基础劳动投入、人力资本投入及技术进步四种因素。分解结果如图3—4所示。1978—2011年期间,资本因素贡献率为70.89%,基础劳动贡献率为7.59%,人力资本贡献率为6.50%,技术进步贡献率为15.02%。按照四个时间段来看,1978—1990年资本贡献率相对其他时期较低,为63.62%,而基础劳动力和人力资本贡献率相对其他时期较高;1991—2000年期间技术进步贡献率相对其他时期较高,为28.01%;2000年之后资本投入贡献率增高到80%以上,技术进步贡献率在11%以上,劳动投入和人力资本要素贡献率下降;2008年之后人力资本贡献率和技术进步贡献率有所提高。

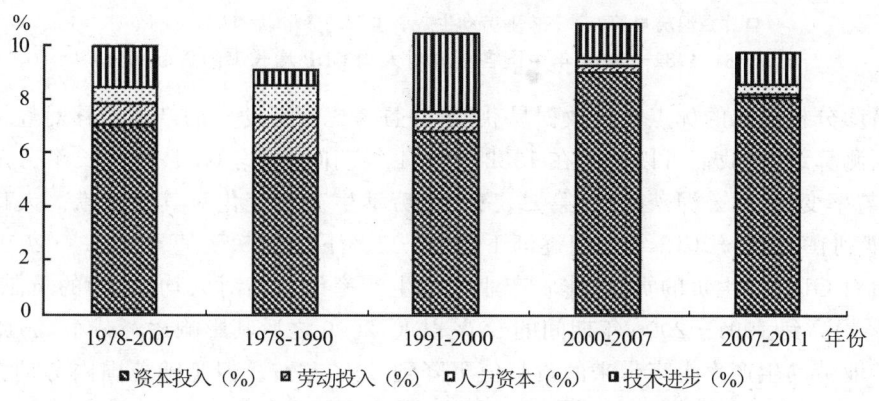

图3—4 1978—2011年中国经济增长因素分析

三、基于青木昌彦分析框架

青木昌彦的分析框架是从人口红利、劳动参与率、库兹涅茨效应以及人均劳动生产率的角度来分解人均GDP的增长率。

利用CEIC数据库所提供的数据进行因素分解计算,结果如表3—9、表3—10和图3—5所示。

表3—9 中国1982—2014年人均GDP增长率的分解结果 单位:%

年份	人均GDP增长率	人口红利	劳动参与率	第二、三产业劳动生产率	库兹涅茨
1982—1990	8.35	0.95	1.90	4.49	0.84
1991—2000	9.33	0.51	−0.45	8.59	0.65
2001—2007	10.16	0.48	−0.44	8.44	1.57
2008—2012	8.81	0.45	−0.56	6.93	1.89
2013—2014	6.93	−0.47	0.32	4.20	2.77

表3—10 中国1982—2014年人均GDP增长率分解的贡献率 单位:%

年份	人均GDP增长率	人口红利	劳动参与率	第二、三产业劳动生产率	库兹涅茨
1982—1990	100	11.34	22.78	53.81	10.11
1991—2000	100	5.42	−4.81	92.10	6.92
2001—2007	100	4.71	−4.34	83.04	15.44
2008—2012	100	5.07	−6.39	78.61	21.47
2013—2014	100	−6.81	4.68	60.63	40.00

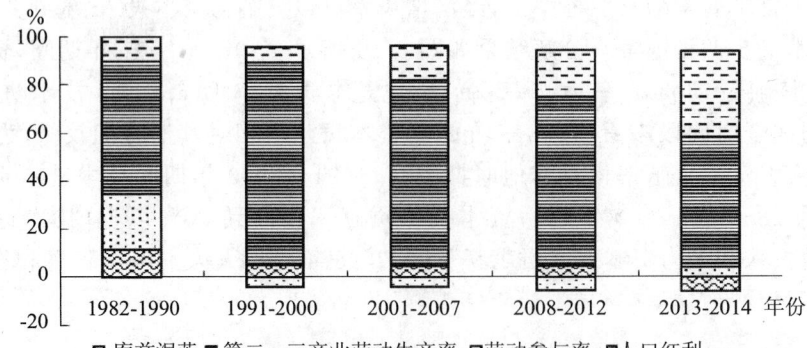

图3—5 1982—2014年中国各要素对人均GDP增长率的贡献率分解

青木昌彦分析框架的优点在于数据易获取,并且考虑了劳动力的产业转移对经济增长率的影响。根据测算结果,我们可以看到在1982—2014年期间,人均GDP的增长率分解为人口红利、劳动参与率变化、库兹涅茨效应、第二、三产业劳动生产率变化对其的贡献。人口红对人均GDP的贡献利在1982—2012年期间逐渐下降,由11%下降至5%,直至2013—2014年期间人口红利开始对GDP产生负的贡献;非农产业劳动生产率的提高对人均GDP的贡献由1990年前的53.8%提高到1991—2000年期间的90%以上,2000之后其影响逐渐减小,2013—2014年期间非农产业劳动生产率提高带来的贡献值下降到60%左右。但是随着国内劳动力转移效率的提高,劳动力从第一产业向二、三产业转移带来的库兹涅茨效应的贡献率在2000—2014年逐步提高,2013—2014年库兹涅茨的贡献率已达到40%。

四、总结

本节分别使用索洛模型、引入人力资本要素的索洛模型、青木昌彦分析框架对中国的经济增长进行实证分析。从三个不同分析框架得到的测算结果中,我们可以看到相似的结论:(1)资本要素对经济增长的贡献率占主要部分且正在下降;(2)人口红利正在消逝;(3)全要素生产率的作用正在上升。

但是三者又分别从不同角度论述了相同的问题。索洛模型认为经济增长的来源是资本要素、劳动力要素及全要素生产率,并利用核算方程对各种要素的贡献率进行分解;朱晓东的分析框架将人均GDP分解为劳动参与率变动、资本产出比变动、人力资本变动及全要素生产率增长四个部分;而青木昌彦则主要从人口的角度进行分析,引入人口红利和库兹涅茨效应,将人均GDP分解为人口红利、劳动参与率、劳动力转移效应(库兹涅茨效应)及二、三产业劳动生产率四部分。

第四节 中国经济增长质量测度分析

对于中国经济增长质量的测度,这里借鉴任保平、魏语谦(2016)的做法,首先基于表3—2中国经济增长质量基础指标采用主成分方法测度的2000—2014年中国经济增长质量指数,分为六个维度的方面指数以及合成的中国经济增长质量指数。

任保平研究中从经济增长质量的性质及其数据可获得性出发,所采用的数据来自《中国统计年鉴2000—2014》、统计汇编资料及统计公报。

一、指标处理及数据描述

(一)指标处理

在经济增长质量指数的构成中,由于各基础指标之间具有不可公度性,使得我们无法对其直接进行计算,需要进行一定的变换与处理。

1. 指标属性

经济增长质量的各基础指标属性并不一致。指标属性可以分为正指标、逆指标和适度指标三种,其中正指标是指指标值与指数值正相关,指标值越高表明经济增长质量越高;逆指标是指指标值越高反映经济增长质量越低。在经济增长质量指数中不同测度指标属性不同,如果对不同性质指标直接加总就不能正确反映不同作用力的综合结果,须先考虑改变逆指标数据性质,使所有指标对经济增长质量的作用力同趋化,再加总才能得出正确结果,因此这里将逆指标采取倒数形式。对适度指标的处理是,适度指标=1/|原始值-适度值|,其中,投资率的适度值为38%,消费率的适度值为60%。

2. 指标量纲

经济增长质量的各项基础指标分别具有不同的量纲和量级,无法直接进行综合。如果直接采用原始测度指标,会造成主成分过分偏重于具有较大方差或数量级的指标,因此我们需要对原始指标进行无量纲化处理。目前常见的无量纲化处理方法主要有极值化方法、标准化方法、均值化方法以及标准差化方法等。这里用均值化方法来对原始指标进行无量纲化处理。

(二)数据描述

1. 真实GDP

在经济增长的效率指数中,全要素生产率、技术变动、技术效率变动和资本生产率四个指标都涉及真实GDP的计算。对于真实GDP的计算我们首先根据《中国统计年鉴2014》中公布的国内生产总值指数(上年=100)(来计算GDP平减指数,国内生产总值指数(上年=100)的定义为:

$$GDPI_t = \frac{GDP_t}{GDPD_t} / GDP_{t-1} \tag{3.4.1}$$

式中,GDPI为国内生产总值指数,GDP为名义国内生产总值,GDPD是国内生产总值的平减指数,t表示时间年份。根据GDP增长指数的定义,求得GDP评鉴指数的环比公式为:

$$GDPD_t = \frac{GDP_t}{GDP_{t-1} \cdot GDPI_t} \tag{3.4.2}$$

在此基础上,计算各个时期环比指数的连乘之积来求得以2000年为基年的定基指数。通过名义GDP除以GDP平减指数(2000=100)得到真实GDP。

2. 泰尔指数

度量城乡收入差距的泰尔指数,这里采用王少平、欧阳志刚(2008)研究中的定义和计算公式,首先分别计算城镇与农村的收入份额与人口份额之比的自然对数,然后再用城乡收入份额作为权数,进行加权平均而得到泰尔指数,即

$$dis_t = \sum_{i=1}^{2} (\frac{p_{it}}{p_t}) \ln(\frac{\frac{p_{it}}{p_t}}{\frac{z_{it}}{z_t}}) \tag{3.4.3}$$

式中，dis_t 代表 t 时期的泰尔指数，$i=1,2$ 分别表示城镇和农村地区，z_{it} 表示 t 时期城镇或农村的人口数量，z_t 表示 t 时期的总人口，p_{it} 表示城镇和农村的总收入（用相应的人口和人均收入之积表示），p_t 表示 t 时期的总收入。

3. 资本存量

在资本生产率的计算中最重要的是对生产性资本存量的估算，具体测算采用类似于式（2.1.10）的形式：

$$K_t = K_{t-1}(1-\delta) + I_t \tag{3.4.4}$$

式中，新增资本流量 K 表选择固定资本形成总额来衡量当年投资，对于固定资本价格指数直接采用《中国统计年鉴》中公布的内容，在此基础上求得以 2000 年为基年的不变价格表示的固定资本形成总额，折旧率 δ 采用张军等的研究成果，为 9.6%。

4. 其他重要指标

（1）工业化率：非农产业就业人数/总就业人数

（2）第一（二、三）产业比较劳动生产率：第一（二、三）产业产值比重与第一（二、三）产业就业比重的比率

（3）二元对比系数：农业比较劳动生产率与非农业比较劳动生产率的比率

（4）二元反差指数：非农业的产值比重与劳动力比重之差的绝对值

（5）经济波动率：经济增长率变动幅度的绝对值

二、基础指标及方面指数权重确定方法

（一）均值化的无量纲化处理

在进行主成分分析时，既可以使用相关系数矩阵，也可以使用协方差矩阵。现有研究文献一般采用相关系数矩阵，使用正态标准化后的数据作为主成分分析的输入，这样可以消除量纲的影响，避免主成分过分依赖于量级过大的指标变量，但是正如以上分析，由于各指标变量都具有单位标准差，就可能导致低估或夸大不同指标的相对离散程度。而采用均值化后的协方差矩阵不仅可以消除量纲和数量级上的差异，还能保留各指标在离散程度上的特性，避免低估或夸大指标的相对离散程度。因此，这里在进行主成分分析时，采用均值化的协方差矩阵作为主成分分析的输入。

（二）权重确定

在现有运用主成分分析法进行多指标综合评价的研究中，一般根据前面几个主成分的累计贡献率大于某一特定值（如 85%）来确定主成分的个数，在此基础上求得综合主成分值。单个主成分综合原始数据信息的能力是通过它贡献率的大小来衡量的，根据累计贡献率判断的方法其实只能反映前面几个主成分单独综合原始数据信息能力的总和，但是这样综合原始数据信息的能力是无法超过前面几个主成分的累积综合能力的，而且它也不可能超过第一主成分综合原始数据信息的能力。因此，我们采用第一主成分来确定各基础指标的权数，将第一主成分中各基础指标的系数作为各基础指标相应的权重，由此求得第一主成分值来代表各方面指数，再以同样的方法获得经济增长质量指数。

三、测算结果及分析

根据上述方法，测算的中国经济增长质量指数如下表 3—11 所示。包括六个维度的方面指数和经济增长质量总体指数。如图 3—6 所示。

表 3—11　2000—2014 年中国经济增长质量的测算结果

年份	方面指数						经济增长质量指数
	经济增长的效率	经济增长的结构	经济增长的稳定性	福利变化和成果分配	经济增长的生态环境代价	国民经济素质	
2000	−0.0940	2.5160	1.4403	0.8743	1.0071	1.0243	−1.5633
2001	−0.0854	3.4279	3.3351	1.0524	1.0379	1.0286	−3.1038
2002	−0.0729	4.8256	1.5788	1.1155	1.0664	0.9901	−3.0644
2003	−0.1111	5.5903	2.5908	1.1770	1.0967	1.0026	−4.0757
2004	−0.1338	2.5466	1.7725	1.2402	1.1514	1.0421	−1.5881
2005	−0.0606	2.2784	0.7529	1.3792	1.1905	1.434	−0.7212
2006	0.0196	1.9444	0.5208	1.4621	1.3022	1.4702	−0.2991
2007	0.0639	1.7424	0.4267	1.6371	1.4818	1.5127	0.0165
2008	0.1071	1.6901	0.6339	1.7673	1.7251	1.5621	0.0828
2009	0.1258	1.7832	1.3562	1.9810	1.8431	1.6551	−0.2313
2010	0.0588	1.7138	0.3092	1.9734	2.0410	1.7828	0.466
2011	0.0831	1.8128	0.1840	2.4207	2.2936	1.8389	0.7164
2012	0.1077	1.9587	0.1837	2.4250	2.5467	1.8657	0.7199
2013	0.0715	2.0733	0.2835	2.8071	2.8290	1.9108	0.8246
2014	0.0471	1.9313	0.2744	2.7801	3.3983	2.0520	1.1485

数据来源：任保平，魏语谦："十三五时期我国经济质量型增长的战略选择与实现路径"，《中共中央党校学报》，2016 年第 4 期。

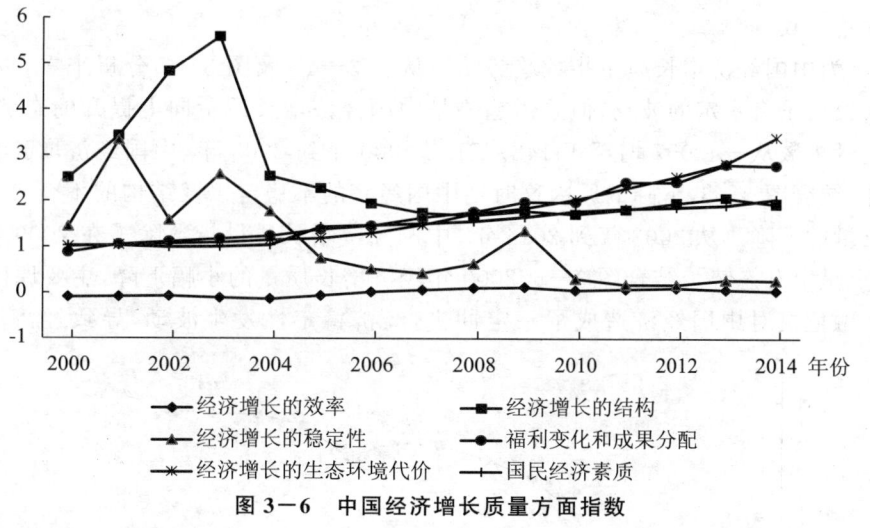

图 3—6　中国经济增长质量方面指数

(一)方面指数

1. 经济增长的效率

从经济增长效率方面指数来看，从 2000 年到 2014 年，经济增长的效率指数从 −0.94 变动至 0.047，总体来说向好的方向发展，经济增长由以前的无效率逐渐变得有效率。但其指数波动不大，经济增长效率的提升比较缓慢，提升幅度也非常小，十多年间仅变动 0.141。

2. 经济增长的结构

从经济增长的结构方面指数来看,从 2000 到 2003 年,中国经济增长的结构指数从 2.516 上升到 5.59,上升 3.074。自 2003 年至 2010 年,中国经济增长的结构指数呈现出下降趋势,到 2010 年仅为 1.713,下降 3.877。但自 2010 至 2014 年中国经济结构又呈现出上升趋势,到 2014 年上升为 1.931。这表明,随着中国经济的发展,中国经济结构也在不断调整和优化当中。

3. 经济增长的稳定性

从经济增长的稳定性方面指数来看,中国经济增长有一定波动,总体来看稳定性指数呈现出下降的趋势,从样本区间看,近十多年,中国经济增长的稳定性指数从 2000 年的 1.44 下降到 2014 年的 0.274,下降 1.166。

4. 福利变化和成果分配

从福利变化和成果分配方面指数来看,近十多年,中国福利变化和成果分配方面的指数呈上升趋势,从 2000 年的 0.874 上升到了 2014 年的 2.78,上升 1.906。这意味着,随着中国经济总量不断扩大,中国人民在不断提高,社会福利也在不断改善。

5. 经济增长的生态环境代价

从经济增长的生态环境代价方面指数来看,2000 年的 1.007 上升到 2014 年的 3.398,上升 2.392,这说明近十多年来,在中国经济发展的同时,也更加重视对生态环境的保护和利用,并取得了一定成效。

6. 国民经济素质

国民经济素质反映一定时期一国的基础设施状态、资源禀赋情况、国民素质以及产业结构等综合水平。从国民经济素质方面指数来看,中国国民经济素质指数从 2000 年的 1.024 上升到 2014 年的 2.052,表现出出逐年提升的态势,这也说明随着中国经济的不断发展,中国国民经济的素质也在不断提高。

(二) 质量指数

图 3-7 为中国经济增长质量指数趋势图。从表 3-11 及图 3-7 分析来看,近十多年来,中国经济增长质量有一定的波动,但总体趋势是中国经济增长质量向上提升的态势,十多年间经济增长质量指数从 -4.057 增至 1.148。有从 2000 年到 2003 年,中国经济增长质量有一定幅度的下降,结合图 3-6,下降的原因这时期中国经济的不稳定以及结构的不合理导致了中国经济增长质量的下降。从 2003 年到 2014 年,中国经济增长质量指数除了在 2009 年的小幅下降外,基本上呈上升态势。结合图 3-6,2009 年经济增长质量的小幅下降,主要原因在于 2008 年全球性金融危机对中国经济造成了一定冲击,经济稳定性发生波动,导致经济增长质量的

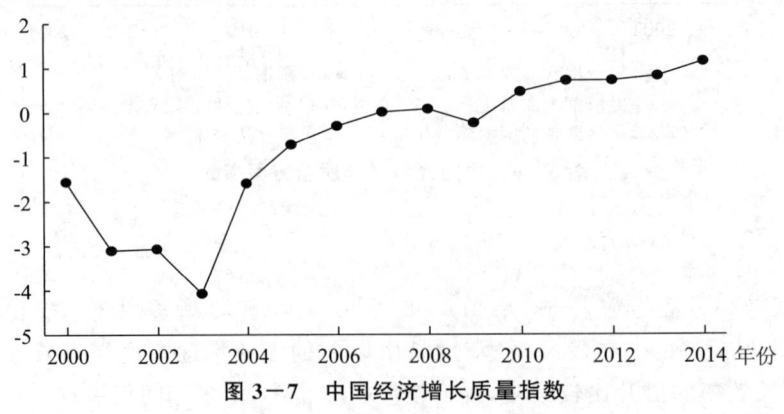

图 3-7 中国经济增长质量指数

下降。

在"新常态"背景下传统经济增长模式逐渐走向没落,在新的阶段发展经济则面临着开发经济潜力,转换增长动力的重要任务。因而要在经济发展战略上进行转型,选择适合经济发展新阶段特点的发展战略,从根本上解决当前制约经济增长质量提升的诸多问题。

思考与练习

1. 索洛和斯旺等人提出的新古典增长模型对哈罗德——多马模型做了哪些突破?
2. 请从新古典生产函数 $Y=AK^{\alpha}L^{\beta}$ 出发推导索洛增长核算模型的基本公式,并阐述各项的基本含义。
3. 试分析采用索洛增长核算模型测算全要素生产率时会存在哪些局限性?
4. 简述肯德里克因素分析和丹尼森因素分析的主要内容,并分析两者的主要区别。
5. 简述乔根森因素分析的主要贡献。
6. 自乔根森等研究之后,经济增长因素和生产率分析取得哪些新发展?
7. 在实际测算中,如何确定索洛增长核算模型中的参数 α 和 β?
8. 试采集数据依据索洛增长核算模型分析改革开放以来中国经济增长的驱动力变化。
9. 简述经济增长质量的广义内涵。
10. 简述经济增长质量的测度方法。
11. 结合国家统计局发布的《基于需求的反映提质增效转型升级统计指标体系》或西北大学任保平教授提出的经济增长质量测度统计指标体系,简述利用综合评价指标体系测度经济增长质量的基本步骤。

第四章　收入分配统计分析

收入分配是经济学的永恒主题。经济学家非常关心收入的分配,即产出怎样在其生产参与者之间进行划分,解释决定收入分配的主要因素本身就很有意义,同时这种分配又会影响经济的长期增长。人们在进行生产活动试图增加财富时,首先面对的不是生产问题而是分配问题,即如何分配过去的成果以便更大限度地满足自己。正是从这个意义上讲,财富或收入的分配不仅是人类生存发展的基本问题,也应该是宏观经济统计分析的核心内容。

本章首先在简要介绍相关基本概念的基础上,详细论述国民收入分配流程和格局理论;然后结合相关数据来源和口径变动等情况,对中国国民收入主体分配格局和要素分配格局的变动情况和变动原因进入深入剖析;再后,论述个人收入分配统计分析的主要方法和指标,最后运用相关方法和指标对中国个人收入分配中的城乡、区域和行业三大差距进行剖析。

第一节　国民收入分配流程和格局理论

一、收入分配分析中的基本概念

(一)收入分配

收入分配指生产过程创造的价值在参与生产活动的要素之间进行直接分配的活动以及要素收入在不同部门和单位之间转移收支形成的间接分配的活动。

了解收入分配需要注意三方面的问题,首先,收入分配的对象是什么?收入分配的对象是以价值形态体现的当期生产成果,这在宏观层面即为国内生产总值,而在微观层面则指各单位创造的增加值。其次,参与分配的主体是谁?参与分配的主体应该是各种生产要素及其所有者。最后,如何分配?这取决于各生产要素在产品生产过程中做出的贡献大小。

(二)国民收入分配和个人收入分配

从研究的层次来看,收入分配可以分为国民收入分配和个人收入分配。

国民收入分配是国民收入在各生产要素之间、分配主体之间、各分配主体内部各单位之间的分配比例关系,主要体现收入分配中的总量关系。

个人收入分配,也称居民收入分配,是表示在一定时期和一定的社会经济体制下社会各类成员收入水平以及社会成员之间的收入比例关系,主要体现收入分配中的个量关系。个人收入分配主要反映各类社会成员的个人所得在个人收入总额中所占比重的一种结构关系。

国民收入分配和个人收入分配更多地是从统计意义上的分类,二者的关系为:国民收入分配属于社会再生产总过程,而个人收入分配属于社会生产的单个经济过程;个人收入分配是分配环节的基础,国民收入分配是分配环节的总和;个人收入分配制约着国民收入分配状况,国民收入分配影响微观收入分配的实现。

(三)功能性收入分配与规模性收入分配

按照分配主体的不同,收入分配又可以分为功能性收入分配和规模性收入分配。这种分类方式更多地是从经济学意义上进行的。

功能性收入分配,也称为要素收入分配,它探讨各种生产要素与其收入所得的关系,是从收入来源的角度研究收入分配活动,关注的是资本、劳动等要素收入的相对份额。研究功能性收入分配的主要目的在于分析各种生产要素对生产的贡献与其所得之间的关系是否合理。

对功能性收入分配的研究起源于古典经济学家大卫·李嘉图。李嘉图认为经济产出在土地、资本和劳动三大要素间进行分配,其分配理论基于"边际"和"剩余"两大原理,以"边际"原理解释地租份额,以"剩余"原理解释扣除地租后剩余部分的工资和利润分割。马克思则是从资本积累的角度来分析收入分配问题的。马克思认为,资本家为了获得超额利润而提高生产技术,这就导致了资本家把大量资本作为不变资本用来购买机器设备,而用于给工人发工资的可变资本所占的部分就越来越小,所以工资性收入占国民收入的比例会越来越低,工人阶级陷入了相对贫困,甚至绝对贫困。正因为如此,马克思把资本积累过程称之为两极的积累:资本家在积累财富,而工人阶级在积累贫困。

在李嘉图和马克思之后,关于工资性收入在国民收入中所占比例的研究便成了经济学家们研究的热点。以边际革命为标志的新古典经济学认为,资本和劳动力价格是由其边际生产力所决定的。因此,生产要素的边际生产力是决定这种要素在国民收入中所占份额的关键。与新古典学派针锋相对的凯恩斯主义新剑桥学派代表人罗宾逊夫人则摒弃了新古典经济学的研究方法,把有效需求理论用于经济系统的长期分析。罗宾逊夫人认为,消费品与投资品之间的比例决定了工资性收入和利润性收入之间的比例;投资率越高,利润占国民收入的比例越大,工资性收入所占比例就越小。

与功能性收入分配相对应的是规模收入分配,是以居民个人或家庭为主体的角度研究收入分配活动,关注的是不同个体或群体最终得到的收入水平和收入差异。规模性收入分配关心的是个人收入的多少,而不考虑获得收入的途径。研究规模性收入分配主要在于分析特定个体或群体的比重与其所得收入份额之间的关系是否合理。

规模性收入分配分析起源于帕累托(1897)提出的帕累托最优分配问题。20世纪70年代以后,随着调查方法的发展、微观数据和计量工具的丰富,规模性收入分配研究大规模兴起。除了迅速发展的不平等度量指标以外,经济学家开始通过微观视角寻求收入差距的决定因素,包括人力资本中的教育、技能以及劳动力市场制度因素,如性别、种族和地区。将收入差距进行分解也是规模收入分配的重要内容之一,包括按收入来源进行的分解以及按收入群体进行的分解。

二、国民收入分配流程理论

国民收入分配是一个永续不断的过程,而国民收入初次分配和再分配正是既相互联系又相互区别的两个侧面,二者是连续进行并交织在一起,没有时间上的先后区分。在理论上对收入分配的阶段进行区分是因为在每个阶段发生的收入分配的交易性质存在差异。初次分配以交换性的分配活动为主,而再分配则以非交换性分配活动为主。

具体来看,初次收入分配分为两个环节:第一个环节是立足于生产者进行分配的收入形成过程,即增加值的直接分配,这是初次分配和再分配的前提;第二个环节是在收入形成基础上加入财产收入的分配,因此完整的收入分配流程包含了初次分配和再分配两个阶段,共三个环节。初次分配和再分配叠加在一起形成国民收入分配的最终格局。

(一)收入初次分配

收入初次分配是与国民收入的来源、生产或创造相联系的一个分配层次,是指因参与生产过程或因拥有生产活动所需资产的所有权而获得的收入在机构单位之间进行的分配。在收入初次分配阶段发生的主要是交换性分配活动,分配的主体是生产活动的直接或间接参与者,客体是生产性收入。

在初次分配阶段具体包括两个环节的分配活动:生产经营成果的直接分配和财产收入的分配。

1. 收入形成环节

收入形成环节主要指以增加值为起点的生产经营成果的直接分配,主要表现为企业、居民和政府部门的增加值形成额。从生产者角度出发,生产经营成果的直接分配反映了机构部门的增加值要素构成,从而反映出劳动者、企业和政府之间最初的分配关系,这其中包括劳动者报酬、生产税净额、固定资产折旧和营业盈余。政府主要得到生产税净额,企业主要得到固定资产折旧和营业盈余,居民主要得到劳动者报酬。

劳动者报酬指劳动者因从事生产活动所获得的全部报酬。包括劳动者获得的各种形式的工资、奖金和津贴,既包括货币形式的,也包括实物形式的,还包括劳动者所享受的公费医疗和医药卫生费、上下班交通补贴、单位支付的社会保险费、住房公积金等。

生产税净额指生产税减生产补贴后的余额。生产税指政府对生产单位从事生产、销售和经营活动以及因从事生产活动使用某些生产要素(如固定资产、土地、劳动力)所征收的各种税、附加费和规费。生产补贴与生产税相反,指政府对生产单位的单方面转移支出,因此视为负生产税,包括政策亏损补贴、价格补贴等。

固定资产折旧指一定时期内为弥补固定资产损耗按照规定的固定资产折旧率提取的固定资产折旧,或按国民经济核算统一规定的折旧率虚拟计算的固定资产折旧,固定资产折旧反映了固定资产在当期生产中的转移价值。

营业盈余指常住单位创造的增加值扣除劳动者报酬、生产税净额和固定资产折旧后的余额。它相当于企业的营业利润加上生产补贴,但要扣除从利润中开支的工资和福利等。

收入形成环节反映的是各收入主体对国民收入的贡献份额,对主体分配格局和形成起基础性作用和决定性作用。

2. 财产收入分配环节

财产收入的分配是初次分配的第二个环节,经过财产收入分配后形成初次分配格局。财产收入是指由于资产的所有者将其所拥有资产的使用权让渡给其他单位使用而从对方获得的回报,具体包括使用金融资产而产生的投资收入以及使用自然资源产生的地租两大类,其中投资收入包括利息、公司已分配收入、外国直接投资的再投资收益、其他投资收入;地租主要形式有土地地租和地下资产地租,投资收入与地租之和即为财产收入。需要注意的是,并非所有资产都能为其所有者带来财产收入,只有当金融资产或自然资源的所有者将其交由其他机构单位支配时,才会产生财产收入。

需要指出的是,中国财产收入的定义与 SNA2008 有所差别。SNA2008 对财产收入的界定为:财产收入是初始收入的一部分,它是贷出金融资产或出租包括土地在内的自然资源给其他单位在生产中使用所获得的回报。中国财产收入数据有两类，《中国统计年鉴》中的资金流量表（实物交易），中国的财产收入分为利息、红利、地租及其他；一体化住户调查中放宽了有关的财产收入范围，出租房屋的收入、专利所得收入、收藏品所得等也属于调查中的财产净收入。可以看出，中国财产收入分类与SNA2008分类标准具有一定程度的差异，而且即使在相同的分类中，核算口径也存在着明显的偏差。其次，中国资金流量表中的财产收入分类较为简单、笼统，同时存在一定程度的漏算。

在经过收入初次分配的两个环节后，各个部门获得的各自的原始收入，所有原始收入之和即为国民总收入，包括了全部的生产性收入和财产收入。

国民收入初次分配的两个环节可以表示为图4－1。

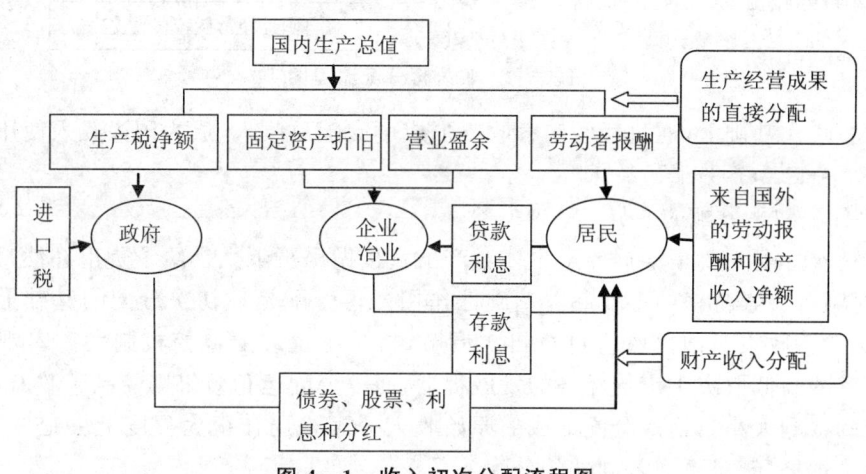

图4－1　收入初次分配流程图

（二）收入再分配

收入再分配是记录以经常转移方式在机构单位以及国外之间进行的分配，是在初次分配基础上进一步完成的、以间接分配手段实现的分配过程。为了更好地理解收入再分配流程，需要辨析一个基本概念——转移，转移是指在交易中，一个机构单位向另一个机构单位提供货物、服务或资产，但又不向后者索取任何货物、服务或资产作为与之直接对应的回报的一种交易，也就是说这是一种单方面的交易活动，具体包括资本转移和经常转移两种类型。

资本转移是指以资产所有权被转让造成转移双方资产增减为前提而不涉及现期收入的转移支付。一般而言，资产转移的数额较大，通常是一次性的、不规则地发生。这种转移会增加接收方的资产，减少转出方的资产进而直接影响转移双方投资或财富水平。

经常转移的对象与资产或资产形成无关，而是会经常性的、有规律地发生，并且会影响转移双方的现期收入水平和消费水平的转移方式。经常转移主要包括三类形式：所得税、财产税等经常税、社会缴款和社会福利以及其他经常转移收支（包括非寿险的净保费和索赔，政府内不同部门或单位间的经常转移，本国政府和外国政府以及国际组织间的捐助、会费缴纳等经常转移，非盈利机构和住户之间的经常转移以及常住住户和非常住住户直接的经常转移）。

经常转移与资本转移的区别在于经常转移与现期收入以及消费相关，会在收入分配和使用账户中予以反映；资本转移与投资和积累有关，直接影响接受者的资产负债水平，会在资本形成账户中予以反映。

只有经常转移才属于收入再分配的内容，收入再分配流程见下图4－2所示。

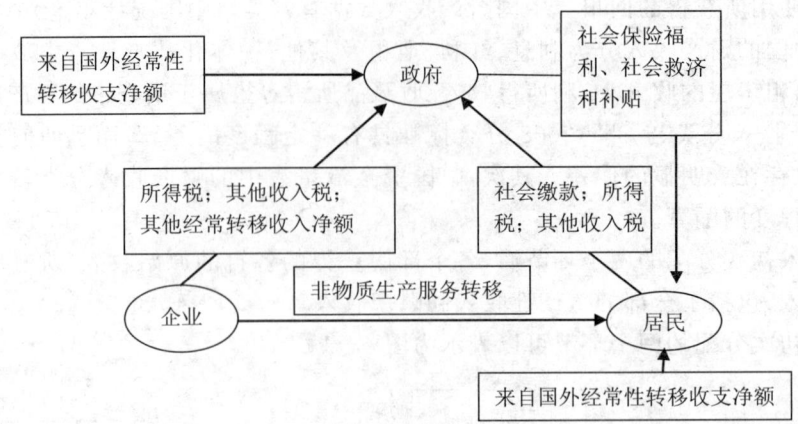

图 4-2 收入再分配流程图

在国民总收入基础上,通过经常转移收支形成可支配总收入,成为国民收入使用的前提。

(三)初次分配和再分配的关系

1. 初次分配和再分配的差异

收入的初次分配主要是根据要素主体对产出直接做出贡献大小给予货币补偿,强调市场机制的作用,对微观要素价格的形成起着基础性作用。再分配是在初次分配的基础上,政府综合运用财税、法律等政策对国民收入进行再次调节,再分配由政府调控机制发挥宏观分配作用。初次分配效率的高低取决于市场经济的发展程度,而再分配运行效果则受制于政府可动用经济资源所决定的权利大小。初次分配形成的原始收入分配格局在很大程度上决定一个社会最终收入分配的基本格局,是更为基础性的分配关系。

将国民收入分配区分为初次分配和再分配的理论依据是分配应兼顾公平和效率。在初次分配阶段,市场机制发挥重要作用,主要体现效率原则;在再分配阶段,主要考虑的是社会公平和社会发展,由政府通过经常转移缩小初次分配阶段造成的收入差距以提高全社会整体的福利水平。

根据上述内容表述,初次分配和再分配的差异如表 4-1 所示。

表 4-1 初次分配和再分配的差异

	属性	内容	客体	格局	主导
初次分配	微观分配行为(生产领域)	直接或间接参与的交换性分配	生产性收入	原始收入分配格局	市场
再分配	宏观分配行为(全社会)	转移性交易	转移性收入	最终收入分配格局	政府

2. 收入分配流程中主要指标的内在联系

国民收入分配以国内生产总值为开端,经过初次分配和再分配形成可支配收入,其中原始收入总和即为国民总收入,在分配过程中各主要指标存在以下联系:

国内生产总值=劳动者报酬+生产税净额+营业盈余总额+固定资产折旧 (4.1.1)

国民总收入=国内生产总值+本国居民得自国外的初始收入净额 (4.1.2)

国民可支配总收入=国民总收入+来自国外的经常转移净额 (4.1.3)

收入分配流动的两个阶段三个环节具体表现如图 4-3 所示。

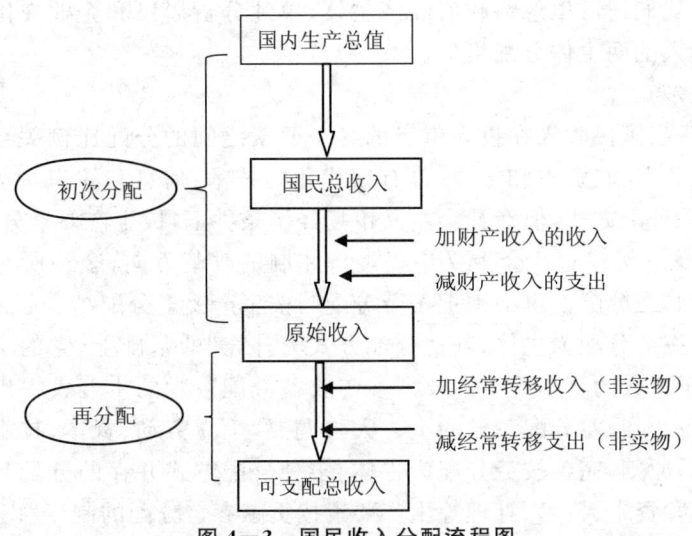

图 4—3 国民收入分配流程图

三、国民收入分配格局理论

如果说收入分配流程从纵向上刻画了国民收入运转的动态过程与数量关系的演变状况,那么收入分配格局则是从横向上刻画国民收入的静态分配状况和结果。一般而言,研究中常用的收入分配格局有如下两类:

(一)主体分配格局

一般而言,居民、政府和企业(包括金融部门和非金融部门)是国民收入分配的三大主体,三者之间的收入分配关系是否合理对经济增长起着推动或阻碍的作用,因此有必要分析收入分配主体格局。主体分配格局是指政府、企业和居民等主体部门收入在国民收入分配中所占的比例关系。

按照分配环节不同,国民收入主体分配格局可分为初次分配前、初次分配后、再分配后三种。

初次分配前的主体分配格局是初次分配环节收入形成之后的结果,其结果即是增加值的直接分配,主要表现为企业、居民和政府部门的增加值形成额。企业主要得到固定资产折旧和营业盈余,居民主要得到劳动者报酬,政府主要得到生产税净额。收入形成环节反映的是各收入主体对国民收入的贡献份额,因此初次分配前主体格局即是收入形成环节产生的各收入主体对国民收入的相对贡献份额比例。

初次分配后的主体分配格局体现的是经过财产收入分配之后形成的各主体原始收入的相对比例。财产收入是基于财产利得、财产收益核算的收入来源,它指金融或有形非生产资产所有者向另一机构单位提供资金或有形非生产资产的使用权而得到的收入,即出让使用权而产生的收入,属于间接生产要素收入。财产收入分配环节,各主体各自得到因转让资金或有形生产资产的使用权而获得的间接生产要素收入,从而形成初次分配后国民收入主体格局。

再分配后的主体分配格局是在初次分配获得的各部门原始收入基础上进行国民收入的再分配而形成的各部门可支配收入相对比例格局。该主体格局是在各部门形成相应的原始收入之后通过非交易性的转移收支分配而形成的。经常性转移收支主要包括财政税收收支、社会缴款与社会福利以及其他经常性转移。

在某些情况下,我们还可以忽略政府经济主体,单纯分析居民和企业在国民收入分配中的格局,这就是国民收入的两主体分配格局。

(二)要素分配格局

要素分配格局是指国民收入在投入生产的各个要素之间的分配比例关系。投入生产的要素有很多,既有传统的劳动、资本和土地,也有现代化的技术、信息和知识。按劳分配是传统计划经济条件下的唯一分配方式,但在社会主义市场经济条件下,按生产要素分配成为客观现实。1992年党的十四大确立了建立社会主义市场经济体制的改革方向,多种所有制结构决定了生产要素的多种所有制,在分配上也必须把按劳分配与按生产要素分配结合起来。在党的十四大提出收入分配要"以按劳分配为主体,其他分配方式为补充"的基础上,党的十四届三中全会进一步明确:"允许属于个人的资本等生产要素参与收益分配";党的十五大提出:"允许和鼓励资本、技术等生产要素参与收益分配";党的十六大强调要"确立劳动、资本、技术和管理等生产要素按贡献参与分配的原则,完善按劳分配为主体、多种分配方式并存的分配制度";党的十七大报告提出:"健全劳动、资本、技术、管理等生产要素按贡献参与分配的制度";党的十八大报告提出:"完善劳动、资本、技术、管理等要素按贡献参与分配的初次分配机制";党的十八届三中全会报告提出:"让一切劳动、知识、技术、管理、资本的活力竞相迸发,让一切创造社会财富的源泉充分涌流,让发展成果更多更公平惠及全体人民"。在社会主义市场经济条件下,要素分配格局是人们极为关心的一种国民收入分配格局。从国民收入分配流程来看,要素分配属于初次分配的范畴,因而考察要素分配格局应该着眼于国民收入初次分配环节的收支流量。

在初次分配阶段,要素分配和主体分配是同一过程中的两个不同方面,一方面是国民收入的要素分配,另一方面则体现为要素所有者的收入,于是,要素分配格局即是各机构部门的原始收入,即初次分配后的主体格局。由于在要素收入分配中,住户主体因提供劳动要素而获得劳动者报酬,企业主体因提供资本要素而获得营业盈余,而政府主体不提供任何要素,其收入来源是政府对生产单位从事生产、销售和经营活动以及因从事这些活动使用某些生产要素所征收的各种税、附加费和规费。因此,忽略政府主体情形下的资本和劳动两要素分配格局与居民和企业两主体分配格局实质上完全等价。

归纳以上分析,国民收入分配流程与国民收入分配格局二者互为条件,相互影响。期末收入分配格局的形成是本期收入分配流程的结果,而期末收入分配格局又是下一期收入分配流程的条件。二者相互配合从纵横两个方向刻画了国民收入分配的整体过程。

第二节 中国国民收入分配格局统计分析

党的十八大报告明确提出:"实现发展成果由人民共享,必须深化收入分配制度改革,努力实现居民收入增长和经济发展同步,劳动报酬增长和劳动生产率提高同步,提高居民收入在国民收入中的比重,提高劳动报酬在初次分配中的比重"。"两个提高"的对象涵盖了国民收入主体分配格局中的居民收入占比,以及要素收入格局中的劳动收入份额,在这一节中主要介绍国民收入分配主体格局与要素格局的统计测算与分析。

一、国民收入主体分配格局的统计分析方法

目前国民核算中对于国民收入主体分配格局分析主要有三种数据来源:全国资金流量表核算数据;省份收入法GDP数据;全国投入产出表数据。依据数据来源的不同产生了三种相对应

的主体分配格局统计分析方法。

（一）基于全国资金流量表的主体分配格局分析方法

资金流量表是以收入分配和社会资金运动为对象的核算，其实物部分可以用于测算国民收入主体格局。资金流量表较详细地核算了收入分配过程，不仅包含 GDP 核算中的原始分配，还包括了各种形式的其他分配。资金流量表各部门某项交易项目资金来源减去运用就是该部门该交易项目下的净所得。

资金流量表横栏是机构部门，包含非金融企业部门、金融机构部门、政府部门、住户部门以及国外部门，其中非金融机构和金融机构可以合并为企业部门。表的纵列为交易项目，它包括从国民收入初次分配到国民收入再分配的前后状况。资金流量表的基本格式如表 4-2 所示。

表 4-2　资金流量表（实物交易）基本格式及构成

机构部门 交易项目	非金融企业部门		金融机构部门		政府部门		住户部门		国内合计		国外部门		合计	
	运用	来源	运用	来源	运用	来源	运用	来源	运用	来源	运用	来源	运用	来源
净出口														
增加值														
劳动者报酬														
生产税净额														
财产收入														
初次分配总收入														
经常转移														
可支配总收入														
……														

中国的资金流量表从 1992 年开始编制并在滞后年份的《中国统计年鉴》上公布，《中国资金流量表历史资料：1992-2004》根据第一次全国经济普查资料对 1992-2004 年资金流量表数据进行了调整，《中国统计年鉴 2010》根据第二次全国经济普查资料对 2004-2008 年资金流量表数据进行了调整，之后数据由各年《中国统计年鉴》给出。

中国资金流量表中的劳动者报酬口径历经两次重大调整，分别是 2004 年和 2008 年两次全国经济普查后：2004 年经济普查数据把个体经营户的雇员报酬从混合收入中独立出来计入劳动者报酬，而把剩余部分作为混合收入计入营业盈余；国有和集体农场不再单独计算营业盈余，而将其列入劳动者报酬。2004 年对生产税净额进行了调整，在口径范围上将房产税和土地增值税纳入生产税净额中。对于国民收入的再分配，2004 年对收入税做出了修订，为了与生产税净额相衔接，修订后的收入税中剔除了房产税和土地增值税，仅包含企业所得税和个人所得税；2008 年依据第二次经济普查资料计算的每一行业相近规模企业的劳动者报酬和营业盈余的比例，将个体经营户的混合收入分劈为业主劳动报酬和营业盈余，并将业主劳动报酬计入劳动者报酬。

资金流量表数据可以用来分析所有三个环节的收入分配主体格局。

1. 初次分配前收入主体格局分析方法

初次分配前格局是在收入形成环节之后的结点，其结果表现为企业、居民和政府主体的增加值形成额。资金流量表中，生产税净额相当于政府部门收入，劳动者报酬大体相当于劳动要素的收入，归于住户部门，其余部分相当于资本要素的收入，归于企业部门。计算公式为：

初次分配前住户主体收入＝劳动者报酬国内合计 　　　　　　　　(4.2.1)
初次分配前政府主体收入＝生产税净额国内合计 　　　　　　　　(4.2.2)
初次分配前企业主体收入＝增加值国内合计运用－劳动者报酬国内合计运用
　　　　　　　　　　　　－生产税净额国内合计 　　　　　　　　(4.2.3)

2. 初次分配后收入主体格局分析方法

考虑财产收入后，可用资金流量表得到初次分配后三主体格局。

居民原始收入＝劳动者报酬国内合计运用＋住户主体财产收入来源
　　　　　　－住户主体财产收入运用 　　　　　　　　　　　　(4.2.4)
政府原始收入＝生产税净额国内合计运用＋政府主体财产收入来源
　　　　　　－政府主体财产收入运用 　　　　　　　　　　　　(4.2.5)
企业原始收入＝增加值国内合计运用－劳动者报酬国内合计运用
　　　　　　－生产税净额国内合计运用＋企业主体财产收入来源
　　　　　　－企业主体财产收入运用 　　　　　　　　　　　　(4.2.6)

白重恩、钱震杰(2009)认为各主体得到的原始收入中还应包含一部分"经营性存留"，即增加值剔除向其他机构支付的要素成本以及缴纳生产税净额后的余额。

3. 国民收入再分配后主体格局分析方法

在收入再分配的过程中，各部门均获得一部分转移收入，并向其他机构转移一部分原始收入，最终形成各部门的可支配收入。住户部门主要向政府缴纳收入税和社会保险缴款，并获得政府的转移收入；政府部门主要获得住户和企业部门缴纳的收入税和社会保险缴款，并向住户和企业部门转移一部分转移收入；企业部门主要向政府缴纳收入税，并得到政府转移的一部分转移收入。具体公式如下：

住户主体可支配收入＝住户主体原始收入＋住户部门经常转移来源
　　　　　　　　　－住户部门经常转移运用 　　　　　　　　　(4.2.7)
政府主体可支配收入＝政府主体原始收入＋政府部门经常转移来源
　　　　　　　　　－政府部门经常转移运用 　　　　　　　　　(4.2.8)
企业主体可支配收入＝企业主体原始收入＋企业部门经常转移来源
　　　　　　　　　－企业部门经常转移运用 　　　　　　　　　(4.2.9)

(二)基于省份收入法 GDP 的主体分配格局分析方法

基于省份收入法 GDP 的主体分配格局分析方法是指从生产过程创造收入的角度，根据生产要素在生产过程中应得到的收入份额反映最终成果的一种计算方法。按照此方法，增加值由劳动者报酬、生产税净额、固定资产折旧和营业盈余四部分组成，其中劳动者报酬粗略等于劳动要素收入，归于住户部门，营业盈余和固定资产折旧归于企业部门，生产税净额归于政府部门。省份收入法 GDP 数据由 31 个省份的收入法生产总值构成项目，表格的横行表示各年份的劳动者报酬、固定资产折旧、生产税净额和营业盈余，纵列表示年份。其基本格式如表 4—3 所示。

省份收入法 GDP 可用于测算相应年份的全国、分省份的国民收入主体分配情况。《中国国内生产总值核算资料：1952—2004》详细给出了经第一次全国经济普查资料调整后的 1993—2004 年各省份收入法 GDP 数据，之后的《中国统计年鉴》又给出后续省份收入法 GDP 数据，其中 2009 年为经第二次全国经济普查资料调整后的数据。数据中的指标口径在 2004 年和 2009 年前后变动较大，导致数据的可比性下降。省份收入法 GDP 核算数据公布修订缓慢，指标口径变动较大，且与其省级加总值与全国 GDP 误差较大。

表 4−3　各省收入法 GDP 构成项目

省份	1993 年				1994 年	...
	劳动者报酬	固定资产折旧	生产税净额	营业盈余	劳动者报酬...	...
北京						
天津						
河北						
山西						
内蒙古						
......						

不考虑数据调整的情况下,各部门原始收入有如下公式:

$$各省住户部门原始收入 = 劳动者报酬 \qquad (4.2.10)$$
$$各省政府部门原始收入 = 生产税净额 \qquad (4.2.11)$$
$$各省企业部门原始收入 = 固定资产折旧 + 营业盈余 \qquad (4.2.12)$$

由于 2004 年和 2009 省份收入法 GDP 数据中的指标口径进行了调整,故实际操作时还需依照核算口径对数据进行调整。

(三)基于投入产出表的主体分配格局分析方法

投入产出表描述国民经济各部门在一定时期生产活动的投入来源和产出使用去向,是一段时间内经济运行的缩影。投入产出表可以为分析经济结构转型与国民收入分配主体格局关系提供准确的统计数据,该数据准确全面,但是中国目前编制了 1987、1990、1992、1995、1997、2000、2002、2005、2007、2012 年的数据,连续性较差,数据更新较慢,因此在实际应用中并不常用。

投入产出表有中间产品、最终产品、增加值和再分配四大象限,其中增加值象限主要反映增加值的构成和国民收入初次分配情况,该象限以收入法 GDP 核算,分为劳动者报酬、生产税净额、营业盈余和固定资产折旧四部分,三大主体收入分配格局的测算与基于省份收入法 GDP 的计算方法一致。再分配象限由于实际编制较困难一般会省略。表格基本结构如表 4−4 所示。

表 4−4　投入产出表基本结构

投入产出		中间产品			最终产品				总产品
		部门 1	部门 2	...	积累	消费	出口	合计	
中间消耗	部门 1								
	部门 2								
	......								
增加值	固定资产折旧								
	劳动者报酬								
	生产税净额								
	营业盈余								
	合计								
	总产值								

(四)不同数据来源分析方法的比较与评价

对上述基于三种不同数据来源的国民收入分配主体格局分析方法,其特点和应用各有不同,以下从收入分配环节、数据连续性、数据质量三个角度对三种方法做出比较与评价。

从适用的收入分配环节来看,按照收入分配环节不同有收入分配前、收入分配后以及再分配后三种不同的主体格局,各种方法适用的环节不同:资金流量表法适用于所有三种主体格局的核算,省份收入法GDP法和投入产出表法仅适用于收入分配前主体格局的测算。

从数据来源的连续性来看,中国的资金流量表数据连续性最强,从1992年开始编制,随后得到较为及时的修订调整。国家统计局从1995年开始在《中国统计年鉴》中提供省份收入法GDP数据,但之后较少进行调整。投入产出表数据每5年编制一次(逢2、逢7年份),因此连续性较差且更新速度较慢。从数据连续性角度来看,资金流量表数据和省份收入法GDP数据连续性明显优于投入产出表数据。

从数据质量来看,国民核算的数据质量应从准确性、稳定性角度予以评价。从准确性角度出发,资金流量表法倾向于低估劳动者报酬,而省份收入法GDP数据质量一般逊于国家层面核算数据。从稳定性角度出发,资金流量表计算的劳动报酬占比在绝对稳定性和相对稳定性上都要显著优于收入法GDP。收入法GDP中产业内部效应和产业结构效应的同方向变化会加大总体劳动报酬占比的波动程度。因此,资金流量表数据的数据质量优于省份收入法GDP数据,而投入产出表虽然数据准确全面却在数据连续性方面处于明显劣势。

二、基于资金流量表的中国国民收入主体分配格局统计分析

鉴于资金流量表数据在分析国民收入主体分配格局时的优势,下面基于资金流量表具体说明在主体分配格局测算中的口径调整问题以及经过口径调整的主体分配格局的统计分析。

(一)劳动报酬口径问题

当前劳动报酬核算口径面临两方面的问题,一方面是横向比较问题,中国的劳动报酬指标核算口径与国际标准的劳动报酬指标核算口径(《2008年国民账户体系(SNA)》)不一致,为了核算劳动报酬,SNA2008版本针对雇员设置了雇员报酬指标;另一方面是纵向比较问题,中国劳动者报酬的核算口径发生过两次重大调整。第一次发生是在2004年第一次全国经济普查后的数据修订中;第二次发生是在2008年第二次全国经济普查后的数据修订中。

中国劳动者类型和相应的劳动报酬核算内容及与SNA2008版本的对应关系,见表4-5。相应地,中国三种劳动报酬指标核算口径包含的内容分别是:

表4-5 中国劳动者类型和相应的劳动报酬内容及与SNA2008版本的对应关系

中国劳动者类型	SNA类型	SNA核算指标	劳动报酬指标核算内容
单位就业人员	雇员	雇员报酬	①单位就业人员劳动报酬
农户	自雇者中的自雇工作者	混合收入	②农户劳动报酬、③农户营业盈余、④国有和集体农场营业盈余
个体经营户	自雇者中的雇主和雇员	混合收入	⑤个体经营户业主报酬、⑥个体经营户雇员报酬、⑦个体经营户营业盈余

口径一(2004年前口径)= ① + ② + ③ + ⑤ + ⑥ + ⑦   (4.2.13)

口径二(2004—2008年口径)= ① + ② + ③ + ④ + ⑥   (4.2.14)

口径三(2008年后口径)= ① + ② + ③ + ④ + ⑤ + ⑥   (4.2.15)

为统一口径测算1992—2012年劳动,还需要设法将1992—1999年劳动报酬口径二指标数值修正转换为劳动报酬口径三指标数值,其中的关键是个体经营户混合收入的规模估算以及业主报酬的分劈。对于个体经营户混合收入规模估算,这里结合间接推算和直接外推方法的优缺点在吕光明(2011)计算的基础上设置矫正系数进行回调,以消除低估因素的影响。对于业主报酬的分劈,这里根据2000—2003年资金流量表修订前后数据对比测算将其比例设定为1/3。在此基础上,得到劳动报酬口径二和口径三之间的转换调整公式是:

$$\begin{aligned}
&\text{劳动报酬口径三}-\text{劳动报酬口径二}\\
&=\text{个体经营户业主报酬}\\
&=\text{居民经营净收入总额}\times 47\%\\
&=(\text{城镇经营净收入}\times\text{城镇年平均人口}+\text{农村非农业经营纯收入}\\
&\quad\times\text{农村年平均人口})\times(1/0.7)\times(1/3)
\end{aligned} \qquad (4.2.16)$$

式中,居民经营净收入总额的测算方法参见吕光明(2011),子项1/0.7为住户调查口径的可支配收入校正系数,亦即许宪春(2013)所指出的资金流量表口径居民可支配收入与住户调查口径可支配收入之差[①],子项1/3为业主报酬的分劈比例。

居民经营净收入总额与修正前后的劳动报酬占比测算结果如表4-6所示。利用表4-6和图4-4数据分析可知,中国基于口径三的劳动报酬占比在1993年有所下降,之后的1993—1997年基本稳定在54%左右的水平,再后的1997—2011年由54.87%下降到46.81%,下降8.06个百分点,最后的2012年则有所回升。

表4-6 中国不同劳动者报酬口径下的1992—1999年中国劳动推算

年份	居民经营净收入总额(十亿元)	GDP(十亿元)	劳动报酬口径二(十亿元)	劳动报酬占比(口径二)(%)	劳动报酬口径三(十亿元)	劳动报酬占比(口径三)(%)
1992	166.4	2692	1470	54.59	1549	57.53
1993	124.6	3533	1817	51.43	1877	53.11
1994	162.0	4820	2521	52.30	2598	53.90
1995	170.5	6079	3209	52.78	3290	54.12
1996	258.9	7118	3709	52.10	3832	53.84
1997	309.7	7897	4186	53.00	4333	54.87
1998	336.6	8440	4433	52.52	4593	54.42
1999	375.1	8968	4717	52.60	4895	54.59

数据来源:吕光明,李莹:"中国劳动报酬占比变动的统计测算与结构解析",统计研究,2015年第8期.

对比修订转换前后的劳动收入占比结果可知:(1)基于口径一更新发布数据测算的劳动报酬占比在1995年存在较大波动,在1996—2003年间有轻微的上升趋势;基于后期修订口径二数据测算的劳动报酬占比在1995年的波动较为平缓,在1999年后有明显的下降趋势。(2)1992—1999年,基于后期修订口径三数据测算的劳动报酬占比低于基于口径一更新发布数据测算的劳动报酬占比,二者的差值有逐年扩大趋势;基于后期修订口径三数据与后期修订口

---

① 经测算,1992—2012年这一数据极为稳定保持在70%附近,这里取值为70%。

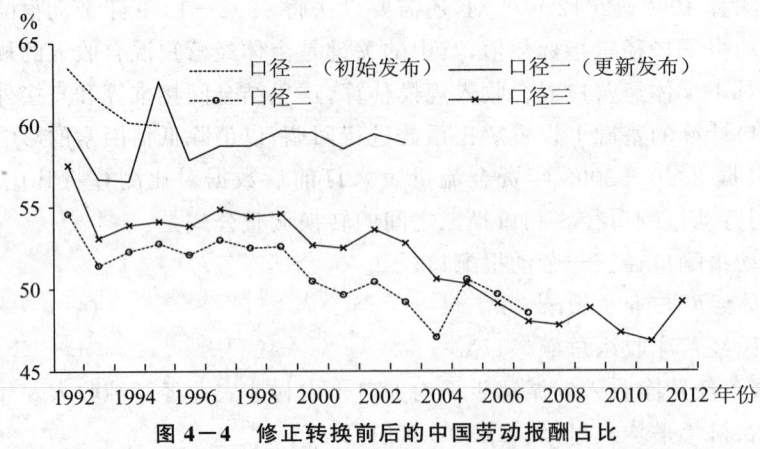

图 4—4 修正转换前后的中国劳动报酬占比

径二数据测算的劳动报酬占比变动趋势基本一致,二者的差值保持在 2 个百分点左右。由于基于三种口径测算的中国劳动报酬占比结果存在很大差异,因此,如果不加以区分并调整统一直接进行纵向比较会得到错误结论。同时,相关数据的修订不仅可能在同一口径下更新数据,也可能同时更新口径和数据,所以辨析新修订数据的口径并选择相应口径修正转换方法显得至关重要。

(二)统一口径下的三大主体分配格局

1. 初次分配前三大主体分配格局

经过口径调整的初次分配前三大主体分配格局,结果见表 4—7。居民部门的收入占比在 1993 年有所下降,之后的 1993—1997 年基本稳定在 54% 左右的水平,再后的 1997—2011 年由 54.87% 下降到 46.81%,下降 8.06 个百分点,2012 年开始有所回升。由于 2012 年《中国统计年鉴》的资金流量表调整更新了 2000 年后的生产税净额数据,我们将 1992—2012 分两段来看,相对于 1992 年,企业和政府在 1993 年收入占比分别升高了 3.3 和 1.1 个百分点,而在 1993—1999 年企业收入占比下降了 2.1 个百分点,而政府基本稳定;2000—2011 年间,企业收入占比上升了 4.8 个百分点,在随后的 2012 年有所下降,而政府在 2000—2012 年上升了 1.2 个百分点。

表 4—7 中国三主体初次分配前格局再测算 单位:%

年份	居民	企业	政府	年份	居民	企业	政府
1992	57.53	27.96	14.51	2003	52.81	34.29	12.90
1993	53.11	31.27	15.62	2004	50.60	36.51	12.89
1994	53.90	30.55	15.55	2005	50.30	36.89	12.81
1995	54.12	31.90	13.98	2006	49.10	38.11	12.79
1996	53.84	31.13	15.03	2007	48.00	38.72	13.28
1997	54.87	29.54	15.59	2008	47.79	39.61	12.60
1998	54.42	29.17	16.41	2009	48.83	38.86	12.31
1999	54.59	29.13	16.28	2010	47.33	39.55	13.12
2000	52.70	35.23	12.07	2011	46.81	40.03	13.16
2001	52.51	35.66	11.83	2012	49.20	37.54	13.26
2002	53.62	34.11	12.27				

注:2000 年的跳跃主要是因为国家统计局对 2000 年及以后的资金流量表重新做了修正,生产税净额变动幅度较大导致的。

总体来看,在收入形成环节,居民收入占比自 1992—2012 年间下降了 8 个百分点,而企业占比增速最快,政府收入占比变动不大。表明在收入形成环节中,居民收入占比下降的部分主要被企业拿走。

2. 初次分配后三大主体格局

各部门初次分配收入除了劳动者报酬、生产税净额、固定资产折旧、营业盈余外,还要考虑财产收入净额(财产收入来源-财产收入运用)。由于国外部门的存在,国内财产性的来源和运用不能抵消,因此初次分配后的国内合计部分为总增加值加上国内财产性收入净值,见表 4—8。政府在 2005 年以前(2002 年除外)的初次分配收入降低,2005 年及以后上升;居民收入显著增加,国内合计部分仅在 1992、2007、2008 年有所增加,其他年份均降低。

表 4—8 中国政府和居民初次分配中的收入变化   单位:亿元

年份	初次分配前			财产性收入净额			初次分配后		
	生产税净额	劳动者报酬	总增加值	政府	居民	国内合计	政府	居民	国内合计
1992	3907	15490	26920	−122	1185	14	3785	16675	26934
1993	5519	18770	35330	−173	1789	−74	5347	20559	35256
1994	7494	25980	48200	−265	2754	−89	7228	28734	48111
1995	8501	32900	60790	−373	2954	−983	8128	35854	59807
1996	10698	38320	71180	−484	3665	−1034	10214	41985	70146
1997	12308	43330	78970	−430	3352	−926	11879	46682	78044
1998	13848	45930	84400	−472	3577	−1369	13377	49507	83031
1999	14600	48950	89680	−527	3021	−1167	14073	51971	88513
2000	11975	52280	99210	−375	1949	−1175	11601	54229	98035
2001	12968	57580	109660	−208	1919	−1541	12760	59499	108119
2002	14762	64520	120330	312	2041	−1214	15074	66561	119116
2003	17516	71720	135820	−399	2245	−859	17118	73965	134961
2004	20609	80900	159880	−58	2711	−477	20551	83611	159403
2005	23686	93020	184940	164	3267	−1444	23850	96287	183496
2006	27657	106210	216310	939	5232	−569	28595	111442	215741
2007	35305	127590	265810	893	7138	282	36198	134728	266092
2008	39556	150070	314050	1692	8130	1540	41248	158200	315590
2009	41963	166470	340900	2122	7864	−1072	44084	174334	339828
2010	52673	190040	401510	2140	8271	−2578	54813	198311	398932
2011	62271	221460	473100	4134	10524	−5507	66405	231984	467593
2012	68866	255600	519470	6925	13083	−2220	75791	268683	517250

注:生产税净额和总增加值以及居民、政府、国内合计的财产性收入净额 1992—1999 年数据来源于《中国资金流量表历史资料:1992—2004》数据计算,这些数据为第一次全国经济普查后更新修订数据;2000 年以后数据来源于《中国统计年鉴》,其中《中国统计年鉴2012》更新给出了 2000—2009 年数据,《中国统计年鉴2013》给出了 2010—2011 年数据,《中国统计年鉴2014》给出了 2012 年数据。

在考虑财产性收入后发现，三大主体在初次分配后的格局见表4－9。1993－1999年居民和企业的收入占比变动不大，2000－2011年，居民收入占比快速下降了5.7个百分点，企业和政府则分别上升了3.3和2.4个百分点，与初次分配前的主体格局相比，居民收入占比变动趋势类似，但企业变动幅度变小，政府变动幅度增加；同时，与同年份的初次分配前的主体格局相比，居民收入占比小幅提升，企业收入占比有所下降，而政府基本保持不变。

表4－9　中国1992－2012年初次分配后主体格局　　　　　　　　　　　单位：%

年份	居民	企业	政府	年份	居民	企业	政府
1992	61.91	24.03	14.05	2003	54.80	32.51	12.68
1993	58.31	26.52	15.16	2004	52.45	34.66	12.89
1994	59.72	25.25	15.02	2005	52.47	34.53	13.00
1995	59.95	26.46	13.59	2006	51.66	35.09	13.25
1996	59.85	25.59	14.56	2007	50.63	35.76	13.60
1997	59.81	24.96	15.22	2008	50.13	36.80	13.07
1998	59.62	24.26	16.11	2009	51.30	35.73	12.97
1999	58.72	25.38	15.90	2010	49.71	36.55	13.74
2000	55.32	32.85	11.83	2011	49.61	36.19	14.20
2001	55.03	33.17	11.80	2012	51.94	33.40	14.65
2002	55.88	31.47	12.66				

注：2000年的跳跃主要是因为国家统计局对2000年及以后的资金流量表重新做了修正，生产税净额变动幅度较大导致的。

3. 收入再分配的主体格局

收入再分配是在初次收入分配基础上，通过经常转移对收入进行重新分配，经过经常转移后形成各部门的可支配总收入。经常转移包括收入税、社会补助和其他经常转移，再分配主体格局测算结果见表4－10。

表4－10　中国1992－2012年收入再分配的三主体格局　　　　　　　　单位：%

年份	居民	企业	政府	年份	居民	企业	政府
1992	61.91	24.03	14.05	2003	54.80	32.51	12.68
1993	58.31	26.52	15.16	2004	52.45	34.66	12.89
1994	59.72	25.25	15.02	2005	52.47	34.53	13.00
1995	59.95	26.46	13.59	2006	51.66	35.09	13.25
1996	59.85	25.59	14.56	2007	50.63	35.76	13.60
1997	59.81	24.96	15.22	2008	50.13	36.80	13.07
1998	59.62	24.26	16.11	2009	51.30	35.73	12.97
1999	58.72	25.38	15.90	2010	49.71	36.55	13.74
2000	55.32	32.85	11.83	2011	49.61	36.19	14.20
2001	55.03	33.17	11.80	2012	51.94	33.40	14.65
2002	55.88	31.47	12.66				

注：2000年的跳跃主要是因为国家统计局对2000年及以后的资金流量表重新做了修正，生产税净额变动幅度较大导致的。

1992－1993年，居民收入占比下降了4个百分点，企业上升了4个百分点，而政府基本不变，1993－1999年，各部门收入占比基本稳定，2000－2011年，居民收入占比由55.76%下降到49.76%，企业上升了1个百分点，而政府则上升了约5个百分点；2011－2012年，居民收入占比和政府收入占比得到提升,企业仍在下降。

各部门再分配收入比重与初次收入比重的差值反映了各部门在再次分配中的得益和损失。2003年以前,居民在再次分配中处于净得益地位,但净得益所占比重在持续下降,直到2003年,居民开始处于净损失地位,直到2012年才扭转;政府在再次分配中一直为净得益,并且在1998年以后持续上升;企业依然处于净损失地位,并在2000年左右达到最小,随后净损失又逐渐扩大。总之,近年来,再分配中对居民收入的调节效果不大,而政府净得益最高。

三、中国要素收入分配格局的统计分析

在市场经济活动中,不同生产要素按照贡献大小获取相应的报酬收入是市场配置资源的有效手段。国民收入在不同生产要素之间的分配状况就构成了国民收入的功能分配格局。经济学研究通常假定只存在劳动和资本两个投入要素,资本收入和劳动收入之和就构成了国民收入,此时的国民收入中劳动收入份额同样可以反映资本要素的分配情况,进而国民收入的功能分配格局研究也就集中在劳动收入份额的测算上。

(一)劳动收入份额测算问题

尽管有不少学者围绕如何准确测算劳动收入份额进行较为深入的讨论和研究,但是他们并未达成完全一致的看法。其中较为常见的劳动收入份额测算思路是,借助于国民经济核算指标通过如下公式实现的:

$$劳动收入份额 = \frac{劳动者报酬}{增加值} \tag{4.2.17}$$

尽管从表面上看,式(4.2.17)的劳动收入份额的计算十分简单,但在具体测算时,除了本节第一部分的劳动者报酬口径问题外,增加值核算指标在内容界定上存在一些问题,具体是:

1. 选择什么样的增加值指标。增加值指标选择方面的争议集中在总额指标和净额指标上。由于总增加值等于净增加值加折旧,因此,该争议的实质是增加值指标中是否应该包含折旧。关于折旧的早期解释是固定资产消耗情况的折扣额。由于折旧通常会反映在最终产品或服务的市场价格中,一个国家或行业的总产出核算通常包含固定资产消耗折扣。因此,研究中常使用总增加值指标。

2. 选择什么样的增加值指标测算价格。总增加值的测算价格主要有基本要素价格、生产者价格、购买者价格三种,其中前两种价格是式(4.2.17)中增加值指标测算价格争议的焦点。由于按生产者价格计算的总增加值减去按基本要素价格计算的总增加值等于生产税净额,因此,该争议的实质是如何处置生产税净额。从要素收入分配上看,生产税净额既不属于资本要素的收入,也不属于劳动要素的收入,是资本和劳动之外的"楔子(wedge)"。因此,测算劳动收入份额时,应该从总增加值剔除生产税净额。换句话说,应选择基本要素价格测算增加值指标。

(二)国民收入中劳动收入份额测算中的修正方法

上述的劳动收入份额测算问题中,很多问题都和数据质量有关,因而修正余地也较为有限。但是,对于增加值中的部分问题,一些学者已给出了一些修正方法。

Gomme 和 Rupert(2004)依据收入法 GDP 组成部分的性质提出了一种修正方法。收入法GDP 可以根据性质的不同划分三个部分:确定无疑归属劳动收入的部分(比如雇员报酬)Y^{UL},确定无疑归属资本收入的部分(比如折旧)Y^{UK},在劳动和资本之间无法完全准确确定的收入部分(比如混合收入)Y^A。假定有疑问的收入 Y^A 的划分比例与其他收入的比例相同,劳动收入比例为 α,则总劳动收入 Y^L 为:

$$Y^L = Y^{UL} + \alpha Y^A \tag{4.2.18}$$

既然总增加值 Y 中的劳动收入份额为 α，则有：

$$Y^L = \alpha Y = \alpha(Y^{UL} + Y^A + Y^{UK}) \tag{4.2.19}$$

综合式(4.2.18)和式(4.2.19)，可得到劳动收入份额：

$$\alpha = \frac{Y^{UL}}{Y^{UL} + Y^{UK}} \tag{4.2.20}$$

Gomme 和 Rupert 修正思路如图 4-5 所示。

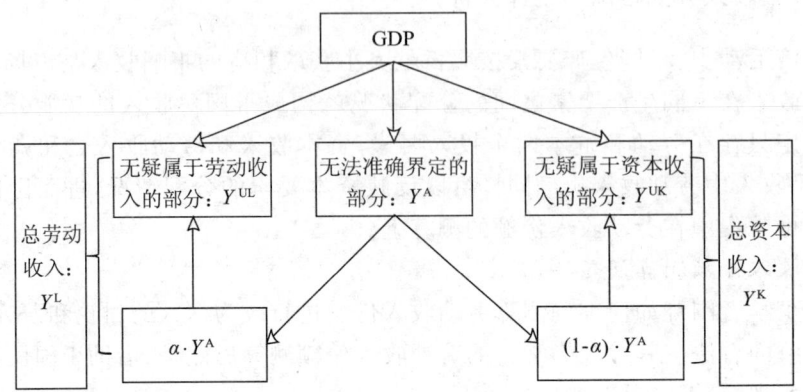

图 4-5 三要素到两要素收入分配主体格局的转换

(三) 基于统一口径的要素收入份额变动测算

考虑到测算劳动收入份额是为了更真实地反映劳动者在国民收入分配中的分享程度，这里以最接近真正完整意义的劳动报酬口径三为统一口径。借鉴 Gomme 和 Rupert(2004)的分劈方法，根据最新修订的资金流量表资料测算劳动和资本两要素的收入份额见表 4-11。

表 4-11 1992—2012 年统一口径下的两要素收入份额　　　　　　单位：%

年份	劳动要素份额	资本要素份额	年份	劳动要素份额	资本要素份额
1992	67.29	32.71	2003	60.63	39.37
1993	62.94	37.06	2004	58.09	41.91
1994	63.82	36.18	2005	57.69	42.31
1995	62.92	37.08	2006	56.30	43.70
1996	63.36	36.64	2007	55.35	44.65
1997	65.00	35.00	2008	54.68	45.32
1998	65.10	34.90	2009	55.68	44.32
1999	65.21	34.79	2010	54.48	45.52
2000	59.93	40.07	2011	53.90	46.10
2001	59.56	40.44	2012	56.72	43.28
2002	61.12	38.88			

由表 4-11 可知，劳动要素收入份额从 1992 年的 67.29% 下降到 2011 年的 53.9%，共下降了 13 个百分点，而在 2012 年又提高到 56.72%，但仍低于发达国家 2/3 的劳动收入份额。总体来看，提高中国的劳动要素收入份额、完善劳动—资本收入分配结构迫在眉睫。

第三节 个人收入分配统计分析方法

个人收入分配统计是收入分配研究的一个重要组成部分。个人收入分配统计分析的一个基本出发点就是测度个人收入分配的分布状况,即采用定量的方法测度居民、家庭之间的收入分配差距。收入不平等的常规测度指标可以分为绝对指标和相对指标两大类,其中绝对指标在于有量纲,即它们的大小与度量单位有关,常见的有方差和极差等。用绝对指标衡量收入差距时,收入不平等总是随着经济增长而上升。相对指标的优势在于排除了量纲的影响,是收入不平等测度中最常用的指标类型,本节的前三个部分对常用的相对不平等指标进行介绍,并给出实际应用中的选择标准,第四部分主要研究收入分配领域的新进展。

一、基尼系数法

(一)洛伦兹曲线(Lorenz Curve)

基尼系数(Gini Coefficient)是国际上测算和比较收入分配不平等程度的常用指标,用来分析测算个人或家庭之间收入的差异性程度,其测算的基础是统计学家洛伦兹于1907年提出的洛伦兹曲线。

洛伦兹曲线如图4-6所示,横轴表示按收入从低到高排列的累计人口(家庭户数)百分比,纵轴表示对应的累计收入百分比。对角的直线(45度线)称为"绝对平等线",表明每个人都拥有完全相同的收入份额情况下的结果,对平等的任何偏离都会导致洛伦兹曲线位于平等线下方,对平等线的偏离越大,表明不平等程度越严重。洛伦兹曲线为基尼系数和其他尺度无关的常量不平等测量提供了一个共同的基础。

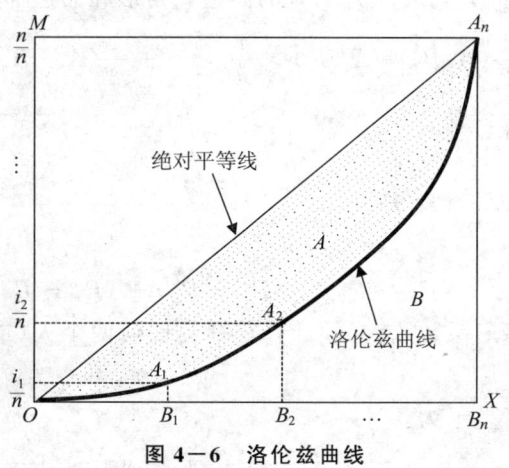

图4-6 洛伦兹曲线

(二)基尼系数的定义与计算

为了更清晰地用定量方法反映收入分配的平等状况,意大利经济学家基尼(Gini)根据洛伦兹曲线的经济含义,将实际收入分配曲线与绝对平等线之间的面积(用 A 表示)同下三角形的面积(用 A+B 表示)相除得到基尼系数:

$$\text{Gini} = \frac{A}{A+B} = 2A = 2 \times (0.5 - B) = 1 - 2B \tag{4.3.1}$$

显然,基尼系数的经济含义是:在全部居民收入中,用于进行不平均分配的那部分收入在总收入中的占比。基尼系数有如下性质:在 0 到 1 之间变动;收入分配越是趋向平等,洛伦兹曲线的弧度越小,基尼系数也越小;收入分配越是趋向不平等,洛伦兹曲线的弧度越大,基尼系数也越大。

根据经验分析,G 的不同取值对应不同的收入不平等状态:
(1)G 在 0.2 以下,收入分配绝对平均;
(2)G 在 0.2-0.3 时,比较平均;
(3)G 在 0.3-0.4 时,相对合理;
(4)G 在 0.4-0.6 时,,收入差距过大;
(5)G 高于 0.6 时收入分配严重向一部分人倾斜。

当前国家统计局公布的 2003-2014 年的基尼系数分别为:0.479,0.473,0.485,0.487,0.484,0.491,0.490,0.481,0.477,0.474,0.473,0.469,在 2008 年处于顶峰,随后略有下降,但仍处于收入差距过大状态。

虽然基尼系数的定义非常直观,但式(4.3.1)实际可操作性却很差,经济学家们根据定义发展了直接计算法计算 B 区域的面积。如图 4-6 所示,将 OX 平均分成 n 份,每份长度为 $1/n$,对应的点为 $B_1,B_2,\cdots,B_n$,并作横轴的垂线 $A_1B_1,A_2B_2,\cdots,A_nB_n$,垂线表示收入的累计百分比,$P_1,P_2,\cdots,P_n$ 分别表示 n 个阶层的收入在总收入中的比例。

$$A_1B_1 = P_1$$
$$A_2B_2 = P_1 + P_2$$
$$\cdots$$
$$A_nB_n = P_1 + P_2 + \cdots + P_n = 100\%$$

曲边三角形的面积 B 被分割成高为 $1/n$ 的曲边三角形和曲边梯形,其面积表示为:

$$B = \frac{1}{2}A_1B_1 \times \frac{1}{n} + \frac{1}{2}(A_1B_1 + A_2B_2) \times \frac{1}{n} + \cdots + \frac{1}{2}(A_{n-1}B_{n-1} + A_nB_n) \times \frac{1}{n} \quad (4.3.2)$$

$$1 - 2B = \frac{1}{n}[(P_2 - P_1)$$
$$+ (P_3 - P_1) + (P_3 - P_2)$$
$$+ \cdots \quad (4.3.3)$$
$$+ (P_n - P_1) + (P_n - P_2) + (P_n - P_3) + (P_n - P_{n-2}) + (P_n - P_{n-1})]$$

上式的经济意义:要计算基尼系数,就必须计算全社会任何两个人(或收入组)之间的收入比率之差,即"算尽人间不平"。

采用求和符号,上式可表示为:

$$G = \frac{1}{n}\sum_{i=2}^{n}\sum_{1=j<i}|P_i - P_j|) = \frac{1}{n}\sum\sum(\frac{y_i}{y} - \frac{y_j}{y}) = \frac{1}{ny}\sum\sum(y_i - y_j) \quad (4.3.4)$$

式中,I_i 表示第 i 个人(或组)的收入,I 则表示全社会所有成员的收入之和。

由于数据的可得性及计算的复杂性,基尼系数通常通过以下几种方法进行近似计算:

1. 简易测定法

在收入五等分组的情形下,假定最低收入组、中下收入组、中等收入组、中上收入组、最高收入组的收入占总收入的比重呈等差数列,记公差为 D,则有 $P_2 = P_1 + D, P_3 = P_1 + 2D, P_4 = P_1 + 3D, P_5 = P_1 + 4D, P_1, P_2, \cdots, P_n$ 将其带入基尼系数的直接计算式中可得

$$G = \frac{1}{n} \sum_{i=2}^{n} \sum_{1=j<i} |P_i - P_j|)$$
$$= \frac{1}{5}[(P_2 - P_1)$$
$$+ (P_3 - P_1) + (P_3 - P_2)$$
$$+ (P_4 - P_1) + (P_4 - P_2) + (P_4 - P_3) \quad (4.3.5)$$
$$+ (P_5 - P_1) + (P_5 - P_2) + (P_5 - P_3) + (P_5 - P_4)]$$
$$= P_5 - P_1$$

上式的含义是:按人口收入等分五等份后,基尼系数近似地等于五分法中收入最高的那组人的收入百分比与收入最低的那组人的收入百分比之差。简易公式得到的基尼系数计算最为简洁,并且与世界银行给出的基尼系数数值相当接近,但收入的极化问题,尤其是高收入组不满足等差数列排列的假定,有可能对结果造成偏差。

2. 人口等分法

人口等分法的原理是间接计算区域 A 的面积,它等于扇形 OME 的面积减去三角形 OME 的面积。首先,把全部人口(或家庭)按收入递增顺序排列,并等分为 n 组,设第 i 组的收入额占全部收入的比重为 P_i,区域 A 的面积为:

$$A = \frac{1}{n} \times (P_1/2 + P_2 + \cdots + P_n) + \frac{1}{n} \times (P_2/2 + P_3 + \cdots + P_n) + \cdots + \frac{1}{n} \times P_n/2 - \frac{1}{2}$$
$$= \frac{1}{n} \times (P_1 + 2P_2 + \cdots + nP_n) - \frac{1}{2n} \times (P_1 + P_2 + \cdots + P_n) - \frac{1}{2} \quad (4.3.6)$$
$$= \frac{1}{n} \times (P_1 + 2P_2 + \cdots + nP_n) - \frac{1+n}{2n}$$

基尼系数近似计算可得:

$$G = 2A = \frac{2}{n}(P_1 + 2P_2 + \cdots + nP_n) - \frac{n+1}{n} \quad (4.3.7)$$

人口等分法也是借助于洛伦兹曲线求基尼系数的。它并不依赖于洛伦兹曲线的函数关系式,方法的可操作性较强。但这种用线段代替弧线求面积的做法,容易造成对面积 A 的明显低估。与直接计算法相比,这是个缺点。不过,由于分组越多,误差越小。所以可通过改变组数 n 来控制误差的大小。

3. 分组法

首先把全部人口(或家庭)按收入递增顺序排列,并分为 n 组,设第 i 组的人口份额和收入份额分别为 w_i 和 P_i,累计收入份额为 I_i,则基尼系数:

$$G = \sum w_i P_i + 2\sum w_i(1 - I_i) - 1 \quad (4.3.8)$$

按分组数据计算会低估基尼系数,而且分组越粗,低估的程度越大。Sundrum(1990)的研究表明,如果分组数超过 10 个,对基尼系数的准确性影响较小,几乎可以忽略。

(三)全国基尼系数的计算

在包括 2012 年之前中国在内的很多发展中国家,城镇和农村居民收支调查分开单独进行,这导致计算全国基尼系数成为一个统计分析难题。Sundrum(1990)介绍了适用于不重叠人群分组的基尼系数分解方法,计算公式为:

$$G = w_1^2 \frac{\mu_1}{\mu} G_1 + w_2^2 \frac{\mu_2}{\mu} G_2 + |w_1 w_2 \frac{\mu_1 - \mu_2}{\mu}| \quad (4.3.9)$$

式中，w_1 和 w_2 分别为城镇和农村的人口在总人口中的占比，μ、μ_1、μ_2 分别为全国、城镇和农村的人均收入，G、G_1 和 G_2 分别为全国、城镇和农村的基尼系数，该方法称之为"分组加权法"，其含义是全国的基尼系数由城镇和农村各自的基尼系数通过一定的权重和修正计算得到。

使用"分组加权法"有两个前提条件：一是在测算城乡基尼系数时所用的收入指标口径相同或相近。上述计算中城镇人均生活费收入和农村人均纯收入的口径不同；二是城镇与农村收入的分布不重叠。在中国，在2013年前城乡收入调查分别进行，口径存在差异，同时对条件二是否近似成立还存在一些争议。而李实(2002)则认为，由于条件二的影响，利用城乡分解法计算全国基尼系数会低估。

董静、李子奈(2004)给出了城乡收入重叠下的全国基尼系数的计算公式：

$$G = w_1^2 \frac{\mu_1}{\mu} G_1 + w_2^2 \frac{\mu_2}{\mu} G_2 + w_1 w_2 \frac{\mu_1 - \mu_2}{\mu} \left\{ 1 + \frac{1}{2} P\left[(X-Y) < 0\right] \right\} \quad (4.3.10)$$

式中，$P[(X-Y)<0]$ 为修正加权系数，X 和 Y 分别为城镇居民和农村居民收入分布的随机变量。与Sundrum(1990)给出不带相互作用项的近似分解公式等计算公式相比，本方法对交互影响的第三项处理增加了修正加权系数，可以有效纠正其他方法的估计结果偏低的弊端。

万广华(2009)指出基尼系数被广泛运用是因为它有四个特点：第一，它较为古老也最为流行；第二，它介于0和1之间，其他指数则依赖样本的数值会处在不同的区间；第三，它满足上述相对指标的六个性质；第四，它本身是有含义的，而大多数相对指标的数值没有实质性的经济学含义。在收入分配为绝对公平的情况下，10%的人口应该拥有10%的收入，但是如果10%的人拥有25%的收入，这两个百分比的差额15%就是基尼系数。

基尼系数虽然是衡量不平等程度最常用的指标，但在使用基尼系数时需要注意两点：第一，基尼系数对于富裕阶层的收入值比较敏感，因此如果样本中富裕人群的收入数据误差较大，将会导致基尼系数估计值的不可靠；第二，同样数量的转移收入如果转移到样本众数附近，其带来的不平等水平的下降幅度比转移到收入底层更大。

二、其他常规测度方法

常规的测度收入不平等的相对指标除了已经详细介绍的基尼系数以外，还包括广义熵指数、分位数或分位数比率以及阿特金森指数等。

(一)广义熵指数

熵在信息理论中被称为平均信息量，被用来测量概率分布的随机度，即不确定性。关于熵的一个简单例子：考虑一个实验，其中一个随机变量能够以概率 $p_1, p_2, \cdots, p_n$ 取 n 个可能值之一，那么与该分布相联系的熵被定义为：

$$H(p_1, \cdots, p_n) = -\sum_{i=1}^{n} p_i \log_2(p_i) \quad (4.3.11)$$

可以用任意底数来定义熵，这里简单地以2作为对数的底。如果某一结果是确定的，那么 $p_1 = 1$，则熵为0。

对于投硬币，出现正面和反面的概率均为1/2，则熵为：

$$H\left(\frac{1}{2}, \frac{1}{2}\right) = -\frac{1}{2} \log_2\left(\frac{1}{2}\right) - \frac{1}{2} \log_2\left(\frac{1}{2}\right) = 1 \quad (4.3.12)$$

熵可以提供一个概率单位在 n 个结果之间不均匀分配程度的量，可以将其推广到不平等程度的测量，即总收入在某一人口中不均匀分布的程度。

广义熵指数(Generalized Entropy,GE)的表达式为：

$$GE = \frac{1}{a(1-a)} \sum_{i=1}^{n} \frac{1}{n}[1-(\frac{y_i}{\mu})^a] \qquad (4.3.13)$$

式中，a 为一常数，代表厌恶不平等的程度。a 值越小，它所代表的厌恶程度越高。取 $a=1$，我们得到第一泰尔指数 T_1，也称泰尔指数，具体来说就是计算每个人获得相同收入份额这一完全平等情况下的熵，与获得实际收入份额情况下的熵之间的差值，即表示为：

$$T_1 = \frac{1}{n}\sum_{i=1}^{n}\frac{y_i}{\mu}[\log(\frac{y_i}{\mu})] \qquad (4.3.14)$$

式中，$\frac{1}{n}$ 为每个人获得相同的收入份额，s_i 为第 i 个人实际的收入份额，y_i 为第 i 个人的实际收入，μ 为人均收入。

取 $a=0$ 我们得到所谓的平均对数离差，又称第二泰尔指数 T_0，也称泰尔-L 指数，或称为平均对数偏差(Mean Logarithmic Deviation)指数：

$$MLD = -\frac{1}{n}\sum_{i=1}^{n}\log(\frac{y_i}{\mu}) \qquad (4.3.15)$$

此外，$a=2$ 时，广义熵指数等价于变异系数平方的 1/2。选用变异系数，而非泰尔指数或平均对数偏差，意味着我们对收入差异持更加接纳的态度。

广义熵指数是收入不平等的一族指数，能够灵活地满足不同厌恶程度的不平等测度的需要，是测度不平等程度较好的指数；广义熵指数的另一大优点是具有良好的分解性，是按照人群分解的最常用指标。

(二)分位数与分位数比率

分位数本身可以反映收入分布的不同位置，表示按收入大小进行排序后，在某分位点上的收入值，常用的分位数包括表示四分位数的 P_{25}、P_{50}、P_{75}，表示五分位数的 P_{20}、P_{40}、P_{60}、P_{80} 以及表示百分位数的 P_1,…,P_{99}，其中，中位数反映收入分布的中心位置，四分位数则可以反映收入分布的离散程度。

基于分位数计算的分位数比率的不平等测量经常被用于政府统计和学术研究中，是用不同分位点上的收入比值来描述分布的不平等程度，其主要优势在于分位数不会受异常值、极值或公用调查数据中常用到的顶部编码的影响。分位数比率可以灵活地反映不同分位点上个体收入的差异，具体含义随选取的分位点而变化。

常用的有：

(1) P_{95}/P_5，即 95% 分位点上收入与 5% 分位点上收入的比值，反映高收入和低收入者之间的收入差距；

(2) P_{95}/P_{50}，即 95% 分位点上收入与 50% 分位点上收入的比值，反映高收入和中等收入者之间的收入差距；

(3) P_5/P_{50}，即 5% 分位点上收入与 50% 分位点上收入的比值，反映了低收入和中等收入者之间的收入差距。

(4) P_{80}/P_{20}，称为收入不良指数，这一指数最低值为 1，指数越大，收入差别越大。

分位数比率较为灵活，可以根据研究目的自行选择特定的分位点。

(三)阿特金森指数

阿特金森指数(Atkinson Index)是由阿特金森在借鉴和考察其他不平等测度方法的基础

上,提出的利用社会福利函数来测度不平等的规范方法。规范方法是指以平等主义的价值判断为基础,度量指标直接显示价值判断,而不仅仅是对分配模式进行统计描述,具体指标表示为:

$$Atkinson = 1 - \prod_i \left(\frac{y_i}{\mu}\right)^{p_i} \qquad (4.3.16)$$

阿特金森指数取值在 0—1 之间,指数值下降意味着收入趋于公平。阿特金森指数不仅对收入在不同阶层之间的转移更加敏感,而且与不平等厌恶程度的相关性更强,因此在逻辑上更加严密。尽管如此,与阿特金森指数对应的社会效用函数没有考虑各人在收入阶梯上的相对位置,只考虑了人们的收入绝对值,而基尼系数背后的社会福利函数没有这一缺陷,因此阿特金森指数应用较少。

三、不平等指标的公理性质

我们介绍了众多的不平等测量方法,如何选取一个或若干个满足具体研究需要的测量呢?了解一个不平等测量是否满足具体研究所期望的某些原则是个好的开始。一个良好的不平等指标需要满足一系列性质,具体包括:

1. 匿名性或无名性:即任意对调两个人或多个人的收入值,并不影响指标值,度量结果只和观察数值相关,而与观测对象无关。
2. 齐次性(相对收入原则):当变换度量单位时,指标值的估算结果不受影响。或者每个个体的收入扩大或缩小相同倍数时,指标值不变。
3. 转移性原则:将富人的一笔收入转给穷人(但不改变穷人的相对位置),不平等程度应该下降或保持不变。
4. 人口无关性(规模大小不变原则):只要收入分配状况一样,样本量不影响度量结果。如原来有 100 人,将每个人进行复制,样本量增加到 200 人,但 100 人和 200 人的收入不平等值应该一致。
5. 加和可分解性原则:一个不平等指标可以在不同人群或根据收入来源进行完全分解。

前述收入不平等测度指标公理性质的满足情况如表 4—12 所示。总的来说,相对指标优于绝对指标,但在相对指标中进行选择较为困难,每个不平等指标都对应于不同的社会福利函数,因此不同指标可能给出不同的结论,因此在研究中可以同时采用几个指标,此外还要根据研究目的考虑指标的可分解性。

表 4—12 不平等指标公理性质的满足情况

	不平等指标	匿名性	齐次性	转移原则	人口无关性	加和可分解性
绝对指标	极差	是	否	否	是	否
	方差	是	否	强	是	是
相对指标	基尼系数	是	是	弱	是	否
	广义熵指数	是	是	强	是	是
	分位数比	是	否	否	是	否
	阿特金森指数	是	是	弱	是	否

数据来源:《评估不平等》,Lingxin Hao 和 Daniel Q. Naiman,巫锡炜译,格致出版社,2012。

四、个人收入分配测度研究的新进展

在个人收入分配研究中,除常用的收入不平等测度指标外,下面介绍一些当前研究热点和

前沿问题中使用的测度指标,包括贫困的测度、极化的测度、公平的测度以及健康的测度。

(一) 贫困的测度

贫困分为绝对的贫困和相对的贫困,绝对贫困指收入或消费水平落后于贫困线,而相对的贫困通常指相对一个参照物而言的贫困,经常使用百分比来表示。贫困程度测度方法包括三大类:

1. 通过贫困人口数量来衡量贫困

贫困发生率是通过贫困人口数量在总人口中的比重来衡量相对贫困的指标:

$$HC = q/n \tag{4.3.17}$$

式中,q 为贫困人口数,n 为全部人口数。贫困发生率值越大,说明社会中处于贫困线以下的人越多,社会的贫困程度越深。贫困发生率反映了在全部人口中有多少人处于贫困的状态,反映了贫困人口数量规模,但是没有说明处于贫困的人口中也有贫富之分。该方法对位于贫困线以下的人口在测算贫困程度时给予了相同的权重,对于贫困群体内部的收入变化、生活水平的变化都不能得到反映。只有当贫困个体的收入从贫困线以下提高到贫困线以上才可能引起贫困发生率的下降,因而当贫困成员的收入减少时,不会对该指数有任何影响。

2. 通过贫困人口的收入水平来衡量贫困

收入缺口:

$$g = \sum_{i \in T}(\pi - y_i) \tag{4.3.18}$$

式中,g 为收入缺口,π 为贫困线,y_i 为第 i 个人的收入。收入缺口用来测量贫困人口收入与贫困线之间的总体差额,该指标反映了贫困人口的总体情况,而未反映个体情况。

收入平均缺口:

$$g^* = \pi - y^* \tag{4.3.19}$$

式中,y^* 表示贫困人口的平均收入。这个指标消除了贫困人口规模的影响,反映了贫困程度的平均水平。贫困缺口越大说明社会的贫困程度越深。

收入缺口率:

$$I = g/q\pi \tag{4.3.20}$$

式中,q 为贫困人口数,收入缺口率表示收入缺口与所有贫困人口达到贫困线时的收入之比。收入缺口率与贫困发生率相比,对贫困人口的数量不很敏感,而侧重于收入分布。

3. 其他测度方法

除了通过贫困人口数量和贫困人口的收入水平来衡量一个社会的贫困程度外,较为流行的指标还包括阿马蒂亚森提出的 Sen 指标,以及 Foster、Greer 和 Thorbecke 在 1984 年提出的 FGT 指数,这两个指标均是综合了贫困人口数量与收入水平来衡量贫困。其中,FGT 指数优势是它的可分解性。利用 FGT 指数可以将一个社会的整体贫困程度分解成不同地区的贫困程度或不同人群组的贫困程度。对这两类指标的详细介绍可参见张建华、陈立中(2006)[①]。

(二) 极化的测度

收入极化即指收入的两级分化,与收入不平等是两个不同的概念。收入不平等测度的是一群人的收入分布的离散程度,而收入极化强调的是个体在局部的聚集,更多地反映了社会冲突的可能性和强度。当一个收入群体在中位数收入附近聚集时,收入不平等和收入极化都在下降;当不同收入群体分别在不同收入水平上聚集时,收入极化会加深,而收入不平等程度可能会

---

① 张建华,陈立中:"总量贫困测度研究述评",经济学(季刊),2006 年第 2 期.

减小,因此收入极化程度和不平等程度并不是一一对应的。对极化真正意义上的测度源于20世纪90年代。收入极化的测度由两种思路[①],一种是以某个收入(常用中位数)为界限,将所有成员分为高收入和低收入两类,分别测算两类成员中所有收入对该收入的偏差,并将所有偏差加总,此类指数称为 W 型两级分化指数,只能测度两级分化。另一种思路是按照一定标准将所有成员进行分类,然后测定类别之间的差异程度以及类内的相似程度,再构造测算指数,此类指数称为 ER 型极化指数,可以测度多极化。

(三)公平的测度问题

不平等包括三个方面:起点的不平等,过程的不平等以及结果的不平等。规模性收入分配中不应只关注结果的不平等大小,还应关注分配公平程度。从收入不平等、贫困以及极化等角度的测度都是针对结果不平等,实际上机会的不均等才是让公众不能接受的。

Roemer 认为影响个人收入的因素可以分为两类,环境因素集和努力因素集,环境集是超越个人控制或社会无法问责的部分,努力集是社会能够问责的部分。个人收入受环境和努力共同影响,机会平等是指在政策干预下最后分配结果只受努力影响而不受环境影响的情形。具体的测度方法包括事后法和事前法,比结果不平等的测度更加复杂,可以参见吕光明等(2014)[②]的综述文章。

(四)健康的测度

除定量数据的不平等测度外,还有一类定序数据的不平等测度,其中最为典型的就是健康的不平等测度。健康不仅是人类发展指数(Human Development Index,HDI)的重要指标,也是人类福利的重要组成部分。在微观调查数据中,对健康的描述通常是用序数性质的自评数据来进行的,诸如"1. 很好,2. 较好,3. 一般,4. 较差,5. 很差",基尼系数或泰尔指数无法直接测度定序数据的不平等程度。针对序数性质的自评数据的不平等测度方法包括[③]:

第一,将自评健康转化为二分变量,比如将"很好""较好""一般"合并为健康状况良好,"较差""很差"合并为健康状况欠佳,从而得出一个关于健康状况好坏的定性变量。该方法存在两个问题:阈值的选择是随意的,例如"一般"这个类别究竟是归于健康良好还是健康欠佳,并没有一致的标准。不同的归类方法,显然可能得出差异性的结论;变量合并导致信息量人为降低。

第二,应用区间回归将序数性质的自评健康转化为基数性质的健康变量,从而对健康的分布进行考察。其基本的思路是,将自评健康状况与实际测算的健康变量阈值对应,通过区间回归进行估计,以得到各类别对应的健康预测值。问题在于大多数调查都没有详细测度健康的多个维度,从而难以测算基数性质的实际健康变量,区间回归无法完成。

第三,一阶随机占优(First Order Stochastic)和基于中位数的方法来比较人群的总体健康状况和健康分布的不平等。

第四,假设隐藏在自评健康五个等级背后的实际自评健康得分是一个连续变量,其服从标准对数正态分布。大多数人对自身健康水平的评价"较好"(事实也是这样),标准对数正态分布模拟了这种偏态。按等级所占样本比例进行划分,查标准正态分布表进行指数换算,进而得到各自等级对应的实际得分,该得分即作为衡量个人健康的基数指标。

---

① 洪兴建:"收入极化测度与分解方法述评,经济统计学(季刊)",2013 年第 1 期.
② 吕光明,徐曼,李彬:"收入分配机会不平等问题研究进展",经济学动态,2014 年第 8 期.
③ 周靖:"中国居民与收入相关的健康不平等及其分解——基于 CGSS2008 数据的实证研究",贵州财经大学学报,2013年第 3 期.

第四节 中国城乡居民收入的形成及差距分析

城乡二元分割是中国的重要特征之一,从发展的角度看,中国城乡居民间收入构成差异之大是其他任何国家所无法比拟的。在此背景下,对城乡居民收入的形成及城乡内部、城乡之间的差距进行讨论分析有助于理解中国的收入差距现状。

一、城乡居民收入的形成

中国由于城乡二元分割的体制,2013年以前,城乡收入调查分开进行,收入指标分别为城镇居民可支配收入和农村居民纯收入,二者的口径不同;从2013年开始,国家统计局开始公布统一口径下的城镇和农村居民可支配收入,二者的可比性、准确性都大幅提高。

(一)城乡住户调查一体化改革前城乡居民收入的形成

1. 城镇居民收入形成

2013年以前,城镇居民收入数据主要来源于城镇住户收支调查。该调查是在全国31个省(自治区、直辖市),采用分层随机抽样方法抽取476个市、县的6.6万城镇住户,通过记账方式收集家庭收入、支出、就业及住房基本情况等资料。调查对象是:户口在本地区的常住非农业户和常住农业户;户口在外地,居住在本地区半年以上的非农业户和农业户。城镇居民全部收入包括:

(1)工资性收入:就业人员通过各种途径得到的全部劳动报酬。

(2)经营性收入:个体或私营业主所取得的全部营业收入或销售收入以及经营房屋出租业务的租金收入。

(3)财产性收入:家庭拥有的动产、不动产所获得的收入。

(4)转移性收入:国家、单位、社会团体对居民家庭的各种转移支付和居民家庭间的收入转移。

可支配收入=家庭总收入-交纳的所得税-个人交纳的社会保障支出-记账补贴

中国代表性年份城镇居民家庭人均收入构成情况见表4-13。

表4-13 中国城镇居民家庭人均收入情况   单位:元

收入类型	1990	2000	2010	2011	2012
平均每人全部年收入	1516.21	6295.91	21033.42	23979.20	26958.99
工资性收入	1149.70	4480.50	13707.68	15411.91	17335.62
经营净收入	22.50	246.24	1713.51	2209.74	2548.29
财产性收入	15.60	128.38	520.33	648.97	706.96
转移性收入	328.41	1440.78	5091.90	5708.58	6368.12
*可支配收入	1510.16	6279.98	19109.44	21809.78	24564.72

数据来源:《中国统计年鉴2013》,中国统计出版社。

2. 农村居民收入的形成

2013年以前农村居民收入数据主要来源于农村住户收支调查。该调查是在全国31个省(自治区、直辖市),采用分层随机抽样方法抽取896个市、县的7.4万农户,通过记账方式收集家庭现金收支、实物收支及家庭经营情况等资料。调查对象是:户口在本地区和外地区的常住农业户,以及长期外出但经济与本户连为一体的外出劳动力。

农村居民收入按收入性质不同可划分为工资性收入、家庭经营收入、财产性收入和转移性收入四大项目,其中家庭经营收入是总收入形成的主体。从总收入中扣除所发生的费用后的收入总和即为纯收入,计算方法为:

纯收入=总收入-家庭经营费用支出-税费支出-生产性固定资产折旧
-赠送农村外部亲友支出-记账补贴

中国代表性年份农村居民家庭人均收入构成情况见表4—14。

表4—14 中国农村居民家庭人均收入情况   单位:元

收入类型	1990	1995	2000	2010	2011	2012
*纯收入	686.31	1577.74	2253.42	5919.01	6977.29	7916.58
工资性收入	138.80	353.70	702.30	2431.05	2963.43	3447.46
经营净收入	518.55	1125.79	1427.27	2832.80	3221.98	3533.37
财产性收入	28.96	40.98	45.04	202.25	228.57	249.05
转移性收入		57.27	78.81	452.92	563.32	686.70

数据来源:《中国统计年鉴2013》,中国统计出版社。

农民纯收入和城镇居民家庭可支配收入的区别:

(1)从形态构成上看,城镇居民可支配收入只有价值一种形态。而农民纯收入的实际形态有两种,一种是价值形态,另一种是实物形态,主要是指农民自留的粮食、食油、蔬菜、肉禽蛋等。

(2)从可支配的内容看,城镇居民可支配收入是全部用于安排日常生活的收入。而农民纯收入除了用做生活消费,其中有相当一部分要留做追加的生产费基金。

(3)从两者所反映的实际收入的角度看,农民纯收入基本上反映了农民收入的真实水平。而城镇居民可支配收入中没有包括城市居民在医疗、住房等方面间接得到的福利性收入部分。

(二)城乡一体化改革下居民收入的形成

1. 城乡一体化住户调查改革

城乡二元结构制约下,2013年以前中国住户调查一直分城乡独立开展,城镇住户调查和农村住户调查的指标、标准、方法都不尽相同,无法提供全体居民收支数据,难以精确测算城乡居民收入差距和支出结构。为改变这种状况,与加拿大统计局合作,经数年共同研究,国家统计局2012年经批准,对城乡住户调查实施了一体化改革,统一了城乡居民收入指标名称、分类和统计标准,在全国统一抽选了16万户城乡居民家庭,正式开展了城乡一体化的住户收支与生活状况调查。将农村居民人均纯收入改为人均可支配收入,可支配收入成为城乡全体居民收入统一的核心指标。

2. 改革前后收入指标对比

中国城镇、农村居民人均收入指标改革前后对比情况见表4—15和表4—16。

表4—15 中国城镇居民人均收入指标改革前后对比

改革前	人均可支配收入=可支配收入/(城镇居住时间超过半年的本地人口+少量农民工)
改革后	人均可支配收入=可支配收入/在城镇居住时间超过半年人口
改革前后差异	分母:人口范围扩大; 分子:(1)工资性收入增加实物形式报酬 (2)财产净收入增加自有住房折算净租金,扣减生活性借贷利息支出等财产性支出 (3)转移净收入要扣除社保和税费支出之外的转移性支出 (4)居住超过半年的外来农民工收入主要归入工资性收入,寄给农村家人支出作为转移性支出扣减

表 4—16 中国农村居民人均收入指标改革前后对比

改革前	人均纯收入＝纯收入/(农村居住时间超过半年人口＋住户中外出半年以上的农民工)
改革后	人均可支配收入＝可支配收入/农村居住时间超过半年人口
改革前后差异	分母：人口范围缩小； 分子：(1)惠农补贴不再计入转移性收入，而计为经营净收入中的生产税减项 　　　(2)财产净收入不再包括土地征地补偿 　　　(3)转移净收入要扣减社保、税费支出、赡养支出等转移性支出 　　　(4)调整了外出农民工寄带回收入的归类，只将农村外出人员寄回收入计作转移性收入

二、中国城乡居民收入差距统计分析

在实际应用中，根据数据特点，对 1978—2012 年的城镇基尼系数采用五等份数据计算，农村基尼系数采用不等分分组数据计算，总体基尼系数则根据董静、李子奈(2004)提出的修正城乡加权法推算。

据《中国统计年鉴》各年份公布的城镇和农村收入分组的特点，考虑到数据结果的衔接性，本文将 1985—2014 年城镇居民人均可支配收入五等份分组数据计算得到城镇基尼系数，农村内部 1985—2012 年的基尼系数按农村居民人均纯收入分组数据计算得到，2013—2014 年基尼系数按照农村居民人均可支配收入五等份分组数据得到，在此基础上运用计算总体基尼系数。全部结果见表 4—17 和图 4—7。

表 4—17 城乡居民基尼系数与贡献率

年份	基尼系数				贡献率(%)		
	城镇	农村	总体	总体 (统计局公布)	城镇内部	农村内部	城乡差距
1985	0.163	0.281	0.296		4.76	45.8	49.43
1988	0.175	0.311	0.321		5.72	42.63	51.66
1989	0.180	0.318	0.330		5.99	41.33	52.68
1990	0.177	0.300	0.316		6.11	41.06	52.83
1991	0.168	0.309	0.330		5.93	38.5	55.57
1992	0.185	0.307	0.344		6.78	34.83	58.39
1993	0.205	0.304	0.374		7.55	29.54	62.91
1994	0.215	0.337	0.383		7.95	31.49	60.56
1995	0.208	0.329	0.369		8.06	31.95	59.99
1996	0.209	0.315	0.351		8.67	32.1	59.23
1997	0.219	0.304	0.368		9.82	26.78	63.39
1998	0.227	0.303	0.374		10.88	24.53	64.59
1999	0.234	0.304	0.388		11.93	21.75	66.31
2000	0.245	0.315	0.417		12.69	19.08	68.23
2001	0.257	0.315	0.428		13.98	17.18	68.84
2002	0.295	0.327	0.452		16.5	15.18	68.33
2003	0.335	0.337	0.480	0.479	18.94	13.46	67.6
2004	0.327	0.328	0.461	0.473	20.19	12.94	66.87
2005	0.320	0.336	0.460	0.485	20.72	12.5	66.79
2006	0.318	0.336	0.462	0.487	21.57	11.58	66.86

续表

年份	基尼系数				贡献率(%)		
	城镇	农村	总体	总体（统计局公布）	城镇内部	农村内部	城乡差距
2007	0.321	0.338	0.465	0.484	22.8	10.65	66.55
2008	0.317	0.344	0.468	0.491	23.29	10.15	66.56
2009	0.310	0.352	0.466	0.49	23.85	9.79	66.36
2010	0.305	0.346	0.442	0.481	25.63	9.65	64.72
2011	0.304	0.352	0.420	0.477	28.58	9.22	62.2
2012	0.291	0.345	0.417	0.474	28.42	8.84	62.74
2013	0.312	0.339	0.430	0.473	33.02	8.08	58.90
2014	0.302	0.350	0.429	0.469	34.91	8.01	57.08

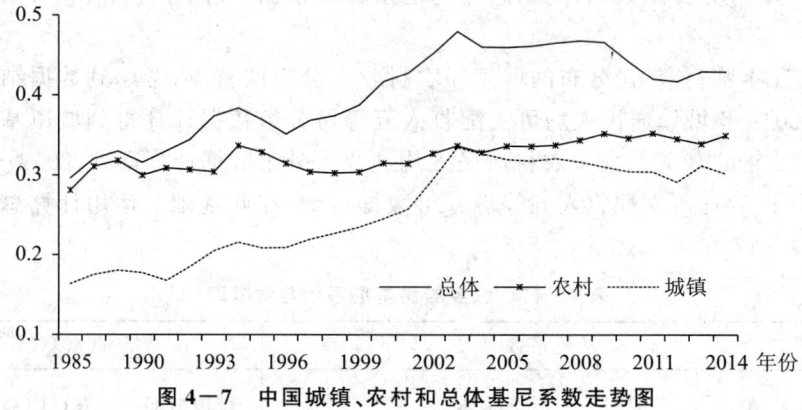

图 4—7 中国城镇、农村和总体基尼系数走势图

（一）城乡基尼系数的演变特征解析

从表 4—17 和图 4—7 可以看出，1985—2014 年间，农村居民基尼系数呈现出高位缓升的态势。在改革开放初期，农村家庭联产承包责任制的产权改革以及农副产品价格调整和放松管制的市场化改革极大地调动了农民从事农业生产的积极性，导致农民收入迅速增加，并致使农村居民收入差距的扩大。1985 年农村基尼系数处于一个比较平均的水平上。之后，尽管农村居民收入差距在 1994—1998 年出现有所缩小的情形，但是总体上表现出较为缓慢的上升态势。农村基尼系数由 1985 年的 0.281 上升到 2014 年的 0.350，增加了 24.6%，但农村居民收入差距处于大致合理的区间上。在这一阶段，农村居民人均纯收入增长的主要源泉是外出打工的工资性收入，这意味着农村居民外出打工的收入差异是导致农村居民基尼系数上升的重要原因。

城镇以及总体居民基尼系数的变动趋势类似，呈现"缓慢增大—迅速扩大—稳中有降"的三阶段变动趋势。城镇基尼系数在第一阶段即 1985—1992 年增加了 13.10%，年均增加 1.87%。这一阶段基尼系数的总体水平低于 0.2，属于高度平均。中国城镇逐步推行以"打破铁饭碗，放权让利，强化激励机制"为主线的国有企业改革，给传统的平均主义分配机制带来较大冲击，推动了收入分配差距的缓慢增加。在第二阶段即 1992—2003 年，中国实施建立和完善社会主义市场经济体制的改革，工业领域推行股份制和建立现代企业制度的改革；价格领域取消双轨制，扩大市场调节价的比重，金融领域开始以银行商业化和中央银行独立化为目标的银行体制改革，股票市场也开始出现等。这一切打破了平均主义的分配体制，极大地拉开城镇居民内部收入差距。城镇基尼系数由 1992 年的 0.185 增加到 2003 年的 0.335，增加了 81.37%，年均增加

7.40%。这一阶段基尼系数连续突破 0.2 和 0.3 的临界点,多数年份处于比较平均的区间上。在第三阶段即 2003—2014 年,中国政府的发展理念有所改变,开始注重发展的全面、协调和可持续性,积极构建公平正义的社会主义和谐社会。政府开始调整经济结构、转变发展方式,同时转变政府经济管理职能,继续削减和调整行政审批事项,扩大民生支出。城镇基尼系数的总体水平基本保持稳定,并有所下降。自 2003 年达到高点 0.335 后,近些年来的城镇基尼系数基本稳定在 0.3 以上,处于大致合理的区间上。

(二)总体基尼系数的演变特征解析

比较城乡基尼系数的变动影响不难看出,与农村基尼系数相比,城镇基尼系数尽管起点水平较低,但上升速度更快,近十年来已经非常接近农村基尼系数,成为影响全国基尼系数增加的重要因素。为了进一步分析总体基尼系数的变动原因,这里在修正城乡加权法计算公式基础分别计算城镇内部差距、农村内部差距和城乡差距对总体基尼系数变动大小的贡献率,其结果见表 4—17 和图 4—8。

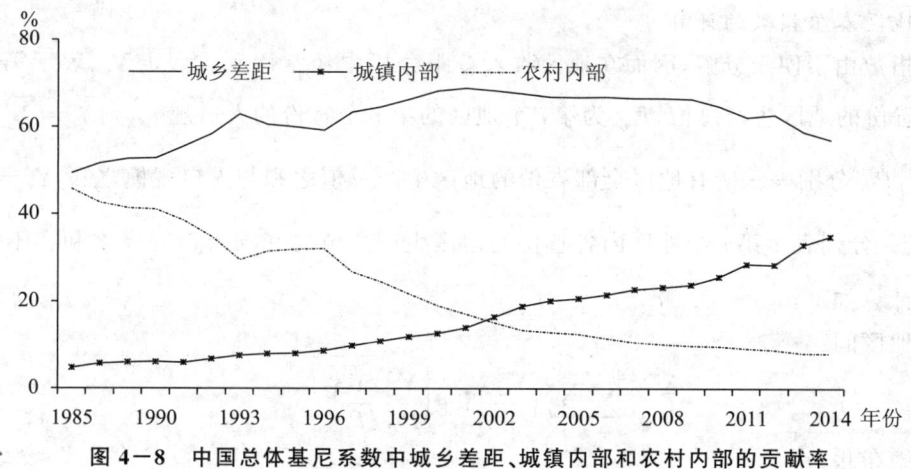

图 4—8 中国总体基尼系数中城乡差距、城镇内部和农村内部的贡献率

由表 4—17 和图 4—8 可知:

1. 在总体基尼系数变动中,城乡差距贡献率一直高于城镇内部差距贡献率及农村内部差距贡献率,且总体呈上升的趋势。自 20 世纪 80 年代中期以来,城乡差距贡献率一直在逐步上升,并在 1998 年前后达到 64.6% 的高点。此后,城乡差距贡献率尽管有小幅下降,但仍然处于 60% 以上的水平上。这意味着,城乡差距已成为中国居民收入分配差距变动的主导因素,缩小城乡收入差距是缩小总体收入不平等的最有效措施。

2. 城镇内部收入差距对中国居民收入差距的贡献率逐渐加强。城镇内部差距贡献率 1985 年相对较小,只有不到 10%,之后开始逐渐上升。到 2003 年前后,城镇内部收入差距的影响超过农村内部收入差距,已成为影响中国居民收入差距变动的第二大主导因素。近年来,城镇内部差距贡献率已经达到 20% 以上的水平。这说明,要控制中国总体收入差距变化,缩小城镇内部的不平等程度也是较为有效的努力方向。

3. 农村内部收入差距对中国居民收入差距的贡献率则展现出快速下降的态势。由 1985 年的 45.8% 下降到 2014 年的 8.1%。实际上,农村内部贡献率下降并不是由农村基尼系数的绝对水平变动导致的。由式(4.3.10)可知,农村基尼系数的增长速度下降、城镇化导致的农村人口占比下降以及农村人均收入增长速度低于城镇这三重因素共同导致农村基尼系数贡献率的下降。这表明,处于高位的农村内部不平等仍应是收入分配差距调控中重点监控的一个方面。

第五节 中国区域和行业收入分配差距统计分析

从大国的特征看,中国幅员辽阔,区域间社会经济发展存在较大不均衡,表现出较大的地区和省份居民收入差距;在经济转型过程中,垄断行业存在过高的不合理收入,从而导致与竞争性行业存在巨大的收入差距。本部分从区域和行业角度对中国的收入分配差距进行统计分析。

一、中国地区收入差距统计分析

由于缺乏可直接利用的各省人均收入指标,以往研究通常(周云波等,2010)通过农村居民人均纯收入和城镇居民人均可支配收入的加权来获得收入指标,但两种收入的口径并不一致。此处,使用人均 GDP 作为收入的代理指标,通过计算泰尔指数来解析地区收入分配差距的演变状况。

(一)地区泰尔指数的计算

泰尔指数由于便于分解,因而在地区收入差距分析中经常用到。假定 Y_{ij} 表示第 i 个地区的第 j 个省份的地区生产总值,P_{ij} 为第 i 个地区的第 j 个省份的人口规模,则 $Y=\sum_i\sum_j Y_{ij}$ 和 $P=\sum_i\sum_j P_{ij}$ 分别表示所有地区全部省份的地区生产总值之和与人口规模之和,$Y_i=\sum_j Y_{ij}$ 和 $P_i=\sum_j P_{ij}$ 分别表示第 i 个地区内各省份的地区生产总值之和与人口规模之和。不加权的泰尔指数可计算如下:

全国地区间:

$$T=\sum_i\sum_j\left(\frac{Y_{ij}}{Y}\right)\log\left(\frac{Y_{ij}/Y}{P_{ij}/P}\right) \tag{4.5.1}$$

组内泰尔指数:

$$T_i=\sum_i\sum_j\left(\frac{Y_{ij}}{Y}\right)\log\left(\frac{Y_{ij}/Y_i}{P_{ij}/P_i}\right) \tag{4.5.2}$$

组间泰尔指数:

$$T_B=T-T_G=\sum_i\left(\frac{Y_i}{Y}\right)\log\left(\frac{Y_i/Y}{P_i/P}\right) \tag{4.5.3}$$

在此基础上,可计算得到中国人均 GDP 的泰尔指数,见表 4—18 和图 4—9。

表 4—18 中国地区人均 GDP 泰尔指数:1978—2014

年份	总体	组间	组内	东部	中部	西部
1978	0.068	0.015	0.053	0.046	0.005	0.002
1979	0.061	0.015	0.046	0.040	0.005	0.001
1980	0.060	0.016	0.045	0.039	0.005	0.001
1981	0.054	0.016	0.038	0.033	0.004	0.001
1982	0.050	0.015	0.034	0.029	0.004	0.001
1983	0.047	0.015	0.032	0.027	0.004	0.001
1984	0.045	0.016	0.029	0.024	0.004	0.001
1985	0.045	0.018	0.028	0.023	0.003	0.002
1986	0.044	0.018	0.026	0.022	0.003	0.002

续表

年份	总体	组间	组内	东部	中部	西部
1987	0.043	0.020	0.023	0.019	0.003	0.002
1988	0.041	0.021	0.020	0.016	0.003	0.002
1989	0.039	0.021	0.018	0.014	0.003	0.001
1990	0.037	0.019	0.018	0.014	0.003	0.001
1991	0.040	0.021	0.019	0.014	0.003	0.002
1992	0.044	0.025	0.019	0.014	0.003	0.002
1993	0.049	0.031	0.019	0.015	0.002	0.002
1994	0.051	0.032	0.018	0.014	0.002	0.002
1995	0.050	0.033	0.017	0.014	0.002	0.002
1996	0.044	0.029	0.015	0.012	0.002	0.002
1997	0.045	0.029	0.016	0.012	0.002	0.002
1998	0.047	0.031	0.017	0.013	0.002	0.002
1999	0.050	0.034	0.016	0.013	0.002	0.002
2000	0.050	0.034	0.016	0.012	0.002	0.002
2001	0.054	0.036	0.018	0.015	0.002	0.002
2002	0.055	0.037	0.019	0.015	0.001	0.002
2003	0.057	0.038	0.019	0.015	0.001	0.002
2004	0.056	0.037	0.019	0.015	0.001	0.003
2005	0.054	0.036	0.018	0.014	0.001	0.003
2006	0.052	0.035	0.017	0.013	0.001	0.003
2007	0.048	0.032	0.016	0.012	0.001	0.003
2008	0.044	0.029	0.015	0.010	0.001	0.004
2009	0.042	0.027	0.015	0.009	0.001	0.005
2010	0.037	0.024	0.014	0.008	0.001	0.005
2011	0.033	0.020	0.013	0.007	0.001	0.005
2012	0.030	0.018	0.012	0.007	0.001	0.005
2013	0.029	0.017	0.012	0.007	0.001	0.004
2014	0.029	0.017	0.012	0.007	0.001	0.004

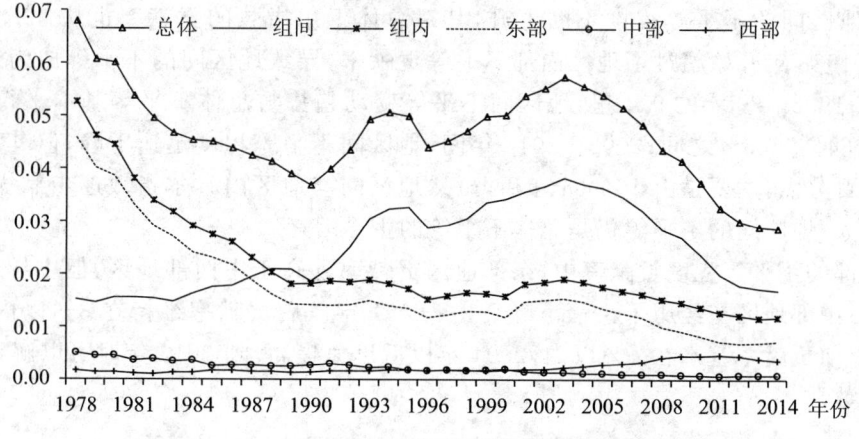

图 4—9 中国地区人均 GDP 的泰尔指数及其分解

(二)三大地区泰尔指数的演变特征解析

1. 三大地区间泰尔指数的演变特征解析

1978—2014年,中国三大地区间泰尔指数的变动轨迹可以分为两个阶段:第一个阶段是1978—2003年,泰尔指数从0.0152上升到0.0383,表明在对外开放后的25年里,创办经济特区、开放沿海港口城市等地区偏向型政策提高了东部沿海地区的市场化程度及收入水平,同时拉开了东部与中西部地区的收入差距;第二个阶段是2003年以后,地区间的不平等程度开始迅速下降,由2003年的0.0383下降到2014年的0.0169,这得益于2000年以后实行的"西部大开发""中部崛起""振兴东北"等战略,加大了对中西部地区的政策扶持。

2. 三大地区内部泰尔指数的演变特征解析

1978—2014年,中国三大地区内部泰尔指数的变动轨迹可以分为三个阶段,分别是1978—1989年的快速下降阶段,1990—2004年的平稳阶段以及2005—2014年的缓慢下降阶段。其中东部地区内部的不平等程度最高,在改革开放初期下降得最快,从1978年的0.046下降到了1989年的0.014,下降幅度接近70%;在经过1989—2003年的波动后,自2004年开始又一轮的快速下降,到2014年时,东部的泰尔指数仅为0.007,东部地区内部不平等程度的下降得益于改革开放后沿海省份经济的快速发展,缩小了与北京、上海的差距。改革初期,中部地区内部不平等程度远低于东部,略高于西部,从1978年的0.005持续下降到2014年的0.0008,并在2001年开始低于西部。1978—1999年间,西部地区泰尔指数在低水平上(0.002以内)小幅度波动,2000年左右开始实行"西部大开发"战略后,2000—2011年快速上升到0.005,这主要是西部地区内部经济发展出现分化,不平等程度增加,但在2012—2014年间又开始出现下降趋势,到2014年时西部的泰尔指数回落到0.004。

(三)地区总体泰尔指数的演变特征解析

由地区间和地区内部的泰尔指数汇总得到的总体泰尔指数经历了"迅速缩小—缓慢扩大—迅速缩小"三个阶段:第一阶段即1978—1990年,地区内部尤其是东部地区不平等程度的下降导致总体泰尔指数从1978年的0.0679下降到1990年的0.0369;第二个阶段是1991—2003年,地区间的不均衡程度加深导致泰尔指数呈波动性的上升趋势,2003年泰尔指数比1991年提高了43.9%。第三个阶段为2004—2014年,泰尔指数从0.0574下降到0.0287,并达到历史新低。

表4-19和图4-10为地区间与地区内部的泰尔指数贡献率。进一步分析发现,1978—1995年间,地区间的不平等程度不断上升,其对总体泰尔指数的贡献率也从22.46%上升到65.53%,在1988年开始超过了地区内部不平等贡献率,导致地区间的不平等成为总体不平等的主导因素;1996—2004的9年里,地区间不平等变动趋势与总体不平等基本平行,从而其贡献率维持在64%—68%之间;2005—2014年间,地区间不平等程度迅速下降,但其贡献率仅下降了8.6个百分点,主要是由于2004年后,虽然地区间与地区内泰尔指数逐步靠拢,但二者的差值依然较大,地区间的不平等仍是总体不平等的主导因素。

地区内部的不平等程度贡献率中,东部地区贡献率远高于中西部地区,但主导地位的作用一直在下降;中部地区在经历了小幅下降后,在2001年以后贡献率维持在3%以内;西部地区在2004年以前贡献率基本在4%以内,2004年以后迅速提高,到2012年时可以解释约15%的总体泰尔指数。

表 4-19　中国地区人均 GDP 泰尔指数贡献率：1978—2014　　　　单位：%

年份	组间	组内	东部	中部	西部
1978	22.46	77.54	67.48	7.57	2.49
1979	23.97	76.03	66.30	7.43	2.30
1980	25.97	74.03	64.13	7.65	2.25
1981	29.04	70.96	61.93	6.94	2.09
1982	31.23	68.77	58.94	7.85	1.98
1983	31.82	68.18	58.00	7.44	2.73
1984	35.98	64.02	53.08	8.12	2.82
1985	39.09	60.91	51.32	5.83	3.76
1986	40.61	59.39	49.37	6.07	3.94
1987	45.74	54.26	44.40	6.27	3.59
1988	50.81	49.19	39.29	6.16	3.74
1989	53.61	46.39	36.66	6.40	3.34
1990	50.63	49.37	38.41	7.26	3.70
1991	53.14	46.86	35.23	7.53	4.09
1992	57.60	42.40	32.57	6.15	3.68
1993	61.71	38.29	30.42	4.70	3.17
1994	64.09	35.91	27.67	4.76	3.48
1995	65.53	34.47	27.15	3.70	3.62
1996	65.50	34.50	26.81	3.93	3.76
1997	64.84	35.16	27.25	3.94	3.98
1998	64.92	35.08	27.63	3.65	3.80
1999	67.31	32.69	25.91	3.53	3.25
2000	68.53	31.47	23.82	4.07	3.58
2001	66.35	33.65	27.45	2.72	3.48
2002	66.54	33.46	27.38	2.53	3.55
2003	66.77	33.23	26.83	2.45	3.95
2004	66.73	33.27	26.70	2.16	4.41
2005	67.43	32.57	24.99	2.16	5.42
2006	67.36	32.64	24.53	2.02	6.10
2007	66.43	33.57	24.42	2.06	7.08
2008	65.23	34.77	22.86	2.28	9.63
2009	64.93	35.07	22.05	2.05	10.96
2010	63.41	36.59	22.23	2.02	12.33
2011	60.98	39.02	22.37	2.20	14.45
2012	59.50	40.50	23.05	2.58	14.87
2013	59.69	40.31	24.00	2.62	13.70
2014	58.81	41.19	25.36	2.83	13.00

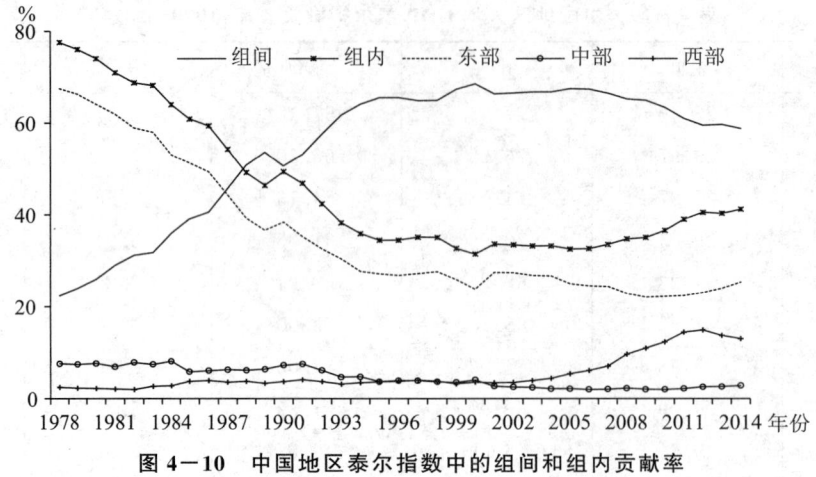

图 4—10 中国地区泰尔指数中的组间和组内贡献率

二、中国行业收入差距统计分析

本部分同样通过计算泰尔指数来解析全部行业收入差距的演变特征。

（一）行业泰尔指数的计算

中国行业划分主要依据是《国民经济行业分类》国家标准。该国家标准于1984年首次颁布，之后分别于1994年、2002年和2011年先后经历三次修订。考虑到此处主要关注2003年至今的行业收入差距，为保持前后门类的划分以及大类行业的一致性，这里以2002年修订的国家标准为行业划分依据。受制于数据的可获得性，综合考虑过度细分行业弱化收入的行业特征，这里主要从19个门类层次考察全部行业收入差距。在行业门类层次上，参照任重和周云波（2009）行业分类标准将19大门类划分为三大类，分别为垄断性行业、竞争性行业和部分垄断性行业，其中部分垄断行业指某行业门类下既包括垄断性行业也包括竞争性行业，这种划分方法虽然较为粗略，但可以方便地包含所有行业。采用类似式（4.5.1）至式（4.5.3）的方法计算得到行业泰尔指数的结果见表4—20和图4—11。

表 4—20 中国基于19大门类的行业泰尔指数计算结果：2003—2014

年份	总体	垄断	部分垄断	竞争	组间	组内
2003	0.0115	0.0011	0.0028	0.0029	0.0047	0.0068
2004	0.0118	0.0014	0.0024	0.0030	0.0050	0.0068
2005	0.0131	0.0017	0.0026	0.0029	0.0059	0.0072
2006	0.0137	0.0023	0.0026	0.0030	0.0058	0.0079
2007	0.0148	0.0026	0.0020	0.0028	0.0074	0.0074
2008	0.0159	0.0032	0.0022	0.0028	0.0077	0.0082
2009	0.0155	0.0035	0.0018	0.0024	0.0078	0.0077
2010	0.0153	0.0042	0.0018	0.0023	0.0070	0.0082
2011	0.0141	0.0045	0.0017	0.0023	0.0057	0.0084
2012	0.0131	0.0045	0.0017	0.0021	0.0049	0.0082
2013	0.0122	0.0042	0.0020	0.0019	0.0041	0.0081
2014	0.0120	0.0044	0.0021	0.0019	0.0036	0.0084

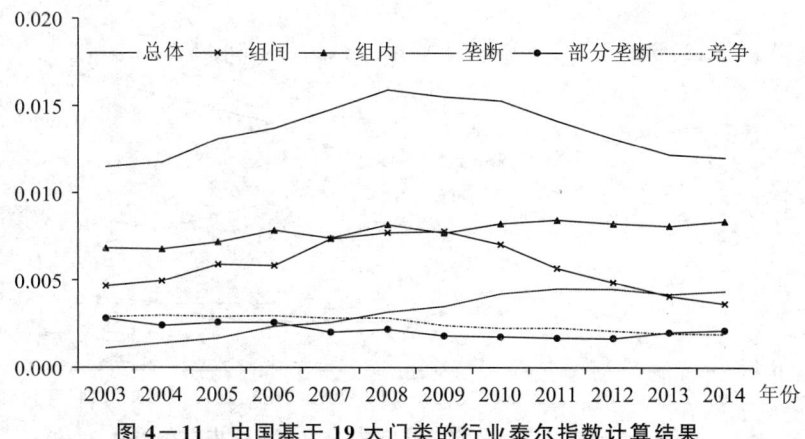

图 4-11 中国基于 19 大门类的行业泰尔指数计算结果

(二)行业泰尔指数的演变特征解析

由表 4-20 和图 4-11 可知,2003—2014 年间,由行业间和行业内泰尔指数测算的总体收入差距变动趋势分为两个阶段,2003—2008 年的上升阶段和 2009—2014 年的下降阶段,总体收入差距在 2008 年达到峰值 0.0159。其中,组间收入差距与总体变动趋势基本平行,从 2003 年的 0.005 上升到 2008 年的 0.008,随后回落到 2014 年的 0.004;组内收入差距处于平缓上升状态,其中垄断行业内部的收入差距在 2003—2011 年从 0.001 迅速上升到 0.0045,随后逐渐平缓,表明垄断行业内部的收入也在分化;部分垄断行业和竞争行业内部的收入差距则有所缩小,二者均从 2003 年的 0.003 下降到 2014 年的 0.002。

从贡献率(见表 4-21 和图 4-12)来看,在行业总体泰尔指数上升的 2003—2008 年间,组内贡献率从 59.5% 下降到 51.4%,但高于组间贡献率,三类行业内部的收入差距能够解释 50%—60% 的总体不平等;在总体收入不平等下降的 2009—2014 年间,行业的组间收入不平等贡献率从 50% 下降到 30%,相应的行业内收入不平等贡献率上升到约 70%,成为影响总体收入差距的主导因素,而其中垄断行业贡献率从 2003 年的 9.7% 上升到 2014 年的 36.2%,成为当今三类行业中收入不平等贡献率最高的行业,表明在垄断行业内部的收入分化已经非常严重。

表 4-21 中国行业泰尔指数中的组间和组内贡献率:2003—2014

年份	垄断	部分垄断	竞争	组间	组内
2003	9.73	24.44	25.30	40.53	59.47
2004	11.95	20.48	25.34	42.23	57.77
2005	12.84	19.69	22.36	45.11	54.89
2006	17.10	18.72	21.52	42.66	57.34
2007	17.39	13.67	19.08	49.85	50.15
2008	19.91	13.72	17.80	48.57	51.43
2009	22.53	11.66	15.56	50.24	49.76
2010	27.66	11.51	14.73	46.10	53.90
2011	31.85	11.91	16.02	40.22	59.78
2012	34.20	12.66	16.02	37.12	62.88
2013	34.31	16.42	15.86	33.42	66.58
2014	36.19	17.62	15.89	30.29	69.71

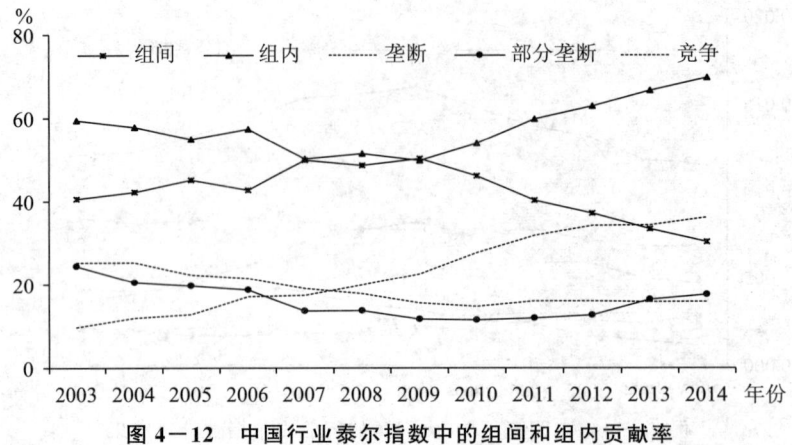

图 4—12 中国行业泰尔指数中的组间和组内贡献率

思考与练习

1. 试述国民收入分配和个人收入分配的含义及二者的关系。
2. 什么是收入初次分配？收入初次分配分为哪些环节？
3. 收入再分配的具体含义是什么？试述收入再分配与收入初次分配的联系和区别。
4. 简述收入分配流程中主要指标的内在联系。
5. 什么是国民收入分配的主体格局与要素格局？两者的区别和联系是什么？
6. 当前中国国民收入主体分配格局统计分析的数据来源主要有几种？这些数据来源在统计分析中的优缺点是什么？
7. 试采集资金流量表数据分析 1992 年以来中国国民收入主体分配格局的变化，并思考其形成原因。
8. 中国 GDP 中劳动（者）报酬指标的核算口径发生过哪些变动？这些变动的具体内容是什么？
9. 简述基尼系数的经济含义与计算方法。
10. 试采集某一年份数据计算中国的城镇基尼系数、农村基尼系数及全国基尼系数。
11. 除基尼系数外，测定个人收入不平等的方法还有哪些？
12. 如何来评价不平等测度指标的优劣？良好的不平等指标需要满足哪些公理化性质？
13. 简述城乡住户调查一体化改革前后城乡居民收入形成的差异。

第五章 消费与投资统计分析

使用是国民经济循环过程的最后一个环节。就去向而言,国民经济使用包括消费、投资和出口三个方面,其中,前两者共同组成了国内使用(需求)。作为国内需求的重要组成部分,消费与投资在国民经济中发挥着各自不同的作用,有着各自不同的决定机制。与很多国家相比,改革开放以来中国的消费率在不断走低,投资率在持续攀升。因此,有必要开展消费和投资统计分析。

本章首先阐述了消费和投资的含义、决定理论和相关统计分析方法,然后分别结合现实数据,对中国消费和投资问题进行实证统计分析,以揭示中国低消费和高投资背后的发生逻辑、统计机制和结构问题。

第一节 消费统计分析理论与方法

一直以来,消费尤其是居民消费是主流经济学家和各国政府关注的重要议题。从宏观层面来看,消费是构成一个国家国内需求的主体部分和核心部分,也是经济增长的重要推动力量;从微观层面来说,居民消费水平的高低密切决定着每个家庭的幸福程度,进而决定一个国家民生幸福的实现程度。因此,有必要对消费进行统计分析。

一、消费的基本含义

消费指的是使用货物和服务来满足各住户或全社会物质、文化和精神生活的需要。按照本质内容的不同,SNA2008将消费区分为两种形式:中间消耗和最终消费。中间消耗是指在核算期内的生产过程中耗尽的货物和服务;最终消费是指核算期内各住户或全社会为满足他们个人或公共需要或需求而使用的货物或服务。二者的差别在于:前者是出于生产目的,后者是出于个人或公共需要或需求。

由于最终消费货物服务在发生形式上有支出和获得的差别,因此,SNA中的最终消费有两种记录形式,最终消费支出和实际最终消费。两种核算指标的区别在于:最终消费支出是以货物和服务的应收应付行为发生为标准,反映的是购买者购买货物和服务时向出售者支付或同意支付的价值;实际最终消费是以货物的实际获得和服务的提高完成为标准,指的是实际获得的货物与服务的价值。在大多数情况下,货物和服务消费的支出者也就是获得者,但在某些情况下二者并不一致。例如,住户会自动享受公共管理和安全保障等公共服务,而无需采取任何支付行动,这部分支出是由政府以税收或其他财政收入来支付。因此,最终消费支出与实际最终消费不一定完全相等,两者之差等于实物社会转移。但是,从国民经济整体来看,最终消费支出与实际最终消费在总量上是相等的。

在 SNA 中,国民经济核算中的消费概念指的是进入国民经济最终使用阶段的用于国民生活的最终消费,本章将研究的消费也是如此,中间消耗等其他消费概念不在本章分析范围之列。同时,通过最终消费支出与实际最终消费的区分可以看出,从概念对应上讲,最终消费支出对应的是可支配收入,实际最终消费支出对应的是经实物社会转移调整后的可支配收入。这在后续的消费和收入关系统计分析中应该注意。

二、消费函数理论

影响消费尤其是居民消费的因素很多,包括收入、利率、习惯等。经济学家们时常把消费和收入联系在一起,通过建立消费与收入之间的函数关系,揭示消费支出与收入之间的相互影响。消费函数最先由凯恩斯提出,之后消费函数理论大致经历了三个阶段:

第一阶段是从 20 世纪 30 年代中期到 50 年代中期。这一时期消费函数仅是在确定性条件下研究现期消费与收入之间的关系,其代表有绝对收入假说与相对收入假说。

第二阶段是 20 世纪 50 年代中期到 70 年代中期。这一时期的消费函数开始考虑预期情形,研究消费与现期收入和预期收入之间关系,比较有代表性的理论有持久收入假说与生命周期假说。

第三阶段是 20 世纪 70 年代后期至今。这一时期的消费函数理论既考虑了预期收入,又考虑了不确定性,代表性的理论是理性预期假说、预防性储蓄假说和流动性约束假说。

下面将依次介绍这些代表性的消费函数理论。

(一)确定性条件下的消费函数理论

1. 绝对收入假说

绝对收入假说由凯恩斯提出,认为决定消费的主要因素是现期收入(可支配收入),首次将消费与收入联系起来,在绝对收入假设基础上提出了其消费函数理论。他假定:现期实际消费是现期绝对实际收入的函数,即有:

$$C_t = a + bY_t \tag{5.1.1}$$

式中,C_t 表示现期实际消费,Y_t 表示现期绝对实际收入,a 表示自发性消费,即短期内无论个人有无收入都要消费,b 表示边际消费倾向。边际消费倾向 b 是小于 1 的正数,且递减,凯恩斯把这作为一条基本的消费心理法则。

平均消费倾向是消费占收入的比重,公式为:

$$APC = \frac{C_t}{Y_t} = \frac{a}{Y_t} + b \tag{5.1.2}$$

由于 $a > 0, Y_t > 0$,所以 $b < APC$,即边际消费倾向小于平均消费倾向,同时,平均消费倾向同边际消费倾向一样是递减的(见图 5—1)。但该结论与库兹涅兹实证研究的结论不一致。库兹涅兹对 1869—1938 年的资料进行回归分析后发现,长期内自发性消费为零,边际消费倾向与平均消费倾向相等。这种短期消费函数和长期消费函数表现出来的差异被称为"消费函数之谜"。消费函数之谜直接推动了后续的消费函数理论发展。

2. 相对收入假说

杜森贝利对凯恩斯消费函数的消费者行为的假设做出修改,其认为消费者的偏好是相互影响的且消费者的消费行为是不可逆的,在此基础上提出相对收入假说。该假说认为,消费者消费支出的变动不仅受其自身收入的影响,而且也受到周围人的消费行为及收入与消费间关系的

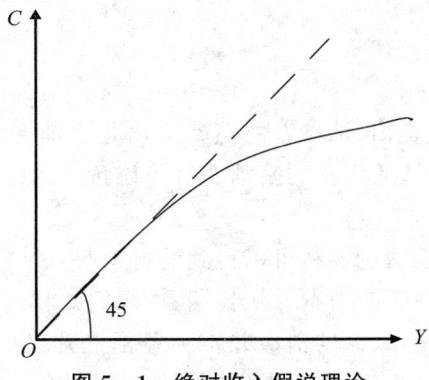

图 5-1 绝对收入假说理论

影响,不同消费者之间的收入与消费支出会相互作用,从而消费具有示范效应(攀附性):

$$\frac{C_i}{Y_i}=a_1+b_1\bar{Y}/Y_i \tag{5.1.3}$$

式中,$\bar{Y}=\sum Y_i/n$ 是消费者所在团体的平均收入,C 是现期不同家庭的消费水平,Y 是现期不同家庭的绝对收入水平。

该假说还认为,消费支出不仅受到当前收入的影响,还受到过去的消费水平或收入水平的影响,特别是过去"高峰"收入和消费水平的影响,从而消费具有棘轮效应(不可逆性):

$$\frac{C_t}{Y_t}=a_2+b_2 C_0/Y_t \tag{5.1.4}$$

式中,C_t 是现期的消费水平,Y_t 是现期的绝对收入水平,C_0 是过去的消费支出。两种效应的示意图如 5-2 所示。

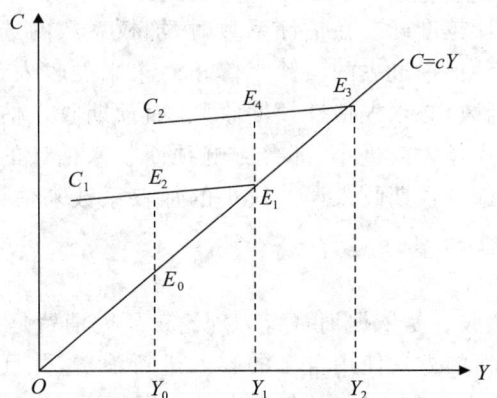

图 5-2 相对收入假说的棘轮效应与示范效应

相对收入假说的消费函数可以简化为下式:

$$C_t=a_0+b_1 Y_t+b_2 C_{t-1} \tag{5.1.5}$$

式中,C_t 为现期消费支出,C_{t-1} 为上期的消费支出,Y_t 为现期收入,a_0 为自发消费,b_1 为边际消费倾向,b_2 为本期与上期的消费比例。

消费相对收入假说中棘轮效应的存在证明了长期中平均消费倾向的稳定性,解释了消费函数之谜;示范效应的存在解释了人们消费行为的相互影响的事实。但是,因为从短期来看,消费随着收入的变动而变动。而假说强调的消费不对称性却不能令人信服,难以解释短期中消费波动的原因。

(二)预期条件下的消费函数理论

1. 持久收入假说

持久收入假说由弗里德曼提出,消费者的消费支出是由消费者的持久收入决定的,而不是由他人现期收入决定的。而持久收入指的是消费者可以预计到的长期收入,也就是消费者一生中可得到的收入的平均值。

弗里德曼认为,收入分为消费者预料可以得到的持久收入与偶然性的暂时收入两部分。相应的,消费也分为永久性消费与暂时消费。从长期看,人们的收入水平是稳定的,在某一阶段会出现绝对收入上升的现象,但是,人们的消费并不会急剧上升,他们会考虑未来的收入状况,最终的边际消费倾向会维持在平均水平上。人们的消费是持久收入的稳定函数,暂时收入只有变得持久稳定时,才会影响人们的消费。持久收入假说的基本内容可以用三个方程式表示:

$$C^P = k(i,w,u)Y^P \tag{5.1.6}$$

$$Y = Y^P + Y^T \tag{5.1.7}$$

$$C = C^P + C^T \tag{5.1.8}$$

式(5.1.6)表明持久消费是持久收入的函数,并且二者之间的比例系数受到利率 i、财富占收入的比例 w 和积累财富的其他因素 u 的影响。P 表示持久,T 表示暂时。

预期持久收入常被认为是现期和上期收入的加权平均值:

$$Y_t^P = Y_{t-1} + \theta(Y_t - Y_{t-1}) = \theta Y_t + (1-\theta)Y_{t-1}, 0 < \theta < 1 \tag{5.1.9}$$

式中,Y_t^P 是现期持久收入的预期,Y_t 为现期收入,Y_{t-1} 为上期收入,θ 是加权系数。我们可以使用迭代的方法,用更多年份的收入和现期收入来估计:

$$Y_t^P = Y_{t-1} + \theta(1-\theta)Y_{t-2} + \theta(1-\theta)^2 Y_{t-3} + \cdots + \theta(1-\theta)^t Y_1 + (1-\theta)Y_0 \tag{5.1.10}$$

式(5.1.10)表明,离现期越近的年份加权系数越大,离现期越远的年份加权系数越小,而且包含以前年份越多,持久收入估计越准确。在估计系数时,加权系数的选择取决于人们对预期的重视程度。弗里德曼认为,这种根据过去的经验来修正对未来的收入预期一般叫做适应性预期。要估计持久收入假说消费函数,必须先估计预期收入,而预期收入估计的难点在于加权系数的选择难以把握,加权系数选择过大或过小,都会影响预期收入估计的准确性。通常的做法是选择多个加权系数试算,然后选择预期收入误差较小的加权系数来估计预期收入,进而估计持久收入假说的消费函数。

2. 生命周期假说

莫迪利安尼的生命周期假说是依据消费行为理论来研究消费是如何被决定的,认为消费者是具有理性的,能以合乎理性的方式使用自己的收入进行消费,并且消费者行为的唯一目标是实现效用最大化。该假说的中心观点认为,每个人都根据他自己一生的全部预期收入来安排他的消费支出,各家庭在每一时点的消费和储蓄决策都反映了该家庭谋求在生命周期内达到消费的理想分布,而各个家庭的消费要受制于该家庭在其整个生命周期内所获的总收入。生命周期假说的居民家庭消费函数为:

$$C = aWR + bYL \tag{5.1.11}$$

式中,C 是居民家庭的消费,WR 是财产性收入,YL 是劳动收入。个人函数说明,人们的消费取决于财产性收入和劳动收入,但是这种收入不是现期收入,而是一生的总收入。

生命周期理论能够说明长期消费函数的稳定性和短期消费波动的原因,包括理论分析、经验验证和政策含义,具有较强的说服力。但是构建生命周期假说消费函数有一定的难度,因为财产收入难以取得全面的较为准确的统计数据,而且未来预期收入更是难以准确估计。

(三)不确定性条件下的消费函数理论

1. 霍尔的理性预期假说

霍尔的理性预期消费函数采用了二次型效用函数,提出了随机游走假说,一个永久生存的典型消费者,追求的是预期效用最大化时消费决策。霍尔认为,根据理性预期,按照寻找效用最大化的消费者的消费轨迹时一个随机游走过程,即除了本期消费,任何变量都对预期下期消费没有帮助。函数表达式为

$$C_{t+1} = C_t + \varepsilon_t \tag{5.1.12}$$

式中,C_{t+1} 和 C_t 分别是下期消费和本期消费,ε_t 为不可预测的误差。上式说明消费是一个随机游走过程,收入的变化不能预测消费的变化。

与持久收入假说和生命周期假说相比,随机游走假说关于消费与储蓄的观点与前两者完全不同,而且该假说与现实现象明显不符。此后,不少学者运用计量模型进行了大量的实证研究,进一步推动了消费函数理论的发展。

2. 预防性储蓄假说

预防性储蓄是指风险厌恶的消费者为预防未来的不确定性导致的消费水平的急剧下降而进行的储蓄。许多学者用了不同的方法对预防性储蓄假说进行了研究,但是由于收入不确定性的理解不同,研究与计量的方法也不尽相同,观点也因此有着很大差异。该假说主要研究两个问题:一是收入的不确定性对预防性储蓄行为是否有影响;二是预防性储蓄的程度有多大。其中影响最大的是扎德斯的预防性储蓄模型。

考虑一个具有相对风险厌恶的效用方程的消费者,假设他可以存活多期,并且追求一生中的消费效用最大化。不确定性的来源是外生的未来劳动收入,且分为了两个部分:随机游走的永久性部分和暂时性部分。消费者会在每一个时期选择合适的消费使总预期效用最大化。即:

$$\max E_t \sigma \sum_{i=0}^{T-1} \left(\frac{1}{1+\delta}\right)^j U(C_{t+j}) \tag{5.1.13}$$

$$\text{s. t. } W_{t+1} = (W_t - C_t)(1+R) + Y_{t+1}$$

$$W_t \geqslant C_t$$

$$C_t \geqslant 0 \tag{5.1.14}$$

$$T < \infty$$

式中,W_t 表示 t 期金融财富(已经收到收入但是还没有消费),R 表示 t 期与 $t+1$ 期之间的真实利率,Y_t 是 t 期的劳动收入,C_t 是 t 期的消费,E_t 是基于 t 期信息条件下的期望,U 是一期效用方程,T 是非随机的死亡日期。

由上述模型可得如下的结论:如果没有收入的不确定性,人们的消费会更多;那些相对于预期的将来收入拥有较低当前水平的人,其收入的暂时性变化的边际消费倾向要大于其他人;具有风险厌恶效用的理性人对暂时收入过度敏感,储蓄"太多",并具有较高的消费增长率。

3. 流动性约束假说

流动性约束又被称为信贷约束,是指居民从金融机构以及非金融机构和个人取得贷款以满足消费时所受到的限制。实际上,没有储蓄,消费的未来收入是难以实现的,也就是说,借贷是受到约束的。流动性约束假说的主要观点是:由于信息不完全、不对称,信贷市场的不健全,居民难以无成本的自由借贷以满足当期消费,消费者也难以平滑其一生的消费。

流动性约束可能由两个途径降低消费水平:其一,当前的流动性约束会使一个人的消费比

他想要的消费要少,因为他难以通过借贷来增加当期消费;当消费者处于低收入阶段时,即便他有预期的未来高收入,但是因为他借不到钱,所以只能进行低消费,消费者提高消费水平的唯一途径是自己积累财富或者等待高收入时期的到来;其二,预期未来可能发生流动性约束同样会降低现期消费。如果存在流动性约束,那么收入下降必定会引起消费下降,除非有着非常充裕的储蓄。

上述消费函数理论假说均起源于西方国家,在移植到中国及其他发展中国家的过程中可能会出现"水土不服",市场环境、经济发展水平以及人口特点等方面都与相关理论假设南辕北辙。城乡二元经济结构的格局与区域经济的非均衡发展决定了中国居民消费的多层次板块性特征,社会的快速转型与经济的快速转轨又决定了居民消费水平、结构与行为的持续不稳定性。因此,研究当前的中国消费函数问题,不能采取简单的"拿来主义",比如把研究城镇居民的模型与方法不加分析地用在农村居民消费函数的研究上;又不能固守传统的研究路径。要坚持实事求是、问题意识,坚持分城乡、分阶段、分地区、分类别的原则开展中国消费函数问题研究。

三、消费基本面统计分析

(一)消费规模分析

目前在中国的统计体系中,有两种核算消费总量的指标:最终消费支出与社会消费品零售总额。

最终消费支出是指常住单位为满足物质、文化和精神生活的需要,从本国经济领土和国外购买的货物和服务的价值。最终消费支出还可以进一步分为居民消费支出与政府消费支出。其中,居民消费支出是指常住住户在一定时期内对于货物和服务的全部最终消费支出。不仅包括直接以货币形式购买的货物和服务的消费支出,还包括以其他方式获得的货物和服务的消费支出,也就是虚拟消费支出。虚拟消费支出具体包括单位以实物报酬及实物转移的形式提供给居民的货物和服务;住户生产并由本住户消费了的货物和服务,其中,服务仅指住户的自有住房服务和付酬的家庭雇员提供的家庭和个人服务;金融机构提供的金融中介服务;保险机构提供的保险服务。居民消费支出又可以分为农村居民消费支出和城镇居民消费支出。政府消费支出是指政府部门为全社会提供的公共服务的消费支出和免费(或以较低的价格)向居民提供的货物和服务支出,前者等于政府服务的产出价值减去政府单位所获得的经营收入的价值,后者等于政府部门免费或以较低价格向居民住户提供的货物和服务的市场价值减去住户收取的价值。政府消费支出主要包括行政管理、卫生文教、国防支出等。

社会消费品零售总额是指企业(单位、个体户)通过交易直接销售给个人、社会集团非生产、非经营用的实物商品金额,以及提供餐饮服务所取得的收入金额。个人包括城乡居民和入境人员,社会集团包括机关、社会团体、部队、学校、企事业单位、居委会或村委会等。社会消费品零售总额是国民经济各行业直接出售给城乡居民和社会集团的消费品总额,它反映的是各行业通过多种商品流通渠道向居民和社会集团供应的生活消费品总量,是反映社会消费总需求和国内零售市场变动情况的重要指标。

社会消费品零售总额与最终消费支出区别体现在以下几点:(1)社会消费品零售额不是完整意义上的消费指标。它包括销售给居民的零售额和销售给社会集团的零售额。销售给居民的零售额指的是销售给城乡居民用于生活消费的商品金额,但是它也包括销售给城乡居民建房用的建筑材料。销售给社会集团的零售额指的是公款购买的用作非生产、非经营用与公共消费的商品金额。其中有一些商品(如电讯、取暖设备、交通工具)可能用于投资。

(2)社会消费品零售额不涉及非物质性服务,例如教育服务、医疗服务、文化艺术服务、娱乐服务,而最终消费包括对这些非物质性服务的消费。(3)社会消费品零售额不涉及农民自产自用的农牧产品,而最终消费则包括对这些产品的消费。所以,虽然社会消费品零售额与最终消费之间具有较强的相关性,但两者之间的确存在明显的区别,利用前者代替后者,必然会产生误差。

最终消费支出更接近于本章所界定的消费概念,社会零售品消费总额则是不完全消费的概念。

(二)消费水平分析

在消费水平分析中常见的分析指标有:消费率、平均消费倾向和边际消费倾向。

1.(最终)消费率

消费率,也称最终消费率,是指国民经济核算中的最终消费支出占支出法 GDP 的比率,是国民的一般消费水平或一般消费需求水平。

$$最终消费率 = 最终消费支出/支出法 GDP \tag{5.1.15}$$

图 5-3 给出了中国改革开放以来最终消费率的情况,可以看出最终消费率总体呈现出下降的趋势。但其中有 4 次明显的上升时期,分别是 1978—1982 年、1988—1989 年、1992—2000 年以及 2010 年之后。可见中国的消费率一直是升降交替。21 世纪的第一个 10 年内,中国的最终消费率下降了大约 15 个百分点。

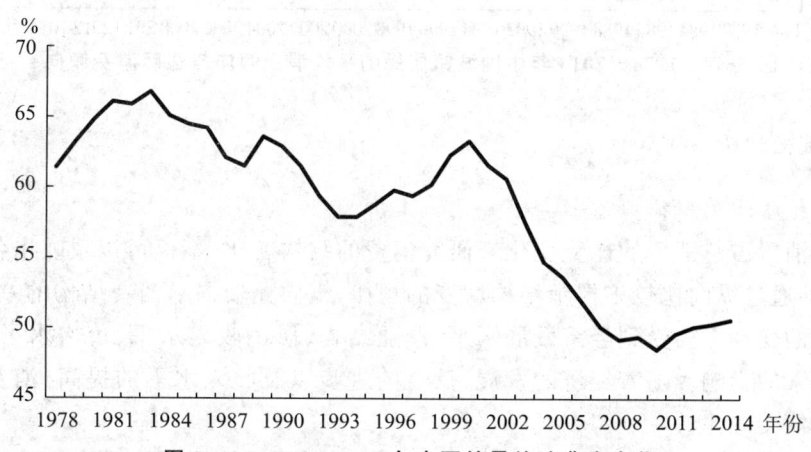

图 5-3　1978—2015 年中国的最终消费率变化

数据来源:国家统计局数据库。

2. 平均消费倾向和边际消费倾向

平均消费倾向是指居民家庭人均消费性支出占人均可支配收入的比率,是与平均储蓄倾向相对应的指标,反映的是消费占居民家庭人均可支配收入比例的高低。一般来说,居民平均消费倾向越高,消费意愿越强,相应的平均储蓄倾向越低,二者成反比。

$$平均消费倾向 = 人均消费性支出/人均可支配收入$$
$$= 1 - 平均储蓄倾向 \tag{5.1.16}$$

边际消费倾向是指消费的增量和可支配收入增量的比率,反映居民家庭人均可支配收入每增加一个单位,人均消费性支出可增加多少个单位。边际消费倾向与边际储蓄倾向成反比,边际消费倾向越高,边际储蓄倾向越低;反之,边际储蓄倾向越高。

$$\text{边际消费倾向} = \text{人均消费性支出增量}/\text{人均可支配收入增量}$$
$$= 1 - \text{边际储蓄倾向} \tag{5.1.17}$$

在一定的时期内,平均消费倾向与边际消费倾向会随着收入的增加呈现出递减的趋势,但是从较长期来看,平均消费倾向与边际消费倾向的变动具有阶段性或周期波动性的特征。

图5-4是1978—2014年中国城镇居民的平均消费倾向与边际消费倾向。可以看出平均消费倾向大致呈现出平稳的态势,一直维持在0.8-1的水平,而且近几年缓慢下降的趋势十分明显;而边际消费倾向则存在一个大幅度震荡的趋势,变化较大。

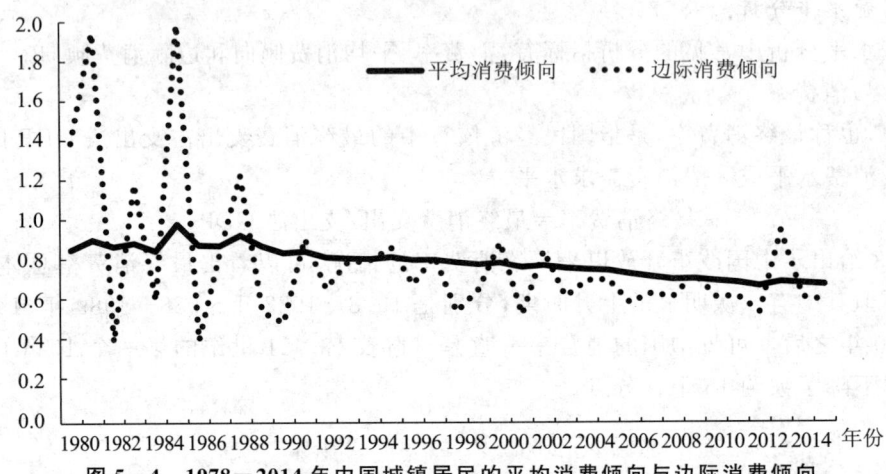

图5-4 1978—2014年中国城镇居民的平均消费倾向与边际消费倾向

四、消费结构分析

(一)消费结构演化规律

计算各类消费占总消费的比重变化来研究消费的结构变化,不仅可以反映出各类消费分布的特征,还能够通过纵向比较来揭示结构演变的规律,横向比较揭示消费结构的差异性。

消费结构的变动主要受到经济发展水平、产业结构、居民收入水平、价格水平、消费观念与习惯等多种因素的影响。随着经济的发展、社会的进步以及收入水平的提高,消费结构大都会呈现出如下的演变规律。

从生存、享受与发展的角度来看,生存型消费所占比重会出现下降趋势,而享受型和发展型消费所占比重会呈现上升的趋势。随着经济的发展与人们生活水平的提高,人们在满足最基本生活需要的生存型消费需求之后,会逐渐向享受型消费与发展型消费发展,以让人们生活更加美好,发展更为全面,素质更加提高,消费结构中生存型消费所占比重下降,享受型与发展型消费比重上升。

从实物消费与服务消费的角度来看,实物消费比重趋于下降,而服务产品所占的比重趋于上升。随着社会科技的进步,实物产品的生产率不断提高,实物产品极大丰富,产品价格下降,实物产品消费的比重会不断下降,服务消费随之上升。

从衣食住行角度来看,食在消费结构中所占的比重会逐步下降,而其他消费所占的比重会逐步上升,即恩格尔系数下降。食品消费是人类生活最基础的、需要最先得到满足的消费内容,它对于收入和消费总量的变动呈现出明显刚性,且其变动速度总是慢于收入和消费总量的变动速度,随着居民收入水平与消费水平的提高。

(二)消费结构分析

消费结构分析有许多视角,这里仅介绍其中的一部分,主要包括:最终消费主体结构分析、居民消费城乡结构分析、居民消费用途结构分析。

1. 最终消费主体结构分析

最终消费主体结构分析是从国内生产总值中最终使用的角度出发,分析居民消费与政府消费之间的比例关系与变动趋势,以及居民消费率与政府消费率两个指标。居民消费率是指居民消费占支出法 GDP 的比例,政府消费率是指政府消费在支出法 GDP 中所占的比例。图 5-5 展示了中国居民消费与政府消费之间的比例关系。可以看出,二者在最终消费支出中所占的比例较为平稳,没有出现大的波动。居民消费在最终消费支出所占的比例始终保持在 70% 以上。图 5-6 展示了中国的居民消费率与政府消费率变动趋势。政府消费率十分稳定,维持在 0.13—0.15 的水平。变化较大的是居民消费率,变化趋势基本与中国最终消费率的变化趋势一致。联系居民消费在最终消费中所占的比例,可以认为居民消费的波动是中国最终消费波动的主要原因。

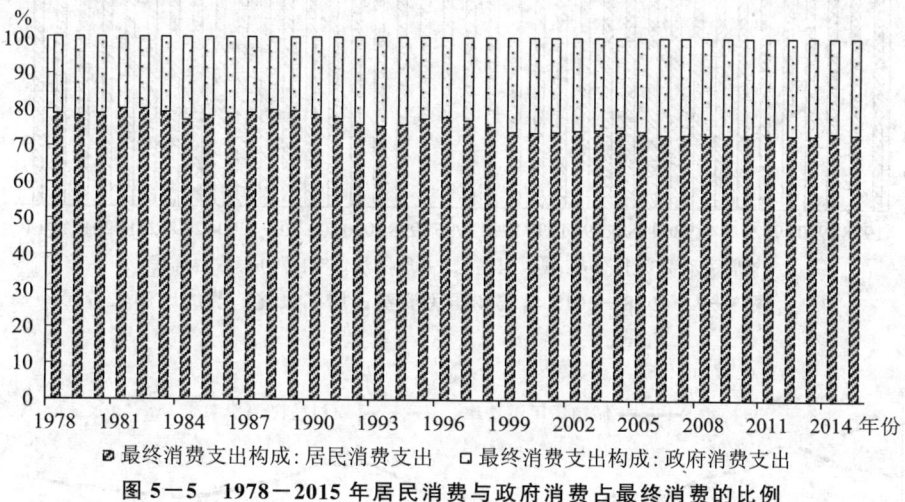

图 5-5 1978-2015 年居民消费与政府消费占最终消费的比例

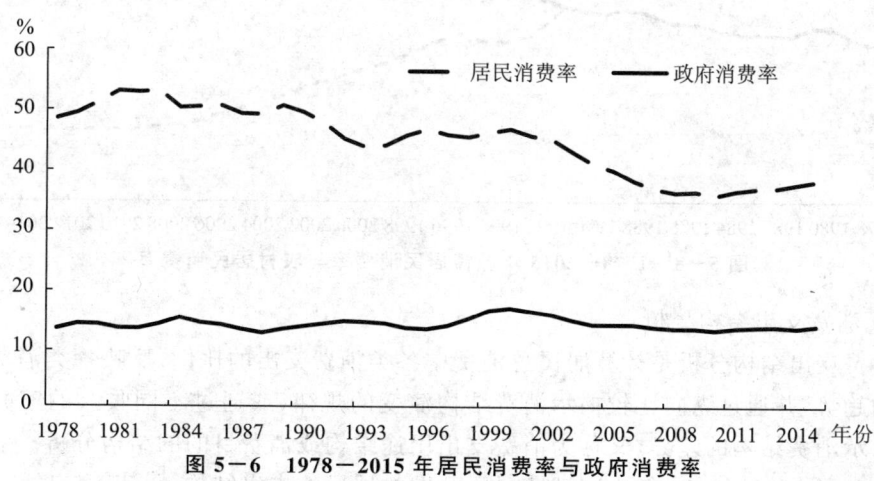

图 5-6 1978-2015 年居民消费率与政府消费率

2. 居民消费城乡结构分析

居民消费城乡结构分析关注的是城镇居民消费与农村居民消费之间比例关系与变动趋势,

以及城镇居民消费率与农村居民消费率两个指标,分别等于各自的最终消费支出除以支出法GDP。图5—7是中国1978—2015年城乡居民消费占最终消费的比例。可以看出,城镇居民消费在居民消费所占比例在改革开放后快速提升,从1978年不到40%,上升到了2015年接近80%的水平。而且从图5—8可以看出城镇居民消费率也在改革开放后迅速上升,农村居民消费率却呈现出下降的态势,故居民消费率主要受城镇居民消费率的影响。城镇居民消费在居民消费中的比例从1978年之后一直呈现出上升的态势,而农村居民消费所占比例一直在下降。出现这种现象主要有两方面的原因:一方面,中国城乡人口结构的变化,城镇人口呈现不断增加的趋势;另一方面就是城乡收入差距拉大。

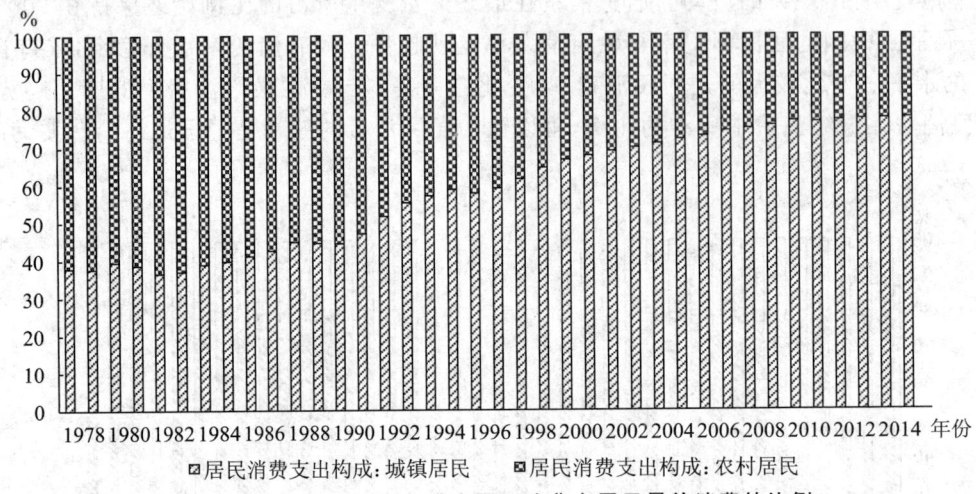

图5—7 1978—2015年城乡居民消费占居民最终消费的比例

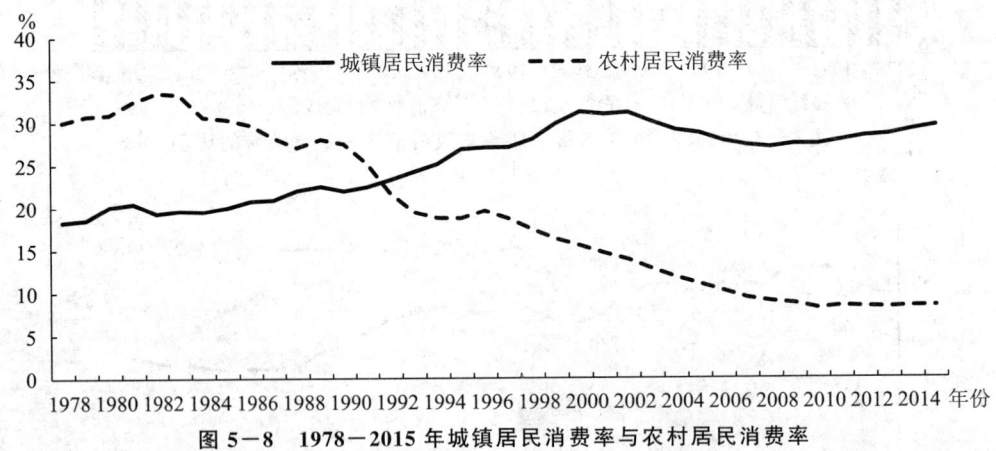

图5—8 1978—2015年城镇居民消费率与农村居民消费率

3. 居民消费支出结构分析

居民消费支出结构分析是计算居民总消费中各类消费支出的比例,反映各类消费分布的特征以及变动趋势,并通过纵向比较揭示消费结构演变的规律,或通过不同收入的家庭消费结构的比较来揭示消费结构的差异,又称为消费支出用途结构或消费目的结构分析。

我们整理了1992—2014年中国城镇居民和农村居民的支出结构,见表5—1和表5—2,绘制了其中的恩格尔系数与收入关系的散点图,见图5—9和图5—10。

表 5—1 1992—2014年中国城镇居民消费支出结构　　　　　　　　　　　单位:%

年份	食品	衣着	家庭设备用品及服务	医疗保健	交通和通信	教育文化娱乐服务	居住	杂项商品与服务
1992	52.9	14.1	8.4	2.5	2.6	8.8	6.0	4.7
1993	50.1	14.2	8.8	2.7	3.8	9.2	6.6	4.5
1994	49.9	13.7	8.8	2.9	4.7	8.8	6.8	4.5
1995	50.1	13.5	7.4	3.1	5.2	9.4	8.0	3.2
1996	48.6	13.5	7.6	3.7	5.1	9.6	7.7	4.3
1997	46.4	12.4	7.6	4.3	5.6	10.7	8.6	4.4
1998	44.5	11.1	8.2	4.7	5.9	11.5	9.4	4.5
1999	41.9	10.5	8.6	5.3	6.7	12.3	9.8	5.0
2000	39.4	10.0	7.5	6.4	8.5	13.4	11.3	3.4
2001	38.2	10.1	7.1	6.5	9.3	13.9	11.5	3.5
2002	37.7	9.8	6.4	7.1	10.4	15.0	10.4	3.2
2003	37.1	9.8	6.3	7.3	11.1	14.4	10.7	3.3
2004	37.7	9.6	5.7	7.4	11.7	14.4	10.2	3.3
2005	36.7	10.1	5.6	7.6	12.5	13.8	10.2	3.5
2006	35.8	10.4	5.7	7.1	13.2	13.8	10.4	3.6
2007	36.3	10.4	6.0	7.0	13.6	13.3	9.8	3.6
2008	37.9	10.4	6.2	7.0	12.6	12.1	10.2	3.7
2009	36.5	10.5	6.4	7.0	13.7	12.0	10.0	3.9
2010	35.7	10.7	6.7	6.5	14.7	12.1	9.9	3.7
2011	36.3	11.0	6.7	6.4	14.2	12.2	9.3	3.8
2012	36.2	10.9	6.7	6.4	14.7	12.2	8.9	3.9
2013	30.1	8.4	6.1	6.1	12.5	10.8	23.3	2.7
2014	30.0	8.1	6.2	6.5	13.2	10.7	22.5	2.7

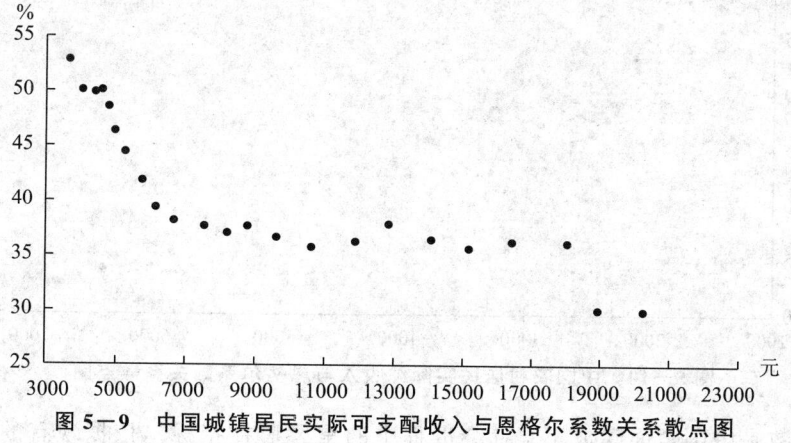

图5—9 中国城镇居民实际可支配收入与恩格尔系数关系散点图

表 5－2　1992－2014 年中国农村居民消费支出结构　　单位：%

年份	食品	衣着	居住	家庭设备及服务	医疗保健	交通和通信	文教、娱乐用品及服务	其他商品及服务
1992	57.6	8.0	15.9	5.6	3.7	1.9	6.6	3.7
1993	58.0	7.2	13.9	5.8	3.5	2.3	7.6	3.5
1994	58.9	6.9	14.0	5.5	3.2	2.4	7.4	3.2
1995	58.6	6.9	13.9	5.2	3.2	2.6	7.8	3.2
1996	56.3	7.2	13.9	5.4	3.7	3.0	8.4	3.7
1997	55.1	6.8	14.4	5.3	3.9	3.3	9.2	3.9
1998	53.4	6.2	15.1	5.1	4.3	3.8	10.0	4.3
1999	52.6	5.8	14.8	5.2	4.4	4.4	10.7	4.4
2000	49.1	5.7	15.5	4.5	5.2	5.6	11.2	5.2
2001	47.7	5.7	16.0	4.4	5.5	6.3	11.1	5.5
2002	46.3	5.7	16.4	4.4	5.7	7.0	11.5	5.7
2003	45.6	5.7	15.9	4.2	6.0	8.4	12.1	6.0
2004	47.2	5.5	14.8	4.1	6.0	8.8	11.3	6.0
2005	45.5	5.8	14.5	4.4	6.6	9.6	11.6	6.6
2006	43.0	5.9	16.6	4.5	6.8	10.2	10.8	6.8
2007	43.1	6.0	17.8	4.6	6.5	10.2	9.5	6.5
2008	43.7	5.8	18.5	4.8	6.7	9.8	8.6	6.7
2009	41.0	5.8	20.2	5.1	7.2	10.1	8.5	7.2
2010	41.1	6.0	19.1	5.3	7.4	10.5	8.4	7.4
2011	40.4	6.5	18.4	5.9	8.4	10.5	7.6	8.4
2012	39.3	6.7	18.4	5.8	8.7	11.0	7.5	8.7
2013	34.1	6.1	21.1	6.1	8.9	11.7	10.1	1.9
2014	33.6	6.1	21.0	6.0	9.0	12.1	10.3	1.9

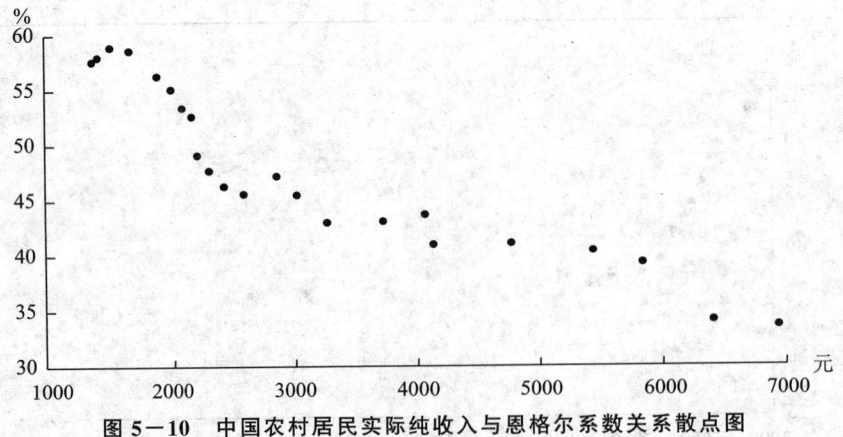

图 5－10　中国农村居民实际纯收入与恩格尔系数关系散点图

恩格尔系数是中国全面建成小康社会进程中的重要监控指标。依据现有的恩格尔系数核算指标,随城乡人均可支配收入的增加,1992—2014年中国城镇居民食品消费支出份额即恩格尔系数由52.9%下降至30.0%,而农村居民恩格尔系数由1992年的57.6%下降到2014年的33.6%。从城乡来看,收入口径、消费习惯、消费结构、福利补贴等情况差异,造成在相同收入数值的城乡恩格尔系数的不可比;从时间进程看,中国教育医疗住房体制改革也导致相关支出的变动性较大,从而导致了恩格尔系数的变化产生某些突变现象,影响了恩格尔系数在时间上的可比性。

五、消费宏观效果分析

消费宏观效果分析通常包括消费需求GDP弹性、消费贡献率、消费拉动率等指标。

(一)消费需求GDP弹性

消费需求GDP弹性是指一定时期的消费增长率与GDP增长率之比,以说明GDP每增加1%,相应的消费能增加百分之几,考察的是同一时期消费增长与经济增长之间的数量关系及变动,是分析消费增长与经济增长的比例关系的重要指标。消费的GDP弹性系数等于1,消费与GDP同步增长;小于1,消费增长慢于GDP的增长;大于1,消费快于GDP增长。消费的GDP弹性系数的计算公式为:

$$消费需求GDP弹性 = 消费增长率 / GDP增长率 \tag{5.1.18}$$

图5—11是我们依据式(5.1.18)测算的1978—2014年中国消费对GDP的弹性系数,可以看出尽管弹性系数波动幅度较大,但还是在1的水平上下震荡,表明消费与GDP基本同步增长。

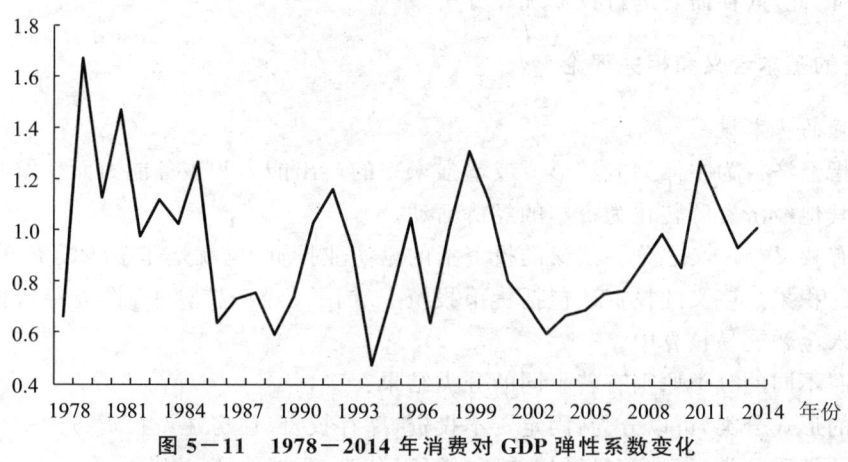

图5—11 1978—2014年消费对GDP弹性系数变化

(二)消费贡献率

消费贡献率是指一定时期内消费增量与同期GDP增量之比,反映同一时期消费增长对经济增长的贡献作用。消费贡献率越大,说明消费对GDP增长的贡献越大。

$$消费贡献率 = 消费增量 / GDP增量 \tag{5.1.19}$$

(三)消费拉动率

消费拉动率是指消费贡献率与GDP增长率的乘积,反映某一时期消费增长对GDP增长的拉动作用。消费拉动率越大,消费增长对GDP增长的拉动作用越大。

$$消费拉动率 = 消费贡献率 \times GDP增长率$$
$$= 消费增量 \times GDP \tag{5.1.20}$$

图 5—12 是中国 1978—2014 年消费对 GDP 增长的贡献率与拉动率。可以看出消费贡献率和消费拉动率呈现出震荡的趋势。而且二者基本呈现出相同的变化趋势。

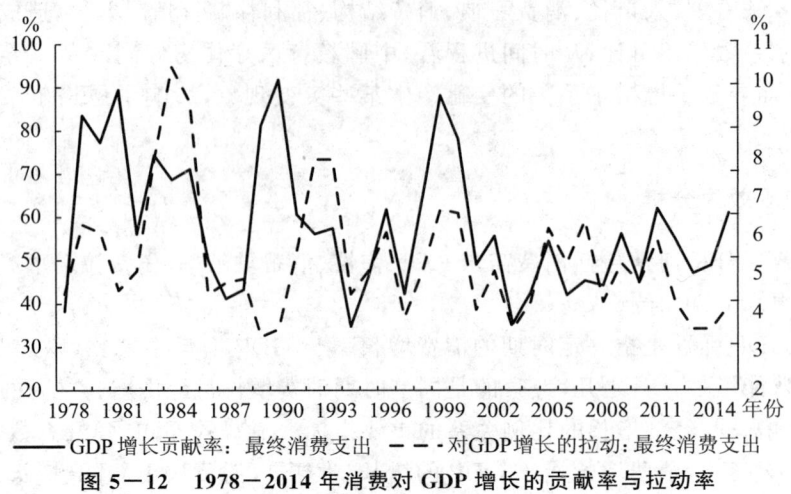

图 5—12　1978—2014 年消费对 GDP 增长的贡献率与拉动率

第二节　投资统计分析理论与方法

与消费类似，投资同样是构成一个国家国内需求的主体部分和核心部分，是经济增长的重要驱动力量，因此，同样需要进行投资统计分析。

一、投资的基本含义和相关理论

（一）投资的基本概念

投资是指经济行为主体为能够形成或增强未来的产出能力和服务能力而获取收益，将一定量的货币或其他经济资源转化为资本的经济活动。

投资也有狭义与广义之分。狭义的投资指的是实业投资，也就是非金融投资——发生在非金融资产上的积累。广义的投资还包括货币投资。在国民经济核算中，投资特指狭义的投资，金融投资归入金融交易核算中。

投资按照不同的分类原则有着不同的分类结果：

按投资的形式分类，可以分为：固定资本投资、库存投资、住房建设投资；

按投资的性质分类（资本存量增加与否），可以分为：重置投资、净投资；

按投资的用途分类，可以分为：生产性投资、非生产性投资；

按投资主体分类，可以分为：政府投资、企业投资、个人投资，其中政府投资又可以细分为中央政府投资与地方政府投资。

（二）投资的决定因素

影响投资的因素主要有四个方面：国民收入水平、资本预期收益率、资本利息率、市场需求大小。

1. 国民收入水平。从宏观经济分析的角度看，一国经济发展的核心问题是资本形成问题，而资本形成的关键是国内储蓄向投资的转化，国民收入越高，储蓄水平越高，对投资也会有更大的推动作用。

2. 资本预期收益率。投资者在进行投资决策时,不仅会考虑投资收益的绝对量,也会考虑投资收益的相对量或者说是收益率,当资本预期收益率高于利息率时,投资者才会做出投资决策。

3. 资本利息率。投资与资本利息率存在负相关的关系。利息率越高,投资者的投资成本也就越大,投资者的投资意愿也会降低;反之,利息率越低,投资者的投资成本越小,投资者投资的意愿也会上升。

4. 市场需求大小。一般说来,具有强大市场需求潜力、较好投资收益的产品与行业,会吸引到较多的投资投向该产品与行业。但是,如果该产品或行业的投资规模持续扩大,就会导致该产品或行业产能过剩,投资的收益下降,投资就会撤出。

(三)投资理论

宏观经济学中的投资理论有很多,凯恩斯的投资理论、新古典投资理论都是著名的投资理论。本节只介绍托宾 q 理论与乘数—加速数理论。

1. 托宾 q 理论

托宾 q 理论是由美国经济学家詹姆斯·托宾在 1969 年提出的。如果资本是完全耐用的(资本折旧率为 0),厂商的投资水平将取决于新增资本的市场价值与重置成本之间的比率,该比率用 q 来表示:

$$q = 企业股票的市场价值/现有资本的重置成本 \tag{5.2.1}$$

现有资本的重置成本指的是企业按市场现行价格重新购置资本时所付出的成本。企业股票的市场价值是指由股票市场决定的资本价值。

新增资本的市场价值反映了公众资本获利的预期,q>1 时,表示意愿资本存量大于实际资本存量,资本在实际调整时是滞后的,企业经营者购置新的资本可以提高企业资本的市场价值,企业就会进行投资;而 q<1 时,企业就不会购置新的资本。q 可以用来衡量一项资产的市场价值是否被高估或低估。

q 理论具有新古典投资理论的色彩。若投资过程存在滞后,企业只能逐步地调整它的资本,企业在进行新资本投资的调整时期意愿资本存量和实际资本存量是不相等的,新增资本的边际收益率大于资本租用价格。在调整期间,意愿资本存量与实际资本存量之间的差额越大,租用价格与资本边际收益之差也就越大,投资也就越大。只有在调整过程全部完成时,实际的资本存量等于意愿的资本存量,资本的边际收益才会与资本的租用价格相等。由此可见,投资是新增资本的边际收益率与资本租用价格间比值的增函数。

2. 加速数模型

乘数—加速数理论由萨缪尔森提出,由两部分组成:投资乘数理论与加速数理论。投资乘数理论说明了投资变动对产量变动的影响,产量变动与投资变动的比率($\Delta Y/\Delta K$)就是投资乘数。加速数理论说明的是产量变动对投资的影响,净投资与产值增量同方向变动,表示产量变化引起投资变化的程度被称为加速数。

萨缪尔森提出的乘数—加速数模型的基本方程如下:

$$Y_t = C_t + I_t + G_t \tag{5.2.2}$$

$$C_t = bY_{t-1}, 0 < b < 1 \tag{5.2.3}$$

$$I_t = v(C_t - C_{t-1}), v > 0 \tag{5.2.4}$$

式(5.2.2)是产品市场中的均衡公式,即收入恒等式。式(5.2.3)是简单的消费函数,本期消费是上一期收入的线性函数。式(5.2.4)按加速原理依赖于本期与前期消费的改变量,其中

v 为加速数。

西方经济学家认为,在社会经济生活中,投资、收入和消费之间相互影响,相互调节,通过加速数,上升的收入和消费会引致新的投资,通过乘数,投资又使收入进一步增长,假定政府支出为固定的常量,依靠经济本身的力量自行调节,就会自发形成经济周期,经济周期中的阶段正是乘数与加速数交互作用而形成的。正是由于两种作用的相互影响,才会形成累积性的经济扩张和收缩的局面,只要政府对经济进行干预,就会改变或缓和经济波动。

二、投资基本面分析

(一)常见的投资核算指标

投资核算的指标有很多,常见的主要有投资核算指标:资本形成总额、固定资本形成总额、存货增加。

资本形成总额是指常住单位在一定时期内获得减处置的固定资产与存货的净额,国民经济核算中国内生产总值最终只用其中的一部分,即已实现的总投资。固定资本形成总额与存货增加是它的两个组成部分。

固定资本形成总额是指生产者在一定时期内获得的固定资产减处置的固定资产的价值总额。固定资产是指通过生产活动生产出来的,使用年限在一年以上、单位价值在规定标准以上的资产,不包括自然资产。

存货增加是指常住单位在一定时期内存货实物量变动的市场价值,计算方法是期末价值减去期初价值的差额,再扣除当期由于价格变动而产生的持有损益。其正值表示存货上升,负值表示存货下降。

在实际中,支出法 GDP 与中国投资统计工作中有关投资定义的不同,中国在投资统计时,对固定资产使用的是全社会固定资产投资,而不是 SNA 中的固定资本形成总额。全社会固定资产投资是以货币形式表现的在一定时期内全社会建造和购置固定资产的工作量以及与此相关的费用的总称。该指标是反映固定资产投资规模、结构和发展速度的综合性指标。

全社会固定资产投资与固定资本形成总额主要有以下几点区别:(1)全社会固定资产投资包括土地购置费、旧设备购置费、旧建筑物构筑费。这些内容并不是生产活动成果,所以不会被纳入 GDP 核算中,固定资本形成总额也就不会包括这些内容。(2)全社会固定投资不包括城镇与农村非农户 50 万元以下项目的固定资产投资,固定资产形成总额则包括这部分投资。(3)全社会固定资产投资不包括矿藏勘探、计算机软件等无形生产资产方面的支出,固定资本形成总额则包含这方面的支出。(4)全社会固定资产投资不包括房地产开发商的房屋销售收入与房屋建造投资成本之间的差额,也就是商品房销售增加增值,固定资本形成则包括这一内容。

(二)投资规模分析

投资率是指在一定时期内资本形成总额占支出法 GDP 的比重,一般按照现行价格计算,在支出法国内生产总值一定的条件下,投资率越高,总投资规模越大。计算公式为:

$$总投资率 = 资本形成总额 / 支出法 GDP \tag{5.2.5}$$

其反映的是一定时期内生产活动的最终成果用于非生产性非金融资产的比重。

图 5-13 展示的就是中国 1978—2014 年投资率指标,总体呈现出上升的态势。在 1978—1982 年、1988—1989 年、1992—2000 年以及 2010 年之后四个时期,投资率出现了下降。在 21 世纪的第一个 10 年内,投资率上升了大约 15 个百分点。

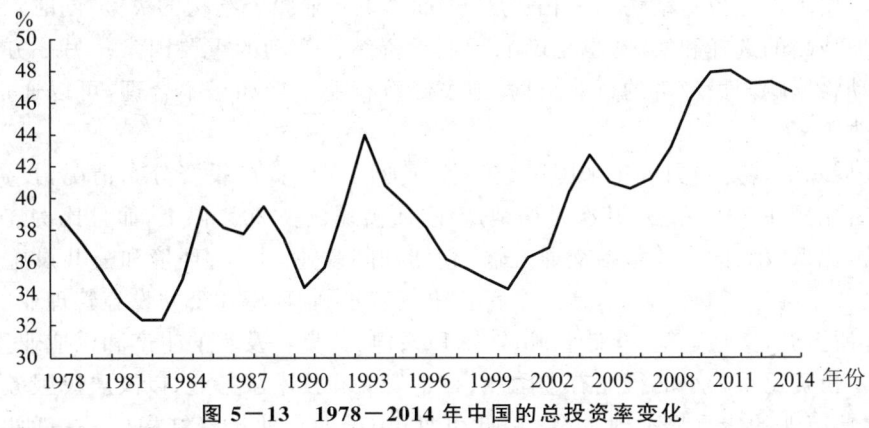

图 5—13 1978—2014 年中国的总投资率变化

三、投资结构分析

(一)投资产业结构分析

投资的产业结构是指投资在第一产业、第二产业、第三产业之间的分布特征和变动状态。投资是经济的先行指标,投资的产业结构变动将会影响国民经济的产业结构,投资的产业结构合理与否,也会影响国民经济产业结构的合理性。而国民经济产业结构不合理,则可以通过调整投资的产业结构加以优化。投资的产业结构变化通常会存在以下的趋势:随着工业化和城镇化进程加快,第二、三产业投资比重会上升,第一产业投资比重下降,进入工业化后,第二、三产业的投资会占绝大比重,第一产业投资较小。

图 5—14 是中国 1990—2014 年全社会固定资产投资的产业结构,从投资比重来看,2002年之前第一产业所占的比重最小,第三产业所占比重逐年增大;2002—2005 年,第三产业所占比重有所回落;2005 年之后三产业的比重趋于稳定。

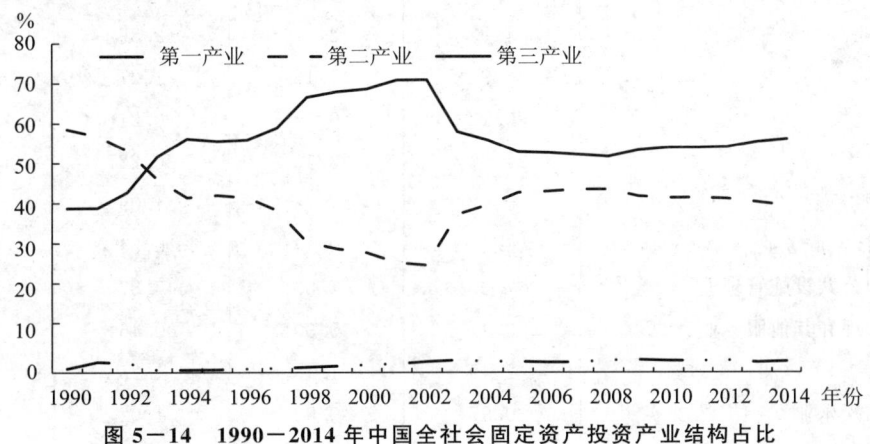

图 5—14 1990—2014 年中国全社会固定资产投资产业结构占比

(二)投资行业结构分析

投资的行业结构是指投资在国民经济各行业之间的分布,是产业结构研究的深化。对投资的行业结构进行研究的目的在于考察投资总量在各行业之间的分布特征和变化趋势,解释行业投资结构变化和规律,考察投资总量形成的行业原因,为调整投资方向和行业投资结构提供依据。随着经济的发展和人均国民收入的提高,社会最终需求与中间需求结构也会发生变化,而这种变化必然要求行业投资结构与之相适应,进而影响行业投资结构的决策;同时,一个国家或地区经济发展战略的选择和实施,也是影响行业投资结构变动的重要因素。另一方面,行业投资结构的变动将影响国民经济的行业结构,国民经济行业结构如果不合理,可以通过调整投资结构来加以改善。

表5—3展示的就是中国近年来国民经济各行业的固定资产投资分布情况,投资比重最大的制造业所占比例在30%左右;其次是房地产业,所占比例在20%以上,而且比例连年上升;剩余行业中所占比例较大的行业包括交通运输、仓储和邮政业,水利、环境和公共设施管理业,以及电力、燃气及水的生产和供应业,这三个行业中仅有水利、环境和公共设施管理业的投资比例在近10年有所上升,交通运输、仓储和邮政业,以及电力、燃气及水的生产和供应业投资所占比例逐渐下降。投资比重较小的行业有金融业、科学研究和技术服务业,以及居民服务、修理和其他服务业,这些行业的比重都不到1%。由此可见,中国的行业投资结构还是一种以工业化和城镇化为主导的投资形态,第三产业投资对国民经济的贡献也主要集中在房地产业上。而教育、卫生、科研等行业的投资比重过小,也凸显了中国投资结构不合理,关乎民生的基础设施建设还有待加强。

表5—3 中国全社会固定资产投资的行业结构　　　　　　　　　　　单位:%

行　业	2005	2008	2011	2014
农、林、牧、渔业	2.62	2.93	2.81	3.24
采矿业	4.04	4.46	3.78	2.84
制造业	29.94	32.80	32.98	32.62
电力、燃气及水的生产和供应业	8.51	6.36	4.70	4.46
建筑业	1.26	0.90	1.08	0.81
交通运输、仓储和邮政业	10.82	9.85	9.08	8.44
信息传输、软件和信息技术服务业	1.78	1.25	0.70	0.80
批发和零售业	1.93	2.17	2.39	3.09
住宿和餐饮业	0.91	1.13	1.27	1.22
金融业	0.12	0.15	0.21	0.27
房地产业	21.97	23.40	26.22	25.65
租赁和商务服务业	0.62	0.78	1.09	1.56
科学研究和技术服务业	0.49	0.45	0.54	0.82
水利、环境和公共设施管理业	7.07	7.83	7.87	9.03
居民服务、修理和其他服务业	0.41	0.30	0.46	0.46
教育	2.49	1.46	1.25	1.31
文化、体育和娱乐业	0.97	0.92	1.02	1.21
其他	4.04	2.84	2.56	2.19
合计	100.00	100.00	100.00	100.00

注:其他包括卫生与社会工作、社会保障、公共管理、社会组织以及国际组织的投资,由于中国在2011年对投资的行业进行调整,为保证各行业持续可比,故将这些行业归为其他。

(三)投资区域结构分析

投资的区域结构是指一国各地区投资量之间的比例关系。评价区域结构合理与否,可根据投资和经济的区位理论、产业地区布局原则,既要有利于本地区的发展,又要符合中国经济发展长远利益。投资在各区域完全平均的分布并不一定是经济的,但是如果出现对一个地区投资过度倾斜,则更是违反经济规律的现象,造成投资结构的扭曲。

图5-15给出了中国2005—2014年地区的投资结构,可以看出东部的投资虽然比重仍然最大,但已经呈现出下降的趋势,中、西部投资比重逐渐上升,全社会固定资产投资区域结构已经得到了改善。政府已经注意到了投资的区域不平等,随着西部大开发与中部崛起战略进一步的开展,中国的区域投资结构失衡问题也将进一步得到改善,投资的区域结构更加合理,国民经济的区域结构也会更加合理。

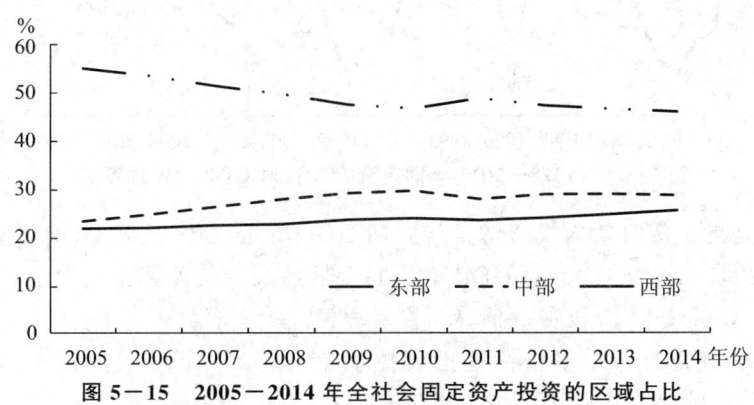

图5-15 2005—2014年全社会固定资产投资的区域占比

(四)民间投资与政府投资结构分析

政府投资是指政府为了实现其管理社会的职能,满足社会公共需要,实现经济和社会发展战略,投入资金用以转化为实物资产的行为和过程。政府投资可以调节地区经济发展的不平衡,保证公共物品的有效供给,基础设施建设。民间投资目前还没有一个统一的经济学定义,相对主流的观点将其定义为根据投资项目资本总额构成中出资人的资金来源性质对投资进行一种分类,是来自民营经济所涵盖的各类主体的投资。虽然政府投资在短时间内可以扩大总需求,拉动经济增长,但这种作用只是暂时的,民间投资才是促进经济持续增长的原动力。

(五)中央投资与地方投资结构分析

政府投资按照投资的主体,还可以细分为中央政府投资与地方政府投资。中央政府投资主要集中在公共事业、基础设施、基础工业、极少数大型骨干企业和国防、航天、高技术等战略产业;地方政府投资主要投向区域性公共事业、基础设施、教育、卫生、社会福利等。地方政府投资与中央政府投资相比,更能根据本地区的发展特点与发展目标,制定适合于本地区的投资政策,发展本地区经济。

四、投资效果分析

投资效果指标有两个方面,一个是在宏观层面分析的投资弹性系数、投资贡献率等指标;另一方面是投资效率分析。

(一)投资宏观效果分析

投资弹性系数是指投资增长率与GDP增长率之比,说明GDP每增长1%,相应的固定资产投资需求能增长百分之几。投资弹性系数等于1,说明投资与GDP同步增长;小于1,投资增长慢于GDP增长;大于1,投资增长快于GDP增长。计算公式为:

$$\text{投资弹性系数} = \text{投资增长率}/\text{GDP 增长率} \tag{5.2.6}$$

图 5-16 是中国 1978—2015 年固定资产投资的 GDP 弹性系数。可以看出,与消费弹性系数一样,投资弹性系数波动较大。

图 5-16　1978—2015 年固定资产投资对 GDP 的弹性系数

投资贡献率是指一定时期内投资增量与同期 GDP 增量之比,反映 GDP 增量中投资增量所起的贡献作用。投资贡献率越大,对 GDP 增长的贡献越大。其计算公式为:

$$\text{投资贡献率} = \text{投资增量}/\text{GDP 增量} \tag{5.2.7}$$

与投资贡献率相关的另一个指标是投资拉动率,是指一定时期内资本形成总额对当期 GDP 增量的比率,反映经济增长中投资需求增长的拉动作用程度。投资的拉动率越大,对 GDP 的拉动越大。

$$\text{投资拉动率} = \text{资本形成总额增量}/\text{GDP 增量} \tag{5.2.8}$$

需要说明的是,由于固定资产投资形成产品的生产能力需要一定的时间,因此根据同期的固定资产投资增量与 GDP 增量计算的投资对 GDP 的弹性系数、投资对 GDP 增长的贡献率和拉动率,只能说明当期固定资产增长对 GDP 增长的贡献作用和拉动作用,却不能反映固定资产投资增长对 GDP 增长的动态推动作用。

图 5-17 是中国 1978—2015 年资本形成总额的 GDP 增长的贡献率与拉动率。从表中可以看出,资本形成总额对 GDP 增长的贡献率和拉动率在改革开放以来波动还是比较大的,而且二者的变化趋势也是趋近于同步的。从这两项指标,我们可以看到资本形成对 GDP 的增长起着十分重要的作用。

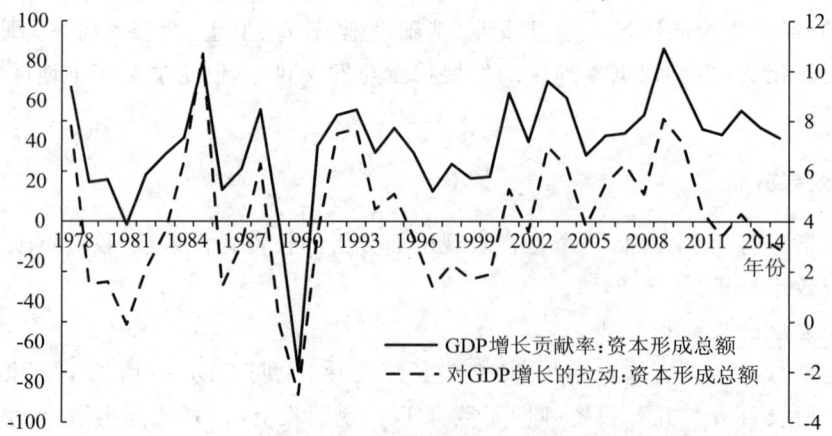

图 5-17　1978—2015 年资本形成总额对 GDP 增长的贡献率与拉动率

(二) 宏观投资效率分析

投资效率研究可以有两个角度：一是总量层面的效率——从"投资总量"的角度分析是否存在过度投资或投资不足的问题；二是从"投资结构"的角度，研究资本在不同地区、不同行业之间的配置是否合理，投资流向是否正确。

就第一个角度而言，最常用的判断方法是新古典经济增长的"动态效率"理论的 AMSZ 准则。根据"动态效率"的定义，判断投资是否有效最直接标准是看资本的边际收益率是否高于"黄金律"或"修正的黄金律"所规定的水平。但是在实际运用中，由于无法准确估算资本的边际收益率，因此 Abel 提出了 AMSZ 准则，即如果一个国家每年的总资本收益"始终大于"当年总投资，那么这个国家的投资就是有效率的；反之，若一个国家每年的总资本收益"始终小于"当年总投资，则是没有效率的。AMSZ 有以下主要结论：

(1) 由于在所有经济中，企业的总价值通常都是正的，所以 AMSZ 准则表明，如果经济体中商品从企业到投资者是净流出的，那么均衡是动态有效的；相反，均衡就是动态无效的。在此基础之上，Abel 提出了检验现实经济的动态效率的净现金流准则，即 AMSZ 准则。在所有市场出清的配置满足经济总体的资源约束以及经济中每个代理人满足标准的跨期约束时，对于每个时期而言，如果投资产生的现金流超过总投资，则经济是动态且有效的。反之，则是无效的。容易发现，AMSZ 准则其实是黄金律规则在不确定性情形下的一般化，因此，AMSZ 准则与传统的判断经济动态效率的标准是一致的；而且由于该准则不严格依赖于对折旧或通货膨胀环境下利润的测量等会计判断，因此运用起来更加方便。另外，由于在均衡稳态时市场投资组合价值的增长率等于经济增长率，可以用资本回报率和经济增长率来判断经济是否是动态有效率的。

(2) 如果总消费大于总的劳动收入，则超过部分必然是来自资本提供的净收益，也就是来自 AMSZ 准则中利润超过投资的部分。因为只有在利润用于投资之后仍有剩余时，总消费才会大于总的劳动收入，均衡动态有效；反之，则无效。

(三) 投资结构效率分析

投资的结构效率评价方法主要有两种：

1. 资本边际收益率均一化标准

根据标准的新古典一般均衡理论，当且仅当要素价格等于边际生产率时，资本的配置才会是有效的，经济才会达到帕累托最优。由此可以得到一个判断标准——资本配置的有效性条件是各个生产要素的边际生产率相等，一般来说如果生产要素的边际生产率差异变小就表明资源配置的有效性得到改善。然而在实际中，我们是无法观测资本的边际收益率的，所以在实践中，需要估算资本的边际收益率，主要有两种方法：

一是"调整推算"法，利用各种财务统计数据进行调整推算，得到"平均资本收益率"之类的替代指标。选取的替代指标不同，得到的结论也会有所差别，会造成研究结果的随意性，缺乏可比性。该方法侧重的是描述资本的收益水平以及在不同行业和不同所有制之间的差别等，但是该方法无法解决出现这种结果的原因，其背后的因素。要想解决该问题，需要依靠第二种方法，"函数估计"法。

二是"函数估计"法，即假定总量生产函数，并对其进行估计，利用估计得到的参数值计算资本边际收益率。在一般发展中国家的研究中，并不要求资本收益均一化，而是检验各部门边际收益率的方差是否持续下降，或某项重大的改革是否使资本收益率的方差显著下降，由此判定一国的资源配置是否有效。该方法虽然对数据的要求不高，但是需要假定特定生产函数形式，对于生产函数的性质和结构的假定不同，也会造成结果的差异。一种改进的办法是假定性质非常一般的函数,或者用几种函数分别测算,以增强结论的稳健性。

2. 资本流动方向方法

资本流动方向方法是更为直接、更为有效的方法。若一个国家可以做到在相对高成长的行业追加投资,从相对衰退的行业撤走资金,则这个国家的资金配置就是有效率的,否则就是低效或无效的。

第三节 中国消费相关问题统计分析

中国目前的消费率偏低,尤其是居民消费率,远低于世界平均水平。通常认为造成中国居民消费率持续较低的原因主要有:居民消费倾向递减、居民收入份额下降、居民收入差距扩大以及居民收支预期不确定性的增大。除此之外,在计算过程中,因为某种统计口径的原因,造成居民消费率的低估,最具代表性的就是自有住房的虚拟租金。本节首先从横向对比角度引出中国消费率偏低的表现,然后对居民消费率持续较低的原因之一——居民平均消费倾向展开分析,最后通过自有住房的虚拟租金对消费率进行调整估算,分析调整后的消费率水平。

一、消费率的国际比较

与世界其他国家相比(见表5-4),中国的消费率水平偏低。美国作为世界上最发达的国家之一,消费率始终保持在80%以上的水平;另一发达国家澳大利亚的消费率也高于70%;东亚两个重要经济体,日本的消费率近几年达到了80%的水平,韩国也保持在60%以上的水平;而巴西、俄罗斯、印度三个金砖国家也都远远超过50%。根据世界银行公布的中国消费率却一直在50%左右徘徊,与上面的这些无论是发达国家还是发展中国家均差距甚远。

表5-4 世界部分国家消费率水平对比   单位:%

国家	2004	2007	2010	2011	2012	2013	2014
澳大利亚	75.61	73.74	73.40	71.83	71.77	72.82	73.27
巴西	78.67	78.82	79.24	78.96	79.55	80.58	81.87
中国	55.30	51.02	48.97	50.42	49.93	49.85	51.06
印度	69.30	65.98	67.84	66.97	68.46	68.32	68.89
日本	75.54	75.43	78.93	80.66	81.07	81.62	81.29
韩国	64.05	66.29	64.79	65.55	66.20	65.92	65.47
俄罗斯	66.84	67.21	69.31	68.78	70.28	73.25	72.28
美国	82.52	82.61	85.03	85.19	84.15	83.50	83.13

数据来源:世界银行数据库。

在最终消费率保持较低水平的同时,中国的各项消费却屡创新高,消费需求十分旺盛。大到汽车,小到手机,多项消费品的消费率已经跃居世界第一,这与中国较低最终消费率不符。由此,我们不得不思考中国消费率偏低的形成原因。

二、消费习惯与收入不确定性对居民消费的影响

(一)模型方法说明

习惯形成指的是消费效用在时间上的相关性。消费习惯一旦形成,很难在短时间内改变,

因此，消费不仅受到当期收入的影响，还受到上一期消费的影响。

对习惯形成的研究大都是以效用函数为基础，在收入不确定的条件下，最常用的效用函数为常绝对风险厌恶效用函数（Constant Absolute Risk Aversion，CARA）和常相对风险厌恶效用函数（Constant Relative Risk Aversion，CRRA）。其中，CARA一个重要缺陷是不能排除消费水平为负的情况，我们选择以CRRA为基础并通过修订Dynan模型来研究习惯形成对平均消费倾向的影响。

由于中国渐进的改革，影响居民消费习惯的因素在不断变化，中国居民的消费习惯形成参数也在发生着变化。因此，需要修正Dynan模型，使其更好地契合中国居民的消费习惯。要用到如下的状态空间模型：

$$\Delta \ln C_t = \alpha_{0t} + \gamma_t \Delta \ln C_{t-1} + e_t \quad (5.3.1)$$

$$\alpha_{0t} = \alpha_{0t-1} + v_{1t} \quad (5.3.2)$$

$$\gamma_t = \gamma_{t-1} + v_{2t} \quad (5.3.3)$$

式中，α_{0t}、γ_t称为状态变量，v_{1t}、v_{2t}是误差项，这三个方程就构成为了状态空间模型，其中式(5.3.1)是观察方程，表示经济变量之间的一般关系；式(5.3.2)和式(5.3.3)为状态方程，表示状态变量的生成过程。

（二）变量数据说明

在实证分析中，采用的数据为1980—2014年中国城镇居民人均实际消费支出(C_t)、平均消费倾向(C_t/Y_t)、按7个收入等级分组计算的中国城镇居民人均可支配收入的标准差系数(Z_t)。原始数据均来自于《中国统计年鉴》，在5%的显著性水平下，均为一阶单整。

（三）估计结果

首先估计消费形成参数，由于受到抽样误差与非抽样误差的影响，消费支出数据无法避免地会存在测量误差。即$\ln C_t = \ln C_t^* + u_t$。其中，$C_t$是观察到的消费支出，$C_t^*$为真实的消费支出，$u_t$为测量误差，实际是用可观察的消费支出代替了真实的消费支出，这样观察方程的解释变量与误差项之间会存在相关关系，无法使用OLS法进行估计。因此，用消费支出的估计值来代替消费支出的观察值。构建状态空间模型，将$\ln C_t^*$设为状态变量，模型构造为：

$$\ln C_t = \ln \hat{C}_t^* + \hat{u}_t \quad (5.3.4)$$

$$\ln \hat{C}_t^* = \ln \hat{C}_{t-1}^* + \hat{v}_t \quad (5.3.5)$$

估计值的Z统计量为62.66，估计效果较好。用真实消费支出估计值代替观察的消费支出，模型变为：

$$\Delta \ln \hat{C}_t^* = \alpha_{0t} + \gamma_t \Delta \ln \hat{C}_{t-1}^* + e_t \quad (5.3.6)$$

$$\alpha_{0t} = \alpha_{0t-1} + v_{1t} \quad (5.3.7)$$

$$\gamma_t = \gamma_{t-1} + v_{2t} \quad (5.3.8)$$

由于模型中含有滞后一期的一阶差分变量，样本失去了1980年与1981年的观测值，估计该状态空间模型可以利用卡尔曼滤波算法中的递归估计法，最后结果中的α_{0t}、γ_t在5%的显著性水平下均显著，这说明习惯形成对中国城镇居民消费行为的影响是重要的。估计结果如图5—18所示，1982年—2014年习惯形成参数有正有负。α在1990年之前一直处于上升阶段，最大时达到0.023，1996年之后都处于一个较为稳定的水平。γ的范围则较大，最大值出现在1987年，达到0.75，1992年达到最小值，接近−0.1；达到最小值之后又开始逐渐上升，2006年至今变化幅度并不大。由此可见，消费习惯参数是随着时间的变化而不断发生变化，但变化趋缓,近 10 年保持了一个相对稳定的状态。

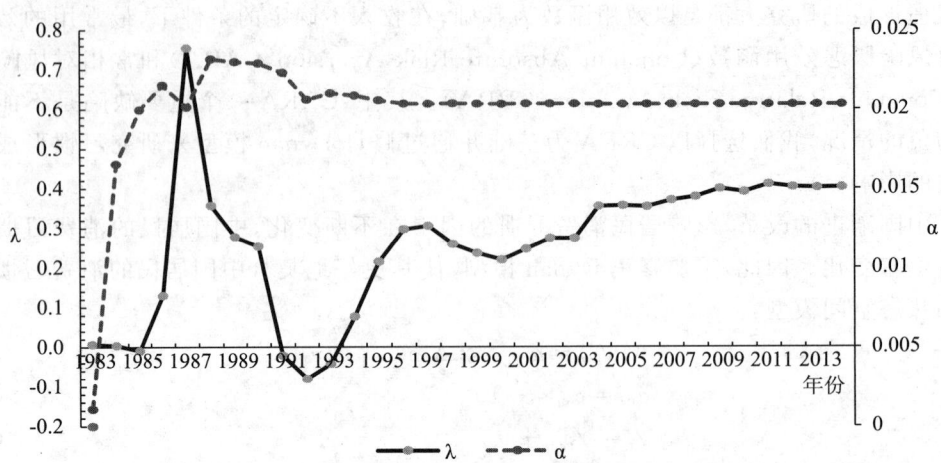

图 5-18 习惯形成参数的估计值

那么消费习惯形成参数对中国城镇居民的消费到底有着怎样的影响?需要构建误差修正模型来探讨这一问题。在具体构建过程中,因为我们只对习惯形成的斜率感兴趣,所以将 α 排除出误差修正模型。对 γ 进行单位根检验,发现其为一阶单整,便对 C/Y、Z、$γ$ 进行协整检验,发现存在协整关系,由此,构建误差修正模型,来讨论习惯形成参数的变化对平均消费倾向的影响。构建的 ECM 模型为:

$$\Delta(C_t/Y_t) = \beta_1 \Delta(C_{t-1}/Y_{t-1}) + \beta_2 \Delta \gamma_t + \beta_3 \Delta \ln Z_t + \alpha \mu_{t-1} + \varepsilon_t \quad (5.3.9)$$
$$\mu_{t-1} = C_{t-1}/Y_{t-1} - k_0 - k_1 \gamma_{t-1} - k_2 \ln Z_{t-1}$$

式中,μ_{t-1} 是前一期平均消费倾向对均衡值的偏离,也就是非均衡误差。Z 是按 7 个收入等级组计算的标准差系数,反映因收入差距扩大导致的收入的不确定性。平均消费倾向、消费习惯形成参数、标准差系数之间有着长期均衡关系,即 $C_t/Y_t = k_0 + k_1 \gamma_t + k_2 \ln Z_t$,平均消费倾向尽管常常会偏离均衡值,但是消费者会根据前一期的非均衡误差来调整平均消费倾向。除此之外,β_1、β_2、β_3 与 α 是短期参数,表示变量间的短期关系,其中 α 为调整参数,若前一期的消费率高于均衡值,本期平均消费倾向就会相应下降;反之,若前一期平均消费倾向偏低,本期的平均消费倾向就会偏高。估计该模型时,将模型中的非均衡误差项打开,直接估计平均消费倾向与消费习惯形成参数以及标准差系数之间的长期均衡关系。

最后得到的长期均衡关系:

$$C_t/Y_t = 0.9198 - 0.157\gamma_t - 0.3636\ln Z_t \quad (5.3.10)$$

从长期来看,习惯形成参数每增加 1 个百分点,平均消费倾向就会下降 0.157 个百分点;收入标准化系数每增加 1 个百分点,平均消费倾向就会下降大约 0.36 个百分点。也就是说消费惯性的增强和收入不确定性的加大都是中国城镇居民的平均消费倾向走低的原因。

三、修订后的虚拟住房支出对居民消费率的影响

(一)虚拟住房租金的估计方法

居民消费中的住房支出是居民消费支出的重要组成部分。居民居住若采用租房的形式,租房的租金就会作为居民享受住房服务而支付的款项,计入国民生产总值核算中的居民最终消费支出。但是居民若居住在自己购买的房屋内,即居民享有的是自有住房服务,这种住房服务并

没有提供给其他经济实体,也没有支付或收取租金,不会记录在居民最终消费支出中,从而不包含在国内生产总值的核算中。但是,考虑到中国的城市化进程、住房价格上涨等因素,居民在居住消费上的支出应有很大的提高,但是统计数据显示中国与相同发展水平国家相比,居住消费率仍旧偏低。而且,从福利的角度看,自有住房给居民提供了休息的场所,居民从自有住房中获得了巨大的隐形租金收入和效用,居民从自有住房中获得服务的价值被称为虚拟租金。不仅如此,居民消费支出的准确性不仅会直接影响到居民消费和总消费数据质量,而且还关系到GDP、消费率等宏观经济数据的公信力。自有住房与租用房屋的比率,在不同国家之间,甚至在同一国家,在短期内都可能会产生较大的差异,如果不对自有住房的虚拟租金进行估算,在国家间或不同时期,对住房服务的生产和消费进行比较就会严重失实。因此,需要记录虚拟住房租金,以便真实反映居民消费结构的变化。

SNA2008给出了两种计算房屋虚拟租金的方法:一种是市场租金法,即按照相同或类似住房的市场租金进行估算,采用该方法的国家和地区需具有发达的房屋租赁市场,市场租金数据容易获得。另一种方法是成本法,用当期持有住房的成本减去收益的估算方法,持有住房的成本主要指资金成本、折旧、维修和房产税等,收益主要指由于持有住房而抵消通胀损失。这种方法适用于那些住房租赁市场不发达,房屋租赁数据不易完整获得的国家和地区。中国目前采用的就是成本估算法。

(二)中国现行核算体系下的虚拟住房租金

在中国现行的核算体系下,居民居住消费支出有两种统计口径:一是居民住户调查中的口径,主要反映居民日常居住中用于水、电、气、房租、物业等方面的现金支出,但不包括自有住房的虚拟房租;另一种口径是支出法GDP中计算居民最终消费中"居住支出"的口径,除了上述现金支出外,还包括自有住房的虚拟折旧。本小节选用第二种口径,但是这种虚拟折旧是以住房的建造成本为基础计算的,不仅低于住房的历史价格,也低于当期市场价格,会低估自有住房的规模,并低估居民消费率。运用该方法具体计算时,城镇居民的自有住房比例定为80%,折旧为2%;农村居民自有住房比例为100%,折旧为3%,公式为:

城镇自有住房虚拟租金=单位建造成本×80%×2%×人均居住面积×城镇人口 (5.3.11)

农村自有住房虚拟租金=单位建造成本×100%×3%×人均居住面积×农村人口 (5.3.12)

计算结果如表5-5所示。

表5-5 基于住房建造成本估算的城乡居民自有住房虚拟租金　　　　单位:亿元

年份	城镇居民虚拟租金	农村居民虚拟租金	总租金
2002	2330.8	1654.6	3985.4
2003	2699.8	1732.7	4432.5
2004	3214.7	1966.2	5180.9
2005	3628.6	2221.0	5849.7
2006	4155.8	2598.9	6754.6
2007	4837.3	2818.2	7655.5
2008	5484.2	3088.8	8573.0
2009	6529.4	3448.8	9978.1
2010	7544.9	3850.3	11395.2
2011	8575.4	4232.5	12807.9
2012	9360.2	4927.8	14287.9

(三)"住宅使用者成本法"估算的虚拟租金

美国国民经济研究局 Poterba 教授在 1992 年提出一种叫做"住宅使用者成本法"的虚拟租金计算方法,以房价—租金比的均衡方程为基础,计算公式为:单位虚拟租金=住房单价×(资金成本+房产税+折旧-通货膨胀),并利用人均居住面积、人口等数据来推算总虚拟租金,根据该数据对消费、GDP 等数据进行修订,计算消费率等指标。在具体计算过程中,城镇的住房单价采用商品房销售价格的 80%,农村的住房单价采用住宅房屋造价,资金成本以当年 5 年以上贷款利息为基础,并考虑到公积金贷款及商业贷款的利率折扣,按 80%的折扣率计算;房产税考虑到只在国内部分城市试行,故记为 0;折旧率统一按 3%计算;通胀分别以城镇与农村居民消费价格指数 5 年移动平均计算;住房自有率按城镇 80%、农村 100%计算。具体计算公式如下。

城镇单位虚拟租金=商品房销售价格×0.8×0.8×(5 年期贷款利率×0.8+3%-CPI)　　　　　　　　　　　　　　　　　　　　　　　　　　　　　　　　　　(5.3.13)
使用成本法城镇总虚拟租金=单位虚拟租金×人均居住面积×城镇总人口　(5.3.14)
农村单位虚拟租金=单位建造成本×1×(5 年期贷款利率×0.8+3%-CPI)　(5.3.15)
使用成本法农村总虚拟租金=单位虚拟租金×人均居住面积×农村总人口　(5.3.16)

结果见表 5—6。

表 5—6　基于使用成本法估算的城乡居民自有住房虚拟租金　　　　单位:亿元

年份	城镇居民虚拟租金	农村居民虚拟租金	总租金
2002	13973.4	4438.6	18412.1
2003	15180.6	4347.9	19528.5
2004	17172.5	4155.2	21327.7
2005	21530.1	4513.2	26043.2
2006	24869.0	5429.6	30298.6
2007	29531.9	5451.8	34983.7
2008	26351.5	5039.3	31390.7
2009	32012.8	5393.9	37406.6
2010	34280.3	5735.9	40016.2
2011	38309.0	6047.5	44356.5
2012	45508.1	7889.6	53397.7

(四)"住宅使用者成本法"虚拟租金对消费率的修订

将 5—6 表与 5—5 表比较,得到自有住房虚拟租金被低估的水平,这也是居民居住消费、总消费、GDP 中被低估的水平。若使用该虚拟租金对最终消费与 GDP 进行修订,得到修订后的消费率,见表 5—7。

从表 5—7 中可以发现,用使用成本法计算自有住房虚拟租金得到的消费率比使用建筑成本法计算自有住房虚拟租金得到消费率要高,并且近 10 余年的消费率都在 50%以上的水平。使用建筑成本法计算自有住房虚拟租金,确实会造成消费率的低估。随着中国城市化水平逐渐提高,居民住房租赁消费会逐渐成为居民个人可支配收入和消费的重点,尽快建立完善中国居民住房租赁收入统计制度已经十分必要。

表 5-7 调整前后的居民消费、总消费、GDP

年份	居民消费（亿元）		最终消费（亿元）		支出法 GDP（亿元）		消费率（%）	
	调整前	调整后	调整前	调整后	调整前	调整后	调整前	调整后
2002	55076	69503.1	74172	88598.4	121577	136003	61.01	65.14
2003	59344	73770.5	79642	94068.2	137457	151884	57.94	61.93
2004	66587	81013.7	89225	103651.5	161616	176043	55.21	58.88
2005	75232	89659.1	101604	116030.9	187767	202193	54.11	57.39
2006	84119	98545.8	114895	129321.6	219425	233851	52.36	55.30
2007	99793	114220.0	136439	150865.4	269486	283913	50.63	53.14
2008	115338	129765.0	157746	172173.0	317172	331598	49.74	51.92
2009	126661	141087.6	173093	187519.7	346431	360857	49.96	51.96
2010	146058	160484.3	199508	213935.1	406581	421007	49.07	50.82
2011	176532	190958.7	241579	256005.8	480861	495287	50.24	51.69
2012	198537	212963.5	271719	286145.3	534745	549171	50.81	52.10

第四节 中国投资相关问题统计分析

投资是消费的另一面，中国消费率下降的同时，投资率正在逐渐上升，并处在较高的水平。本节首先通过横向比较引出中国投资率偏高的问题；其次从资本回报率的角度来探讨高投资率这一问题，近几年资本回报率有所下降，但仍保持在一个较高的水平；最后再来看一下中国总体和分地区资本效果分析。

一、投资率的国际比较

从国际视角观察，中国的投资率水平处于世界较高水平，中国的投资率比美国、澳大利亚等

表 5-8 世界部分国家与地区的投资率水平对比　　　　　　　　　　　单位：%

国家	2004	2007	2010	2011	2012	2013	2014
澳大利亚	27.09	27.87	27.57	27.13	28.37	28.41	27.23
巴西	17.91	19.82	21.80	21.81	21.41	21.73	20.86
中国	43.04	41.39	47.35	47.17	47.32	47.68	46.20
印度	32.45	38.03	36.53	39.58	38.26	34.66	34.09
日本	22.50	22.88	19.81	20.19	20.86	21.23	21.82
韩国	32.12	32.58	32.02	32.96	31.00	29.10	29.28
俄罗斯	20.90	24.16	22.62	23.09	22.94	21.13	21.09
新加坡	23.10	23.12	27.87	27.03	29.78	30.31	28.93
美国	22.53	22.35	18.39	18.54	19.35	19.55	19.92
亚太地区	31.10	30.78	32.24	32.29	32.64	32.71	32.37
经合组织	22.37	23.28	20.31	20.75	20.58	20.44	20.70

数据来源：世界银行数据库。

发达国家以及其他两个重要的发展中国家——巴西和印度都高出许多,而且与经合组织成员国的平均水平相比也高出很多。表5—8列出部分国家的投资率以及亚太地区、经合组织成员国投资率的平均水平。可以看出,中国的投资率水平与其他国家相比至少高出10个百分点。亚洲的几个主要国家,韩国和新加坡的投资率水平保持在30%左右的水平,日本近几年甚至一直保持在20%的水平;美国作为最发达的国家,2010年以后的投资率始终低于20%;澳大利亚的投资率略高,但也保持在28%上下的水平;作为最主要的金砖国家,巴西和俄罗斯投资率也保持在20%—30%;而印度的投资率高于30%。

二、中国投资的资本回报率测算

(一)资本回报率测算方法说明

本小节将从资本回报率的角度出发,探讨中国的投资是否过度,以及经济增长是否具有效率。如果资本回报率高,投资就是合理的,并且潜在投资需求高,潜在总需求也相应高。

本部分将采用Bai2006年提出的"宏观模型化方法"测算中国的资本回报率,进而根据该结果分析中国投资的合理性与经济增长的效率。

Bai的方法以Jorgenson的方法为基础,利用国民收入账户中的宏观数据来测算资本回报率,在考虑了通货膨胀水平与资本价格变化等因素后,"宏观模型化方法"的资本回报率公式为:

$$r_{Mt} = \frac{\alpha_t}{p_t^K K_t / p_t^K Y_t} + (t^K - t^Y) - \delta_t \tag{5.4.1}$$

式中,K_t、p_t^K、Y_t、p_t^Y分别为资本存量、资本价格、实际GDP和一般价格水平,α_t为资本收入份额,t^K、t^Y分别为资本价格的变动与一般通胀水平,δ_t为各类资本品的平均折旧率。该式的直观含义就是,实际资本回报率等于资本收入除以资本总量,再加上资本溢价,并减去资本折旧。

(二)资本回报率的测算

首先计算资本折旧率,因为在计算资本存量时需要资本折旧率。假定资本品采用同时退役模式和几何效率递减模式,法定残值率取值4%。假定建筑的平均寿命为40年,设备的寿命为20年,其他的投资为25年。根据几何递减的公式,计算出三者的折旧率分别为7.7%、14.9%、12.1%。1978—2014年三类资产在全社会固定资产平均分别占到64.3%、24%、11.7%。这样加权平均可以计算得到中国固定资产投资的年平均折旧率为9.95%。

接下来,采用永续盘存法简化公式$k_t = (1-\delta_t)k_{t-1} + I_t$,计算资本存量,在估算时通过价格调整,采用固定资本形成总额,而不是固定资产投资作为估算基础,最后得到从1952年到2014年间的资本存量数据。需要说明的是,在调整价格时,由于统计年鉴中的价格数据不完整,因此,1990年之后直接采用固定资产投资价格指数;1978年—1990年采用工业品出厂价格指数;1952年—1978年采用工业总产值指数。

最后,计算资本收入份额,认为国民收入减去劳动者报酬之后得到资本份额,劳动者报酬份额等于各省劳动者报酬份额以各省生产总值在全国GDP中的比例为权重,加权平均得到。

接下来,将整理得到的数据带入公式,计算出中国1996年—2013年资本回报率水平,结果如图5—19。

从结果中可以看出,2009年之前中国的资本回报率水平在17%左右震荡;2009年之后,资本回报率开始下跌,到2013年时已降到12%左右。究其原因,一是2008年金融危机的影响;二是2008年中国的四万亿投资刺激政策,使资本存量激增,资本回报率出现一定程度的下跌,但仍处在较合理的范围内,中国目前较高的投资率有其合理性,中国的经济增长依旧是有效率

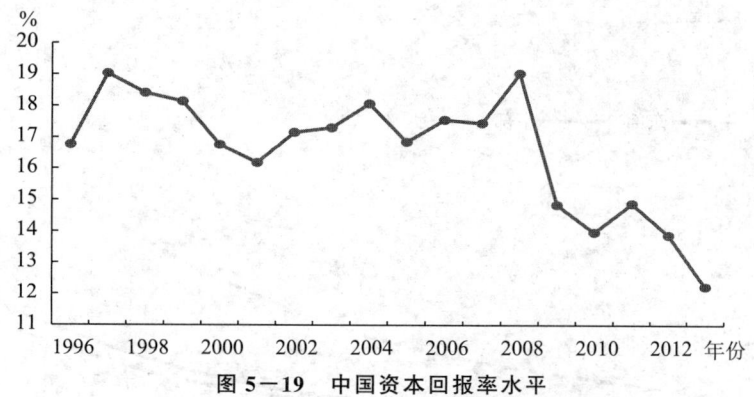

图 5-19 中国资本回报率水平

的。但也要看到投资对经济增长的贡献作用有所下降,在这种情况下,必须注意过度投资这一问题。

三、中国总体和分地区资本效果分析

本小节通过收集国家和省级数据,从资本存量、资本产出比、资本动态效率,基础设施投资效率这几个方面分析全国和三大地区的资本利用现状:

(一)资本存量和存量增长率

本文的资本存量采用单豪杰在《数量经济技术经济研究》2008 年第 10 期所提供的方法进行估算,具体以 1952 年为基期并收集 1978—2013 年相关数据进行测算。

1. 国家层面

通过图 5-20 可以观测出,自改革开放之后,中国大量引进外资,加强投资,资本存量一直处于较高速度增长,在 1992 年到 1996 年,由于国内的投资热,中国资本存量增长率有大幅提高;从 2008 年 2009 年,由于美国次贷危机影响,国内国际经济形势恶化,中国政府出台四万亿投资项目来刺激经济,因此当年中国资本存量增速高达 17%;而从 2009 年到 2013 年,中国的资本存量增速下滑,这表明总体投资处于下滑趋势。

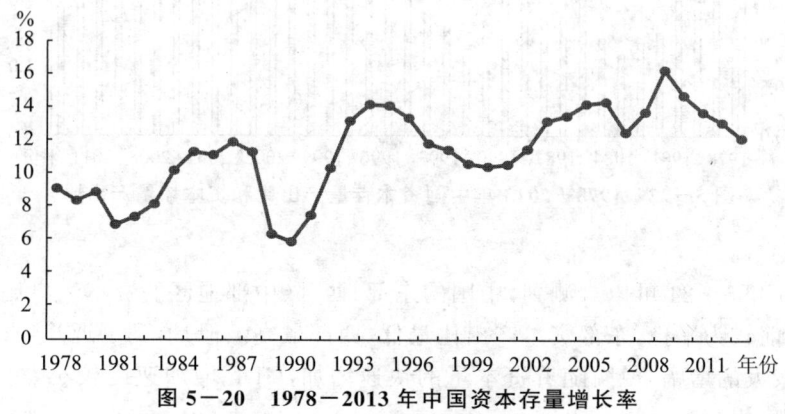

图 5-20 1978—2013 年中国资本存量增长率

2. 三大地区

从图 5-21 数据可以看出,中国的三大地区的资本存量自 1995—2013 年都有较大的增长,其中,东部地区资本存量最大,而且增长最快;中部地区资本存量尽管也有较大增长,不过其和东部地区有较大差距,增速也不及东部地区;西部地区由于地理,国家经济政策影响,吸引资本

能力较弱,增速也较慢。

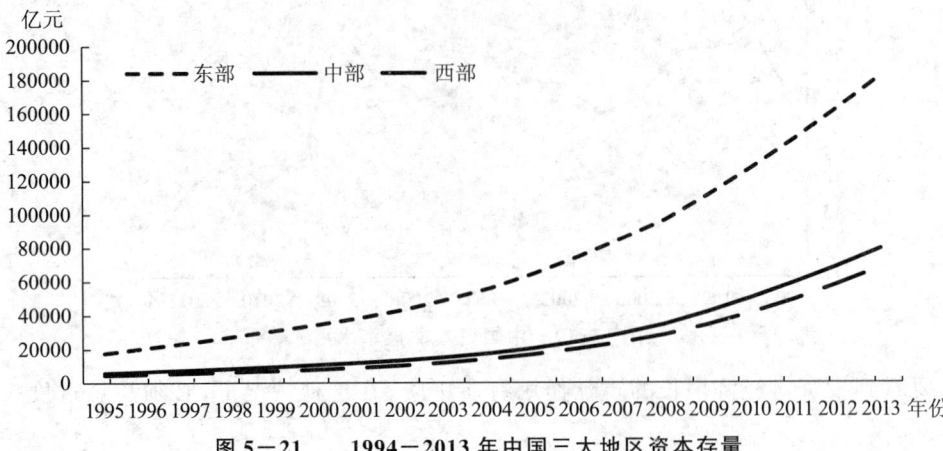

图 5—21　1994—2013 年中国三大地区资本存量

(二)资本存量产出比和增量产出比

存量资本产出比和增量资本产出比都可以用来描述资本的产出作用。

1. 国家层面

从图 5—22 可以观测出,自改革开放之后,由于国家经济政策,经济结构改变,引进外国先进生产力等原因,中国的资本存量产出比和资本边际产出比保持了一个稳定阶段,新增的资本存量极大地促进了中国的经济增长。不过,在近几年,资本存量产出比和资本边际产出比都有大幅度的上升,说明中国整体资本利用效率有大幅度下降。

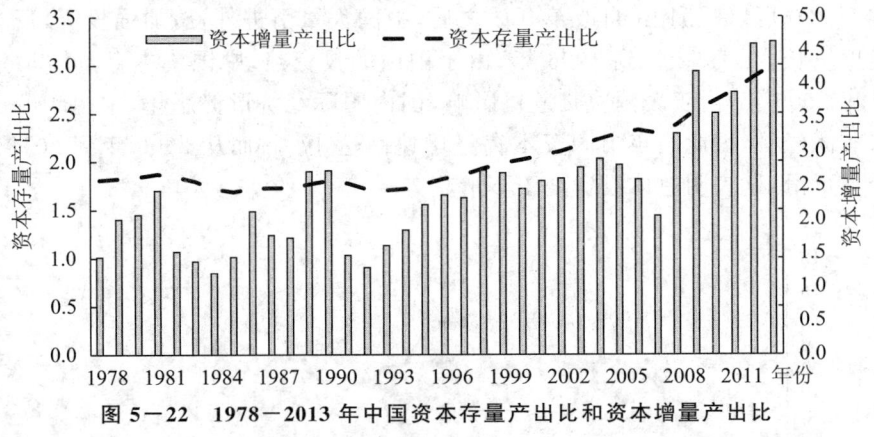

图 5—22　1978—2013 年中国资本存量产出比和资本增量产出比

2. 三大地区

从图 5—23 和 5—24 可以观测到,中国的东部、西部、中部地区的资本产出比和增量资本产出在 2010 年之前较为平稳,东部资本产出比最低,西部最高。但是,到了近几年,三个地区的资本产出比都有较大的增幅,说明随着资本量的快速增加,GDP 增加速度较小,整体资本利用效率有一定的下滑。

(三)资本动态效率

分析资本动态效率有多种方法,本文采用 AMSZ 准则来判断资本总投资是否大于总收益。从而判断资本投资是否是动态有效的。

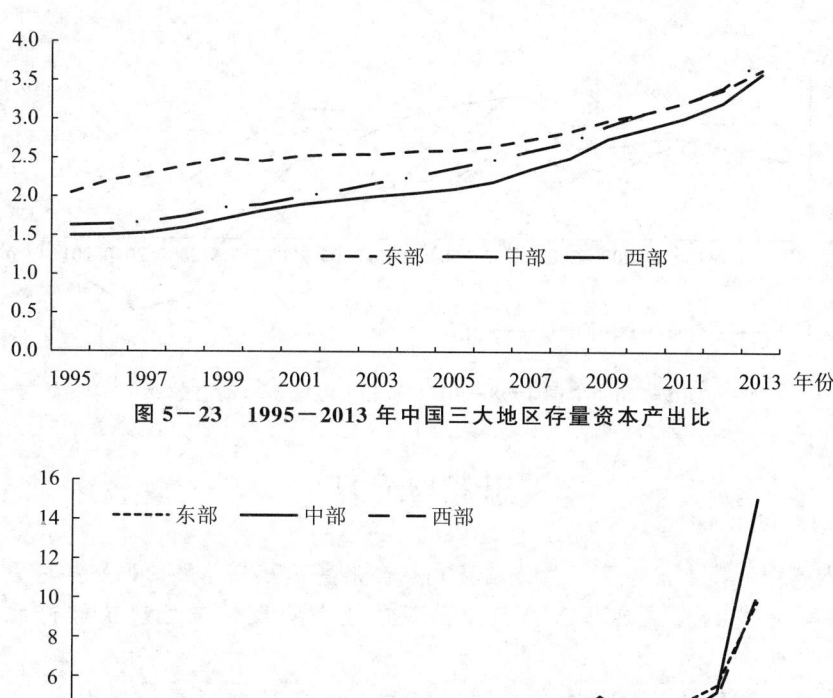

图 5-23　1995-2013 年中国三大地区存量资本产出比

图 5-24　1995-2013 年中国三大地区增量资本产出比

1. 国家层面

从图 5-25 可以看出,从 1994 到 2007 年,中国的资本动态效率一直大于 0,资本投资为有效率阶段。而到了 2008 年之后,由于国际和国内经济环境的恶化,中国的动态经济效率出现了大幅度的下滑,资本投资总体呈现动态无效率。

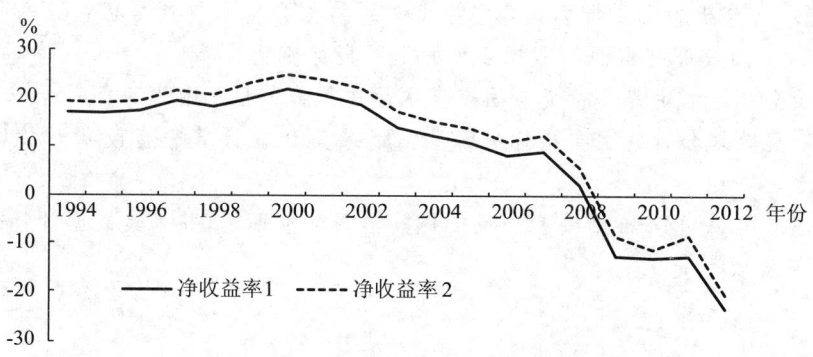

图 5-25　1994-2013 年中国资本动态效率变化

2. 三大地区

从图 5-26 可以看出,1998-2008 年中国的三大地区效率一直大于 0,资本投资为有效率阶段,而到了 2008 年之后,由于国际和国家经济环境的下降,东部,西部,中部的资本动态效率出现了大幅下降,中部和西部地区出现动态无效率,东部地区尽管出现下降,不过下降幅度较小,仍然处于有效率阶段。

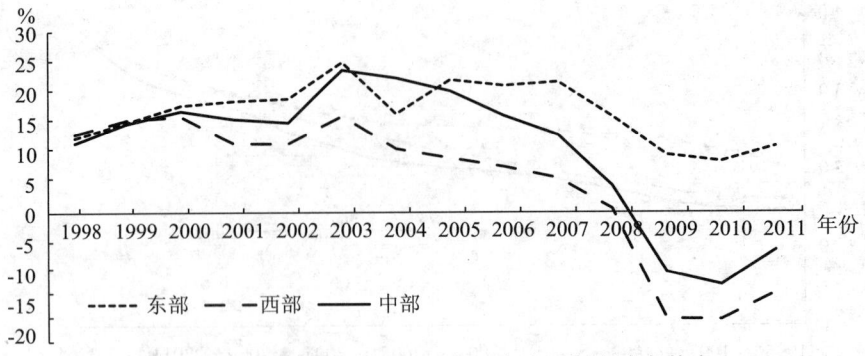

图 5—26 中国 1998—2011 年三大地区资本动态效率

思考与练习

1. 请简述最终消费支出与实际最终消费和社会消费品零售总额的区别和联系。
2. 消费函数理论的发展经历了哪三个阶段？各个阶段代表性理论假说的主要内容是什么？
3. 请采集城乡数据估计分析中国城镇居民和农村居民的消费函数形式，并分析其背后含义。
4. 消费基本面分析的主要指标有哪些？请采集数据计算分析改革开放以来中国的相关指标。
5. 消费结构演化的基本规律有哪些？
6. 消费宏观效果分析的主要指标有哪些？请采集数据计算分析改革开放以来中国的相关指标变化。
7. 投资的主要分类和决定因素有哪些？
8. 请简述托宾 q 理论的基本思想。
9. 投资基本面分析的主要指标有哪些？投资的结构分析有哪些方面？请采集数据计算分析改革开放以来中国投资基本面和结构分析的主要指标变化。
10. 请简述全社会固定资产投资与固定资本形成总额的区别和联系。
11. 投资宏观效果分析的主要指标有哪些？请采集数据计算分析改革开放以来中国的相关指标变化。
12. 请简述采用 AMSZ 准则判断宏观投资效率的基本思想，并采集数据计算分析改革开放以来中国宏观投资效率变化。

第六章 国际收支统计分析

近年来,在全球经济失衡的大环境下,反映中国对外经济交往的国际账户呈现出不同程度的不平衡现象。中国国际收支两大基本帐户:经常账户和资本与金融账户,持续呈现出"双顺差"结果,中国经济的不平衡问题越来越引起重视。伴随着特定的国际经济大环境和中国自身改革开放的内在需求,"双顺差"现象逐渐形成、加深,其存在是中国经济发展的必然阶段。但是,随着时间推移,这种现象也暴露了中国经济内部的深层次矛盾,如果不加以控制,将会影响中国经济发展的进程。

本章首先从国际收支统计的基础理论出发,介绍国际收支统计的基本概念和国际收支平衡表;然后详细描述国际收支失衡问题,分析国际收支相关理论及其与国民经济收支失衡之间的关联;最后从增加值角度审视中国国际收支失衡问题,分析国际收支失衡的深层原因。

第一节 国际收支统计的基础理论

一、国际收支统计的基本问题

(一)国际收支统计的基本内涵

随着社会生产的不断发展,社会分工日益深化,国际间的商品和要素交易越来越多地呈现国际化趋势。这些趋势必然导致国际间债权债务关系的产生。国际借贷关系又必须在一定时期内进行清算,如此便产生了国际结算。国际结算涉及国际间货币的收入与支出,于是便产生了国际收支。

国际收支是指一国在对外经济交易中形成的相关经济收支。在不同的历史阶段,人们对国际收支的理解不同,但作为一个严格的核算概念,国际收支应该理解为一个经济总体在一定时期内与世界其他国家(地区)之间由于各种经济交易而发生的收入和支付,而不论这种国际经济交易是否伴随外汇的收支,也不论这种国际经济交易是否是交换性的还是单方面的。

国际收支包含两个基本概念:一是国际收支和核算主体,国际收支反映的是一国常住单位与非常住单位之间的经济往来。非常住单位可以是另一个国家的企业、居民户、政府机构等,也可以是某个国际组织或机构。而常住单位之间的经济往来和非常住单位之间的经济往来分别属于"内部收支"和"外部收支",不属于国际收支的探讨范围。二是国际收支核算内容,国际收支仅反映常住单位与非常住单位之间的经济交易所形成的流量。非交易性质的对外经济往来、价格和汇率的波动等虽然会引起相应的经济变化,形成非交易经济流量,甚至可能对一国的国际头寸和国际支付地位产生显著影响,但却不属于国际收支的范围。

国际收支统计是对一个国家与其他国家在经济交流过程中实际发生的商品、服务、利息、股息、援助、直接投资和证券投资以及储备资产的交易结果所作的系统记录和分析。它反映的是国际收支的一种方式，其主要内容是编制和分析国际收支平衡表。

（二）国际收支统计的发展历程

中国国际收支统计的发展，即是《国际收支手册》发展的缩影。《国际收支手册》是国际货币基金组织（IMF）公布的有关国际收支统计概念的国际标准。为了指导成员国及时、有效地编制国际收支数据，IMF在1948年、1950年、1961年、1977年、1993年以及2009年，组织前后六次出版了《国际收支手册》。

自1977年《国际收支手册》第四版出版以来，国际交易的方式发生了重大变化。这些变化主要反映在金融市场的自由化，新型金融工具的不断出现，重组外债等新途径以及国际服务贸易的迅猛增长等方面。《国际收支手册》（第五版）重要成就之一就是在很大程度上实现了国际收支与国民账户体系下各项概念及计量的协调一致。

但是，从1993年IMF组织发布第五版《国际收支手册》到IMF在2002年开始进行第五版手册修订工作的八年时间里，世界经济发展之迅速，变化之大，使得很多新型行业涌现出来。尤其在这八年时间里金融业获得了快速发展。现在的金融业不仅仅是传统的业务活动和经营管理方式，而且在此基础上采用新的技术，不断形成新的市场，创造出新的工具、新的交易和新的服务。此外，各个经济体已经不再是更关心自己的投资、贸易、金融等国际收支的流量，而是更加关心自己在各个经济活动中所处的地位，也就是头寸的变化。但是第五版《国际收支手册》并没有将各类收支的地位清晰地展现出来。除此之外，现在各经济体之间的货物贸易和服务贸易越来越频繁，随之带来的相关问题也越来越突出。例如，不涉及所有权货物贸易是否还是列在货物贸易项目下，是否还是作为货物贸易定义之外的一个特殊例子，各经济体有各自的处理方式。有鉴于此，IMF于2001年开始进行《国际收支手册》的修订工作，并于2009年发布第六版《国际收支手册》。

与第五版相比，《国际收支手册》第六版有多处修订，涉及加工贸易和转口贸易统计、直接投资统计、主权财富基金统计[①]、个人汇款的界定以及《国际收支手册》结构调整等。其中，针对加工和转口贸易调整以及直接投资统计的调整如表6-1所述。

表6-1 《国际收支统计》手册第五版与第六版主要统计原则对比

		《国际收支手册》第五版	《国际收支手册》第六版
加工贸易统计和转口贸易统计	加工贸易统计原则	加工贸易统计在货物贸易项下	加工贸易被定义为不涉及所有权转移的贸易，记入服务贸易项下。其中，来料加工记入服务贸易，进料加工应涉及所有权转移记入货物贸易
	转口贸易统计原则	转口贸易归入服务贸易项下	由于所有权发生了转移，记入货物贸易中的一般贸易收入
直接投资统计	统计原则	采用方向原则，即对直接投资首先按照投资方向区分为对内和对外直接投资	采用资产/负债原则，即对直接投资首先区分资产和负债，然后再针对直接投资者、直接投资企业以及关联企业进行细分

资料来源：作者根据《统计研究》2008年第6期文章"国际收支统计的修订及对中国的影响"等文献整理。

---

① 在《国际收支手册》第六版中，主权财富基金（Sovereign Wealth Funds，SWFs）被定义为政府设立的用于经济发展长期目标的特殊目的的投资基金。主权财富基金具有着眼于经济利益，政府可以决定投资目的以及资金通常来源于外汇储备或进出口顺差等特征。中国2007年9月设立的中国投资公司及韩国2005年设立的韩国投资公司均属于主权财富基金类型（陈之为等，2008）。

自 1980 年代初期,中国正式公布《国际收支概览表》以来,中国已初步建立了国际收支统计体系。尤其是 1996 年又根据国际货币基金组织《国际收支手册》的标准和要求,重新确定了以国际收支统计申报制度为核心的国际收支统计新体系,使中国国际收支统计制度日趋完善。

二、中国国际收支平衡表的结构构成

国际收支平衡表是指系统地记录一个国家在某一时期内的各种国际经济交易流量的统计表。它是对一国经济状况和对外金融关系进行综合分析和预测的重要依据,是国际货币基金组织规定其成员国必须参照《国际收支手册》逐期编制并定期报送的一张平衡表。

国际收支平衡表概括了一国在编表期间的国际国内经济活动情况、对外经济关系和经济实力。它是对一国经济状况和对外金融关系进行综合分析和预测的重要依据。因此,编制国际收支平衡表对编表国和相关国家、国际组织等进行国际经济分析和预测具有重要作用。对于编表国而言,通过编表分析可以及时了解本国的国际收支状况、顺逆差产生的原因及其对本国经济发展的影响。掌握国际储备资产和对外负债变化状况,把握本币对外汇率的走势,了解本国在国际经济中的地位和作用及其变化,从而制定适合本国经济发展的经贸、投资政策。对于外国使用者而言,通过国际收支平衡表可以了解一国国际收支的顺逆差状况和国际储备资产的变化,了解其经济实力,预测其货币汇率的走势和未来的对外经贸、投资政策动向。

中国的国际收支平衡表是在国际货币基金组织要求的基础上,根据中国的实际情况适当调整后形成的。具体来讲,中国的国际收支平衡表包括四大部分,即经常账户、资本和金融账户、储备资产、净误差与遗漏。

1. 经常项目

国际收支平衡表的经常项目,即商品与劳务项目,是国际收支平衡表中的主要项目。其中,商品项目是指一国的商品进出口额,又称为有形贸易项目,非货币用途的黄金交易也包括在商品项目中。劳务项目,又称非贸易收支项目或无形贸易项目。具体指劳务的进出口额,通常包括运费、保险费、旅游费等。一般而言,国际收支平衡表将对外投资及外国在本国投资的利息、股息、红利算入劳务项目。根据国际货币基金组织(IMF)所编的《国际收支手册》(第三版)规定,商品与劳务的进出口价格按照各国海关边境离岸价格[①]计算。即进、出口贸易的双方均应将其运输费用和保险费用等另外计入服务项目之下。如此处理是为了确保进出国双方对于同一笔贸易能保持一致的计价标准和薄记项目分录。由于按离岸价格计算出口商品价格,故货运就成为向对方提供的劳务,计入劳务项目。由于各国经济结构不同及历史原因,某些国家商品项目在经常项目中占比加大,例如石油输出国组织;而有些国家劳务收入占比较为显著,例如美国、英国等。

表 6—2 报告了《国际收支手册》(第六版)国际收支平衡表中经常项构成内容。

2. 资本与金融项目

国际收支平衡表的资本项目,即国际收支平衡表中反映本国与他国资本交易项目。按期限划分,以一年为界,分为长期资本项目与短期资本项目。其中,长期资本包括直接投资、有价证券买卖和借款等。短期资本通常指一年以下的有价证券买卖及存款借款等;按资本交易的当事

---

① 离岸价格,指在国际贸易中以卖方将货物装上运输工具为条件的价格。离岸价格的全称是装运港船上交货价格,英文术语为 F.O.B.即卖方负责在制定的装运港将货物装上买方制定船只上的价格。交货以后的国外运保费用及风险完全由买方负担。

表 6－2　国际收支平衡表经常项目构成

一、经常帐户差额	A. 货物和服务差额	a. 货物差额	
		b. 服务差额	1. 运输差额
			2. 旅游差额
			3. 通讯服务差额
			4. 建筑服务差额
			5. 保险服务差额
			6. 金融服务差额
			7. 计算机和信息服务差额
			8. 专有权利使用费和特许费差额
			9. 咨询差额
			10. 广告、宣传差额
			11. 电影、音像差额
			12. 其他商业服务差额
			13. 别处未提及的政府服务差额
	B. 收益差额	1. 职工报酬差额	
		2. 投资收益差额	
	C. 经常转移差额	1. 各级政府差额	
		2. 其他部门差额	

资料来源：国家外汇管理局，"中国国际收支平衡表"。

人划分，分为私人资本项目和政府资本项目。资本输出在国际收支平衡表上记为借方，资本输入记为贷方。

表 6－3 报告了《国际收支手册》(第六版)国际收支平衡表资本项目和金融项目构成内容。

3. 储备资产项目

国际收支平衡表的储备资产项主要包括外汇储备、货币黄金、在国际货币基金组织的特别提款权(Special Drawing Right，SDR)及储备头寸以及其他债权。

货币性黄金，是指黄金作为流通手段和支付手段的时候发挥其作用，即一国货币当局持有的作为金融资产的黄金。在一国的国际收支平衡表中，有关黄金交易一般出现在两个项目上，一是在资本和金融项目及储备项目上，另一是在经常项目上。前者为货币性黄金，后者则称非货币性黄金。货币性黄金在金本位制度下表明一国国际收支状况，在浮动汇率制度下则表明一国政府及金融机构所持有的用作国际储备的黄金的增减。非货币性黄金主要用于工业和装饰等，该项目表示国内黄金产量与消费量的差额，包括私人持有黄金的数量与金矿存储的增减。

特别提款权(SDR)。SDR 是以国际货币基金组织为中心，利用国际金融合作的形式而创设的新的国际储备资产。国际货币基金组织按各会员国缴纳的份额，分配给会员国的一种记账单位。最初是为了支持布雷顿森林体系而创设，1970 年正式由 IMF 发行，各会员国分配到的 SDR 可作为储备资产，用于弥补国际收支逆差，也可用于偿还 IMF 的贷款，又被称为"纸黄金"。作为国际货币基金组织的记价单位，SDR 并不是真实的货币，使用时必须先换成其他货币，并且不能直接用于贸易或非贸易的支付。但是在很多国际结算领域，却都可以看到 SDR 作为国

表6-3 国际收支平衡表资本和金融项目构成

二.资本和金融帐户差额	A. 资本帐户差额			
	B. 金融帐户差额	1. 直接投资差额	1.1 中国在外直接投资差额	
			1.2 外国在华直接投资差额	
		2. 证券投资差额	2.1 资产差额	2.1.1 股本证券差额
				2.1.2 债务证券差额
				2.1.2.1(中)长期债券差额
				2.1.2.2 货币市场工具差额
			2.2 负债差额	2.2.1 股本证券差额
				2.2.2 债务证券差额
				2.2.2.1(中)长期债券差额
				2.2.2.2 货币市场工具差额
		3. 其他投资差额	3.1 资产差额	3.1.1 贸易信贷差额 — 长期差额
				短期差额
				3.1.2 贷款差额 — 长期差额
				短期差额
				3.1.3 货币和存款差额
				3.1.4 其他资产差额 — 长期差额
				短期差额
			3.2 负债差额	3.2.1 贸易信贷差额 — 长期差额
				短期差额
				3.2.2 贷款差额 — 长期差额
				短期差额
				3.2.3 货币和存款差额
				3.2.4 其他负债差额 — 长期差额
				短期差额

资料来源:国家外汇管理局,"中国国际收支平衡表"。

际统一结算货币记价单位的身影。① 2015年11月30日,国际货币基金组织执行董事会决定,将人民币纳入特别提款权货币篮子。这是人民币国际化进程中的重要一步。

表6-4报告了国际收支平衡表中储备资产具体构成。

---

① 如果人民币对特别提款权折算比例发生变化,将影响到与中国相关的多种国际业务的结算。譬如,在国际长途电话结算、国际航运、国际邮政的费率、赔偿等方面,中国许多企业都使用 SDR 作为计价标准。最普遍的就是,中国移动和中国联通的国际漫游费用需要用 SDR 来进行结算。这两个公司都规定,对于漫游到国外的用户,选择使用的被访地区或国家运营商,将按被访地运营商使用的计费货币单位计价,并按一定的汇率折算为特别提款权,再由特别提款权换算为人民币后向用户收取。

表6—4 国际收支平衡表储备资产构成

三．储备资产变动额	3.1 货币黄金差额
	3.2 特别提款权差额
	3.3 在基金组织的储备头寸差额
	3.4 外汇储备差额
	3.5 其他债权差额

资料来源：国家外汇管理局，"中国国际收支平衡表"。

4. 净误差与遗漏项目

国际收支核算采用复式记账法中的借贷记账法，它是根据资金平衡的原理——资金使用＝资金来源，在反映每一项业务活动时，按其内容都以相等的金额同时在两个或两个以上相互联系的账户中进行登记。按照借贷记账法，对每一笔交易都以"有借必有贷，借贷必相等"的规则进行记录，则通过所有账户对全部交易的统计数据应该满足"借方总额＝贷方总额"，即国际收支平衡表整体上满足借贷平衡关系。然而，在实际操作过程中，具体的每笔交易是由政府各职能部门按分工分别记录的。考虑到统计口径差异、非法资金流动、借贷交易记录的时间差以及汇率等价格水平变动等因素，在汇总时难免出现差错和遗漏的情况，导致国际收支平衡表出现借贷不平衡。因此，在编制国际收支平衡表时，设置了"净误差与遗漏"项目，以抵消统计误差，保证国际收支平衡表借贷关系平衡。

三、中国国际收支平衡表的数据来源及统计说明

(一)经常项目数据来源及统计说明

经常项目包括货物贸易、服务贸易、收益(又称初次收入)及经常转移(又称二次收入)四项。

1. 货物贸易

货物贸易进出口均按离岸价格统计，其是经常账户最重要的组成部分。根据《国际收支手册》(第六版)，贸易项统计只记录所有权发生了转移的货物，包括一般贸易、进料加工贸易，所有权未发生转移的货物，如来料加工不记入货物统计，而记入服务贸易统计。货物贸易统计数据主要来源有三个：(1)国际收支平衡表中经常项目中的贸易数据；(2)海关总署的进出口贸易数据；(3)中国人民银行的代客结售汇数据。其中，国际收支主要反映居民和非居民之间的货物所有权变更。海关统计主要反映跨境货物贸易统计，以报关单为编制基础。海关口径因包含了来料加工和出料加工贸易，因此较国际收支平衡表口径更大。人民银行代客结售汇数据反映的是已经发生的汇兑行为，主要体现了进出口商的持汇意愿。其数据并不完全反映当期贸易情况，与海关数据与国际收支平衡表数据不具有统计意义的可比性。综上，海关公布的进出口贸易数据公布频度更高，使用更加广泛。

2. 服务贸易

近年来，服务贸易对中国国际收支平衡的影响越来越显著。数据显示，2015年中国货物贸易顺差为5781亿美元，服务贸易逆差高达2094亿美元。近一半的货物顺差用以购买国外的"服务"(见图6—1)。其中，服务项中最重要的是旅行服务。2014年中国服务贸易逆差总额1919.7亿美元，旅游贸易逆差为1079.5亿美元，占中国服务贸易逆差总额的56%以上(见图6—2)。这其中既有国内居民收入上升，对外旅游需求增加的因素，也隐含部分居民换汇需求上

涨的因素。

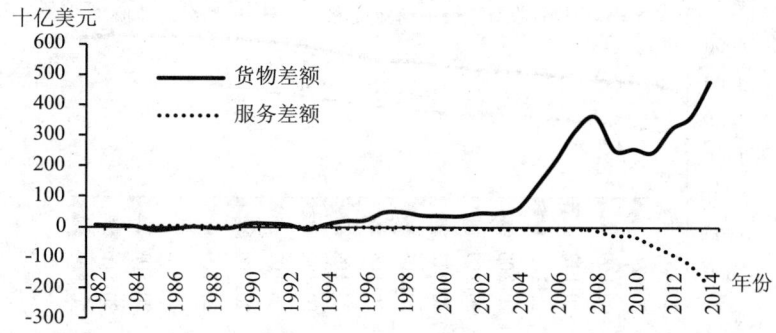

图 6—1 国际收支平衡表经常项下的服务贸易差额与货物贸易差额

数据来源：国家外汇管理局，"中国国际收支平衡表"。

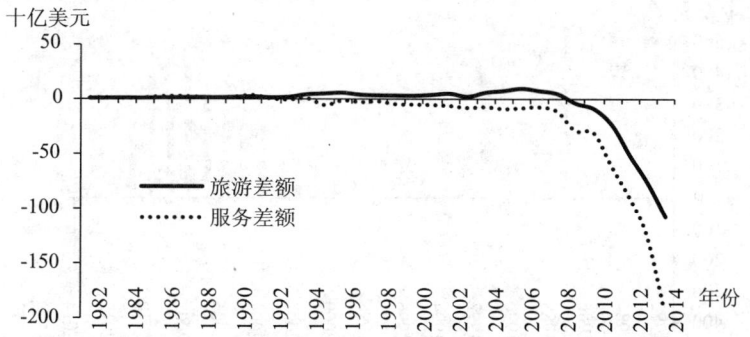

图 6—2 国际收支平衡表经常项下的服务差额与旅游差额

数据来源：国家外汇管理局，"中国国际收支平衡表"。

3. 收益项

收益项，既包括劳动要素收益也包括投资收益。其中，投资收益具体指因金融资产投资而获得的利润、股息（红利）、再投资收益和利息，也包括外汇储备收益。但金融资产投资的资本利得[①]或损失不记入投资收益，而记入资本与金融项统计。

一方面，对中国投资收益的理解要结合中国国际投资头寸表。截止2015年9月底，中国共有6.28万亿海外资产，4.74万亿海外负债，但是平均每个季度净投资收益超过－200亿美元（见图6—3）。这从一个侧面反映中国的"不成熟债权国"地位——中国以外汇储备作为主要对外投资项目，赚取低廉的长期国债收益的同时，国际投资者以直接投资作为对中国的负债，在中国赚取高额的投资收益；另一方面，外汇储备的两套数据区分了投资收益。一套是中国人民银行每月公布的数据，根据IMF《国际收支手册》（第六版）定义，调整了投资收益；资本利得和汇兑损益。一套是外管局在国际收支平衡表每个季度公布的数据，仅考虑历史成本测算的数据。

4. 经常性转移项

经常性转移项（又称二次收入项）主要反映对外援助情况。二次收入指居民与非居民之间的经常转移，包括现金和实物。这一项主要反映国际援助的变化。历史上中国一直是二次收入顺差国，2013年开始中国二次收入转为逆差，表明中国接受援助下降，而对外援助增加（图6—4）。

---

① 资本利得是资本所得的一种，它是指纳税人通过出售诸如房屋、机器设备、股票、债券、商誉、商标和专利权等资本项目所获取的毛收入，减去购入价格以后的余额。

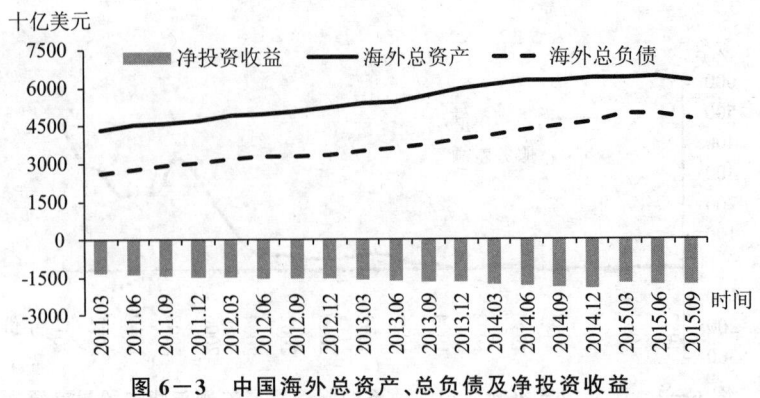

图 6—3 中国海外总资产、总负债及净投资收益

数据来源:国家外汇管理局,"中国国际投资头寸"。

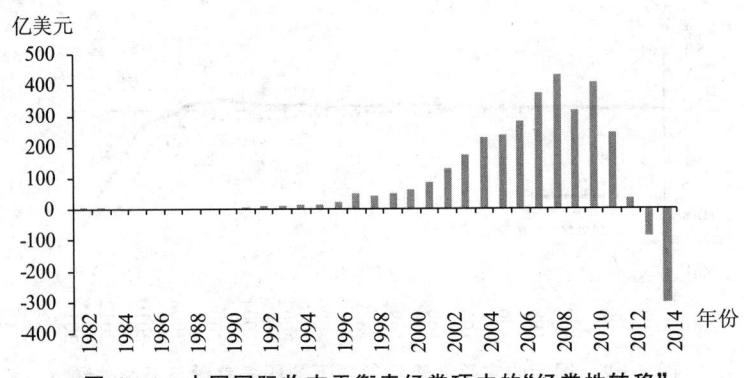

图 6—4 中国国际收支平衡表经常项中的"经常性转移"

数据来源:国家外汇管理局,"中国国际收支平衡表"。

(二)资本和金融项目数据来源及统计说明

资本和金融项目主要包括资本账户和金融账户。其中,资本账户主要反映债务减免,具体指居民与非居民之间的资本转移,以及居民与非居民之间非生产非金融资产的取得和处置[①]。金融账户具体分为非储备性质的金融账户和国际储备资产。非储备性质的金融账户又包括直接投资、证券投资和其他投资。

1. 直接投资

直接投资是金融账户最重要的构成部分,主要有三套统计数据:国际收支平衡表直接投资项目下的外国来华投资;商务部公布的实际使用外资金额;外汇管理局公布的银行代客结汇下的直接投资项。这三套数据的口径略有不同。其中,国际收支平衡表中直接投资的统计口径最大,主要反映非居民来华直接投资,包括技术投资、固定投资、现汇出资以及不结汇部分。商务部数据反映外国在华直接投资中资金投资情况,不涉及技术和固定投资,是测度资本流动的较优口径。银行代客结售汇数据反映的是已经发生的汇兑行为,一定程度隐含着"热钱"流动。数据显示,2004 年以前,商务部公布的实际使用外资金额与外汇管理局公布的国际收支平衡表中直接投资差额的差异较小,2004 年以后,随着中国对外开放程度的不断加深,两个数据口径差异逐年增大。相对于商务部统计的中国实际使用外资金额的稳步增长,国际收支平衡表反映的

---

① 这一项主要反映国家之间的债务减免,数额很小。

外国在华直接投资差额增长显著,其中有相当部分属于固定资产投资。而外汇管理局公布的银行代客涉外收付款中的直接投资差额项,随着2014年中国经济减速下滑,其差额也逐年下降,2015年首次出现支出小于收入,在一定程度上显示资金的"流出"趋势(见图6-5)。

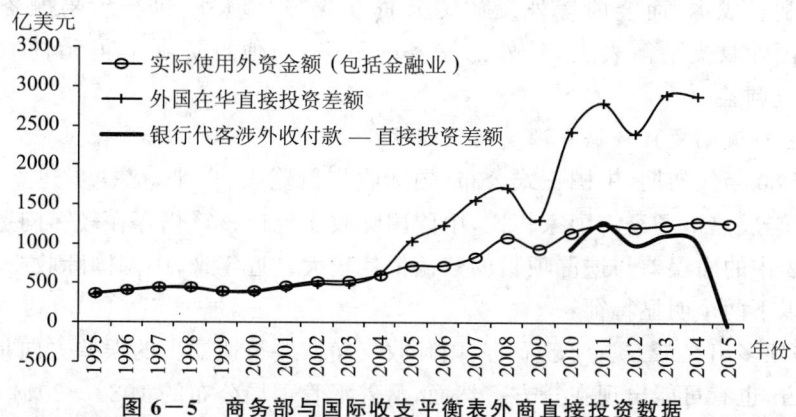

图6-5 商务部与国际收支平衡表外商直接投资数据

数据来源:CEIC数据库与国家外汇管理局,"中国国际收支平衡表"。

2. 证券投资

证券投资主要由资产和负债组成,资产和负债又细分为股本证券和债务证券,债务证券包括(中)长期债券和货币市场工具。证券投资主要涉及两方面:一个是发行债券或者是其他形式的证券融资,另一个是国内金融机构调整国外资产头寸,此部分头寸主要来自于对外贸易或外商直接投资形成的顺差。

3. 其他投资

其他投资是私人资本流动最活跃的项目,主要也由资产和负债组成。资产和负债项又细分为贸易信贷、信贷、货币和存款以及其他资产等四项。其中,贸易信贷是因款项支付与货物所有权转移或服务,提供非同步进行而与直接对手方形成的金融债权债务[①]。货币和存款项中,资产项记录中国居民持有外币及在非居民处的存款资产变动;负债项记录非居民持有的人民币及在中国居民处的存款变动。

(三)储备资产项目数据来源及统计说明

在储备资产构成的四个子项目中,外汇储备是最重要的组成部分。其中外汇储备的数据主要有三种来源:第一是国际收支平衡表;第二是中国人民银行外汇占款数据;第三是中国人民银行定期公布的外汇储备存量数据。这三种口径略有差别。其中,国际收支平衡表中的外汇储备口径最小,只包括以历史成本法计算的外汇储备变动额,可以最准确地反映外汇干预量。央行的外汇占款口径居中,由两部分构成:中央银行进行外汇买卖时相应投放或吸收的人民币资金变动,以及外汇储备经营收益部分结汇而投放的人民币资金变动。口径最大的是中国人民银行定期公布的外汇储备存量数据,不仅包括外汇储备的流量变动,还包括投资收益变化和存量的估值效应变动。

此处需要特别说明的是,居民换汇反映在国际收支平衡表中的外汇储备下降。一般而

---

① 贸易融资与贸易信贷不同。贸易融资是银行信用,贸易信贷是商业信用。贸易融资是通过第三方或银行信用形式发生。而贸易信贷,是因款项支付与货物所有权转移或服务,提供非同步进行而与直接对手方形成的金融债权债务。贸易融资是银行中介提供的信用,贸易信贷是基于境内外企业自身的商业信用。由于缺乏银行监管审核,贸易信贷比贸易融资中隐藏的"热钱"更多,波动也更大。

言,抛开正常的旅游、商业服务等外汇需求,当人民币存在贬值预期时,居民换汇基本可视为资本流出。一方面,居民以人民币向商业银行购买美元后,商业银行并不会承担美元敞口,而转向央行购汇,消耗央行的外汇储备。另一方面,商业银行也不会承担居民在商业银行美元存款的利息成本,而会向境外发放美元贷款或转存境外、进行贸易融资等。因此,居民换汇反映在国际收支平衡表上,是外汇储备的下降,其他投资项下美元贷款、美元存款和贸易融资项相应调整。

(四)净误差与遗漏项目数据来源及统计说明

自20世纪80年代初期,中国正式公布《国际收支概览表》以来,已初步建立了国际收支统计体系。但是,与成熟市场经济国家相比,中国国际收支统计核算仍存在较多问题,突出表现在国际收支平衡表中的净误差与遗漏项目的数额依然较大。近年来,中国国际收支净误差与遗漏项的变化呈现以下两个明显特征:

第一,误差项多出在借方。一般而言,国际收支净误差与遗漏项的误差方向是不确定的,有可能出现在借方,也有可能出现在贷方。然而,从外汇管理局公布的1982—2014年中国国际收支平衡表看,误差项出现在借方有23次。且2009年国际金融危机以来,净误差与遗漏项一直出现在借方(表6—5)。

表6—5 中国国际收支平衡表"净误差与遗漏"　　　　　　　　单位:亿美元

年份	贷方	借方	年份	贷方	借方
1982	2.8	0.0	1999	0.0	177.9
1983	0.0	1.7	2000	0.0	118.9
1984	11.9	0.0	2001	0.0	48.6
1985	0.0	24.9	2002	77.9	0.0
1986	0.0	12.3	2003	82.2	0.0
1987	0.0	13.7	2004	129.7	0.0
1988	0.0	10.1	2005	229.2	0.0
1989	0.9	0.0	2006	36.3	0.0
1990	0.0	31.3	2007	132.9	0.0
1991	0.0	67.6	2008	188.4	0.0
1992	0.0	82.5	2009	0.0	413.8
1993	0.0	98.0	2010	0.0	529.4
1994	0.0	97.8	2011	0.0	137.7
1995	0.0	178.3	2012	0.0	870.7
1996	0.0	155.5	2013	0.0	629.2
1997	0.0	222.5	2014	0.0	1401.4
1998	0.0	187.2			

数据来源:国家外汇管理局,"中国国际收支平衡表"。

第二,净误差与遗漏项有显著上涨趋势。从绝对额看,国际收支平衡表中的误差项在20世纪90年代前数额较低,1990年以后,该项目数额逐年扩大。特别是2008年金融危机以来,误差值从2009年的414亿美元,逐年扩大到2014年的1401亿美元。从相对看,中国国际收支净误差与遗漏占贸易进出口总额的比重在1990年代非常显著,1990—1999年十年间,误差项占贸易总额的比重年均约5%,达到国际货币基金组织认定"会引起问题"的5%的临界线[①]。2000年以后,随着中国贸易额的不断上升,虽然误差项绝对值逐年增长,但受分母扩张的显著影响,误差项的相对贸易总额比重有所降低。近年来,误差项比重再次呈现扩大趋势(见图6—6)。

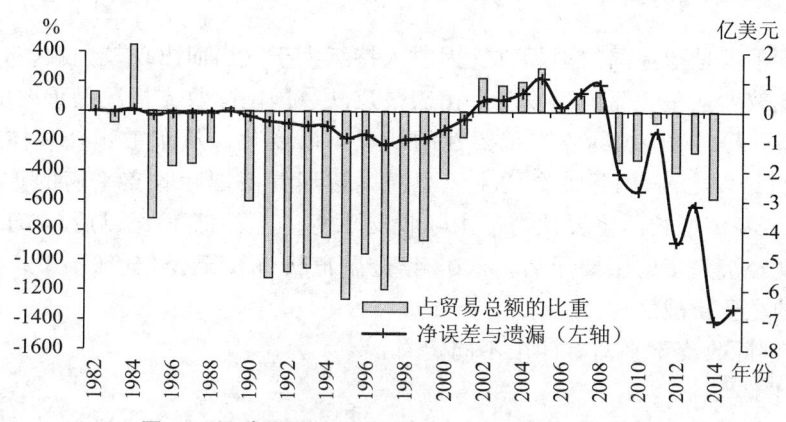

图6—6 中国国际收支平衡表"净误差与遗漏"项

数据来源:国家外汇管理局,"中国国际收支平衡表"。

中国国际收支误差与遗漏形成的主要原因包括以下几点:

首先,从根本上讲,是由于中国尚未建立起准确、及时、完整、有效的国际收支统计体系。虽然自1996年中国推出了国际收支统计申报制度,但现行国际收支平衡表中,不少项目的数据依旧来源于各职能部门。例如,贸易(货物)数据来自海关统计,直接投资贷方数据来自商务部。而相关各个部门在公布数据时,由于缺乏与国际收支统计部门的协调,加之国际收支数据较为滞后,因此,先期公布的数据会对国际收支统计数据的公布造成一定的压力。

其次,以国际收支统计申报制度为核心的国际收支统计新体系,自身还存在一些有待完善之处。主要包括:由于统计口径的不一致,一方面出现重复统计,另一方面又会造成某些项目数据的遗漏,这在外商直接投资项目中尤其突出;某些交易在国际收支平衡表上的一方作了记录,但在另一方未作记录;某些交易如旅游项目由于大量外汇收入通过非正常途径(如黑市)入境,造成汇总业务统计的遗漏,而且用估计数则偏差太大;由于各金融机构会计科目设置和使用的不一致,使得间接申报统计的部分数据在实际分类填报中产生误差;金融创新导致的大量新业务内容,特别是一些服务项目,无法在统计体系中得到反映,造成信息丢失和遗漏。

最后,资本外流是造成中国国际收支净误差与遗漏项目数额过大的另一主要原因。一般而言,中国资本外流主要包括四种形式:一是通过假进口文件非法套取外汇;二是以投资收益的名义非法套取外汇;三是以单方面转移支付的名义非法套取外汇;四是一些企业为了骗取出口退税和逃避进口关税,采取出口高报或假出口、进口低报等办法,个别外商虚报引进外资、假外资等。这些与资本外流一样,体现在国际收支平衡表的净误差与遗漏项目中[②]。

---

① 《国际收支手册》(第四版)指出,净误差及遗漏项目的"数值大小不一定能为国际收支表总的准确性提供任何说明。尽管如此,如果这个项目的净值太大,往往会妨碍对表的解释。根据不时引用的经验估计认为,如果余数达到超过商品项目的借方和贷方总计的5%的相当值时,就会引起问题(虽然余数当然也能由非商品交易引起)"。《国际收支手册》(第五版)虽未像第四版那样具体提出净误差与遗漏项数额占商品贸易借贷总和5%的相当值衡量标准,但也指出"残差项数值的大小不应视为是代表了整个统计报表的准确性。但是,净残差项目较大则会影响统计表的分析"。

② 余文建:"中国国际收支中的误差与遗漏问题探析",《福建论坛》(经济社会版),2000年第6期.

第二节 国际收支失衡的统计分析理论

一、国际收支不平衡与国际收支失衡

国际收支不平衡是指一国的国际收支因收入持续大于支出而出现较大顺差,或因支出持续大于收入而出现较大逆差。而国际收支平衡表是反映一国国际收支情况最重要的依据。

19世纪以来,人们对于国际收支重要性的认识不断变化。从布雷顿森林体系崩溃一直到2009年金融危机爆发之前,国际社会的主流思想是逐渐看淡国际收支平衡的重要性。因为这一时期通货膨胀、经济增长的重要性高于国际收支平衡。进入21世纪以后,全球不平衡问题日益成为各国宏观经济失衡的主要矛盾。2008年金融危机爆发至今,全球不平衡问题依然是各国决策者面对的主要挑战之一。

根据文献,国际收支不平衡有四个不同定义:

1. 贸易不平衡

$$贸易差额 = 货物与服务贸易出口 - 货物与服务贸易进口 \quad (6.2.1)$$

2. 经常项不平衡

$$经常项目差额 = 贸易差额 + 无形收入 - 无形支出 + 无偿转移收入 - 无偿转移支出 \quad (6.2.2)$$

3. 基本差额

$$基本差额 = 经常项目差额 + 长期资本流入 - 长期资本流出 \quad (6.2.3)$$

4. 官方结算差额

$$官方结算差额 = 基本差额 + 私人短期资本差额 \quad (6.2.4)$$

一般而言,所谓的国际收支不平衡指经常项余额不为零的情况。它的差额就是外汇储备和净误差与遗漏项的变动。如果把短期资本跨境流动也包括进去,国际收支不平衡即经常项目加上资本项目总和不等于零的情况。西方经济学家在2008年全球金融危机爆发前所指出的"全球不平衡"主要指的是经常项目的不平衡。

特别地,在中国,2011年以来由于经常项顺差完全来自贸易账户顺差,收益项与转移项为逆差。因此,中国的国际收支失衡主要表现为贸易账户的不平衡,即贸易余额不等于零。

如果将全球经济作为整体,加总各国经常账户在会计核算意义上一定是平衡的[①]。从单个国家来看,在多数情况下,大部分国家的经常账户或多或少都存在一定的顺差或逆差。如果这种收支差额规模不大,且顺差或逆差交替出现,可视为正常情况。而问题是最近十多年来,少数国家的经常账户的顺差或逆差规模越来越大且长期持续,从而给全球经济的长期发展持续带来不稳定冲击。这种情况可被视为全球经济失衡。全球经济失衡是指一国拥有大量贸易赤字,而与该国贸易赤字相对应的贸易盈余则集中在其他一些国家。全球经济失衡的不断加剧是导致中国贸易收支失衡的重要原因。

从定量上来看,通常衡量全球经济失衡的绝对值指标有两个:净国际投资头寸(Net International Investment Position, NIIP)与经常项目净值(CA)。与此对应,衡量全球经济失衡的比率指标也有两个:NIIP/GDP 与 CA/GDP。前者从存量上衡量失衡,强调的是一国国际收支长

[①] 卢瑾:"全球经济失衡:特征,机制及可持续性",中国社会科学院研究生院,2010年。

期逆差累计形成的外债对该国经济造成的负面影响;后者从流量上衡量,反映经常项目交易对该年该国经济增长的影响,同时也反映该国参与国际资源配置的情况以及外债累计的速度,因而有助于预测该国未来年份中外债的变化情况。

二、国际收支失衡与国民经济收支失衡之间的关联

(一)国民经济收支失衡

从国民经济角度看贸易账户余额具有非常重要的意义。开放宏观经济条件下,贸易账户余额(Trade Balance,TB)可以表示为:

$$TB = X - M \quad (6.2.5)$$

开放宏观经济条件下,贸易账户余额(TB)同私人消费、私人投资、政府支出一样是国民收支的重要组成部分。在很多国家,特别是新兴市场国家,贸易账户余额占国民收入的比重相当大。反映在经济增长过程中,其对国民收入增长率的贡献亦非常突出。

开放宏观经济条件下,经常项目余额(Current Account Balance,CA)可表示为:

$$CA = TB + NFP \quad (6.2.6)$$

式中,NFP来自国外的净要素收入,包括初次分配得到的初次收入和再分配得到的二次收入。经常项目余额(CA)的宏观经济含义可以从不同角度进行阐析。经常项目余额表明了一国是向世界其他国家筹资的净借款人,还是对世界其他国家融资的净贷款人。其中,经常项目盈余代表本国向国外提供了融资;经常项目赤字代表外国向本国提供了融资。

由于国民总收入(Gross National Income,GNI)等于国内生产总值与要素收益(初次收入)之和,而国内总收入(Gross Domestic Income,GDI)等于国民总收入与再分配转移收入(二次收入)之和。同时,储蓄(S)可视为收入与消费之差。则存在如(6.2.7)关系式:

$$\begin{aligned}
储蓄 &= 国内总收入(GDI) - 消费 \\
&= 国民总收入(GNI) + 二次收入 - 消费 \\
&= 国内生产总值(GDP) + 初次收入 + 二次收入 - 消费 \\
&= 消费 + 投资 + 净出口 + 初次收入 + 二次收入 - 消费 \\
&= 投资 + 经常项目余额 \quad (6.2.7)
\end{aligned}$$

因此,

$$经常项目余额(CA) = 储蓄(S) - 投资(I) \quad (6.2.8)$$

这个等式表明,开放条件下,一国投资(I)与一国储蓄(S)不必相等。当S<I,即本国储蓄不足以支持本国投资时,可以通过产生CA<0,即经常项目赤字方法,以产品的净进口满足投资需求,形成国内资产。然而,这个过程会产生对外债务,实际上就是利用国外资本弥补本国的储蓄缺口。当S>I,即本国储蓄超过国内投资需要时,则可以通过净出口带来的资本流出而形成海外资产。此时,CA>0。一国的经常项目盈余意味着资本从经常项目盈余国家流入经常项目赤字国,前者为后者国内资本存量的增加提供融资。从这个角度看,决定经常项状况的主要因素是各国储蓄、投资状况的差异。而各国商品与服务的进出口情况则是对这一差异的反映。

另一方面,私营部门投资储蓄行为比较稳定时,经常项目余额(主要是贸易余额)在一定程度上反映了政府财政收支行为,即经常项目余额与财政政策之间存在密切关系。

由于支出法 GDP 构成可以写成:

$$Y = C + I + G + (X - M) \quad (6.2.9)$$

即国民收入从支出的角度可以分解为私人消费(C)、私人投资(I)、政府支出(G),从收入角

度可以分解为私人消费(C)、私人储蓄(Sp)、政府税收(T),这两种衡量方法是等价的,即:
$$C+I+G+(X-M)=Y=C+Sp+T \tag{6.2.10}$$

将政府储蓄(Sg)定义为税收减政府支出之差:Sg=T－G,储蓄又可分为私人部门储蓄(Sp)与公共部门储蓄(Sg):S=Sp+Sg。因此:
$$X-M=(Sp-I)+(T-G) \tag{6.2.11}$$

上式表明,中国贸易失衡与私人部门储蓄与投资差额及公共部门收支差额相关。

(二)国际收支失衡与中国的"双顺差"

合理的或经济的国际收支结构是平衡的。即,经常项与资本和金融项差额(Capital and Financial Account,CFA)之和为零:
$$-CA=CFA \tag{6.2.12}$$

如果将资本与金融项余额细分为金融账户净额(Financial Account,FA),即,除去储蓄资产的所有金融交易的差额和储备资产交易差额(Reserves Balance,RB),则:
$$-CA=FA+RB \tag{6.2.13}$$

经常项与资本和金融项在一个账户中出现赤字或盈余,必然伴随另一个账户的盈余或赤字。因此,在某种意义上,经常项同资本与金融项的关系表现为利用金融资产的净流入或动用储备资产为经常项赤字融资。相反,若经常项盈余,则表现为金融资产净流出或储备资产的增加。

事实上,全球绝大多数国家的国际收支是不平衡的。例如,美国利用美元的国际货币地位,购买外国的实际资源形成本国的生产能力,以维持其国内储蓄水平低于投资和消费水平的经济结构。美国 S<I,则在国际收支上表现为经常项目逆差,CA<0,这使得美国产生大量的对外债务,实际上就是美国利用外国资本弥补本国储蓄缺口。因此,美国的资本和金融账户表现为顺差,即 CFA>0。经常项同资本与金融项互为融资,以追求国际收支的真实平衡。美国的国际收支结构相对是十分"经济的"。又如,日本通过贸易顺差(经常项顺差)的形式输出资本(资本与金融账户逆差),以获得相对较高的投资回报。日本的国际收支结构也是相对合理的。而中国在相当长时间内表现为经常项同资本与金融项"双顺差",见图 6－7。

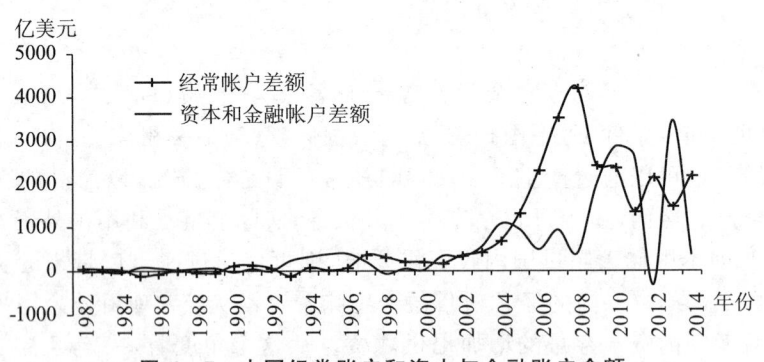

图 6－7 中国经常账户和资本与金融账户余额

数据来源:国家外汇管理局,"中国国际收支平衡表"。

伴随"双顺差",中国的净误差与遗漏项借方余额及外汇储备不断增长。

一方面,经常项和资本与金融项的双顺差(贷方余额)在 20 世纪 90 年代至本世纪初,有超过 40% 被净误差与遗漏项所抵消。其中,大部分成了资本外流。有超过 59% 形成了外汇储备增量,成为相对低收益的外国政府证券投资和其他投资。根据美国财政部数据,中国大陆持有超过万亿美元的美国国债,成为美国国债的最大持有人。因此,中国国际收支平衡表中的净误差与遗漏项必须引起重视。国际经验认为,虽然净误差与遗漏项不仅仅是商品交易所引起的,但净误差与遗漏项达到超过商品借贷总额(即贸易进出口总额)的5%,整个国际收支运行就会出现问题。净误差与遗漏数额的大幅增加表明大量的资金去向不明。一种可能的解释为,在商品贸易中,某些企业为骗取出口退税收入而虚报出口,这样会形成出口数额过高而资本流入数额过低,由此造成国际收支借方余额小于贷方余额,从而相应形成净误差与遗漏。除此,外商投资为获得对外商的税收优惠而扩大其在中国的直接投资;国内资金转移到国外后再调回国内作为外商直接投资的资本及一些资本的外流等没有从统计中反映出来;一国实行资本管制时,为了躲避管制而形成的资本外流也会假借各国合法交易名义流出国外,这最终会反映在净误差与遗漏项中。一国可通过考察净误差与遗漏项,大致了解一国的资本外流情况。

另一方面,外汇储备过多会造成外汇资金的闲置与浪费。外汇储备规模过大造成的宝贵资金资源的浪费表现是多方面的。第一,外汇储备来源于货物贸易收支的顺差,是用出口商品换取的外汇资金,这部分储备资产实际上是国内的物资以资金的形成存放在国外。外汇储备越多,意味着从国内抽出的物资越多,等于把相应的财富限制或让渡给别人使用。因此,过多的外汇储备将减少本国国民经济对其资源、物资的有效利用。第二,一国外汇储备过多,说明物资没有及时转化为现实生产力,影响国内生产的发展。第三,外汇储备过多容易蒙受国际金融市场变动的风险损失。当今全球各国汇率多变,在保有巨额外汇储备情况下,稍有不慎,就会发生汇率变动的风险损失。第四,外汇储备过多,要承受放弃投资高收益率、低利保有储备资产和高利使用国外资金的多重负担。如果一国货币当局能够确定适度的外汇储备规模,将相对过多的外汇储备用于进口生产性的物资或其他有效投资,就会促进国内经济增长,扩大就业机会,或取得其他较为可观的经济收益。反之,就只能获取相对较低的持有储备资产的收益率,还须时刻谨防汇率变动的等风险损失。

综上,中国国际收支"双顺差"的格局不是一个"经济"选择。在一定程度上反映了中国宏观经济失衡(储蓄与投资缺口)与资金资源使用的低效。

三、国际收支失衡的成长阶段理论

不同国家经济发展情况不同,国际收支会随之经历不同发展阶段。早在20世纪50年代,Kindleberger和Lindert,就提出一国国际收支会随本国的经济发展呈现出相应的由低级到高级的发展阶段。后经萨穆尔森等人提炼和发展,总结出国际收支生命周期学说。

国际收支生命周期包括四个阶段:

第一阶段,成长期的债务国。在这个阶段,一国的进口远大于出口,大量贸易逆差或外汇缺口主要靠对外借债支付,即经常项账户处于逆差($CA<0$),且资本金融账户处于顺差($KA>0$)。这一阶段对应国家经济的不发达时期,无论国家经济结构还是产品结构都较为单一、落后,产品在国际市场的竞争力较低,出口以生产原材料为主,进口的主要为先进的技术、机器设备与工业制成品。

第二阶段,成熟的债务国。在这个阶段,一国的出口大于进口,贸易顺差开始出现,但差额较小。由于该国以往向国外的借债存量较大,股息和利息继续增加,因此,出现的较小贸易顺差不足以抵消所有债务和财务费用。但由于这个阶段经常项账户的收益(收入)子账户通常为逆差或较大逆差,所以该阶段国家国际收支经常账户总体上大体平衡或略有逆差。此时一国的资本净流入不断增加,但增速递减,将资本净流入维持在一个大体平衡状态。总之,成熟的债务国阶段,一国的国际收支结构较为复杂,存在较大不确定性。经常项账户和资本金融账户存在多种组合可能性,但大体上保持一个较为平衡的状态。对应国家经济发展也有了明显提高,出口以劳动密集型工业制成品为主,技术含量较低,出口附加值较低。

第三阶段,新兴的债权国。在这个阶段,一国的出口开始远大于进口,存在大量的贸易顺差导致该国成为净资本输出国。这个阶段,经常项余额出现顺差(CA>0),且资本金融账户出现逆差(KA<0),即存在对外资本输出。对应国家经济发展水平更加提高,已接近发达国家水平。经济结构、产品结构得到优化。出口产品附加值不断提升,以出口高技术含量的资本密集型产品为主。但服务贸易,尤其是高科技服务贸易仍欠发达,服务贸易占出口比重较小。

第四阶段,成熟的债权国。在这个阶段,一国商品的出口再次少于进口,对外贸易账户重新出现赤字。但由于这个阶段国家对外大规模投资,产生高利润回流,导致经常项账户下的收入账户仍出现较大规模的顺差,从而尽管该国经常项账户总体上存在逆差,但规模较小。即,经常项账户存在逆差(CA<0),且资本金融账户逆差(KA<0)。对应一国经济经过长期发展,达到一个相对成熟的发达阶段。经济结构中第三产业比重远超第一、二产业,出口服务贸易上升了一个高度,尤其是电信、金融、信息技术、产品设计等高端服务业发展到了一个相当大的规模与成熟度。

四、国际收支失衡调节理论

国际收支调节理论是研究国际收支失衡及其调节方式的理论。目前,国际收支调节理论围绕国际收支研究的主要方法有以下三种:

(一)国际收支弹性分析方法

国际收支弹性分析方法是研究一国汇率变化与该国进出口关系理论,该理论认为,一国汇率变动在满足特定条件下可以影响一国的进出口情况,从而改变该国的贸易平衡。在此引入Marshall-Lerner-Robinson-Metzler 条件:

$$P_x Q_x \left[\frac{S_x(E_x - 1)}{S_x + E_x}\right] + P_m Q_m \left[\frac{E_m(S_m + 1)}{S_m + E_m}\right] > 0 \quad (6.2.14)$$

式中,P_x、P_m、Q_x、Q_m 分别表示一国出口、进口商品的价格(以外币表示)和数量;S_x、S_m、E_x、E_m 分别表示一国的出口、进口的供给(S 表示)价格弹性和需求(E 表示)弹性。

如若假定其他条件不变,仅考虑汇率变动对进出口商品价格和数量影响;且不考虑资本流动,贸易收支等同国际收支。一国的进出口如果满足式(6.2.14)条件,那么该国货币汇率贬值就会改善该国的贸易收支,即贸易逆差减少、顺差增加。如果再假定一国的进出口供给均趋于无穷,即 $S_x \to \infty, S_m \to \infty$;且一国国际收支初始平衡,即 $P_x Q_x = P_m Q_m$,那么(6.2.14)转变为:

$$E_x + E_m > 1 \quad (6.2.15)$$

式(6.2.15)也被称为 Marshall-Lerner 条件。通常,如果一国进出口产品的需求价格弹性越大,同时出口产品的供给弹性越大、进口产品的供给弹性越小,那么本国货币贬值就更有可能改善贸易收支。在式(6.2.15)中,一国进出口产品的需求价格弹性之和大于1的程度越大,那么货币贬值就越有利于改善本国的贸易收支。但是,由于式(6.2.15)仅为一国货币贬值改善该国贸易收支理论上的充分条件,因此即便只满足式(6.2.14),一国货币贬值仍有可能改善该国贸易收支。

(二)国际收支吸收分析方法

国际收支弹性分析理论是假定一国国民收入不变的条件下,分析本国货币的升值、贬值对国际收支的影响,而吸收分析理论则是假定一国价格总水平保持不变的情况下,分析一国国民收入的变化对该国国际收支的影响。

我们知道,一国国际收支经常账户余额就是贸易账户余额与来自国外的净要素收入之和,即,CA=TB+NFP。于是,

$$C+I+G+(X-M)+NFP = C+I+G+TB+NFP$$
$$= C+I+G+CA$$
$$= GNP$$
$$= Y \tag{6.2.16}$$

一国国内私人消费 C、私人投资 I、政府支出(购买)G 之和构成国内居民总支出。该总支出称为国内吸收(Domestic Absorption),用 A 表示,即:

$$A = C+I+G \tag{6.2.17}$$

综合式(6.2.16)和式(6.2.17),有:

$$CA = Y-(C+I+G) = Y-A \tag{6.2.18}$$

式(6.2.18)为吸收分析法核心公式,表明一国国际收支和国民经济总量之间的数量关系。如果一国国民总收入减去供给国内总支出(吸收)后仍有结余,那么该国在国际收支中就会表现为经常账户顺差;反之,如果国内支出规模较大,就会最终表现为国际收支经常账户逆差。

国际收支调节的吸收分析方法研究了货币贬值对国际收支的影响,认为只有当一国货币贬值使国内产出与吸收之间的正向差距拉大时,货币贬值才会改善一国国际收支。吸收理论揭示了一国的收入、支出(吸收)、货币贬值与国际收支之间的内在联系。

(三)国际收支结构分析方法

不同国家国内经济结构、产业结构不同,经济发展阶段不同,就会导致该国的国际收支结构不同。国际收支调节的结构分析,就从供给的角度提出了对国际收支失衡的调节方法。该方法认为,即使汇率政策、财政政策、货币等需求管理政策对调整一国国际收支失衡有效,也并不能从根本上解决失衡问题。而解决经济结构和产业结构才能从根本上解决国际收支失衡,尤其是长期失衡问题。

国际收支调节的结构分析理论,在很大程度上解释了发展中国家收支失衡的根本原因是发展中国家内部经济结构、产业结构的失衡或不尽合理。在实践中,这类分析研究在许多情况下比较符合发展中国家的客观实际,因此该方法对中国国国际收支失衡问题的研究也提供了较好方法。

第三节 中国国际收支失衡的统计测度及成因分析

一、中国国际收支失衡状况的基本统计描述

我们考虑一个问题,既然国际收支平衡表上借贷双方总额应该相等,为何还会出现所谓的国际收支恶化、国际收支失衡等问题?

事实上,国际收支中的全部交易可以分为自发交易项目和调整交易项目。自发交易项目又称事前交易,是企业或个人出于经济利益和其他动机进行的国际贸易,与国际收支调整无

关。经常项目和资本项目都属于自发交易项目。调整项目或称补偿项目(或事后项目),是指以调整国际收支为目的的交易项目。国际收支中的官方结算是主要的调整项目,当一国自发性交易产生的外汇需求大于外汇供给时,金融当局为平衡供求就必须动用本国的黄金、外汇储备或通过外国中央银行、国际金融机构融通资金以弥补自发性交易带来的收支差额。当然,国际收支平衡表中的"净误差与遗漏"也属于调整项目,它可以使国际收支平衡表最终在账面上实现平衡。

由此可见,国际收支的账面平衡是通过调整项目来实现的,真正能反映国际收支状况的是自发项目。通常意义上讲的国际收支状况实际上就是自发项目收支的平衡或失衡。

根据国际货币基金组织(IMF)定义,一国的国际收支是指一国居民在一定时期内与非居民之间经济交易的系统记录,是一个包括全部国际经济交易的广义收支概念。金本位时期,由于贸易盈余可以带来黄金内流,国际收支最初被用于简单解释为对外贸易差额。随着布雷顿森林体系的崩溃,国际收支被用于描述一国的外汇收支,即经济体在一定时期内必须同其他国家以货币结清的各种到期应付差额,包括以现价支付为基础的经济交易及不宜现价支付的交易,如补充贸易、易货贸易、实物形式的无偿捐助等。传统的外部失衡大都指的是贸易失衡,具体表现为一国出口与进口之间的差额。如今,随着国际化的不断发展,劳动力与资本等要素在全球流动的加快,一国的外部失衡已主要表现为经常性账户的失衡,即经常性账户余额占 GDP 的比重被视为一国国际收支失衡程度的衡量指标。

改革开放,特别是新世纪以来,中国经常性账户余额占 GDP 的比重逐年上升,并在 2007 年全球金融危机前达到峰值 10%。此后,中国经常性账户失衡程度有所缓解。2015 年,经常性账户余额占 GDP 比重回落到 2.7% 左右(见图 6—8)。

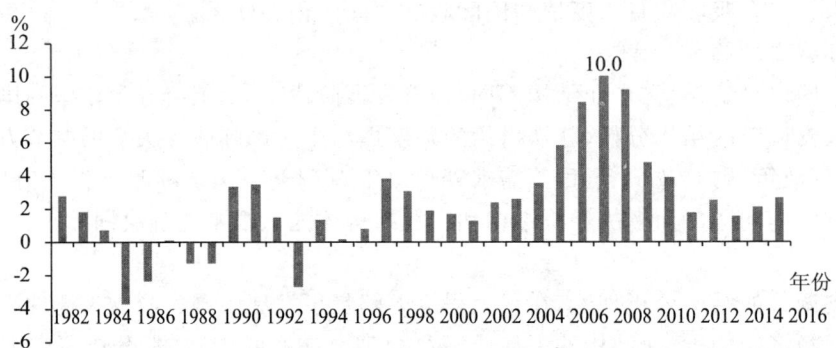

图 6—8 中国经常性账户余额占 GDP 比重(1982—2015)

数据来源:CEIC 数据库。

一方面,中国的经常性账户上失衡有统计口径方面的原因。以中美失衡为例,如今,中国已是美国第一大进口来源地与第三大商品出口国。在中美贸易逐年增长的同时,美方逆差越来越大。究竟美方逆差有多高? 双方的统计数据颇有差异。2014 年,按照中方统计,美方贸易逆差 2370 亿美元;按照美方统计,这一逆差为 3426 亿美元,双方统计差异高达 1056 亿美元。美方统计的数据远远高于中方,其实早在 2009 年 10 月,在中国杭州召开的第 20 届中美商贸联委会上公布了《中美货物贸易统计差异研究报告》,就有关中美货物贸易的统计差异给出了官方解释。主要包括:第一,中国出口货物经第三地转运导致的统计差异。由于中国海关根据出口商的报关目的地进行统计,而美国按原产地原则进行统计,由此造成的差异到 2006 年高达 441 亿美元。第二,双方报价不同而造成的统计差异。中国对美国出口中,超过 60% 属加工产品。由于中方只负责接单生产,不掌握具体销售环节,无法得知美方的加价信息,以至于美方统计的自中国的进口额大于中方统计的对美出口额。第三,中美两国对海关数据的处理口径差异。例如,在统计辖区上,美国将波多黎各和美属维尔京群岛作为美国的海关关境,对华的贸易统计中包含了这两个地区的数据。而中国将上述两个地区视为单独行政区,与其贸易额不计入对美贸易总额。

另一方面,全球化发展与海关统计方法(又称关境统计法)改革滞后,在一定程度上夸大了中国的经常性账户失衡。在全球化尚未发展、国与国之间贸易以一般贸易为主的20世纪初期,流出一国的商品完全由该国生产,关境统计的进、出口不仅完全反映了该国的贸易总额,还能如实计算各国的贸易顺差。随着全球经济一体化的深入,各国资源在世界范围内进行优化配置,产品的生产链也被最大限度地进行细分。按关境统计的贸易总值与按生产链增加值统计的贸易总值之间差异很大。早在1999年,Feenstra等人的研究指出,中美贸易不平衡是世界贸易格局变化的结果。中国出口到美国的加工产品及由此产生的全部逆差被错误地算入了美对华贸易,中美逆差被夸大了。此后,学界开始了探索将出口总值分解为每一生产环节形成的增加值的统计方法。Koopman,Power,Wang和Wei(简称KPWW,2010)通过构建全球多部门投入产出数据库,将国内增加值统计从单一国家拓展至区域乃至全球,全方位地对一国贸易中国内与国外增加值进行估算。根据KPWW(2010)估计结果,传统关境统计对中国贸易顺差的扭曲程度达37.5%。李昕,徐滇庆(2013)的估计结果为33.2%,OECD-WTO核算的结果为31%。可见,中国的国际收支失衡中有约1/3属于统计"方法误差"。

新千年以来,中国贸易顺差呈现出一般贸易顺差向加工贸易顺差转移特点。适用于反映一般贸易的传统关境统计,并不能正确反映产品全球加工生产链中不同环节或地域的价值创造,即无法正确反映中国以加工贸易顺差为主的特点。按关境统计的贸易顺差,与按生产链增加值统计的贸易顺差差异越来越大。

二、基于增加值核算的中国国际收支失衡再审视

(一)贸易总额与贸易顺差的增加值统计法

1. 全值统计与增加值统计

在产品的全球化生产尚未发展前,国与国之间的贸易以一般贸易为主。流出一国的商品几乎全部由该国生产。随着全球经济一体化的深入,各国资源在世界范围内进行优化配置,产品的生产链也被最大限度地进行细分,中国、墨西哥等加工贸易比重较高的的国家,按通关统计的对外贸易总值与按生产链增加值统计的对外贸易总值之间差异很大。根据Koopman,Wang和Wei等(2008,2010)估算,中国、墨西哥2003年的加工出口占全球加工出口总额的85%以上。其中,中国加工出口中,国外增加值比重约占56%;墨西哥加工出口中,国外增加值比重高达64%。

若以经常性账户顺差占GDP的比重作为"失衡"程度的衡量指标,根据国际货币基金组织世界经济展望数据库(World Economic Outlook,WEO),中国经常性账户失衡占全球失衡的份额已从2003年的6.8%,上升到2008年峰值时的24.3%,2009年为24.1%,2010年回落至19.9%。2010年至今,全球失衡约1/5来自中国。在跨国公司成为世界贸易主体的今天,加工贸易顺差越来越重要。反映一般贸易的传统全值统计法,并不能准确反映产品全球加工生产链中不同环节或地域的增值过程。按全值方法统计的贸易顺差,与按生产链增加值统计的贸易顺差的差异越来越大。

具体而言,增加值统计法和海关统计法差异的原因主要在于:首先,在统计中国进口时,关境统计重复计算了进口商品中的本国增加值的折返额;其次,在统计中国最终生产品出口时,关境统计重复计算了进口的海外增加值。由于对进口的本国增加值及出口的国外增加值这两部分的重复计算,导致关境统计的加工贸易进出口总额大于实际生产的总额。因此,有必要将增值法引入国际贸易核算体系,更合理地反映在全球生产链中不同地域和不同生产环节的增加值(以下简称增值)。只有这样,才能比较准确地描述多边贸易中各方的真实所得。

2. 增加值统计法对中国贸易总额与贸易顺差额的重新估算

李昕,徐滇庆(2013)在 KPWW(2010)基础上,利用全球投入产出数据库(World Input-Output Database,WIOD)及增加值核算法对中国贸易顺差进行了重新核算,并进一步调整了中国经常性账户余额占 GDP 比重,即外部失衡程度。其方法简介如下:

(1)增加值法理论模型分为中国和海外两个部分,每个部分存在 N 个可贸易部门,生产 n 种产品,且每个贸易品均可被直接用于最终需求或作为其他产品生产的中间投入,两部分贸易完全自由化,不存在贸易壁垒。根据投入产出表的横向平衡关系:

总产出＝中间需求＋最终需求

＝(国内生产需求＋海外生产需求)＋(国内最终需求＋出口) (6.3.1)

即

$$X_C = (A_{CC}X_C + A_{CW}X_W) + (Y_{CC} + Y_{CW}) \tag{6.3.2}$$

式中,下标 C 指代中国,W 指代海外。X_C 和 X_W 是 $N\times 1$ 的产出向量,代表中国与海外 N 个可贸易部门的总产出。Y_{CC} 和 Y_{CW} 是 $N\times 1$ 最终需求向量,分别代表中国最终需求与中国对海外的出口。A 代表 $N\times N$ 直接消耗系数矩阵,其中 A_{CC} 表示中国总产出中消耗本国产品的直接消耗系数矩阵,A_{CW} 的下标代表 C 对 W 的投入,即海外产出中消耗中国产品的直接消耗系数矩阵。将此平衡关系拓展成两部分组成的区域投入产出模块(Inter-regional Input-Output Table,IRIO),并进一步改写成里昂惕夫逆矩阵形式(Leontief Inverse Matrix):

$$\begin{bmatrix} B_{CC} & B_{CW} \\ B_{WC} & B_{WW} \end{bmatrix} = \begin{bmatrix} (I-A_{CC}-A_{CW}(I-A_{WW})^{-1}A_{WC})^{-1} & B_{CC}A_{CW}(I-A_{WW})^{-1} \\ (I-A_{WW})^{-1}A_{WC}B_{CC} & (I-A_{WW}-A_{WC}(I-A_{CC})^{-1}A_{CW})^{-1} \end{bmatrix}$$
(6.3.3)

(2)根据投入产出表中的列向平衡关系:总产出＝中间投入＋价值增值,即:$X = \hat{\Phi}X + V$。此处,V 即 V_C 和 V_W,代表 $1\times N$ 的价值增值向量,表示中间投入率向量的对角矩阵。总产出方程式可改写成:

$$V = (I-\hat{\Phi})X = (I-\hat{\Phi})\cdot B\cdot Y \tag{6.3.4}$$

式中,$(I-\hat{\Phi})$ 代表总产出的增值率,以符号 $\hat{V}$ 表示,$\hat{V}B = \begin{bmatrix} \hat{V}_C B_{CC} & \hat{V}_C B_{CW} \\ \hat{V}_W B_{WC} & \hat{V}_W B_{WW} \end{bmatrix}$。其中,$\hat{V}_C B_{CC}$ 表示中国最终产品中中国的增值率;$\hat{V}_W B_{WC}$ 表示中国最终产品中海外的增值率。同理,$\hat{V}_C B_{CW}$ 代表海外最终产品中中国的增值率;$\hat{V}_W B_{WW}$ 代表海外最终产品中海外的增值率。设 E 代表最终产品出口,$E = \begin{bmatrix} E_C & 0 \\ 0 & E_W \end{bmatrix}$。$E_C$ 代表中国对海外的最终产品出口,E_W 代表海外对中国的最终产品出口(即中国的最终产品进口)。因此,贸易进出口可通过贸易额乘以增值率得到:$\hat{V}B\cdot E =$

$$\begin{bmatrix} \hat{V}_c B_{cc} E_c & \hat{V}_c B_{cw} E_w \\ \hat{V}_w B_{wc} E_c & \hat{V}_w B_{ww} E_w \end{bmatrix}$$ 。此处,$\hat{V}_c B_{cc} E_c$ 和 $\hat{V}_w B_{ww} E_w$ 分别代表中国出口商品中国内创造的增值,以及海外对中国出口中海外创造的增值。$\hat{V}_c B_{cw} E_w$ 和 $\hat{V}_w B_{wc} E_c$ 分别表示海外向中国出口中使用中国产品作为中间投入品的增值(即中国进口中本国增值的折返),以及中国向海外出口中使用海外产品作为中间投入品的增值(即海外进口中海外增值的折返)。

(3)关境统计法统计的中国贸易总额公式为:

$$总出口+总进口 = E_c + E_w = (\hat{V}_c B_{cc} + \hat{V}_w B_{wc}) E_c + (\hat{V}_w B_{ww} + \hat{V}_c B_{cw}) E_w \quad (6.3.5)$$

增值统计法统计的中国贸易总额为:

$$国内增加值出口+国外增加值进口 = \hat{V}_c B_{cc} E_c + \hat{V}_w B_{ww} E_w \quad (6.3.6)$$

采用两种统计方法计算贸易总额的主要区别在于对折返增值的处理。中国对海外出口本国增值创造的产品($\hat{V}_c B_{cc} E_c$)包括两部分内容:一是用于海外的最终需求,一是作为中间投入品用于海外的生产。后者在被用于国外生产后,又可通过海外对中国的出口再次折返回中国,即作为中国进口中本国增值的折返($\hat{V}_c B_{cw} E_w$)。由于这部分折返的增值在中国对海外出口中已被计入本国的增值创造,$\hat{V}_c B_{cw} E_w \in \hat{V}_c B_{cc} E_c$,同理,$\hat{V}_w B_{wc} E_c \in \hat{V}_w B_{ww} E_w$。由此可见,关境统计对增值的折返部分进行了重复计算。由于增值折返现象仅仅出现于加工贸易,加工贸易比重越高,重复计算的程度越大。

(4)在计算贸易顺差的时候,关境统计法的公式:

$$总出口-总进口 = E_c + E_w = (\hat{V}_c B_{cc} + \hat{V}_w B_{wc}) E_c - (\hat{V}_w B_{ww} + \hat{V}_c B_{cw}) E_w \quad (6.3.7)$$

增值统计的中国贸易顺差公式:

$$国内增加值出口-国外增加值进口 = \hat{V}_c B_{cc} E_c - \hat{V}_w B_{ww} E_w \quad (6.3.8)$$

在贸易顺差的统计上,关境统计法与增值统计法的差异为:$\hat{V}_w B_{wc} E_c - \hat{V}_c B_{cw} E_w$。如果 $\hat{V}_w B_{wc} E_c > \hat{V}_c B_{cw} E_w$,即中国向海外出口中使用海外产品作为中间投入品的价值大于海外向中国出口中使用中国产品作为中间投入品的价值时,关境统计的贸易顺差就会大于增值统计的贸易顺差。

根据以上方法,整理 2002 年和 2007 年中国和世界的国内投入产出表及进口投入表,分别以关境法和增值法,对比分析中国贸易总额与贸易顺差。结果显示:首先,随着生产国际化程度的不断加深。中国对外出口中海外增值的比重不断上升。平均值从 2002 年的 11% 上升到 2007 年的 15%。与此相对应,中国进口国内增值折返的平均比重,也从 2002 年的 12% 上涨到 2007 年的 16%。全球经济一体化使得国际贸易相互依存程度不断加深;其次,按照关境法统计,2002—2007 年中国的贸易总额被高估了 14.1%—20.5%,贸易顺差高估了 20.3%—24.9%。再次,对于不同的产业部门,采用关境法统计贸易顺差所造成的差异各不相同,其中,办公设备及计算机制造业最为严重,随后是纺织业、服装、鞋帽制造业、金属制品业等。

(二)中国国际收支平衡表经常项目失衡的增加值核算

在对国际收支平衡表中经常项贸易顺差进行增加值重新核算后,中国经常账户余额占 GDP 的比重较关境统计法有一定程度的下降。

一方面,按照官方统计数据,将 2007 年 94 个主要国家和地区的外贸依存度和外贸失衡度放在一起。从图 6—9 中可见,中国的经常项目差额占 GDP 的比重较高,对外贸易依存度也较高,但是与其他国家相比,这两个指标都高于中国的国家和地区还有不少。即使按照这组数据,也很难得出中国外贸依存度和外贸失衡度异常的结论。

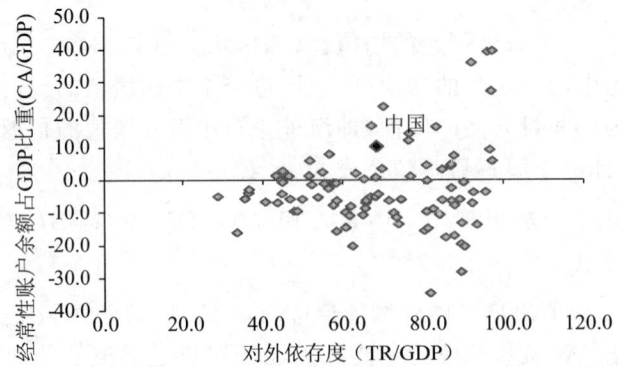

图 6—9　中国外贸依存度和外贸失衡度在全球各国的相对位置(原始值)[①]

资料来源:World Development Indicator,WDI 2011ed.,World Bank.

另一方面,如果扣除加工贸易重复计算,中国的外贸顺差显著减少。在 94 个国家和地区当中,中国对外贸易的依存度和失衡度都处于较为正常的状态(见图 6—10)。

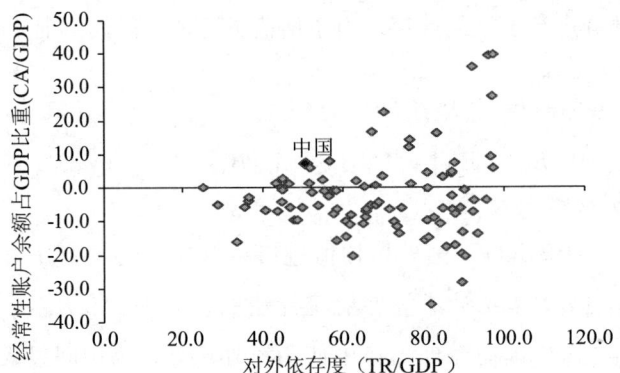

图 6—10　中国外贸依存度和外贸失衡度在全球各国的相对位置(扣除重复计算部分)[②]

资料来源:World Development Indicator,WDI 2011ed.,World Bank.

三、中国国际收支失衡的深层原因分析

(一)中国国际收支的平衡目标

中国宏观经济调控的四大目标——经济增长、增加就业、物价稳定和国际收支平衡。其中,前三大目标总体表现不错,但国际收支不平衡问题仍然较为突出。这也从侧面反映了中国经济内部存在不平衡和结构性矛盾。

一方面,国际收支持续不平衡,容易对中国经济金融发展带来一系列问题。国家外汇管理局数据显示,除 2012 年外,1999 年到 2014 年中国国际收支持续出现经常项目、资本和金融项

---

① 考察样本包括全球 94 个主要国家和地区的数据。经常性账户差额占 GDP 比重此处选取的是 CA11/GDPex,对外贸易依存度指标为上文讨论的 TR11/GDPex。

② 考察样本包括全球 94 个主要国家和地区的数据。经常性账户差额占 GDP 比重此处选取的是 CA21/GDPex,对外贸易依存度指标为上文讨论的 TR21/GDPex。

目"双顺差"、外汇储备大幅增长。图 6-11 经常项目顺差与 GDP 之比 2007 年达到最高 10%。特别是 2003 年以来,中国外汇储备累积增长超过 3 万亿美元。其结果导致央行外汇占款渠道货币大量投放。尽管央行采取了一系列对冲操作,但国内流动性过多,增加了国内物价上涨和资产泡沫的压力。根据人民银行资产负债表数据,2003 年以来中国月均外汇占款从 969 亿元上升到 2008 年峰值时的月均 3338 亿元。此后,受全球金融危机影响,中国外汇占款呈现波动变化。2014 年以来,随着中国经济减速调整,主要发达经济体经济复苏疲软,中国经济受到较大冲击,出口导向性经济发展模式难以为继。同时,美国货币政策周期调整,还可能对中国跨境资本流动产生冲击,不利于金融市场稳定。央行资产负债表数据显示,中国外汇占款自 2000 年以来首次出现大幅下挫,月均-2353 亿元人民币(见图 6-11、图 6-12)。

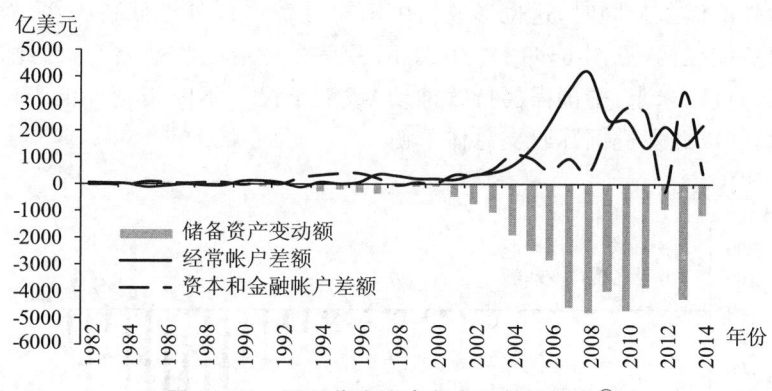

图 6-11　国际收支账户各主要部门构成①

数据来源:国家外汇管理局,"中国国际收支平衡表"。

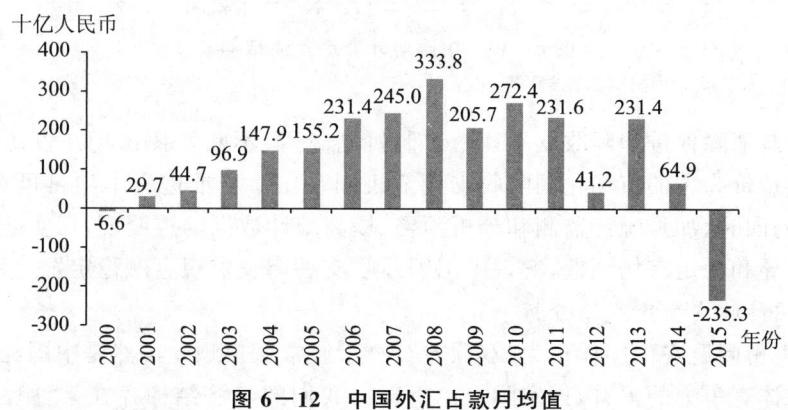

图 6-12　中国外汇占款月均值

数据来源:光大宏观经济数据手册。

另一方面,国际收支平衡的具体目标应符合中国经济发展的需要。即实现经常项目顺差且略有盈余,资本和金融项目呈现相应逆差,是未来中国较为理想的国际收支平衡格局。

首先,国际经验显示,经常项目逆差国尤其是新兴经济体容易遭受资本流动冲击,如 1994 年墨西哥金融风暴、1997 年亚洲金融危机等,相关新兴经济体在危机前期经常项目大都持续多

---

① 指标说明:此处,储备资产变动额记入借方,数值为负数。主要原因是,借方是显示资产方的增加或负债方的减少,在国际金融当中,但凡引起资产增加负债减少,及外汇流出的交易都要计入借方。官方外汇储备增加从本质上来讲,意味着中国的外汇流出到了他国,此时相当于中国购买了对方国家的债券。而债券是金融资产的一种,资产增加,计入借方。

年逆差,与 GDP 之比最高达到 5%—8%。此轮国际金融危机以来,新兴经济体经济增速在 2011 年达到最高点,随后逐年回落,2013 年表现依然欠佳。同时,金砖国家的南非、巴西、印度经常项目持续逆差,本国货币汇率呈现较大幅度波动。未来,若中国经常项目由现在的顺差转为结构性逆差,当跨境资本出现流出压力时,由于没有经常项目顺差提供的外汇率流动性支持,即使可以动用外汇储备进行干预,但长期或可能刺激市场悲观情绪,进一步加重资本外流压力。同时,国内经济和金融运行潜在风险或进一步加剧。因此,经常项目顺差与 GDP 之比控制在合理水平是中国宏观金融稳定的重要保障之一。

其次,资本和金融项目逆差有助于推动中国外汇资产持有主体的合理转换。长期以来,人民币主要面临单向升值压力,境内机构和个人持有外汇资产的积极性不高,大部分流向央行并形成居高不下的外汇储备。同时,这也形成了中国对外资产以外汇储备为主,对外负债以直接投资为主的资产负债结构(见图 6—13)。由于两者存在一定的收益差距,因此,近年来中国投资收益项目持续为负。未来,中国需要持续推动"藏汇于民",不断拓宽外汇资产由央行向私人部门转移的渠道,并以此促进国际收支总体平衡。

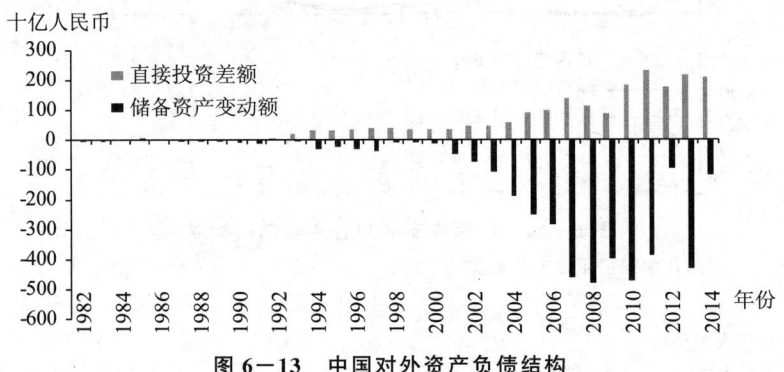

图 6—13 中国对外资产负债结构

数据来源:国家外汇管理局,"中国国际收支平衡表"。

最后,进一步消除促进国际收支平衡的体制机制障碍,不断发挥市场在资源配置中的决定性作用,形成以量价为主的市场化国际收支调节机制。在稳步推进资本项目可兑换,促进跨境资本有序流出的同时,加强统计监测和分析预警,提高统计数据的透明度,切实防范涉外经济金融风险,积极引导和稳定市场预期,实现中国国际收支平衡及宏观金融稳定发展目标。

(二)中国国际收支失衡成因分析

国际收支失衡问题在中国体现为"双顺差"现象,经常账户顺差虽然是中国经济快速发展的结果,体现了整体竞争力的提升,但实际上也折射出我们的经济结构存在某种程度的扭曲和失衡。出现这一现象的原因包括:

1. 储蓄—投资失衡是中国国际收支失衡的内在原因。

国际收支是国内经济情况的外在反映,由于 $CA=S-I$,经常性账户余额即为一国储蓄与投资的关系体现。当经常性余额为负,需要以产品的净进口满足投资需求,形成国内资产时会产生对外债务,实际上就是利用国外资本弥补本国的储蓄缺口。当经常性余额为正,则可以通过净出口带来的资本流出而形成海外资产,此时意味着资本从经常项盈余国家流入经常项赤字国,前者为后者国内资本存量的增加提供融资。从这个角度看,决定经常项的主要因素是各国储蓄、投资状况的差异。

2. 出口导向型经济成为中国国际收支失衡的外在动力。

加入WTO后中国外贸呈现快速增长势头推动了中国出口数量的显著上升,外向型经济一直是中国经济增长的主要模式,出口成为拉动中国前期经济较高速度增长的重要因素。同时,改革开放以来,中国一直实行出口导向型政策,伴随着全球产业链的纵深发展,中国在全球产业链中的位次不断提升。中国已由原先以来料加工、进料加工低附加值的劳动力密集型产品为主,转变为生产高附加值的专业设备、机械设备及电子设备制造品为主。中国出口产品的附加值显著上升,进一步使得中国出口水平高速增长。但是,为了使过度的对外贸易顺差有所降低,中国必然要降低对外贸易依存度,尤其是出口依存度。

3. 净外国资产是影响中国国际收支平衡的重要原因。

一国不同时期经常账户余额累计起来就形成了一国在外的各种资产或负债,中国的海外净资产的增加导致经常账户顺差不断累积。对此,中国需要重视庞大的外汇储备资产的管理,谋求外汇储备投资的多元化,以降低投资风险和获取较高的投资收益。

4. 人民币实际有效汇率对中国国际收支经常账户变动的影响较小。

这提醒我们,由于名义汇率的升值不一定必然导致实际汇率的升值,因此单靠人民币名义汇率升值的方式不能从根本上减少中国的对外贸易顺差。同时,即使人民币名义汇率升值能够导致人民币实际汇率升值,其影响也可能直接导致外贸顺差增加。从而证明,中国的经常账户顺差为结构性顺差,因此,调节中国经济结构、产业结构,特别是对外贸易的进出口结构,是解决国际收支失衡的根本途径。

因此,对于宏观经济失衡问题的调整,应该回归于储蓄与投资的均衡,从解决中国的国内投资与储蓄失衡的问题开始,不断优化中国经济结构与产业结构。发展中国家必须深化对国际贸易的理解,从出口导向型发展战略转向追求国际收支平衡,调整外资外贸政策,实现主要依靠内需来解决就业和推动经济增长。

思考与练习

1. 什么是国际收支?什么是国际收支平衡表?
2. 中国国际收支表的基本结构是什么?其中的货物贸易、直接投资和外汇储备数据与其他数据来源的主要差别是什么?
3. 请查阅中国改革开放以来历年国际收支平衡表中的净误差与遗漏项数据,总结其变化特征,分析揭示其产生原因。
4. 什么是国际收支不平衡?其主要表现形式有哪些?
5. 什么是国际收支失衡?国际收支失衡与国民经济收支失衡存在哪些联系?
6. 国际收支失衡如何衡量?如何调节?
7. 请依据改革开放以来的国际收支平衡表数据,对中国国际收支不平衡的阶段性表现进行描述分析。
8. 结合中国现实情况,谈谈按关境统计的贸易顺差与按生产链增加值统计的贸易顺差之间的差异及其产生原因。
9. 请结合中国国内外现实情况分析中国国际收支失衡的深层次原因。

第七章 产出波动统计分析

增长和波动是宏观经济学的两大主题。产出波动作为经济波动的主要表现形式之一,是市场经济的普遍现象,其产生不因发展阶段和经济体制的不同而受到影响。Solow(1957)提出了一系列经济特征事实,同时促进了经济周期理论以及经济增长理论的发展,形成了经济波动分析和经济增长分析交融的基本分析框架,为产出波动分析奠定了理论基础。经济学家对产出波动的研究从绝对量升降的古典形式转换为相对量升降的增长和增长率形式,同时,统计体系的逐步建立和完善,统计数据愈加丰富,为产出波动的实证检验提供了数据基础。高频的产出数据正逐渐成为短期经济波动分析的最主要对象。

本章首先阐述产出波动分析基本理论,包括产出波动的界定、以及产出波动的理论动因;接着给出了产出波动的统计分析方法,包括序列分解技术和统计分析技术;然后介绍了中国 GDP 序列的分解及其周期划分;最后给出了中国产出波动的统计特征检验分析。

第一节 产出波动分析基本理论

一、产出波动的界定

考察和研究产出波动问题,必须从概念的界定开始,与产出波动紧密相连的是潜在产出和产出缺口这两个宏观经济学的重要概念。

(一)潜在产出与产出缺口

潜在产出和产出缺口是宏观经济学的重要概念,也是分析宏观经济运行态势的重要工具,尤其是政府制定宏观经济政策的重要依据。首先,在中期,估算潜在产出和产出缺口,有助于决策者确认可持续实际经济增长的空间;在短期,估算产出缺口可以评估通货膨胀压力。其次,估算潜在产出和产出缺口是制定和评价宏观经济政策的基础。具体来说,对现实产出水平与潜在产出水平的比较,可以判断经济政策是以增加总需求为主还是以调整经济结构为主。

潜在产出的涵义大致分为两种。第一种概念更多地遵从凯恩斯主义观点,认为经济周期波动更多地起因于总需求水平的变化,而非总供给水平的缓慢变化。在经济周期波动的衰退阶段,生产要素并未得到充分利用,更为关键的是,失业率在自然失业率水平以上,工资和通货膨胀压力相对较小。所以,潜在产出的测度对不含货币政策和财政政策在内的需求管理政策来说十分必要,而且可以为制定相关经济政策提供必要的指导。在凯恩斯主义框架下,潜在产出的涵义为"与稳态的通货膨胀水平相对应的产出水平"。潜在产出水平与要素投入水平成比例增长,产出缺口测度的是现实产出低于潜在水平的大小。

第二种概念则更多地从新古典主义观点出发,认为潜在产出主要取决于总供给的外在冲击,其中的总供给不但决定长期增长趋势,而且在一定程度上会影响经济周期中产出的短期波动。在这种框架下,经济周期波动并不必然由总需求或货币政策、财政政策和其他政策所导致;相反,它更多地源于理性代理人对未曾预料到的生产率冲击的反应。在这种情况下,理性代理人一般会削减投资存量,重组生产资源和生产,以便应对新的形势。在新古典主义框架下,产出一般假定在其潜在水平附近波动,潜在产出与产出中的趋势成分同义,测度产出的关键问题就是区分潜在产出的持久性变化与产出潜在水平附近的暂时性变化。

产出缺口是指实际产出与潜在产出的差值(或差值占实际产出或潜在产出的比率)。它测度的是经济周期性波动对产出的影响,反映了现有经济资源的利用程度。产出缺口的变化与经济周期波动密切相关。依据潜在产出计算得到的产出缺口,可以识别经济体的周期性位置,进而判定经济可能存在通货膨胀或通货紧缩压力,可以衡量实际产出与潜在产出之间周期性偏离的规模,可以衡量经济的实际运行距离生产可能性曲线(PPC)究竟有多远,进而反映现有经济资源的利用程度。

通过考察实际产出对潜在产出的偏离,可以根据产出缺口的方向对产出波动进行阶段划分以及产出波动拐点的判断。所以产出波动的分析理论是基于产出缺口的理论分析进行的。

(二)产出波动的统计形式

经济发展历程表明,经济增长方式从来都不是按部就班、一成不变的。一个国家可以享受许多年的经济繁荣,而接下来也许就是一场经济衰退,甚至是一场经济危机。产出波动既是现实经济运行状况的真实反应,也是经济波动监测分析的前提与基础。依据不同的经济理论,产出波动可以分为古典周期波动、增长周期波动和增长率周期波动三种统计形式。

1. 古典周期波动

产出的古典周期波动是指产出绝对水平的上下波动,出现上升与下降的交替和循环。如果这种波动具有某种规律性,则认为存在周期性波动,并称之为古典周期波动。在周期波动的扩张阶段,产出表现为正增长;在收缩阶段,产出会出现绝对量下降,表现为负增长。

需要注意的是,在古典周期波动中,产出的趋势要素 T 和循环要素 C 视为一体而不加分离。

2. 增长周期波动

产出的增长周期波动是指产出相对水平有规律地出现上升与下降的交替和循环。即使在经济的收缩阶段,产出指标也很少出现绝对量的下降,仅仅发生增长率的减慢。显然,增长周期波动包括增长率高于增长趋势时期和增长率低于增长趋势时期。由于在分析增长周期波动时,需要对产出的趋势要素 T 和循环要素 C 进行分离,并用原序列对趋势的离差来表示经济周期波动,所以有时候称离差周期波动。需要注意的是,随着古典周期波动的逐渐消失,增长型周期波动逐渐成为了产出波动分析的核心,如何在短期产出波动中分离出长期趋势就是其中的重点问题。

一般地,产出增长趋势都是向右上方倾斜的曲线,如果把经济增长趋势简单地看成是向右上方倾斜的直线,那么把这种周期波动的转折点与含有古典周期波动的转折点加以比较(见图 7-1),就会发现增长周期波动的峰要比古典周期波动的峰出现得早一些,而波动的谷则出现较迟。也就是说,产出增长周期波动的收缩期较古典周期波动稍长一些。

3. 增长率周期波动

国际上还有一些国家采用增长率周期波动的概念研究产出波动。如果产出序列增长率上

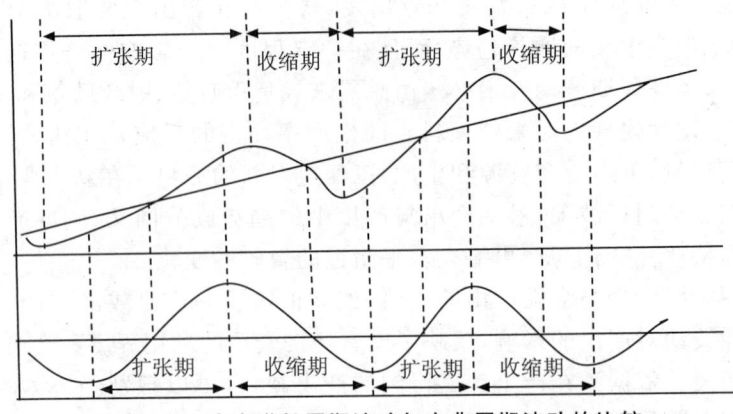

图 7—1　产出增长周期波动与古典周期波动的比较

下波动具有某种规律性,则认为存在着增长率周期波动。产出的增长率周期波动仅仅是指产出增长率的周期性上升和下降。增长率周期波动在概念上并不意味着增长率经过高增长和低增长这些步骤,相反,它意味着变化是从周期性的谷底到周期性的顶峰,然后再回到谷底。如图7—2所示,我们可以明显观察出中国GDP的增长率周期性波动。

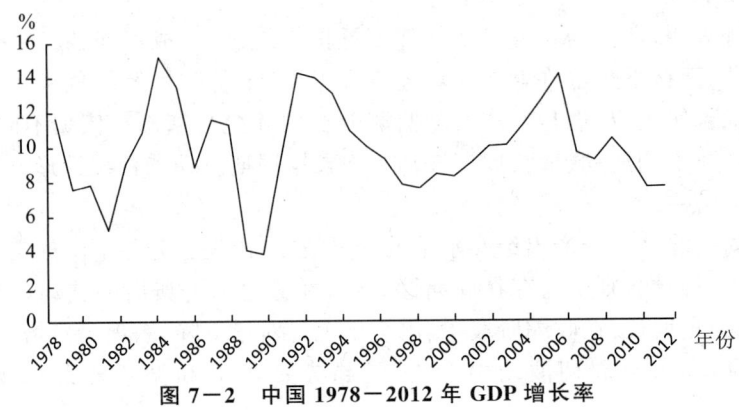

图 7—2　中国 1978—2012 年 GDP 增长率

二、产出波动的理论动因

无论是马歇尔的局部均衡理论,还是瓦尔拉斯的一般均衡理论,都表明经济系统具有处于均衡状态的稳定性。在完全市场竞争和完备信息的假设下,如果没有外部扰动,由于惯性,经济系统将保持原来的均衡状态运行。

然而,现实中经济系统始终处于动态变化过程之中。某些经济变量按照自身规律变化,如人口总量一般按照近似常数的增长率变化。也有一些经济变量会发生突然的或不可预期的变化或扰动,如20世纪70年代的石油危机、80年代的海湾战争和前苏联突发的政治体制变迁,均导致经济中某些重要经济变量发生了明显变化。能够导致经济中某些重要经济变量与其正常轨迹偏离的变量影响,我们称之为经济冲击。经济冲击对经济运行的影响,就像一个正常运行的天体受到异物的碰撞所形成的冲击将导致天体运行轨迹发生改变一样,经济冲击经过中间传导机制作用,最终也能够对经济系统的特征变量产生影响,导致经济波动。

经济冲击经过中间传导机制作用,对经济系统的特征变量产生影响,最终导致经济波动,因此,经济冲击是经济周期波动形成的根本原因。20世纪30年代之后的现代经济周期理论越来越注重从经济冲击角度分析和解释经济波动。

20世纪30年代之前的传统经济周期理论研究认为,经济波动完全或主要是由内生因素作用的结果,而且其发生会像潮汐一样有规则,具有稳定的阶段性和周期性,经济周期的每个阶段孕育着下一个阶段的种子,繁荣孕育着衰退,衰退孕育着繁荣,经济永远处于自我维持的循环中。然而,从众多国家的现实看,经济波动并没有呈现十分明显的规律性。20世纪30年代,Frisch和Slutzky等学者先后通过研究发现,随机冲击引起的周期波动与现实经济波动极为相似,由此拉开了从冲击角度研究经济波动问题的大幕。

(一)产出波动的理论原因

1. 需求角度的原因

需求冲击的一大来源是经济中的消费、投资和政府支出等行为,另一大来源是货币冲击。凯恩斯主义经济学、货币学派、新古典宏观经济学、新凯恩斯主义经济学中的许多理论,均认为需求冲击导致了经济波动。凯恩斯主义经济学认为,在自发消费、政府支出等消费变量上出现的需求冲击,对经济波动的影响比较显著。货币学派则认为货币冲击对累积需求影响较大,货币供给在整体经济波动中具有较大波动。新古典宏观经济学认为,没有预期到的货币政策冲击是引起经济波动的根源。新凯恩斯主义经济学认为,在非完全性竞争下价格调整障碍会放大货币冲击的效果。

从凯恩斯主义的需求理论出发对产出波动的成因进行分析,典型理论为乘数—加速原理,凯恩斯主义的代表人物保罗·萨缪尔森把投资乘数原理与加速原理结合起来,从需求角度用乘数—加速系数模型说明经济波动的必然性。

在乘数—加速原理中,投资是关键变量。投资增加通过乘数效应引起产出加倍地增加,产出的增加通过加速效应再次引起投资的加倍增加,出现经济繁荣;但在社会需求和资源的限制下,产出高达一定水平后无法继续扩张,加速原理发挥作用,投资减少,投资的减少在乘数作用下使产出更大幅度地减少,进而出现经济的衰退。投资乘数与加速系数相互作用造成了产出的波动。

2. 供给方面的原因

进入20世纪70年代,欧美经济长期处于失业和通货膨胀并存的滞胀状态,使得集中于研究需求面冲击的凯恩斯主义理论对此无法给出令人信服的解释,旨在抵消需求波动冲击的货币政策和财政政策根本无法实现预定目标。石油价格上涨、劳动生产率下降等供给面的波动冲击在现实经济波动中表现得十分明显。宏观经济学出现了研究经济周期的新动向和新潮流。主要体现在:一方面,Lucas(1977)给出了经济周期新的认识和描述,将经济周期波动理解为一些重要指标同其自然趋势的随机偏离,把产出同其他宏观时间序列间的协动视为周期现象,并提出了货币冲击的错觉分析来解释宏观经济波动。以卢卡斯为首的新古典宏观经济理论学家认为,由于存在理性预期,货币政策措施并不能改变产出水平,反而会提高一般物价水平。有预期到的货币政策冲击对实体经济完全没有影响,没有预期到的货币政策冲击是引起经济波动的根源。另一方面,Solow在对生产率的残差分解中,分离出波动成分。Nelson和Plosser在1982年研究发现,产出冲击具有持久性的影响,产出序列是一个单位根过程,从而引发宏观计量分析的"单位根革命"。这不仅在统计上,也在理论上判断了引起产出波动的经济冲击来源。后来这种研究转化为实际经济周期(RBC)模型的研究。

实际经济周期,是20世纪80年代形成并发展起来的经济周期理论,从供给角度为理解经济波动的性质和根源提供了新的理论和方法,在经济周期和产出波动的理论研究中占据了主导地位。

20世纪80年代,以Kydland和Prescott为代表的RBC理论学家在拉姆齐(Ramsey)模型的基础上,引入意外的技术冲击,构建了一个以典型微观主体为基本分析单位的动态一般均衡(DSGE)模型,并据此从供给冲击的角度对经济周期中各个变量之间的关系做出了较好的解释。RBC理论认定经济周期是均衡本身暂时波动,经济波动主要受实际因素的冲击驱动,其中特别值得注意的是技术冲击。经济面临着技术冲击,这种冲击决定了投入(资本和劳动)转变为产出的能力,引起了产出与就业的波动。技术冲击具有随机性质,它使产出的长期增长路径也呈现出随机的跳跃性。生产技术决定了企业在投入一定量的劳动和资本后得到的产出,当发生一个好的冲击时,如更有效的劳动力组织方式、效率更高的生产设备等,在给定投入下可以得到更多的产出;相反,一种坏的冲击发生,如劳动争议、生产事故等,使同样投入下的产出减少。经济周期中的扩张就表明冲击对企业产生了积极影响,衰退表明冲击对企业产生负向影响。

借助于动态一般均衡模型汇总随机技术冲击使产出、消费、工作时间等产生波动,并通过各种传播机制扩散,进而使各类宏观变量表现出周期性波动。RBC理论把以索洛剩余表示的技术进步看作经济波动的主要驱动因素,其进步在于将经济增长与产出波动看作同一基本过程的两种表现,并将两种理论进行了融合。

随着RBC理论的发展与改进,该理论已经不限于"实际"的技术冲击,并且将完全竞争市场假设放松,在模型汇总中引入劳动力市场、政府部门、名义冲击、开放部门以及各种市场不完全性等因素,据此来对产出波动进行解释。

(二)产出波动性变化的原因

自20世纪80年代以来,世界范围的产出波动出现了平稳化趋势,这引起了众多关注,其原因大致包括以下几个方面:

(1)产业结构变动。服务业比制造业更加稳定,因此服务业在GDP中的比重增加的同时导致产出波动性下降;也有研究表明是耐用品部门内部的结构改变,而非部门之间的变动解释了大部分的产出下降。

(2)存货管理水平提高。耐用品部门的存货管理水平的提高对产出波动下降有一定的解释。有证据表明技术水平的提高使生产更加灵活,生产批量规模减小,并且更容易掌握实时销售数据,从而生产环节产出波动性有明显下降;同时,自动化水平的提高引起运输效率的提高,增加了企业对需要和销售的反应灵敏度,导致存货量减小(如大型超市针对大宗商品存货量只需满足1—2天的需求),产出波动也有所下降。

(3)政策调控水平提高。有研究表明产出下降中的1/4可以归因于货币政策调控水平的提高。自20世纪80年代以来,各国的中央银行经历了一系列改革,独立性与透明性进一步提高。价格的稳定正是经济快速增长的基础,为控制高通货膨胀,中央银行实施一系列瞄准实际利率而非通货膨胀率的政策,政策的有效性得以提高,使得通货膨胀得以有效控制,促进了产出稳定持续的增长。

(4)对外开放程度。20世纪中后期以来,全球范围的贸易壁垒下降以及交通运输成本的下降导致跨国与跨地区的商品和服务贸易得到大幅提升。贸易水平的提高带来了金融交易规模的扩大,经常转移项目以及资本转移均得以提升。贸易以及金融开放程度的加深从两个角度影响产出波动:一方面,由于跨国贸易的增多,国内商品和服务需求冲击对国内产出的影响减小,这分散了各国的产出波动风险;另一方面,各国开放程度的加大使发达国家可以将波动性较大的制造业向欠发达国家转移,进而减小了发达国家的产出波动。当然,这也可能会加大发展中国家的波动性。

此外,以较小的生产率冲击以及原油价格冲击为代表的供给冲击也可以在一定程度上解释产出波动的下降。

第二节 产出波动的统计分析方法

一、产出序列分解方法

(一) 产出序列分解的意义

在介绍产出序列分解方法之前,这里先介绍产出序列需要进行分解的原因及意义。

首先,产出序列分解可以得到潜在产出和产出缺口信息,这些信息对政策制定者具有十分重要的意义。潜在产出及根据其计算得到的产出缺口是长期以来学术界较为关注的重要宏观经济变量,是分析宏观经济运行和经济波动的重要工具,也是政府制定宏观经济调控政策的重要依据。

其次,合理分解和估计产出的趋势成分和周期成分是经验研究和理论检验经济增长理论和经济周期波动理论的需要。在理论上,宏观经济包括长期经济增长波动和短期经济波动两大主题。表现为趋势成分的潜在产出与现代经济增长理论紧密相连,而表现为周期成分的产出缺口与经济周期波动密切相关。

最后,对产出序列分解得到趋势成分和周期成分可以为宏观经济管理和调控服务。从现实来讲,估计产出趋势成分可以对长期经济增长的影响因素和发展趋势做出判断,从而为政府制定发展战略提供依据;测算产出周期成分可以评估财政政策和货币政策的有效性,可以确定短期经济波动所处的冷暖状态,从而确定宏观调控政策的类型和方式。

(二) 产出序列分解的基本方法

产出序列分解方法可分为三大类:

1. 状态性分解方法

状态性分解方法是产出序列的一种单变量时间序列分解方法。它从产出中的趋势成分的潜在产出涵义出发,把产出看作服从某种分布的时间序列,借助一些统计或计量经济分析工具对现实产出直接进行分解处理,从而给出潜在产出和产出缺口的估算结果。

属于该类型的方法包括:

(1) 线性趋势分解法

过去人们常常认为,现实中产出呈现出一种十分确定的线性时间变化趋势,此时用产出序列对时间趋势项回归后得到回归的残差就是周期成分。把产出分解为一个确定性的线性时间趋势成分和周期成分的方法就是线性趋势分解法,其公式为:

$$y_t = y_t^T + y_t^c \tag{7.2.1}$$

$$y_t^T = \sum_{i=0}^{K} \alpha_i t^i \tag{7.2.2}$$

$$y_t^c = u_t \tag{7.2.3}$$

式中,y_t^T 和 y_t^c 分别代表趋势成分和周期成分(如不加特殊说明,下面分解方法也沿用这些表示),K 为有限阶整数,u 为平稳过程。线性趋势分解法蕴含着趋势成分和周期成分不相关。

式(7.2.2)中的趋势项是时间 t 的线性函数,因而称之为线性趋势。最常见趋势形式是假定产出增长率按照一个固定不变的比率增长,用指数形式来刻画现实产出的增长即 $Y_t = \alpha e^{\alpha_1 t}$,对上述方程取自然对数就化为线性趋势形式,即令 $K=1$,则有趋势成分方程:

$$y_t^T = \alpha_0 + \alpha_1 t \tag{7.2.4}$$

式(7.2.4)中的估计值 $\hat{\alpha}_1$ 就是产出的固定增长率。

而一般假定周期成分方程式(7.2.3)中的 u_t 满足

$$\psi(L)u_t = \varphi(L)\varepsilon_t \tag{7.2.5}$$

式中,ε_t 为白噪声,$\psi(L)$ 为平稳的 AR 多项式,$\varphi(L)$ 为有限阶 MA 多项式。

线性趋势分解法对趋势成分与周期成分的假定相对简单,其计算也简单易行。但也正是由于这些简单的假定和处理,这种方法就有可能混淆周期成分和低阶线性多项式之间的短期动态特性。从预测的角度讲,这种方法暗含着长期预测误差的方差趋向于一个固定的数值,但在实际预测时,随着预测时域延长,点预测误差的方差在增加。近年来,越来越多的经验研究发现总产出序列的一些数据特性,如非平稳和结构变化等与总产出的固定增长率假定相悖逆。因此,如今的实践中已很少使用线性趋势分解法。

(2)分段趋势分解法

正是为了修正线性趋势中增长率固定不变的不合理假设,分段趋势法应运而生。分段趋势法在操作上并不复杂,但应用前提是结构突变点已知。结构突变点是指导致时间序列趋势中的截距或斜率发生结构突变的时点。从统计上识别和确定结构突变点非常复杂,更多的是根据历史或经验外生给定结构突变点。假定结构突变点为 t_B,结构突变有三种情况,相应的分段趋势也分三种情形:

情形一:截距突变。截距突变可表示为:

$$y_t = \alpha_0 + \alpha_1 t + \alpha_2 DU_b + u_t \tag{7.2.6}$$

式中,若 $t > t_B$,则有 $DU_b = 1$,否则为零。

情形二:斜率突变。斜率突变可表示为:

$$y_t = \alpha_0 + \alpha_1 t + \alpha_2 DT_b + u_t \tag{7.2.7}$$

式中,若 $t > t_B$,则有 $DT_b = t - t_B$,否则为零。

情形三:截距和斜率同时突变。截距和斜率同时突变可表示为:

$$y_t = \alpha_0 + \alpha_1 t + \alpha_2 DU_b + \alpha_3 DT_b + u_t \tag{7.2.8}$$

式中,若 $t > t_B$,则有 $DU_b = 1, DT_b = t - t_B$,否则为零。

事实上,1978 年 NBER 开发出的测定趋势的阶段平均法(简称 PA 法)与分段趋势分解法的基本原理大致相同。阶段平均法的基本思想是,首先用 BB 法等方法确定非线性趋势序列的转折点,然后根据这些转折点把序列分成若干个上升和下降的阶段,最后使用序时平均、移动平均等方法对这些阶段进行分段估计,得到序列的长期趋势。

在进行分解时,分别估计分段趋势后得到的残差就是周期成分。分段趋势分解中趋势成分和周期成分也不相关。分段趋势分解法的优缺点与线性趋势分解法基本类似。

(3)一阶差分分解方法

无数经验分析结果表明,包括产出序列的多数宏观经济序列非平稳,由此引发了宏观经济分析方法尤其是周期波动分析方法的一场革命,即"单位根革命"。在存在单位根的情况下,趋势成分不仅可能含有确定性趋势,而且还可能含有一些随机性趋势。对于含有随机趋势的情形,通过差分就可以使其达到平稳。对于一阶单整的产出序列,通过一阶差分就可以去除趋势,获得周期成分,这种分解方法一般为一阶差分分解法。一阶差分分解方法假定:长期趋势成分为不带漂移的随机游走过程,而周期成分为一平稳过程,两种成分不相关。显然,在一阶差分分解方法中,产出序列 y_t 有一单位根,因此,产出 y_t 可表示如下:

$$y_t = y_{t-1} + \varepsilon_t \tag{7.2.9}$$

定义趋势成分为:

$$y_t^T = y_{t-1} \tag{7.2.10}$$

则周期成分就通过下式得到:

$$y_t^c = y_t - y_{t-1} \tag{7.2.11}$$

从思想上讲,一阶差分法和增长率法是一致的。如果产出的增长率采用对数形式($\ln y_t - \ln y_{t-1}$),则一阶差分法和增长率法的结果完全相同。从过滤的思想上讲,一阶差分分解法是一种单边滤波,不需要调整和估算样本数据,计算相对简单,但远非一种理想的滤波,它过多地保留了高频的不规则波动的影响,混淆了真实的经济周期波动信息。因此,很难根据一阶差分法得到周期成分来准确判断周期波动的转折点信息。事实上,从增长率法看,使用增长率指标来衡量真实经济周期波动是不准确的。因为如果经济在前一年处于真正的低谷时,后续年份的增长率可能高于增长率的平均水平,但经济仍然没有恢复到 GDP 趋势值;而当经济在前一年处于真正的高峰时,后续年份的增长率可能低于增长率的平均水平,但真实 GDP 可能仍然高于GDP 趋势值。在使用增长率的数据来确定周期波动时,应尤其注意这一点。此外,还应该注意,在使用增长率法确定周期波动的峰谷时,用年度增长率表示的周期成分得出其中心位置由于差分而提前了半年。

(4) HP 滤波法

20 世纪 80 年代以来,经济学者们把物理学中的滤波器原理应用于产出序列的分解上,HP 滤波就是其中一个应用。它最先由 Hodrick 和 Prescott 在 1980 年的工作论文中提出。HP 滤波是通过解决下列最小化损失函数 L 而得到的:

$$L = \sum_{t=1}^{N}(y_t - y_t^T)^2 + \lambda \sum_{t=2}^{N-1}[(y_{t+1}^T - y_t^T) - (y_t^T - y_{t-1}^T)]^2 \tag{7.2.12}$$

式中,N 为样本个数,λ 是反映实际序列好的拟合和趋势序列平滑程度之间权衡的拉格朗日乘子,$\lambda = \text{Var}(y_t^c)/\text{Var}(y_t^T)$,它决定着平滑程度的大小。$\lambda$ 的值越大,趋势成分越平滑。当 $\lambda = 0$ 时,趋势成分就是数据本身,而且没有过滤发生。当 $\lambda \to \infty$ 时,趋势成分在极限上是线性时间趋势。λ 值的经验取法是,对于年度数据,$\lambda = 400$;对于季度数据,$\lambda = 1600$,对于月度数据,$\lambda = 14400$。HP 滤波法中趋势成分和周期成分的残差不相关。

HP 滤波是一种纯粹的机械平滑程序,其统计基础简单明了,估计相对容易实现。但该方法也存在一些缺点,如 λ 值的选取是主观的、随意的,在样本初期和末期通常存在偏差,缺乏经济基础等。

(5) BK 滤波法

BK 滤波由 1995 年 Baxter 和 King 提出。由于经济周期波动的周期长度在 6 到 32 个季度之间,理想的滤波器应该是一种在给定的时间序列中周期为特定长度波动的特定带通滤波。BK 滤波正是过滤掉频率低的趋势成分和频率高的不规则成分而保留中间频率的周期成分。这种滤波的构造相对复杂,主要利用时间序列的时域分析与频域分析(也称谱分析),其基本做法是利用移动平均滤波将宏观经济数据中的周期成分分离开来。

与 HP 滤波不同，BK 滤波是一种对称权数、绝对可加的移动平均，其公式是：

$$y_t^T = \sum_{i=-k}^{k} \omega_i y_{t-i} \tag{7.2.13}$$

式中，k 的选择是一件麻烦的事情。较大的 k 可取得较好的过滤效果，但同时也意味着较大的（$2k$ 个）观察值损失。一般地，对于年度数据，周期范围区间值为[2,8]，k 值取 3。对于季度数据，周期范围区间值为[6,32]，k 值取 12；对于月度数据，周期范围区间值为[8,96]。

(6)CF 滤波

近来，在考虑序列平稳特征的基础上，Christian 和 Fitzgeral 对 BK 滤波进行改进而提出一种新的滤波，即 Christiano-Fitzgerald 滤波，简称 CF 滤波。在过滤时，CF 滤波考虑目标序列的平稳性特征，有选择地使用滤波分解方式。

若目标序列表现为一阶单整过程时，滤波计算采用下列公式：

$$\hat{y} = B_0 x_t + B_1 x_{t+1} + \cdots + B_{T-1-t} x_{T-1} + B_{T-t} x_T + B_1 x_{t-1} + \cdots + B_{t-2} x_2 + B_{t-1} x_1, \quad t = 3, 4, \cdots, T-2. \tag{7.2.14}$$

式中，x_t 为原目标序列，y_t 为趋势成分序列，B_{t-1} 为移动平均因 B_j 的线性组合。若目标序列表现为一个平稳过程时，需要预先确定时间序列的趋势形式，然后再作剔除分解。

2. 结构性方法

结构性方法是应用一定的经济理论或结构信息，通过宏观经济变量之间的替代和影响关系，如生产函数关系、奥肯定律关系和菲利普斯曲线关系等，将产出序列当中的趋势成分和周期成分分离开来。这类方法的经典是生产函数法。

生产函数法试图为测度产出的趋势成分和周期成分提供了一个全面一致的经济框架。生产函数法认为，产出取决于下列三个因素：资本投入或现有资本存量 K；劳动投入 L；全要素生产率 TFP。产出的趋势水平就是与稳态的通货膨胀相对应的潜在产出水平，可以通过评估稳态通货膨胀下要素投入利用率的平均值而估计得到。产出的周期成分可通过总产出和趋势水平之差计算得到。具体估算时，多采用柯布—道格拉斯生产函数，其对数形式如下：

$$\ln Y = (1-\alpha)\ln K + \alpha \ln L + \ln T \tag{7.2.15}$$

式中，α 为产出中劳动所占的份额。

此时，我们定义潜在产出即所有资本和劳动资源充分利用时所达到的产出水平 Y^* 如下：

$$\ln Y^* = (1-\alpha)\ln K^* + \alpha \ln L^* + \ln T \tag{7.2.16}$$

式中，K^* 为潜在资本投入，L^* 为潜在劳动投入。

式(7.2.15)和(7.2.16)中的变量都是根据理论构造的，并没有考虑是否存在直接可利用的观测数据。其中一些变量数据容易获取，而另一些却不易得到。例如，直接获取反映 TFP 的观测数据很难，而实际劳动投入 L 可根据劳动力人数和工作小时数确定。同样地，实际使用的资本存量数据 K 不易得到，而我们可以把相对容易获得的现有资本存量数据当作潜在资本投入 K^*。

生产函数法的估计步骤如下：

第一步，取得现有的资本存量数据表示潜在资本投入 K^*，根据以前的资本存量使用比例估计实际资本存量 K。

第二步，根据就业数据确定实际劳动投入 L，再根据实际劳动投入的趋势数据（可根据劳动年龄人口，劳动参与率和失业水平估算）估计与稳态的通货膨胀相对应的潜在劳动投入 L^*。

第三步，获取实际资本存量 K 和实际劳动投入 L 后，代入(7.2.15)式，计算未知的索罗剩余 TFP 即 T。

第四步,把前面估计的潜在资本投入 K^*、潜在劳动投入 L^* 和 TFP 代入(7.2.16)式就得到产出的趋势成分和周期成分。

生产函数法的最大优点在于:估算趋势成分和周期成分时,全面考虑了生产要素利用率和技术进步的影响,充分体现了趋势成分和周期成分的供给面特征。这种方法也是目前国际上估计趋势成分和周期成分时使用较多的方法。当然,这类方法对数据的要求较高,常常需要较多的经济变量和较长时期的时间序列资料,而且估算过程较为复杂,应用时还面临生产函数形式选择、投入变量类型选择、规模收益假定和技术进步表示等比较棘手的问题。因此,生产函数法的估计精度差异较大,在大规模国家的比较研究中不宜使用。

3. 混合型或半结构性方法。

这类方法试图将上述两种方法的优点结合起来,建立既有经济学理论基础,又有较好预测精度的方法。这类方法的经典是 SVAR 法。

SVAR 法最先是由 Blanchard 和 Quah(1989)在其一篇开创性论文中提出。该方法源于传统凯恩斯主义理论和新古典主义理论,把潜在产出定义为经济总供给的资源充分利用下的产出水平,把周期性波动定义为经济总需求的变动,并认为趋势成分和周期成分的主要成因源于各自不同事物。例如,可以认为,趋势成分主要成因于技术革新等供给冲击,而周期成分是需求冲击的结果。在这种情况下,有必要从数据中提取两种不同类型的冲击。Blanchard 和 Quah(1989)使用有限的长期约束来分离产出的趋势成分和周期成分。SVAR 中的变量以平稳形式出现,用于识别结构冲击的长期约束是需求冲击的长期效应为零,即需求冲击对产出水平的长期影响为零。Blanchard 和 Quah 通过构建含有一个非平稳变量(GDP)和一个或若干个平稳变量(如失业率等)的 VAR 方程,然后进行正交化、方差分解等过程处理,得到相互独立的趋势成分和周期成分。

SVAR 分解法具有下列特性:(1)趋势成分是随机性趋势,是供给冲击形成的持久性影响。(2)趋势成分和周期成分是不相关的。由于需求冲击和供给冲击不相关,而且需求冲击对产出水平的长期影响为零,周期成分仅仅是所有过去和现在需求冲击的累积。因此,没有合适的渠道使供给冲击形成的趋势成分影响周期成分,产出水平只是根据影响产出趋势水平的冲击不断调整。(3)SVAR 分解是过程依赖的,而且其正交化处理结果意味着趋势成分的方差小于产出序列的方差。

考虑两个变量的简化型 VAR 模型,平稳变量为 x,设 e_{yt} 和 e_{xt} 分别代表产出和平稳变量的随机扰动,$a_{ij}(L)$ 是关于滞后算子 L 的多项式,且有:

$$\begin{bmatrix} \Delta y_t \\ x_t \end{bmatrix} = \begin{bmatrix} a_{11}(L) & a_{12}(L) \\ a_{21}(L) & a_{22}(L) \end{bmatrix} \times \begin{bmatrix} \Delta y_{t-1} \\ x_{t-1} \end{bmatrix} + \begin{bmatrix} e_{yt} \\ e_{xt} \end{bmatrix} \quad (7.2.17)$$

根据沃尔德分解定理,式(7.2.17)可以转换为如下 MA 形式:

$$\begin{bmatrix} \Delta y_t \\ x_t \end{bmatrix} = \begin{bmatrix} c_{11}(L) & c_{12}(L) \\ c_{21}(L) & c_{22}(L) \end{bmatrix} \times \begin{bmatrix} e_{yt} \\ e_{xt} \end{bmatrix} = \begin{bmatrix} 1-a_{11}(L)L & -a_{12}(L)L \\ -a_{21}(L)L & 1-a_{22}(L)L \end{bmatrix}^{-1} \times \begin{bmatrix} e_{yt} \\ e_{xt} \end{bmatrix}$$

(7.2.18)

假定供给冲击为 ε_t,需求冲击为 η_t,根据上述假定,趋势成分和周期成分分别是供给冲击和需求冲击的结果,则有:

$$\begin{bmatrix} \Delta y_t \\ x_t \end{bmatrix} = \begin{bmatrix} b_{11}(L) & b_{12}(L) \\ b_{21}(L) & b_{22}(L) \end{bmatrix} \times \begin{bmatrix} \varepsilon_t \\ \eta_t \end{bmatrix} \quad (7.2.19)$$

根据式(7.2.17)和式(7.2.19),新生和冲击之间存在如下关系,则有:

$$\begin{bmatrix} e_{yt} \\ e_{xt} \end{bmatrix} = \begin{bmatrix} b_{11}(0) & b_{12}(0) \\ b_{21}(0) & b_{22}(0) \end{bmatrix} \times \begin{bmatrix} \varepsilon_t \\ \eta_t \end{bmatrix} \quad (7.2.20)$$

式中,$b_{ij}(0)$表示冲击j对新生i的即时反映系数。问题的关键在于估计并识别$b_{ij}(0)$,$i,j=1,2$。

最后,根据识别结果可以得到趋势成分和周期成分的变动分别为:

$$\Delta y_t^T = b_{11}(L)\varepsilon_t, \Delta y_t^c = b_{12}(L)\eta_t \quad (7.2.21)$$

经过积分运算就可得到总产出的趋势成分和周期成分。

与其他方法相比,SVAR法有明晰的理论基础,也没有对趋势成分的动态特性施加不恰当的约束,该方法克服了前面几种估计方法中存在的一些缺点,如假设前提多,估计结果在样本初期和末期通常存在偏差等。

但是,SVAR法也存在一些不同的缺点:(1)对平稳变量如何选取没有给出一个合理的原则;(2)选择的识别办法并不是在所有的条件下适用;(3)SVAR中的冲击只是不相关的供给冲击、需求冲击和名义冲击,而并非所有的冲击。这些问题都有待于在今后研究中加以改进。

对比以上方法,不难发现这些方法对分解得到的趋势成分和周期成分及其关系假定存在着不同,这里归纳如表7—1所示。对产出序列分解方法应用的启示是:只有对现实产出序列进行深刻的分析,判定出趋势特征后,才能找到合适的分解方法。

表7—1 不同产出序列分解方法的假定和要求

分解方法	趋势成分假定	周期成分假定	两种成分之间关系
线性趋势分解法	线性确定性趋势	线性回归的残差	不相关
分段趋势分解法	分段确定性趋势	分段回归的残差	不相关
一阶差分分解法	随机游走	平稳过程	不相关
HP滤波法	未知	平稳过程	不相关
BK滤波法	未知	平稳过程	未知
CF滤波	未知	平稳过程	未知
生产函数法	未知	平稳过程	未知
SVAR法	随机性趋势	平稳过程	不相关

二、产出波动的统计分析方法

(一)产出波动阶段和特征的统计描述方法

1.产出波动阶段的统计描述方法

产出波动阶段的统计描述方法主要有两分法和四分法。

(1)两分法

按照划分标准的不同,两分法还可以有两种划分标准。

依据转折点的划分。转折点,也叫基准日期,是指周期波动中总体经济活动发生转折的时点。每次产出波动有两个显著的转折点,一个是产出扩张停止时的上位转折点,即顶峰或波峰。这时,产出达到本周期波动内繁荣的最高点,开始向衰退转折。另一个是产出收缩停止时的下位转折点,即谷底或波谷。这时,产出达到本周期波动内萧条的最低点,开始向复苏转折。上述两个转折点确定后,产出波动从谷底到顶峰的期间为扩张阶段,从顶峰到谷底的期间就称为收缩阶段。

依据基准线的划分。依据基准线,可以把产出波动划分为繁荣阶段和衰退阶段。基准线可以是景气指标的某个基准线,也可以是反映长期产出增长趋势的潜在产出水平和均衡水平。高于基准线是繁荣阶段(或景气阶段),低于基准线的是衰退阶段(或萧条阶段)。扩张与收缩、繁荣与衰退的阶段划分见图7-3。

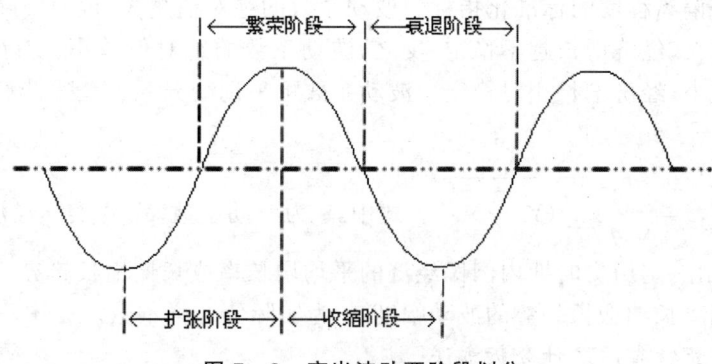

图7-3 产出波动两阶段划分

(2)四分法

一个完整的产出波动通常可以划分为复苏、扩张或繁荣、衰退、收缩或萧条等四个阶段。复苏阶段开始时是前一周期波动的最低点,产出处于最低水平。扩张阶段是产出波动的高峰阶段,产出迅速上涨到较高水平。衰退阶段出现在产出波动高峰过去后,产出开始滑坡。收缩或萧条阶段是产出波动的谷底,供给和需求均处于较低水平。

2. 产出波动特征的统计描述方法

波动性的三维状态是经济周期波动在持续时间、幅度和离散度的状态表现。反映产出波动性的三维指标是:

(1)持续期

持续期是指单个周期波动的时间长度。它是反映持续时间的指标,表明单个周期波动的持续性。美国NBER公布的经济周期波动基准日期显示,1858—1998年间美国共有30多个周期波动,最短的周期波动(峰—峰)6个季度,最长的39个季度,90%的周期波动不超过32个季度。这种长度与Burns和Mitchell(1946)定义的持续期从1年到10年的经济周期波动长度相近。

按照周期波动阶段的两分法,持续期也可以分为扩张阶段的持续期和收缩阶段的持续期。二者之和,构成了整个周期波动的长度。若扩张期的持续期较长,收缩阶段的持续期较短,经济增长就比较稳定。因此,扩张阶段与收缩阶段的持续期之比则从另一个角度反映了经济增长的稳定性。二战以后,美国经济周期波动的收缩期有缩短的趋势,而扩张期则有变长的趋势。

(2)波动幅度

波动幅度也叫振幅,是指单个周期波动内国民经济实际增长率上下波动的离差。它反映单个周期波动内总体经济活动高低起伏的剧烈程度或强度,也可以反映经济增长的稳定性。最简便、最直观的波动幅度测度方法是计算单个周期波动的波动高度与波动深度之差。其中,波动高度,也称峰位,是指单个周期波动内波峰的经济增长率。它表明单个周期波动经济扩张的强度。波峰过高,扩张过强,往往会导致随后的波谷过深,从而使整个周期波动的振幅过大;波峰过低,扩张微弱,则表明经济增长乏力。峰位以适度为好。峰位的高低,直接反映着经济增长力的强弱,但也间接反映了经济增长的稳定性。波动深度,也称谷位,是指单个周期波动内波谷的经济增长率。它表明单个周期波动经济收缩的力度。谷位越低,说明经济增长越不稳定。波动深度也从一个方面反映了经济增长的稳定性。

(3)波动系数

波动系数是指国民经济实际增长率围绕长期趋势上下波动的量值。它是衡量周期波动幅度对历史增长趋势偏离程度的标准化指标。波动系数的绝对值越大,说明实际经济增长率偏离长期趋势的程度越大,经济增长越不稳定;反之,波动系数的绝对值越小,实际经济增长率偏离长期趋势的程度越小,经济增长相对稳定。波动系数可采用变异系数公式计算如下:

$$V = \sigma / \bar{Y} \tag{7.2.22}$$

式中,$\bar{Y} = \frac{1}{n}\sum_{i=1}^{n} Y_i$,$\sigma = \sqrt{\frac{1}{n}\sum_{i=1}^{n}(Y_i - \bar{Y})^2}$。式中,$V$ 为波动系数,Y_i 为实际经济增长率,$\bar{Y}$ 为 Y_i 的算术平均值,表示一定历史时期内国民经济的平均增长率或长期增长趋势,σ 为标准差,表示实际经济增长率偏离长期增长趋势的波动幅度,n 为实际值的样本数。

(二)产出波动新特征的统计分析方法

从目前研究看,产出波动新特征主要包括三个方面:持久性、非对称性分析和波动性变化。相应的统计分析方法是:

1. 持久性的统计分析方法

在研究中,更多地把持久性理解为持续到一个长远的未来。经济周期波动中产出波动的持久性意味着产出波动将长期持续下去。更准确地讲,当一个对产出的冲击在未来一段时间内不会消失,且产出也不会表现出明显的回归于以前趋势水平的趋势时,我们说产出的冲击是持久的。

测度产出冲击持久性影响的一个相对简单的方法是根据自相关函数(ACF)进行判断。一般地,产出序列的自相关程度越大,产出冲击持久性影响就越强。特别地,当产出序列的一阶自相关为 1 时,序列就为单位根过程,冲击的影响将长期存在下去。应该说,ACF 法只是一个经验判断方法,它只能对产出冲击持久性影响进行粗略判断。为了准确测度产出冲击的持久性影响,还需要借助于一些计量经济模型或一些统计量。常用的方法是 Campbell 和 Mankiw 提出的基于 ARMA 模型的脉冲反应函数的测度方法,其基本思路如下:

一般地,产出序列都含有一单位根,其表达式为:

$$\Delta y_t = \alpha + \psi(L)\varepsilon_t = \alpha + \sum_{j=0}^{\infty} \psi_j \varepsilon_{t-j} \tag{7.2.23}$$

式中,ψ_j 衡量时段 $t-j$ 的一个冲击 ε_{t-j} 对产出变化 Δy_t 的影响。因此,所有 j 时段的冲击 ε_t 对产出水平值的影响为 $\sum_{j=0}^{\infty} \psi_j$。当 $j \to \infty$ 时,移动平均项之和给出了 ε_t 对产出水平值的最终效果,即有:

$$\psi(1) = 1 + \psi_1 + \psi_2 + \cdots = \sum_{j=0}^{\infty} \psi_j \tag{7.2.24}$$

显然,$\psi(1)$ 反映冲击持久性影响的大小,是冲击持久性影响的衡量指数。

尽管 $\psi(1)$ 的含义十分明确,但因其是一个无限和,需要估计一个无限和系数,因此很难直

接估计 $\psi(1)$。Campbell 和 Mankiw 把冲击持久性的思想与经济中不可预测冲击影响的持续时间联系起来。当一个产出序列冲击的影响比另一个产出序列的持续时间更长时,则该产出序列比另一个产出序列更具持久性。冲击持久性的这种思想不但与产出序列单位根的存在性有关,而且还与产出的动态特性有关。Campbell 和 Mankiw 通过一个有限阶多项式的比率来近似估计冲击持久性影响 $\psi(1)$,这个多项式就是差分后产出序列的节俭 ARMA 模型的 MA 表示式。

对一个差分后产出序列的动态特征可以如下 ARMA(p,q)模型描述:
$$\varphi(L)\Delta y_t = \theta_0 + \theta(L)\varepsilon_t \tag{7.2.25}$$

式中,$\varphi(L)$ 和 $\theta(L)$ 分别为 p 阶和 q 阶滞后多项式。

根据 Wold 分解定理,式(7.2.25)可表示为 Δy_t 的移动平均形式,即冲击的脉冲反应形式:
$$\Delta y_t = \varphi(L)^{-1}\theta_0 + \varphi(L)^{-1}\theta(L)\varepsilon_t = \alpha + \psi(L)\varepsilon_t \tag{7.2.26}$$

显然有:
$$\psi(L) = \varphi(L)^{-1}\theta(L) \tag{7.2.27}$$
$$\psi(1) = \varphi(1)^{-1}\theta(1) \tag{7.2.28}$$

这样,就可得到产出冲击持久性影响衡量指数 $\psi(1)$ 的估计结果。

2. 非对称性的统计分析方法

产出波动的非对称性是指产出波动扩张和衰退在持续时间、转换速度以及发展深度方面所表现出的明显差异性。产出波动非对称性是一个描述性概念,而非理论概念。产出波动非对称性的类型有陡峭型非对称性和深度型非对称性。其中,陡峭型非对称是指产出波动的收缩阶段比扩张阶段更陡峭。而深度型非对称是指产出波动的波谷的深度比顶峰的高度大。

基于偏移度统计量的产出波动非对称性测度是较为直观的检验方法。它不依赖于产出波动的参数模型,而是首先对产出波动非对称性的不同类型进行界定,然后构建偏移统计量进行直接检验。

(1)陡峭型非对称测度

通俗地讲,陡峭型非对称是指产出波动的收缩阶段比扩张阶段更陡峭,见图 7-4。Sichel(1993)给出的严格定义如下:如果 Δx_t 不偏斜,即有
$$E[\Delta x_t^3] = 0 \tag{7.2.29}$$

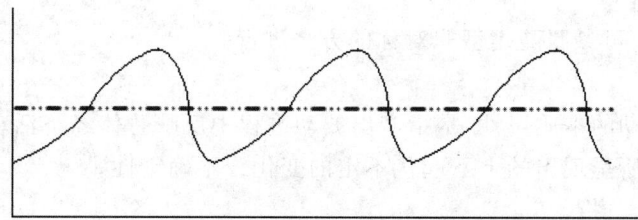

图 7-4 产出波动中的陡峭型非对称

那么,我们说过程 $\{x_t\}$ 是非陡峭(Non-steep)的。否则,过程 $\{x_t\}$ 是陡峭的。大量产出波动文献显示,Δx_t 负向偏斜,即陡峭型收缩。其相反情形是,Δx_t 正向偏斜,即陡峭型扩张。

为了检验陡峭型非对称,仿照偏移度的统计量,Sichel(1993)构造了下列统计量:
$$S_1 = \frac{1}{T}\sum_{t=1}^{T}[(\Delta c_t - \Delta \bar{c})/\sigma(\Delta c)]^3 \tag{7.2.30}$$

式中,c_t 为去势后的序列或序列的周期成分,$\Delta \bar{c}$ 为序列 Δc_t 的平均值,T 为样本容量,$\sigma(c)$ 为

样本标准差。如果 $\{c_t\}$ 为独立的高斯过程,在样本足够大的情况下,S_1 的方差为 $6/T$,则有 $\sqrt{T/6}\,S_1 \xrightarrow{d} N(0,1)$。这时,可以用一般的正态分布对统计量 S_1 进行检验。但是,由于 $\{\Delta c_t\}$ 可能存在序列相关,为了进行假设检验,需要计算上述统计量的渐近方差,为此应首先构造偏移样本序列 $\{z_t\}$:

$$z_t = (\Delta c_t - \overline{\Delta c})^3 / \sigma(\Delta c)^3 \tag{7.2.31}$$

然后,将偏移样本序列对常数项进行回归,并计算 Newey-West 标准误,常数项的估计等同于得到的上述统计量 S_1,常数项的估计值与其 Newey-West 标准误之比渐近服从正态分布,因此可进行相应的显著性检验。

(2) 深度型非对称测度

通俗地讲,深度型非对称是指产出波动的波谷的深度比顶峰的高度大,见图 7-5。这意味着低于平均值的观测值的平均离差要大于高于平均值的观测值的平均离差,因而深度型非对称表现为负向偏离。

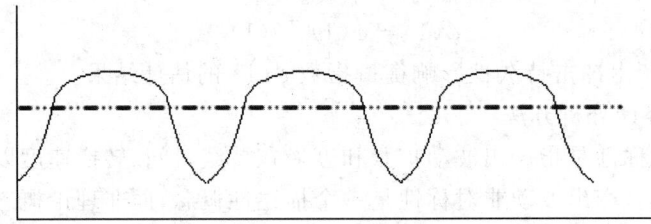

图 7-5 产出波动深度型非对称示意图

Sichel(1993)给出的严格定义如下:如果 x_t 不偏斜,即有:

$$E[(x_t - \overline{\mu})^3] = 0 \tag{7.2.32}$$

那么,我们说过程 $\{x_t\}$ 是非深度或非高度的。否则,过程 $\{x_t\}$ 是深度的或高度的。大量产出波动文献显示存在 x_t 和 Δx_t 负向偏斜的可能性,即深度型和陡峭型收缩。其相反情形是高度型 ($E[(x_t - \overline{\mu})^3] > 0$) 和陡峭型 ($\Delta x_t$ 正向偏斜)扩张。

为了检验深度型非对称,Sichel(1993)构造了下列统计量:

$$S_2 = \frac{1}{T}\sum_{t=1}^{T}[(c_t - \overline{c})/\sigma(c)]^2 \tag{7.2.33}$$

统计量 S_2 的检验可参照陡峭型非对称的方法进行。

3. 波动性分析

波动性是产出波动的本质属性,是指产出波动过程中反映总体经济活动的包括总产出在内的各个宏观经济变量所呈现出的上下起伏不定的变化或不确定性。

(1) 常规的标准差分析

实践中,反映宏观经济变量序列周期成分波动性大小的最常见指标是标准差。标准差越大,宏观经济变量序列周期成分偏离其长期趋势的程度越大;标准差越小,宏观经济变量序列周期成分偏离其长期趋势的程度越小,具体应用时可采用单个周期波动的标准差或固定步长的滚动标准差。

当产出波动为增长周期波动形式,即产出变量序列存在趋势时,首先应对产出变量序列进行趋势分离,得到周期成分,并计算其标准差或滚动标准差。

(2) 产出波动变化的拐点分析

要在产出波动变化中识别出拐点,可以通过以下步骤:

第一步，要估计产出波动的方程：
$$y_t = \mu + \rho y_{t-1} + \varepsilon_t \tag{7.2.34}$$
式中，y_t 代表实际 GDP 序列，μ 是常数，ρ 是参数，代表 GDP 增长的持续性，ε 代表残差。

得到估计方程的残差序列 $\hat{\varepsilon}_t$，然后对残差进行转化，变为 $\sqrt{\frac{\pi}{2}}\hat{\varepsilon}_t$，它是 ε_t 标准差的无偏估计量。

第二步，估计下列方程来寻找拐点，
$$\sqrt{\frac{\pi}{2}}|\hat{\varepsilon}_t| = \alpha + u_t \tag{7.2.35}$$
式中，$t = T_{j-1}+1, \cdots, T_j, j = 1, \cdots, m+1$。

由方程(7.2.34)进行回归估计所得残差的比例绝对值，然后计算出平均值(α)找出经济波动的拐点。

简单地说，我们首先用 HP 滤波进行趋势分解的实际 GDP 的方差一阶差分，然后在持久性上寻找拐点，并且在以上条件下，寻找波动性上的拐点。这完全等同于研究对随时间变化平均值增长率的方差问题。

具体到上述方程中，用 y_t 表示 HP 滤波后实际 GDP 的增长率，我们假设一个形如式(7.2.34)的 AR(1)模型。首先，对每个国家数据分析 AR(1)模型，根据 AR(1)方程中的系数，也就是 ρ(持久性)，寻找多个拐点。然后，在持久性的 y_t 中寻找拐点，且该模型使用国家的数据得到残差项 $\hat{\varepsilon}_t$，应用到波动方程(7.2.35)中，根据该方程计算的平均值(α)确定拐点。如果波动率(α)在一定时期内有增长或者下降的变化，则确定有一个拐点。对于多个拐点的确定，看 α 值在一定时期内增长与下降的变化情况进行判别。

(3)产出波动变化的方差分解方法

方差分解方法，把总量的经济波动分解成各组成部门的内部波动(波动效应)、各部门的比重变化(结构效应)以及波动效应与结构效应之间的互相影响(联动效应)。

为了更精确地计量这三个因素对产出波动的影响，进行下面的分解计算。

首先把 GDP 增长率表示成各部门增长率的加权和的形式，其中以各部门增加值占 GDP 的份额为权重。这样 GDP 增长率可以表示为：
$$\hat{Y}_t = \sum_i x_{i,t-1} \cdot \hat{X}_{it} \tag{7.2.36}$$
式中，$\hat{Y}_t$ 表示 GDP 在 t 时期的增长率；$\hat{X}_{it}$ 表示第 i 部门在 t 时期的增长率；$x_{i,t-1}$ 表示第 i 部门在 $t-1$ 时期占 GDP 的比重。

借鉴埃格斯和奥恩尼德斯的做法，假设各个部门占 GDP 的份额在转折点前的时间段内和转折点后的时间段内不变，即 $x_{i,t-1} = x_i$。

包含两部门(比如 i 部门和 j 部门)经济体的产出增长率方差就可以写为：
$$\mathrm{Var}(\hat{Y}_t) = x_i^2 \cdot \mathrm{Var}(\hat{X}_{it}) + x_j^2 \cdot \mathrm{Var}(\hat{X}_{jt}) + 2x_i x_j \cdot \mathrm{Cov}(\hat{X}_{it}, \hat{X}_{jt}) \tag{7.2.37}$$

在进行总量产出波动的分解时，将上述公式应用到 GDP 核算的两种方法(生产法和支出法)中。在生产法下，GDP 的组成部分包括二位数产业各部门的增加值；在支出法下，GDP 的组成部分包括居民消费、政府支出、投资、出口和进口。对每个部门和每个时期，计算出各部门产出增长率的方差、各部门增加值占 GDP 的比重，以及两个部门之间的协方差。这样，就可以将 GDP 增长率的方差(即总量经济波动)分解成三个部分：由前后两个时期之间各个部门产出比重的变化解释的部分(结构效应)，由各个部门产出增长率的方差和协方差变化解释的部分

（波动效应），由部门产出比重、部门波动性的相互影响解释的部分（联动效应）。

以三部门为例进行方差分解，可以把总产出增长率方差的变化表示为：

$$\Delta \text{Var}(\hat{Y}_t) = \text{Var}(\hat{Y}_2) - \text{Var}(\hat{Y}_1) \qquad (7.2.38)$$

式中，$t=1$ 表示转折之前的时期；$t=2$ 表示转折之后的时期。如果用 A 和 B 分别表示部门增加值占 GDP 的比重和部门产出增长率的方差，则两个时期之间总产出增长率方差的任何变化 $A_2 \cdot B_2 - A_1 \cdot B_1$ 都可以改写为 $(A_1 + \Delta A)(B_1 + \Delta B) - A_1 B_1$，展开后得 $\Delta A \cdot B_1 + \Delta B \cdot A_1 + \Delta A \cdot \Delta B$。

这样就可以将式(7.2.37)代入式(7.2.38)并进行整理，可得式(7.2.39)：

$$\Delta \text{Var}(\hat{Y}_t)$$

$$= \text{Var}(\hat{Y}_2) - \text{Var}(\hat{Y}_1) \qquad (7.2.39)$$

$$= \Delta x_i^2 \cdot \text{Var}(\hat{X}_{I1}) + \Delta x_j^2 \cdot \text{Var}(\hat{X}_{j1}) + \Delta x_k^2 \cdot \text{Var}(\hat{X}_{k1}) + 2\Delta(x_i \cdot x_j)$$

$$\cdot \text{Cov}(\hat{X}_{I1}, \hat{X}_{j1}) + 2\Delta(x_i \cdot x_k) \cdot \text{Cov}(\hat{X}_{I1}, \hat{X}_{k1}) + 2\Delta(x_k \cdot x_j) \cdot \text{Cov}(\hat{X}_{k1}, \hat{X}_{j1}) \qquad (\text{I})$$

$$+ x_{i1}^2 \cdot \Delta \text{Var}(\hat{X}_i) + x_{j1}^2 \cdot \Delta \text{Var}(\hat{X}_j) + x_{k1}^2 \cdot \Delta \text{Var}(\hat{X}_k) + 2 x_i \cdot x_j$$

$$\cdot \Delta \text{Cov}(\hat{X}_i, \hat{X}_j) + 2 x_i \cdot x_k \cdot \Delta \text{Cov}(\hat{X}_i, \hat{X}_k) + 2 x_k \cdot x_j \cdot \Delta \text{Cov}(\hat{X}_k, \hat{X}_j) \qquad (\text{II})$$

$$+ \Delta x_i^2 \cdot \Delta \text{Var}(\hat{X}_i) + \Delta x_j^2 \cdot \Delta \text{Var}(\hat{X}_j) + \Delta x_k^2 \cdot \Delta \text{Var}(\hat{X}_k)$$

$$+ 2\Delta(x_i \cdot x_j) \cdot \Delta \text{Cov}(\hat{X}_i, \hat{X}_j) + 2\Delta(x_i \cdot x_k) \cdot \Delta \text{Cov}(\hat{X}_i, \hat{X}_k)$$

$$+ 2\Delta(x_k \cdot x_j) \cdot \Delta \text{Cov}(\hat{X}_k, \hat{X}_j) \qquad (\text{III})$$

式中，i,j,k 分别代表 i 部门、j 部门和 k 部门，第 I 部分表示的是"结构效应"，即表示由于各部门比重变化而引起的 $\Delta \text{Var}(\hat{Y})$；第 II 部分表示的是"波动效应"，即表示由于各部门内部波动而引起的 $\Delta \text{Var}(\hat{Y})$；第 III 部分表示的是"联动效应"，即表示由于以上两者的相互作用而引起的 $\Delta \text{Var}(\hat{Y})$。由式(7.2.39)可以看出，结构效应是部门产出份额变动率的总和，各个部门第一期的方差和协方差是权数；而波动效应是部门方差和协方差变动率的总和，各部门第一期的产出份额是权数。多部门的情况可以根据多项式的展开公式和式(7.2.39)类推得到。

第三节　中国产出序列的分解及其波动周期分析

一、中国产出序列的分解

1. 数据说明及单位根检验

采集中国的产出序列为 GDP 序列，样本区间为 1978—2014 年的年度数据，数据来源于《中国统计年鉴》，并以 1978 年为基期，通过 GDP 缩减指数将名义 GDP 数据转换为实际 GDP 数据，在此基础上，为了减少异方差和数据量纲的影响，这里对指标的水平值取自然对数形式。由于滤波分解法需要明确序列的时序特征，因此还需要进行单位根检验，单位根检验采用 ADF 法。数据分析用 Eviews8.0 软件。结果如表 7-2、表 7-3 所示。

由表 7-2 和表 7-3 面的检验结果发现实际 GDP 序列为非平稳序列，经一阶差分后，ADF 检验，产出序列为一阶平稳序列。

表7-2 对数实际GDP的ADF检验

ADF检验	t统计量	P值
	-0.4455	0.8892
临界值(99%)	-3.6537	
临界值(95%)	-2.9571	
临界值(90%)	-2.6174	

表7-3 一阶差分实际GDP的ADF检验

ADF检验	t统计量	P值
	-3.7915	0.0071
临界值(99%)	-3.6537	
临界值(95%)	-2.9571	
临界值(90%)	-2.6174	

2. 序列分解方法选择

本文选取三种产出序列分解方法进行对比分析,分别是HP滤波、BK滤波和CF滤波。下面分别用HP、BK、CF滤波法对1978—2014年的产出序列(实际GDP)进行分解,通过分解的结果对三种方法进行对比分析。结果见图7-6至图7-8,表7-4。

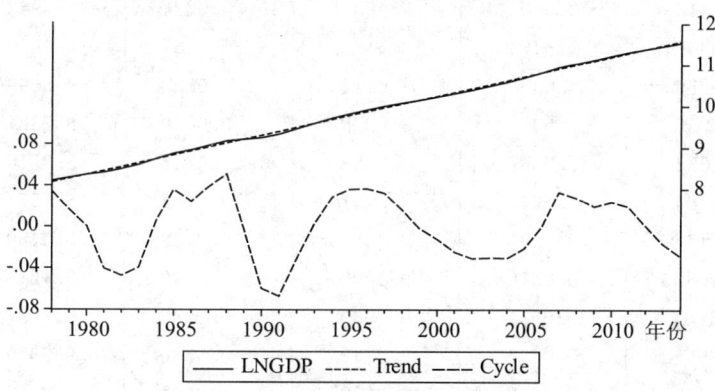

图7-6 HP滤波对产出序列分解

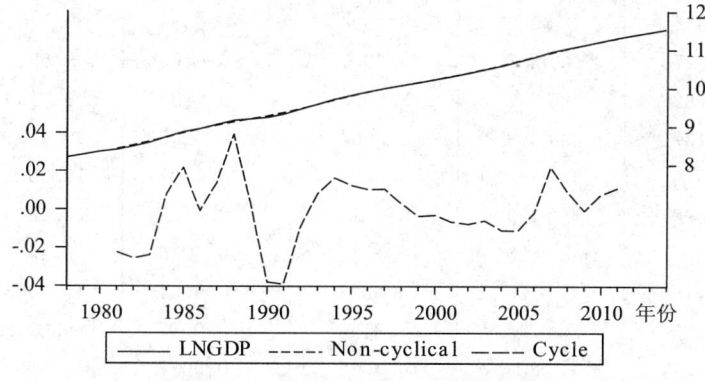

图7-7 BK滤波对产出序列分解

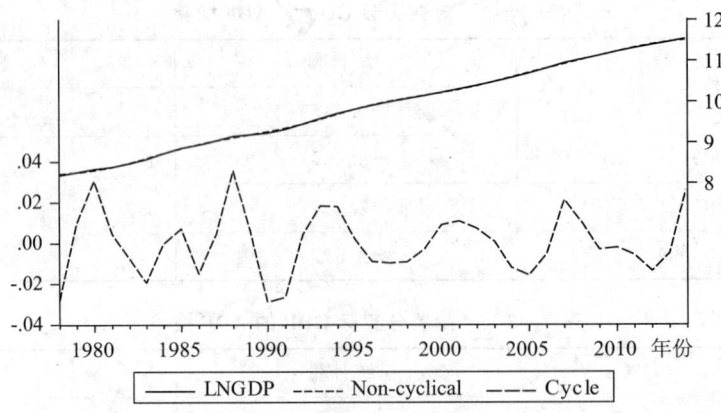

图 7—8 CF 滤波对产出序列分解

数据来源：《中国统计年鉴》，中国统计出版社。

表 7—4 中国实际 GDP 序列的三种滤波方法分解结果

年份	HP 滤波分解		BK 滤波分解		CF 滤波分解	
	趋势成分	周期成分	趋势成分	周期成分	趋势成分	周期成分
1978	8.1669	0.0343	—	—	8.2293	−0.0281
1979	8.2578	0.0163	—	—	8.2643	0.0098
1980	8.3492	0.0005	—	—	8.3191	0.0306
1981	8.4413	−0.0406	8.4231	−0.0224	8.3962	0.0046
1982	8.5349	−0.0474	8.5132	−0.0257	8.4949	−0.0074
1983	8.6299	−0.0394	8.6144	−0.0239	8.6099	−0.0194
1984	8.7259	0.0058	8.7238	0.0080	8.7321	−0.0003
1985	8.8224	0.0357	8.8363	0.0218	8.8510	0.0071
1986	8.9184	0.0245	8.9437	−0.0008	8.9577	−0.0148
1987	9.0138	0.0387	9.0386	0.0139	9.0480	0.0045
1989	9.1083	0.0510	9.1202	0.0392	9.1240	0.0354
1990	9.2023	−0.0031	9.1960	0.0032	9.1931	0.0061
1991	9.2966	−0.0597	9.2749	−0.0380	9.2659	−0.0290
1992	9.3919	−0.0672	9.3638	−0.0391	9.3513	−0.0266
1993	9.4884	−0.0306	9.4668	−0.0090	9.4535	0.0043
1994	9.5856	0.0029	9.5804	0.0081	9.5703	0.0182
1995	9.6827	0.0287	9.6952	0.0163	9.6937	0.0178
1996	9.7789	0.0362	9.8028	0.0124	9.8130	0.0021
1997	9.8737	0.0368	9.9003	0.0103	9.9195	−0.0090
1998	9.9670	0.0324	9.9890	0.0105	10.0091	−0.0097
1999	10.0590	0.0159	10.0718	0.0030	10.0840	−0.0091
2000	10.1503	−0.0020	10.1519	−0.0036	10.1514	−0.0031
2001	10.2415	−0.0123	10.2323	−0.0031	10.2203	0.0090
2002	10.3335	−0.0245	10.3156	−0.0067	10.2982	0.0107
2003	10.4267	−0.0308	10.4036	−0.0077	10.3887	0.0072
2004	10.5215	−0.0301	10.4974	−0.0060	10.4906	0.0008

续表

年份	HP 滤波分解		BK 滤波分解		CF 滤波分解	
	趋势成分	周期成分	趋势成分	周期成分	趋势成分	周期成分
2005	10.6180	−0.0305	10.5986	−0.0110	10.5996	−0.0120
2006	10.7158	−0.0211	10.7060	−0.0113	10.7104	−0.0157
2007	10.8144	−0.0003	10.8159	−0.0018	10.8194	−0.0054
2008	10.9129	0.0336	10.9246	0.0219	10.9253	0.0212
2009	11.0106	0.0279	11.0293	0.0092	11.0285	0.0100
2010	11.1070	0.0196	11.1274	−0.0008	11.1297	−0.0031
2011	11.2020	0.0240	11.2183	0.0076	11.2281	−0.0022
2012	11.2955	0.0194	—	—	11.3206	−0.0057
2013	11.3878	0.0009			11.4022	−0.0135
2014	11.4793	−0.0168			11.4675	−0.0050

注：由于年度数据的 BK 分解公式为 3 阶中心移动平均，所以缺乏样本首尾三年数据。

3. 分解结果对比分析

三种滤波分解得到的周期成分的相关系数见表 7—5。从表中可以看出，HP 周期成分和 CF 周期成分的相关系数为 0.501，与 BK 周期成分的相关系数达到 0.930，BK 周期成分和 CF 周期成分的相关系数为 0.720。这说明，小样本下应用 HP 滤波得到的结果与应用 CF 滤波得到的结果还是有差别的，而与 BK 滤波得到的结果几乎没有差别。

表 7—5　三种滤波分解得到的周期成分间的相关系数

	HP 周期成分	BK 周期成分	CF 周期成分
HP 周期成分	1.000	0.930	0.501
BK 周期成分	0.930	1.000	0.720
CF 周期成分	0.501	0.720	1.000

从理论上看，尽管在实际应用中，HP 滤波应用最为广泛，但近来一些研究表明，HP 滤波存在着一些较难克服的缺陷。有研究指出，HP 分解的准确性会随序列时序特性的变化而变化；若目标序列为一阶单整或二阶单整过程时，分离出的周期成分可能包含伪周期信息。此外，HP 滤波的一个隐含假定是目标序列的周期波动具有对称性，而一些研究如 Sichel(1993) 等表明，现实中的周期波动呈现或强或弱的非对称性。与 HP 滤波仅仅过滤低频的趋势成分而把剩余成分作为周期成分不同，BK 滤波过滤掉低频的趋势成分和高频的季节波动与不规则波动成分，而仅仅保留固定区间的周期成分，是理想带通滤波的一种线性近似。然而，BK 滤波仍然没有克服 HP 滤波的上述缺陷。而 CF 滤波是在考虑序列平稳特征后对 BK 滤波分解法加以改进得到的。与 HP 滤波和 BK 滤波相比，CF 滤波考虑了数据的时间序列特征，因而分解出的周期成分更为客观、准确，特别是其得到分解结果在首尾两端准确性有所提高，因此，这里以 CF 周期成分为标准来分析中国的增长周期波动。

二、中国产出波动的周期划分与分析

(一)中国产出波动的增长率周期划分与分析

1. 数据来源和检验处理

首先选取 1978—2014 年的 GDP 年度数据，数据来源于《中国统计年鉴》，并以 1978 年为基期,通过 GDP 缩减指数将名义 GDP 数据转换为成实际 GDP 数据。然后对上述实际 GDP 序列取对数后,进行一阶差分,通过 Eviews8.0 得出 GDP 增长率趋势图如 7-9。

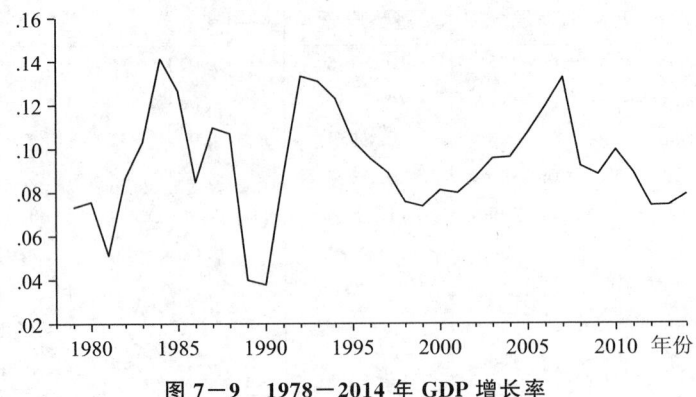

图 7-9　1978—2014 年 GDP 增长率

数据来源:《中国统计年鉴》,中国统计出版社。

2. 增长率周期划分与分析

基于图 7-9 和表 7-6,从持续时间、波动幅度和波动系数三维状态对中国改革开放以来的经济周期波动分析如下:

表 7-6　中国 1978—2014 年增长率周期波动的三维状态表

周期序号	起止年份	峰位	峰位年份	谷位	谷位年份	波动幅度	波动系数
1	1979—1986	0.141	1984	0.051	1981	0.09	0.546
2	1987—1990	0.110	1987	0.038	1990	0.072	0.692
3	1991—1999	0.133	1992	0.073	1999	0.060	0.100
4	2000—2009	0.132	2007	0.088	2009	0.044	0.052
5	2010—2013	0.099	2010	0.074	2013	0.025	0.214

第一次经济周期波动,1979—1986 年,波动的峰位为 1984 年的 0.141,波动谷位为 1981 年的 0.051,波动幅度为 0.09,波动系数为 0.546,经济周期波动的特点是,该时期中国经济周期波动属于典型的增长型周期波动,经济高位运行,波峰较高,波谷较浅,波动相对较为缓和,宏观经济稳定性不断增强。其原因主要是因为改革开放初期经济建设热情高涨,大规模基础建设投入促使中国经济出现飞速增长直至过热,达到了改革开放以来的历史最高值。

第二次经济周期波动,1987—1990 年,波动的峰位为 1987 年的 0.110,谷位为 1986 年的 0.038,波动幅度为 0.072,波动系数为 0.692。这一次经济周期波动的特点是,波峰较浅,波谷较深,峰位开始下降,峰谷落差减小。这主要是因为在计划经济体制的转型过程中,出现了经济过热,同时由于社会总需求大于社会总供给带来食品供应偏紧,再加上"价格闯关"因素影响价格预期,导致中国经济出现了严重的通货膨胀。与此同时,国内和国际上的诸多问题也在 1989 年加速发酵,使得政府急于稳定经济波动和物价水平,从而采取财政政策和货币政策"双紧"的组合,这种严厉的"双紧"政策组合,虽然使物价水平迅速回落,也造成了中国经济迅速下滑到改革开放以来的新低点。

第三次周期波动,1991—1999 年,波动峰位为 1992 年的 0.133,波动谷位为 1999 年的 0.073,波动幅度为 0.060,波动系数为 0.10,周期波动的特点是,峰位较高,波谷比较浅,峰谷落差明显减小。这个时期主要在全面推进和深化经济体制改革过程中,社会主义市场经济制度开始形成,此时宏观经济政策调控开始成熟。在1992年邓小平同志南巡讲话后出现的新一轮经济过热、出现了改革开放以来最严重的通货膨胀以后,中国宏观经济调控实行了"适度从紧"的货币政策和财政政策,并在其后保持了政策的稳定性和连续性的同时,使经济增长率从两位数的高峰平稳地、逐步地回落到8%—10%以内的适度增长区间,通货膨胀率也实现了平稳着陆,经济在快速过热后实现经济增长和通货膨胀率的双双"软着陆"。

第四次经济周期波动,2000—2009年,波动峰位为2007年的0.132,波动谷位为2009年的0.088,波动幅度为0.044,波动系数为0.052,经济周期波动特点是波动峰位较高,波动谷位相对较浅。此时期波动特征形成的主要原因是2008年第三季度爆发的全球金融危机对中国经济的影响,使得中国经济在短时间出现了深度下滑,也促使中国经济在2007年以前保持经济持续、平稳、快速发展的"软扩张"经济所采取的"双稳健"政策,迅速转向应对全球金融危机,保持经济平稳较快发展而采取的积极财政政策和适度宽松的货币政策。

第五次经济周期波动,2010—2013年,波动峰位为2010年的0.099,波动谷位为2013年的0.074,波动幅度为0.025,波动系数为0.214,经济周期波动特点是周期波动的峰位和波动的谷位都相对较浅,与之对应的是峰谷落差的缩小,经济波动趋于缓和,究其原因,中国经济体制改革的逐渐深入、市场经济的逐步完善以及对外开放度的日益提高是重要因素。

(二)中国产出波动的GDP增长周期划分

1. 数据来源与检验处理

首先选取1978—2014年的年度数据,数据来源于《中国统计年鉴》,并以1978年为基期,借助GDP缩减指数将名义GDP数据转换为实际GDP数据。然后用Eviews8.0对1978—2014年实际GDP进行CF滤波,得到如下图7—10,依此进行GDP增长周期的划分。

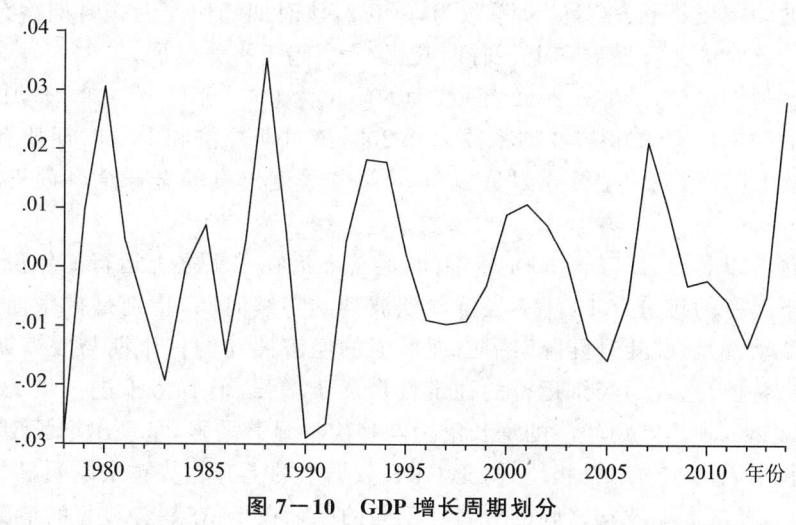

图7—10　GDP增长周期划分

2. 增长周期划分与分析

从图7—10和表7—7可以看出,若以谷—谷法划分中国的增长周期波动,与增长率周期波动的划分相比,有几个经济周期波动之间的分界点不同,具体结果如下:

第一次经济周期波动,1978—1983年,波动的峰位为1980年的0.031,波动的谷位为1983年的-0.019,波动幅度为0.050,波动系数为0.245,该时期峰位高,谷位较浅,此时中国经济周期波动属于典型的增长型周期波动。

表7-7 中国1978—2014年增长周期波动的三维状态表

周期序号	起止年份	峰位	峰位年份	谷位	谷位年份	波动幅度	波动系数
1	1978—1983	0.031	1980	−0.019	1983	0.050	0.245
2	1984—1986	0.007	1985	−0.015	1986	0.022	0.249
3	1987—1991	0.035	1988	−0.029	1990	0.064	0.463
4	1992—1998	0.018	1993	−0.010	1997	0.028	0.208
5	1999—2005	0.011	2001	−0.016	2005	0.027	0.132
6	2006—2012	0.021	2007	−0.014	2012	0.035	0.203

第二次经济周期波动,1984—1986年,波动的峰位为1985年的0.007,波动的谷位为1986年的−0.015,波动幅度为0.022,波动系数为0.249,该时期峰位下降、谷位抬升、峰谷落差减小。

第三次经济周期波动,1987—1991年,波动的峰位为1988年的0.035,波动的谷位为1990年的−0.029,波动幅度为0.064,波动系数为0.463,该时期峰位高,谷位较深,峰谷落差变大,因为在此时期计划经济体制的转型过程中,出现了经济过热,同时中国经济出现了严重的通货膨胀。

第四次经济周期波动,1992—1998年,波动的峰位为1993年的0.018,波动的谷位为1997年的−0.010,波动幅度为0.028,波动系数为0.208,该时期峰位下降,谷位上升,峰谷落差变小,即波动幅度变小,这个时期主要在全面推进和深化经济体制改革过程中,社会主义市场经济制度开始形成,宏观经济政策调控开始成熟,中国的经济发展波动减小。

第五次经济周期波动,1999—2005年,波动的峰位为2001年的0.011,波动的谷位为2005年的−0.016,波动幅度为0.027,波动系数为0.132,该时期峰位比上一时期略有下降,谷位较浅,波动幅度小,此时的经济发展和上一时期变化不大,趋于平稳发展。

第六次经济周期波动,2006—2012年,波动的峰位为2007年的0.021,波动的谷位为2012年的−0.014,波动幅度为0.035,波动系数为0.203,该时期峰位和上一时期比有所上升,谷位较浅,此时期波动特征形成的主要原因是2008年第三季度爆发的全球金融危机对中国经济的影响。

从以上分析可以看出,1978—2014年期间,经济在潜在水平之上运行的年份有24年,经济在潜在水平之下运行的年份有13年。经济周期波动的持续时间,特别是扩张期明显延长。前三轮经济周期波动都呈现"陡升陡降"特征;而后面的经济波动的扩张期与收缩期明显拉长,呈现出"缓升缓降"特征,这说明经济运行的稳定性在逐步增强,但有待于进一步巩固。以上分析表明,改革开放以来,中国宏观经济的增长潜力与稳定性显著增强,呈现出增长型波动特征。

与前面增长率周期波动划分相比,由于GDP数据中的上升趋势越来越明显,两种划分结果的差别相对较多,经济周期波动之间的分界点不同的原因在于:在趋势显著的情况下,增长率周期波动对波谷点日期的定义存在差别,两者的识别方法也有所不同。

从以上两种方法对经济周期的划分可以得出结论:

中国经济周期波动自改革开放以来呈现出缓起缓落,特别是从1998年以后,经济的波动比1978—1998年波动幅度变小,经济波动熨平化、微波化,而且,中国经济周期波动的稳定性大大提高,在长期经济增长中逐步走向稳定。根据改革开放发展历程和经济波动特征,可以将其归为改革探索时期和改革深化时期。在改革探索时期,产出波动表现出"峰位高、谷位深、振幅大和扩张期短"的特点,主要经济变量不仅表现出顺周期性,而且波动性均强于产出。进入改革深化时期,产出波动的峰位下降、谷位上升、振幅收窄、扩张期延长,经济波动性明显减弱。改革开放后的一个相当长时期内,随着家庭联产承包责任制、市场经济体制、对外开放等的逐渐确立和社会生产关系的逐步理顺,各方积极性被充分调动起来,之前被束缚住的生产力开始释放,中国经济进入了一个加速发展期。在改革开放初期,经济增长率并不平稳,波动也比较大,然而随着经济发展的各种体制机制不断完善,政府宏观调控能力不断增强,中国经济运行呈现出平稳化的发展。为了保证中国经济又好又快发展,应继续健全和完善市场经济体制,继续加强和改善宏观经济调控能力,使经济波动幅度变小且维持稳定增长,减轻经济波动的危害程度。

第四节 中国产出波动的统计特征检验分析

一、非对称性特征检验分析

中国经济运行态势和经济理论发展的不规则变化,其主要原因之一就是发展轨迹当中存在着一定程度的非对称性,因此对非对称性的度量、检验和解释一直是监测和分析宏观经济形势和检验经济理论的重要内容。

1. 数据来源

为检验分析中国改革开放以来经济波动是否存在非对称性,这里选取1978—2014年的GDP年度数据和2011—2016年季度数据,数据来源《中国统计年鉴》和国家统计局网站,并都转化成实际水平值。

2. 分析过程

分别对1978—2014年度实际GDP序列、2011—2016年季度的实际GDP序列进行检验分析,采用Sichel(1993)提出的基于偏移度统计量的测度方法进行检验。在检验之前,首先需要对各产出序列进行单位根检验,以判断其平稳类型,进一步需要要把产出序列进行分解,这里采用的产出分解方法是CF滤波法。

非对称性检验的一般程序是,鉴于去势后的序列可能存在序列相关,首先需要构造偏移样本序列;然后,将偏移样本序列对常数项进行回归,并计算Newey-West标准误,常数项的估计等同于得到的Sichel偏移检验统计量 s_1,常常数项的估计值与其Newey-West标准误之比渐近服从正态分布,因此可进行相应的显著性检验,并根据检验结果判断是否存在陡峭型非对称。同样地,重复过程,构造检验统计量 s_2,可以检验深度型非对称的存在性。具体检验结果见表7—8。

表7—8 中国GDP序列暂时性成分的非对称性检验结果

序列名称	统计量 S_1	检验 p 值	非对称性类型	统计量 S_2	检验 p 值	非对称性类型
1978—2014年度GDP	0.160	0.728	不显著	0.969	0.0001	显著
2011—2016年季度GDP	−0.840	0.111	不显著	0.951	0.0024	显著

3. 结果分析

由表7—8中的数据可知,中国年度和季度GDP的统计量 S_1(陡峭型)不具备显著的非对称性特征,而其统计量 S_2(深度型)有显著性,即GDP增长率具有非对称性特征的倾向。实际

GDP 序列的周期性波动具有扩张型的深度非对称性,这表明经济扩张期的平均幅度仍然高于收缩期的平均幅度。由此可见,随着市场经济体制的逐步建立和国民经济整体规模的日益扩大,中国宏观经济调控的能力也明显加强,中国经济正朝着健康的方向运行,产出已开始出现高位振荡与持久调整的特征,并呈现出一定非对称性趋向。

实际 GDP 序列当中非对称性的存在,表明随机扰动在经济周期的不同阶段具有不同的持续性和波动性,因此顺周期与反周期的经济政策具有不同的作用效果。最重要的经济政策启示在于,政府在制定宏观调控政策时,首先需要确定经济所处的周期阶段,在经济周期的不同阶段,相同的经济政策将具有不同的作用效果,市场情绪、冲击影响和波动传导机制都存在很大差异,盲目地制定和实施政策容易造成调控力度的不足或过当。其次,在制定对冲性质的调控政策时,应当认识到不同方向的调控政策发挥的效力是不对称的。为此必须对当下经济阶段的经济政策作用机制、传导机制和风险机制进行新的深入分析,决不能简单地反方向采用经济政策的模式。

二、微波化特征分析

(一)微波化的表现

1. 历次周期波动的波动系数变化

这里采用本章第三节的中国产出波动周期划分中所求出的波动系数数据,并分别画出增长周期和增长率周期的历次周期波动的波动系数图,以便更加清晰地看出波动系数的变化。

(1)增长周期

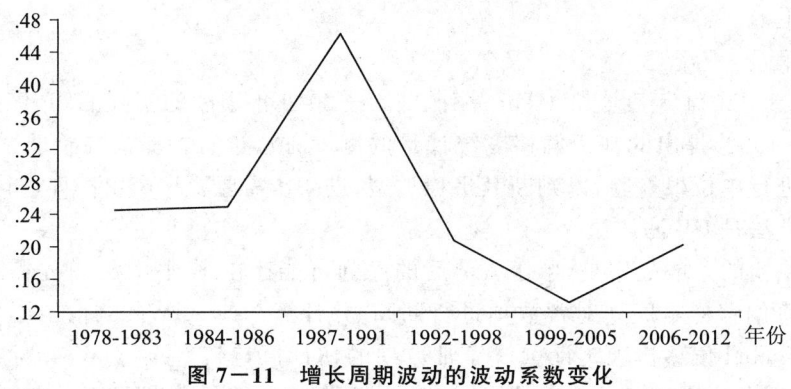

图 7-11 增长周期波动的波动系数变化

(2)增长率周期

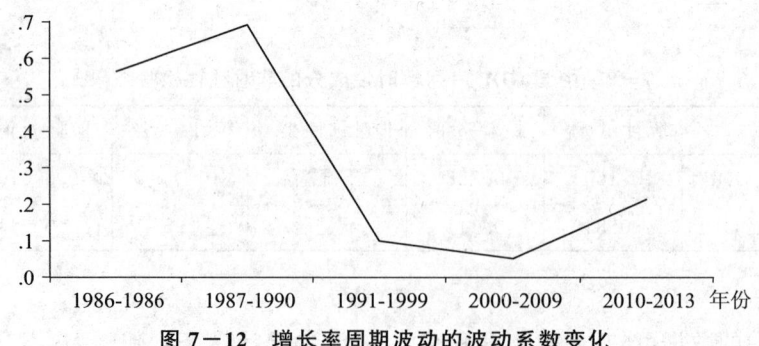

图 7-12 增长率周期波动的波动系数变化

从图 7—11 和图 7—12 中可以看出,周期波动的波动系数变化大体相似,都是随着经济的发展,波动系数变小,呈现下降的趋势。改革开放以来,中国周期波动的波动系数在 1990 年以前比较大,这主要是因为在计划经济体制的转型过程中,出现了经济过热,同时由于社会总需求大于社会总供给,使中国经济出现了严重的通货膨胀。从 1991 年以后,周期波动的波动系数开始变小,主要原因是在全面推进和深化经济体制改革过程中,社会主义市场经济制度开始形成,宏观经济政策调控不断成熟,且经济发展趋于平稳化。

2. 波动滚动分析

为了进一步分析中国实际国内生产总值增长率的波动率,这里对 1978—2014 年的实际国内生产总值增长率求滞后 10 年的滚动标准差。结果如表 7—9、图 7—13 所示。

表 7—9 实际 GDP 增长率滞后 10 年的滚动标准差

年份	滚动标准差	年份	滚动标准差	年份	滚动标准差	年份	滚动标准差
1978	0.0282	1987	0.0338	1996	0.0107	2005	0.0194
1979	0.0269	1988	0.0336	1997	0.0146	2006	0.0202
1980	0.0316	1989	0.0338	1998	0.0197	2007	0.0190
1981	0.0359	1990	0.0295	1999	0.0185	2008	0.0097
1982	0.0334	1991	0.0225	2000	0.0170	2009	0.0101
1983	0.0357	1992	0.0231	2001	0.0160	2010	0.0110
1984	0.0372	1993	0.0197	2002	0.0149	2011	0.0071
1985	0.0353	1994	0.0150	2003	0.0168	2012	0.0030
1986	0.0340	1995	0.0101	2004	0.0186	2013	0.0036

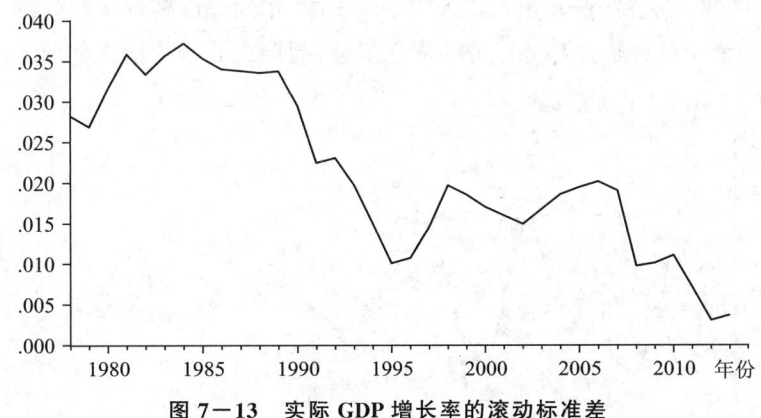

图 7—13 实际 GDP 增长率的滚动标准差

从表 7—9 和图 7—13 分析可知,改革开放以来,中国实际国内生产总值增长率的波动率趋于下降的趋势,在 1989 年之前维持在 3.5% 左右波动,而进入 1990 年以后,波动率开始大幅下降,经济波动率的下降与中国经济逐步摆脱计划经济的束缚直接相关。这个时期,中国正在全面推进和深化经济体制改革过程中,社会主义市场经济制度开始形成。从 1998—2006 年间,波动率维持在 2% 左右;而从 2006 年之后,波动率的进一步下降,主要是由于随着中国经济体制改革的逐渐深入、市场经济的逐步完善、对外开放度的日益提高,以及随着中国对外开放及参与国际分工的广度和深度不断拓展,中国已经通过国际贸易和资本往来同世界经济紧密地联系在一起,经济波动越来越容易受到国际市场的影响。国际环境总体上有利于中国和平发展,国内工业化、信息化、城镇化、市场化深入发展,经济结构转型加快,市场需求潜力巨大,科技和教育水平提升,劳动力素质不断改善,政府宏观调控和应对复杂局面的能力明显增强,这些都为经济保持平稳较快发展创造了有利条件。此外,中国经济发展所面临的人口、能源、资源、环境等生产要素约束将更为严厉,因此,必须适应经济发展的周期规律,把握新周期下经济运行的阶段性特征,加快经济结构战略性调整,促进经济平稳较快和可持续发展。

(二)微波化的产业结构成因分析

产业结构转变是理解发展中国家与发达国家经济发展区别的一个核心变量,同时也是国家加快经济发展的本质要求。产业结构变动包括两个方面:一是由于各产业技术进步速度不同并且在技术要求和技术吸收能力上的巨大差异导致各产业增长速度的较大差异,从而引起一国产业结构发生变化;二是在一国不同的发展阶段需要由不同的主导产业来推动国家的发展,伴随着经济发展的主导产业更替直接影响到一国的生产和消费的方方面面,这在根本上会对一国产业结构造成巨大冲击。

改革开放 30 多年以来,中国的产业结构发生了巨大的变化。从产值结构来看,第一、二、三产业在 GDP 中所占的比重从 1978 年的 28.2%,47.9%,23.9% 变成 2007 年的 11.3%,48.6%,49.1%。第一产业产值比重大幅度下降,同时第三产业增长强劲,并吸收了从第一产业中转移出去的大部分劳动力,这反映出中国产业结构不断优化升级的趋势。

1. 数据来源

为了具体分析产业结构和产出波动的关系,这里选取 1978—2014 年 GDP、第一产业、第二产业和第三产业的年度数据,数据来源于《中国统计年鉴》,并以 1978 年为基期,将各数据转换成实际水平,记 GDP 为 Y,第一产业为 Y_1,第二产业为 Y_2,第三产业为 Y_3。

2. 分析过程

对 GDP、第一产业,第二产业和第三产业 1978—2014 年的年度数据实际值进行 CF 滤波分解,使用 Eviews8.0,各个变量分解为趋势成分和周期成分,周期成分变化情况如图 7—14 所示。

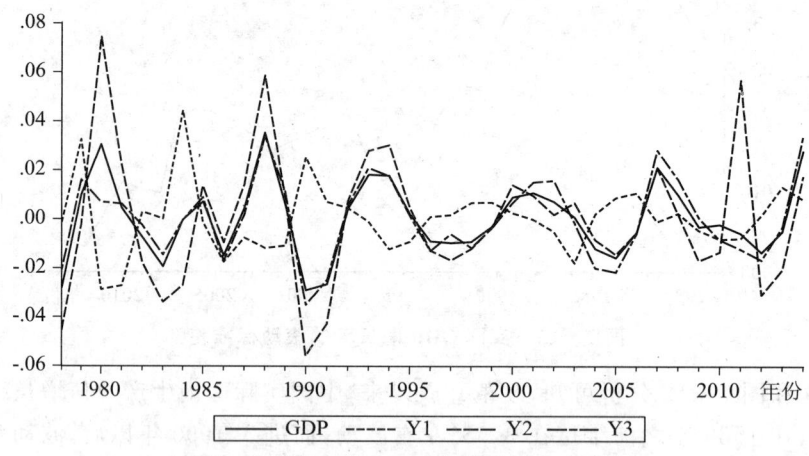

图 7—14 各变量经 CF 滤波后的波动情况

从图 7—14 可以看出,改革开放以后,随着经济的发展,各个变量的波动在 1978—1996 年这段时期波动幅度比较大。随着经济发展的各种体制机制日益完善,政府宏观调控能力不断增强,中国经济运行呈现出平稳化的发展,波动逐渐趋缓,波动频率也相应降低。并且,第一产业比国内生产总值波动领先 1—2 年,1996 年以后第一产业波动比总产值波动相对平缓,第二产业和第三产业产出的波动周期和国内生产总值的经济周期在各时期都保持较高的一致性。

进一步对产业结构进行分析,对上述变量建立 VAR 模型(经检验模型为稳定的),进而采用方差分解的方法,分析三个产业对产出波动的影响。使用 Eviews8.0 软件进行方差分解的结果如表 7-10 所示。

表 7-10 对实际 GDP(Y)方差分解

period	S.E.	Y	Y_1	Y_2	Y_3
1	0.0203	10.8381	1.2899	58.8893	28.9825
2	0.0400	9.3795	12.3833	44.0084	34.2286
3	0.0582	7.4313	18.5949	36.9648	37.0088
4	0.0739	6.1850	20.8870	33.9148	39.0130
5	0.0874	5.3808	21.6296	32.5938	40.3956
6	0.0993	4.8492	21.9435	31.9334	41.2737
7	0.1102	4.4711	22.2144	31.5280	41.7864
8	0.1203	4.1851	22.5049	31.2467	42.0631
9	0.1296	3.9567	22.7951	31.0538	42.1942
10	0.1382	3.7673	23.0649	30.9298	42.2378

3. 结果分析

从表 7-10 中可以看出,第二产业和第三产业对产出波动的贡献率比较大,后期分别稳定在 31% 和 42% 左右,并且第三产业的贡献率在逐步提高。尽管中国经济的增长速度有所回落,但结构调整稳步推进,经济结构正在发生重大变化,第三产业增速和所占比重均超过第二产业,中国经济正在由工业主导向第三产业主导加快转变,成为新常态下中国经济增长的新动力。

由此得出的政策启示是:第一,为充分发挥产业结构升级对经济平稳化增长的持续推动作用,必须进一步推进中国产业结构优化升级,优化三大产业之间的关系。随着中国宏观经济的不断增长,根据"库兹涅茨事实"所揭示的产业结构变化的基本方向,中国产业结构由第一产业占主导逐步向第二产业、第三产业占主导转变,最终实现产业结构的服务化。在这种转变过程中,要进一步优化三大产业之间的关系,继续加强第一产业的基础性地位,积极促进制造业的服务化,大力发展战略性新兴产业,推进产业结构高级化进程。第二,促进各类服务业的协调发展,从而加快发展第三产业。

(三)微波化的支出结构成因分析

改革开放以来,随着经济体制和经济运行机制的转轨,市场需求对经济增长的作用增强,中国经济发展由主要依赖投资需求推动转变为依赖投资需求和消费需求共同推动,产出的波动特征发生了明显的变化,为了更进一步分析支出和产出波动的影响,这里选取居民消费、政府消费、进口和出口这几个指标进行分析,结果如表 7-11。

表 7-11 支出法下各部门比重与产出增长率标准差的变化

项 目	居民消费		政府消费		投资		出口		进口	
	比重	标准差	比重	标准差	比重	标准差	比重	标准差	比重	标准差
1986—1995 年	0.532	0.069	0.124	0.075	0.340	0.126	0.146	0.243	−0.143	0.164
1996—2008 年	0.477	0.035	0.125	0.028	0.357	0.063	0.249	0.110	−0.211	0.122

表 7—11 给出了 1986—1995 年和 1996—2008 年支出法核算下各部门产出占 GDP 比重平均值和各部门产出增长率标准差的变化。可以看出,在 1996 年前和 1996 年后这两个时期,支出法下各个部门产出占 GDP 的比重变动大于各个部门本身的标准差变动,而且从各部门的标准差可以看出,波动较大的是投资和出口,而这两个部门的产出占 GDP 的比重,在 1996 年后反而比 1996 年之前有所上升;相反,在波动较小的组成部分中,居民消费占 GDP 的比重下降,政府消费的比重仅有微弱的上升,这也就解释了为什么 GDP 各组成部分的结构性变动对于总量经济周期的稳定化没有产生正面作用。因此,要通过调整 GDP 的结构来稳定总量经济波动,就需要抑制投资和出口占 GDP 的比重,同时提高消费占 GDP 的比重,这样,中国的经济才能又好又快的发展,实现经济波动的平稳化、稳定化增长。

三、持久性特征检验分析

产出的持久性是经济周期波动的重要经验特征之一。这里关注的重点不是产出是否服从单位根过程,而是冲击对产出是否具有比较持久的影响。

1. 数据来源

这里采集中国的产出序列为 GDP 序列,样本区间为 1978—2014 年,数据来源于《中国统计年鉴》,并以 1978 年为基期,将各数据转换成实际水平值,采用基于 ARMA 模型的脉冲反应函数的测度方法。

2. 分析过程

用基于 ARMA 模型的脉冲反应函数测度产出持久性的基本过程是:

首先,对中国实际 GDP 的差分序列进行单位根检验,确认实际 GDP 的差分序列为平稳序列后,用 ARMA(p,q) 模型估计一阶差分后的实际 GDP 序列;其次,把 ARMA(p,q) 模型转换为节俭的 MA 表示式;最后,根据 MA 表示式来计算反映产出持久性的指标 $\psi(1)$。

前面已经对中国实际 GDP 序列进行单位根检验,其结果是实际 GDP 水平序列 $\{y_t\}$ 为单位根过程即 I(1);而实际 GDP 差分序列 $\{\Delta y_t\}$ 为带漂移的平稳过程,即 I(0),因此,去除漂移后就可以用有限阶的平稳的 ARMA(p,q) 模型估计,进而测度中国产出持久性。

在实际 GDP 差分序列平稳过程下,根据调整后的 R^2 值最大、AIC 值和 SC 值最小的原则,确定关于序列最合适的 ARMA(p,q) 模型形式为:

$$\Delta y_t = 0.095 + \varepsilon_t + 0.555\varepsilon_{t-1} - 0.928\varepsilon_{t-2}$$
$$t\text{统计量值} \qquad (3.768) \quad (-17.254)$$

式中,调整后的 $R^2 = 0.502$,AIC 值 $= -5.183$,SC 值 $= -5.050$,DW 统计量值 $= 1.557$,冲击持久性影响衡量指标 $\psi(1) = \theta(1)/\varphi(1) = 0.627$。

3. 结果分析

一般而言,冲击持久性的衡量指标 $\psi(1)$ 的取值为非负值,其大小能够反映产出的时间序列特性。若 $\psi(1) = 0$,则说明产出序列为一趋势平稳过程,冲击对产出不存在持久性影响;若 $\psi(1) = 1$,则说明产出序列为一随机游走过程,冲击会对产出造成等量的持久性影响;若 $0 < \psi(1) < 1$,则产出序列为趋势平稳过程和差分平稳过程的组合,冲击对产出不仅有持久性,而且冲击的影响被缩小;若 $\psi(1) > 1$,则产出序列为一不同于随机游走的差分平稳过程,冲击对产出不仅有持久性,而且冲击的影响被放大。从整个样本区间 1978—2014 年看,中国产出持久性为 $0.627, 0 < \psi(1) = 0.627 < 1$,这说明,期间的冲击对产出具有持久性,而且这种冲击的持久性影响会被缩小。为了能够保持中国经济稳定的发展,需要政府实施积极的宏观调控,扭转以

GDP 数量增长为核心的发展观等多种措施加以解决,以保持中国经济的全面、协调、可持续发展。

思考与练习

1. 什么是潜在产出与产出缺口?分解测度它们有什么意义?
2. 请画图说明产出古典周期波动和增长周期波动的表现形式,分析两者之间的差异。
3. 自 20 世纪 80 年代以来,世界范围的产出波动出现了平稳化趋势,请分析这一趋势变动背后的决定因素及其作用机理。
4. 产出序列分解的基本方法有哪些?各种方法的优缺点有哪些?
5. 请论述采用生产函数法进行产出序列分解的基本思想和操作步骤。
6. 如何从常规统计角度描述刻画产出波动的三维特征?
7. 什么是产出波动的持久性?如何进行持久性统计分析?
8. 什么是产出波动的非对称性?其常见类型有哪些?如何进行非对称性统计分析?
9. 如何进行产出波动性变化统计分析?
10. 请采集中国改革开放以来 GDP 数据,进行中国产出波动的增长率周期划分与分析。
11. 请采集中国改革开放以来 GDP 数据,选择合适的方法进行中国产出波动的增长周期划分与分析。
12. 试采集数据描述刻画改革开放以来中国 GDP 波动的变化,并定量分析揭示其背后的产生原因。
13. 2008 年全球金融危机以来,学术界关于中国经济增长减速是周期性原因还是趋势性原因的争议很大。试选用合适的方法进行产出波动统计分析来说明你的观点。

第八章 价格波动统计分析

长期以来,价格水平稳定一直是各国宏观经济调控管理的重要目标之一。然而在宏观经济运行中,价格水平的波动却是经常发生的现象,尤其其中的通货膨胀是当前世界各国普遍存在的一种社会经济现象。正确把握这类现象的内在本质和科学界定其内在含义,有助于全面认识价格波动,充分揭示价格波动尤其是通货膨胀的形成机理,并为治理与预防通货膨胀、实现经济平稳运行提供科学的决策依据。

本章首先论述价格波动的相关理论,包括价格波动的内涵、价格波动的成因及价格波动的动态性质;其次总结和归纳价格波动中常用的统计分析方法,包括价格波动的度量、价格波动的动态性质及综合分析方法以及价格波动的空间分析方法;然后借助于上述价格波动的统计分析方法对中国价格波动进行相关统计分析,主要包括中国价格波动的周期性特征分析、中国价格波动的持久性特征分析,以及中国主要价格指数间的传导机制分析;最后对中国核心通货膨胀进行了不同方法的测度,并对其货币政策应用效果做出评价。

第一节 价格波动的相关理论

一、价格波动内涵

价格波动不仅表现在随时间推移过程中价格总水平的上升或下降,还表现在因为某一价格水平的波动进而带动其他价格水平的波动,以及物价变动中相对价格的波动。前者通常被称为时间维度上的价格波动,后者被称为空间维度上的价格波动。时间维度上的价格波动主要表现为通货膨胀和通货紧缩,空间维度上的价格波动则主要表现为价格传导和相对价格波动。

(一)时间维度上的价格波动

1. 通货膨胀

通货膨胀是价格波动在时间维度上的主要表现形式。自20世纪以来,除了极个别国家外,西方还是东方,发达国家还是发展中国家,都经历了不同程度的物价飞涨,遭受了不同程度的通货膨胀。尤其是20世纪中叶以来,通货膨胀变化日趋复杂,在现代经济社会的影响中更为普遍、广泛,物价飙升的同时还会伴随经济停滞、高失业率等新特点,显现出了极强的危害性和广泛性,是世界各国必须面对和处理的经济问题。

虽然通货膨胀已成为人们常见的经济学术语,但迄今为止,经济学界尚不存在能被大家普遍接受的通货膨胀的定义。西方经济学界对通货膨胀的定义大致有"物价派"和"货币派"两种:一种是用物价总水平的持续上升来定义,代表人物是美国经济学家萨缪尔森,他认为通货膨胀是指物品和生产要素的价格的普遍上升。

另一种观点则认为只有货币数量的过度增长引起的物价上涨才是真正的通货膨胀。其代表人物是美国经济学家派米尔顿·弗里德曼。他认为,通货膨胀是物价的普通上升,而且这种上升是由于货币过度供应引起的,无论何时何地的通货膨胀总是一个货币现象。

《新帕尔格雷夫经济学大辞典》中对通货膨胀的定义为价格持续上涨的一种过程,或者说,是货币不断贬值的过程。目前,通货膨胀的一般定义是指流通中的货币数量超过经济实际需要而引起的货币贬值和物价水平全面持续的上涨,强调单位货币的购买力、价格总水平波动、以及持续上涨的趋势。

一般认为,居民消费价格指数(CPI)、商品零售价格指数(RPI)、工业生产者价格指数(PPI)、GDP缩减指数等价格指标都可以反映通货膨胀。但由于各种指数所涵盖范围不同,所反映通货膨胀的数值并不相同。在这四种指数中,居民消费价格指数与居民日常生活关系最为密切,常用来衡量通货膨胀。实践中根据物价上涨的速度和幅度,通货膨胀被分为爬行式通货膨胀、步行式通货膨胀、奔腾式通货膨胀及恶性通货膨胀四种类型。

(1)爬行型通货膨胀。指的是一种缓慢而持续的通货膨胀。如果一国经济生活中的一般物价水平年平均上涨率在1%—3%(<5%)之内,并且这种较缓慢的物价上涨并不会导致通货膨胀预期,可以看作是物价的正常上涨,这种物价水平上升就称为"爬行的通货膨胀"。

(2)步行式通货膨胀。指的是并不严重扭曲的物价上涨,通货膨胀率在3%—10%之间,一般不超过10%。一些经济学家认为,在经济发展过程中,步行式通货膨胀可以刺激经济的增长。因为提高物价可以使厂商多得一点利润,以刺激厂商投资的积极性。但步行式通货膨胀也可能是通货膨胀即将加速的危险信号。

(3)奔腾式通货膨胀。指的是通货膨胀率在10%以上和100%以内。这时货币流通速度提高而货币购买力下降,并且均具有较快的速度。经济学家们认为,当奔腾式通货膨胀发生以后,由于价格上涨率高,公众预期价格还会进一步上涨,因而采取各种措施来保卫自己免受通货膨胀之害,这使通货膨胀更为加剧。

(4)恶性通货膨胀又称为超级通货膨胀。指的是通货膨胀率在100%以上。发生这种通货膨胀时,价格持续猛涨,人们都尽快地使货币脱手,从而大大加快货币流通速度。其结果,货币购买力猛降,各种正常的经济联系遭到破坏,以致使货币体系和价格体系最后完全崩溃,在严重的情况下,还会出现社会动乱。

2. 通货紧缩

通货紧缩是与通货膨胀相对立的一个概念,也是一种常见的经济现象,代表着价格总水平的持续下降。长期以来,通货紧缩的危害往往被人们轻视,并认为它远远小于通货膨胀对经济的威胁。然而,通货紧缩的历史教训和全球性通货紧缩的严峻现实迫使人们认识到,通货紧缩与通货膨胀一样,也会对经济发展造成严重危害。

通货紧缩一词很早就出现在西方经济学学术文献中,不同学者对通货紧缩的定义也各有不同。席勒在其宏观经济学教材中定义通货紧缩为"商品和服务的平均价格水平的下降"。萨缪尔森认为通货紧缩"表示价格和成本的普遍下降"。斯蒂格利茨认为通货紧缩"表示价格水平的稳定下降"。《新帕尔格雷夫经济学大词典》把通货紧缩定义为"一段时间内的价格跌落"。在经济学界有一个比较一致的看法就是:通货紧缩是指价格水平普遍的、持续的下降。

实际上,上述以价格水平来定义通货紧缩的观点是定义通货紧缩的"单要素论",也是定义通货紧缩比较流行的做法。此外,还有另外两种定义通货紧缩观点,即"双要素论"和"三要素论"。"双要素论"认为,通货紧缩是一种货币现象,表现为价格的持续下跌和货币供给量的连续下降。"三要素论"认为,通货紧缩是经济衰退的货币表现,因而必须具备三个基本特征:一是物价的普遍持续下降,二是货币供给量的连续下降,三是有效需求不足,经济全面衰退。

(二)空间维度上的价格波动

价格传导是价格水平在空间维度上价格波动形式之一,主要表现形式为由于某种价格波动进而引起其他相关价格水平的波动。这种波动的传导不仅存在于国际间价格波动中,还存在于国内不同价格之间,以及总价格与其子成分之间。同时,空间维度上价格波动还包括相对价格波动。

1. 国际传导

随着经济全球化的不断加深,国际间的贸易壁垒逐渐降低,开放程度越来越高,各国间经济的相互影响不断加强,国际市场上汇率的波动,石油、大宗商品等货物贸易品价格的波动,很容易传导到各贸易国,引发国家间价格联动效应,并引起各国国内价格波动。

自加入 WTO 以来,中国经济与国际经济联系日益密切,外贸依存度日益提高,2000—2015年,中国对外贸易依存度平均为 47.52%,最大时达到 2005 年的 63.22%。在经济全球化的今天,国际市场价格与中国国内价格联动效应日趋明显。

国际上,价格联动效应最为典型的商品是石油,此外,有色金属、化学原料及化学制品、化学纤维、塑料、纺织品等产品的价格与国际市场的联动效应也十分明显。作为一个正在加速工业化和城市化发展的经济体,中国成为世界上对原材料产品需求最为旺盛的经济体之一。由于资源分布的不均衡,中国很多种类的原材料产品需要依赖国际贸易来满足需求。原材料产品的进口已经在中国对外贸易中占据了非常重要的地位。

由中石油经济技术研究院最新发布的 2016 年度《国内外油气行业发展报告》显示,2015 年中国石油净进口量 3.28 亿吨,同比增长 6.4%,增速比上年高 0.6 个百分点。中国石油消费持续中低速增长,对外依存度首破 60%,达到 60.6%。同时,商务部数据显示,受大宗商品价格下跌、国内需求走弱等因素影响,进口仍在低位运行,但质量效益提高。2015 年,中国原油、塑料、大豆、天然气、纸浆、谷物、铜精矿等 10 类大宗商品进口量增价跌,合计减少付汇 1880 亿美元(折合人民币约 1.2 万亿元),大幅降低了国内企业生产成本,改善了效益。这说明,随着中国经济与国际经济联系日益密切,国际市场价格对中国国内市场价格乃至宏观经济的影响越来越大。

2. 国内传导

中国国内价格传导,主要包括国内市场生产—消费链条的采购、生产、流通、消费等环节间价格传导,其价格传导链以上游产品价格为起点,通过不同的传导途径,最终影响下游产品价格。还包括某一价格中,组成该价格的各个子成分价格与总价格之间的价格传导。

早期国内生产—消费链条之间的价格传导主要以 CPI 和 PPI 之间传导为研究对象,借助于时差相关或分布滞后回归分析技术进行,发现 PPI 相对 CPI 有 3—6 个月的滞后期。后来,一些研究开始借助于 Granger 因果关系检验来研究二者之间的传导关系。但是在这些研究中,处于下游的 CPI 与上游 PPI 变动是否具有单向或双向的 Granger 因果关系并没有一致的定论。随着研究的深入,检验方法的改进,从生产—消费链条的采购、生产、流通、消费等多环节的价格传导关系也逐渐被学者们关注。

此外,价格传导还包括价格子成分之间及价格子成分与总价格之间的传导。这方面的价格传导,主要以居民消费价格指数为主。近年来国际大宗商品价格,尤其是农产品价格上涨非常迅速,一些国家,尤其是新兴国家每次通货膨胀的背后总有食品价格的高涨。这预示着发达国家食品价格上涨对总体价格冲击的理论可能并不适用于像中国这样的发展中国家。因此,国内外学者在通货膨胀动态的研究上对食品价格上涨给予了一定的关注,研究表明食品价格不仅可以直接抬高总体价格,还有可能通过提高公众预期和工资水平影响非食品价格的上涨,进而通过"二轮效应"来抬高总体价格。

3. 相对价格波动

相对价格是商品或服务之间价格关系的动态反映,专指两种或多种商品或服务之间由供给与需求作用所形成的价格比例关系。相对价格通常有国际相对价格和国内相对价格之分。国际相对价格通常是指在国际贸易中国与国之间所交换的商品或服务价格之间的比例关系。国内相对价格是指一个国家内部不同商品或服务价格之间的比价关系,通常是把非贸易品和贸易品之间的相对价格作为国内相对价格。相对价格不是主观的任意规定,而是取决于商品或服务供给与需求的变化,是相关商品之间价格关系的动态反映。

在现实经济生活中,相对价格波动是指由于某些原因,例如商品供应量的变化、价格政策的变化、劳动生产率恶化等,会造成某些商品的价格上涨、某些商品价格下跌的状况,从而引起商品间比价的改变;以及消费水平变化、消费习惯改变、可替代产品的出现等引起供求关系发生变化,从而使供求均衡价格发生改变,引起商品间比价的改变。这些因素都会引起相对价格的波动。

一般认为相对价格波动属于物体系内部的波动,只要货币量不发生变化,相对价格此涨彼跌的变动一般不会影响总体物价水平。而在实际经济中,由于市场存在不完全性、信息不完全、长期契约、菜单成本的存在,使得相对价格的波动对总价格水平,乃至整个宏观经济都会产生重大影响,其影响路径、作用方式复杂多变,通常会增加政策调整的不确定性。

二、价格波动的成因

(一)总需求冲击与价格波动

总需求冲击下的价格波动,又称为需求拉动下的价格波动,是指在充分就业的条件下,总需求超过总供给所引起的一般价格水平的持续显著上涨,其变动示意图见图8-1。市场主要表现是商品需求大于商品供给,过多货币追逐较少的商品,导致物价水平的不断上涨,从而引起价格波动。

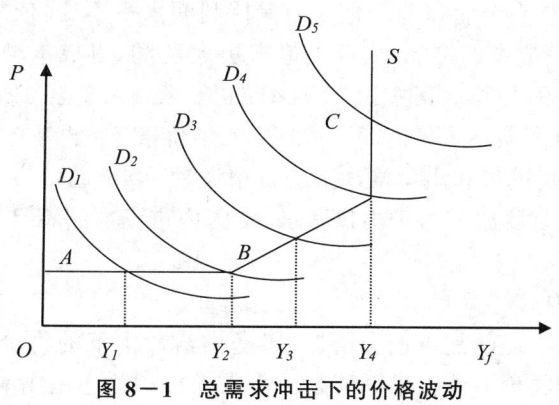

图8-1 总需求冲击下的价格波动

对于总需求过度增长的原因,西方经济学中主要有两种解释。一种是凯恩斯主义的解释,强调实际因素对总需求的影响,这些因素包括消费、投资、进出口等,其中任何一个因素发生作用,在其他条件不变时都会导致总需求与总供给的缺口,这种缺口只能通过物价上涨才能弥合,这就引起了价格波动。

另一种是货币主义的解释,强调货币因素对总需求的影响。经济学意义上的需求都是指有支付能力的需求。上述实际因素引起的过度需求虽然最初在非金融部门中产生,但若无一定的货币量增长为基础,便不可能形成有支付能力的需求,换言之,过度的需求必然表现为过度的货币需求。货币供应量过多,导致价格波动。

(二)总供给冲击与价格波动

总供给冲击下的价格波动又称成本推动下的价格波动,是指在没有超额需求的情况下由于供给成本的提高所引起的一般价格水平持续显著的上涨,其变动示意图见图8-2。这种来自供给方面的冲击主要是受国际市场供给价格和数量的变化、农业的丰欠以及劳动生产率变化而造成的工资推动或利润推动。成本推动下的价格波动由于成本上升时的原因不同,可以分为三种类型:工资推动、利润推动、进口和出口推动。

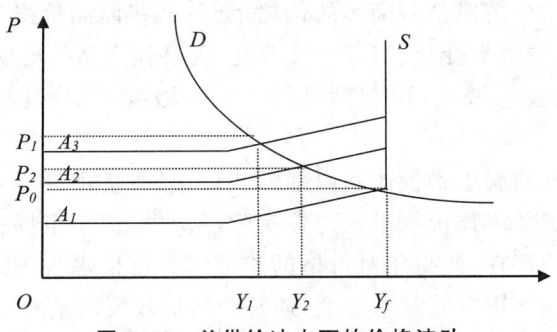

图8-2 总供给冲击下的价格波动

1. 工资推动。是指总需求不变的条件下,如果工资的提高引起产品单位成本增加,便会导致物价上涨。在物价上涨后,如果工人又要求提高工资,而再度使成本增加,便会导致物价再次上涨。这种循环被称为工资—物价"螺旋"。许多经济学家将欧洲大多数国家在20世纪60年代末、70年代初经历的通货膨胀认定为工资推动的通货膨胀。如在联邦德国,工时报酬的年增长率从1968年的7.5%跃居到1970年的17.5%。在同一时期,美国的工时报酬年增长率由7%上升到15.5%。

2. 利润推动。是指寡头企业和垄断企业为保持利润水平不变,依靠其垄断市场的力量,运用价格上涨的手段来抵消成本的增加;或者为追求更大利润,以成本增加作为借口提高商品价格,从而导致价格总水平上升。其中最为典型的是,在1973至1974年,石油输出国组织(OPEC)历史性地将石油价格提高了4倍,到1979年,石油价格又被再一次提高,引发"石油危机"。

3. 进出口推动。是指进口和出口推动下的价格波动,由于进口品价格上涨,特别是进口原材料价格上涨,引起的通货膨胀。由于出口猛增,使国内市场产品不足,也能引起物价上涨和通货膨胀。

(三)供求混合冲击与价格波动

当工资得到增加时,人们的需求也会增加,于是供给冲击下的物价上涨也会引起需求拉动下的物价上涨,现实中的物价上涨很难分清是由于需求拉动的还是成本推动的。经济学家萨缪尔森和索洛就提出了"混合型通货膨胀(Hybrid Inflation)",是指由需求拉上和成本推动共同作用而引起的物价上涨,即形成需求与供给因素混合作用的通货膨胀,其变动示意图见图8-3。

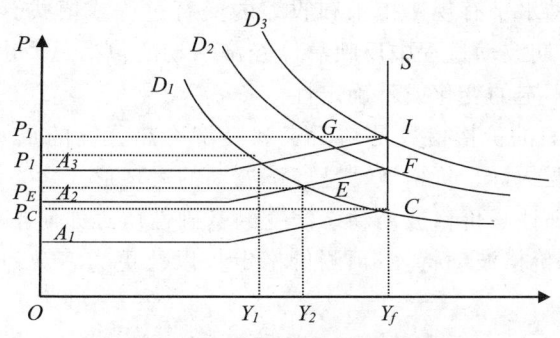

图8-3 供求混合冲击与价格波动

在一般情况下,供给型通货膨胀会得到需求扩张的支持。因为,如果出现了单一的供给型通货膨胀,政府是不会容忍实际产量的下跌和失业率的大幅度上升的。所以政府迟早会通过扩张性的宏观经济政策去增加需求。此时,供给型通货膨胀也就演化成供给——需求混合型的通货膨胀了。供求混合型的通货膨胀又可分为"螺旋式"混合型通货膨胀和"直线式"混合型通货膨胀。

(四)结构型因素与价格波动

结构型因素导致的价格波动是指生产结构的变化导致供求失衡或者导致部分供求失衡而引发的物价上涨。现代社会经济结构不容易使生产要素从生产率低的部门转移到生产率高的部门,从渐趋衰落的部门转移到正在迅速发展的部门,从非开放部门到开放部门。但是生产率提高慢的部门、正在趋向衰落的部门以及非开放部门在工资价格问题上都要求"公平",要求向生产率提高速度快的部门、发展迅速部门、同世界市场联系十分密切的部门看齐,结果导致一般价格水平的上涨。由于结构失衡而引发的物价上涨,其传导机制主要是价格刚性机制和价格攀比机制。

(五)通货膨胀预期与价格波动

通货膨胀预期是指人们已经估计到通货膨胀要来,预先打算做好准备要避免通货膨胀给自己造成损害,然而防范通货膨胀的措施本身就会造成价格的上升,即对通货膨胀的预期本身就会加快物价水平的上涨,加快通货膨胀的到来,同时这种预期还会加剧通货膨胀的影响,延长通货膨胀的持续时间。从一定意义上讲,通货膨胀预期是一种心理预期,不是真正的通货膨胀,但它却能影响人们的行为。

通货膨胀预期是导致物价上涨或通货膨胀的重要原因。一旦消费者和投资者形成强烈的通货膨胀预期,就会改变其消费和投资行为,从而加剧价格波动,并可能造成物价水平螺旋式的上升。比如,如果消费者和投资者认为某些产品和资产(地产、股票、大宗商品等)价格会上升,且上升的速度快于存款利率的提升,就会增加对这些产品和资产的需求,这种预期导致的对产品和资产的需求会导致此类资产价格加速上涨。而这些产品或资产的价格一旦形成上涨趋势,会进一步加剧通货膨胀预期,从而进一步加大购买需求,导致通货膨胀的螺旋式上升。

三、价格波动的动态性质

价格波动的动态性质主要包括价格波动的波动性和周期性,价格波动与产出的协动关系,价格波动的持久性等方面。

(一)波动性和周期性

经济周期性运行中繁荣和萧条交替出现,这种波动模式是超越体制和发展阶段的普遍现象。它通过国内生产总值、工业生产、就业人数、物价水平等综合性经济指标表现出来。经济周期波动就是总体经济活动水平有规律扩张和收缩的交替过程或模式。波动性是经济周期波动的本质属性,是指经济周期波动过程中反映总体经济活动的包括总产出在内的各个宏观经济变量所呈现出的上下起伏不定的变化或不确定性。

以 PPI、CPI 等为代表的价格指数是判断宏观经济冷热程度的重要经济指标,同时也是经济政策制定需参考的重要指标。价格波动是经济波动的表现形式之一,也具有波动的周期性特征。价格的波动性和周期性是价格波动动态演变的基础性质。如何正确划分价格波动周期,描述波动性特征,对于理解价格波动特征、预测价格走势以及更为客观地揭示价格波动的规律意义重大。

(二)协动性

协动性是经济周期波动中所表现出的比较重要的经验特征之一。协动性(Co-movement)是指经济周期波动中各主要宏观经济变量随着周期波动阶段变化而呈现出的几乎同步的上下起伏运动特征;或者说,经济周期波动中各主要宏观经济变量与总体经济活动几乎有同步的运动特征。

价格波动是经济波动的重要表现形式之一,价格波动与产出之间具有密切的协动关系。西方主流经济学中,无论是新凯恩斯主义还是现代货币主义,都强调价格波动与产出波动之间的相互作用,新凯恩斯主义认为短期内通货膨胀与失业率存在负相关关系,而失业率高、经济增长较慢、产出较低,失业率低、经济增长较快、产出较高。现代货币主义也认为货币是短期非中性的,即货币供应量的变化短期内不仅会引起一般价格水平变化,还会引起实际利率和产出水平等实际经济变量的调整和改变。因此,当经济受到冲击后,政策制定者会面临产出稳定和通货膨胀稳定之间的权衡,通过分析价格与产出之间的协动性、互动性,对于判断经济运行态势,制定相应经济政策和选择政策实施工具有很强的现实意义。

(三)持久性

从广义上讲,持久性(Persistence)是物理学中惯性(Inertia)在经济学中的类比术语。物理学中的惯性是指一个物体在没有外力的条件下具有的对改变自身速度的抵抗力,其大小可借助物体质量来衡量。尽管任何类比都是不完美的,但这一类比从直观上看却相当恰当。如果在其他条件保持不变的情况下,经济变量表现出维持其最近的没有其他力量使之变动的趋势,则称经济变量是持久的。以此类推,当缺乏经济"力量"使价格变动脱离当前水平时,通货膨胀将趋向于保持原有状态,则它是持久的,或者说具有持久性。

对通货膨胀持久性的研究有很强的现实意义,通货膨胀的持久性与货币政策的实施效果密切相关。实际经济中价格水平受冲击影响后,如果表现出很强的持久性,那么通货膨胀返回到预期水平需要几个季度甚至几年的时间,货币政策将存在着极大的滞后效应。反之,如果受冲击后持久性较低,那么通货膨胀将快速恢复到预期水平,货币政策的滞后效应将相对较小。

第二节 价格波动的统计分析方法

一、价格波动的统计度量

(一)常见的价格指数

1. 居民消费价格指数

居民消费价格指数也称为消费价格指数(Consumer Price Index,CPI),是一个反映居民家庭一般所购买的消费商品和服务价格水平变动情况的宏观经济指标。它是度量一组代表性消费商品及服务项目的价格水平随时间而变动的相对数,是用来反映居民家庭购买消费商品及服务的价格水平的变动情况。其按年度计算的变动率通常被用来反映通货膨胀或通货紧缩的程度。CPI 及其分类指数还是计算国民生产总值以及资产、负债、消费、收入等实际价值的重要参考依据。

中国的消费价格指数是由国家统计局负责编制,全国按统一的调查方案开展消费价格调查。目前,国家统计局在 31 个省(自治区、直辖市)设立调查总队,各省(区、市)调查总队负责辖区各市县的价格调查,同时编制本省的消费价格指数。根据国家统计局 2016 年最新分类标准,中国居民消费价格指数的商品分类按用途划分为八大类,即:食品烟酒类、衣着类、居住类、生活用品及服务类、交通和通信类、教育文化和娱乐类、医疗保健类、其他用品和服务类。根据约 16 万户城乡居民家庭的消费习惯,在这八大类中选择了 262 个基本分类。每个基本分类下设置一定数量的代表规格,目前约有 600 种左右的商品和服务项目的代表规格,作为经常性调查项目。

2. 商品零售价格指数

商品零售价格指数(Retail Price Index,RPI)是反映一定时期内城乡商品零售价格变动趋势和程度的相对数。按现行分类有食品、饮料、烟酒、服装鞋帽、纺织品、中西药品、化妆品、书报杂志、文化体育用品、日用品、家用电器、首饰、燃料、建筑装潢材料、机电产品十四个大类,300多种商品。以实际调查的综合平均价格,按加权算术平均公式计算。

商品零售价格的变动与国家的财政收入、市场供需的平衡、消费与积累的比例关系有关。因此,该指数可以从一个侧面对上述经济活动进行观察和分析。由于商品零售价格指数不包括服务项目的价格变化,随着中国服务业的迅速发展,服务支出在居民消费支出中占有相当大的比重,商品零售价格指数的缺陷逐渐显现出来。为此,从 2000 年起,中国价格指数的统计公布和使用由以商品零售价格指数为主改为以居民消费价格指数为主。

3. 工业生产者价格指数

工业生产者价格指数,是工业生产产品出厂价格和购进价格在某个时期内变动的相对数,反映全部工业生产者出厂和购进价格变化趋势和变动幅度。中国工业生产者价格指数由工业生产者出厂价格指数(PPI)和工业生产者购进价格指数两部分组成。

(1)工业生产者出厂价格指数

工业生产者出厂价格指数(Producer Price Index,PPI)是反映一定时期内全部工业产品出厂价格总水平的变动趋势和程度的相对数,包括工业企业售给本企业以外所有单位的各种产品和直接售给居民用于生活消费的产品。该指数可观察出厂价格变动对工业总产值及增加值的影响。

工业生产者出厂价格统计调查涵盖 1702 个基本分类的 11000 多种工业产品的价格。工业生产者价格调查采取重点调查与典型调查相结合的调查方法。年主营业务收入 2000 万元以上的企业采用重点调查方法;年主营业务收入 2000 万元以下的企业采用典型调查方法。工业生产者价格调查涉及全国 400 多个城市的近 6 万家工业企业。

(2)工业生产者购进价格指数

工业生产者购进价格指数是反映工业企业作为生产投入,而从物资交易市场和能源、原材料生产企业购买原材料、燃料和动力产品时,所支付的价格水平变动趋势和程度的统计指标,是扣除工业企业物质消耗成本中的价格变动影响的重要依据。目前,中国编制的工业生产者购进价格指数所调查的产品包括燃料动力、黑色金属、有色金属、化工、建材等九大类。其指数如果高于同期工业生产者出厂价格指数,表明企业经营压力增加,利润空间被进一步压缩。

4. 国内生产总值价格指数

国内生产总值价格指数也被称为 GDP 缩减指数(GDP Deflator Index),它是以国内生产总值为核算范围的价格指数,通过现行价格计算的 GDP(名义 GDP)除以按不变价格计算的 GDP(实际 GDP)得到。它的计算基础比 CPI 更广泛,涉及全部商品和服务,除消费外,还包括生产资料和资本、进出口商品和劳务等。因此,这一指数能更加准确地反映一般物价水平的走向,是对价格水平最宏观的测量。具体计算公式如下:

$$\text{GDP 缩减指数} = \text{现价 GDP}/\text{不变价 GDP} \tag{8.2.1}$$

GDP 缩减指数并不是直接编制的价格指数,而是将现价 GDP 和不变价 GDP 相除得到的,也即在国民经济核算中,是先计算出不变价 GDP,再推算出 GDP 缩减指数。计算不变价 GDP 常用的方法有价格指数缩减法和物量指数外推法两种,缩减法是利用价格指数缩减现价增加值,得到不变价增加值的方法。外推法是利用相关指标的物量指数在基期不变价增加值的基础上外推得到核算期不变价增加值的方法。

缩减法又分为双缩法和单缩法,双缩法是分别利用产出价格指数和中间投入价格指数缩减现价总产出和现价中间投入,得出不变价总产出和不变价中间投入,不变价总产出减去不变价中间投入得到不变价增加值。单缩法假定中间投入的价格变化与总产出的价格变化基本上保持相同的幅度,直接利用总产出价格指数缩减现价增加值,求得不变价增加值。对于生产法 GDP 来说,是通过缩减法及外推法得到各部门不变价增加值,然后加总得到不变价 GDP,进而推算出生产法 GDP 缩减指数。对于支出法 GDP,是通过适当的价格指数缩减相应的现价支出法 GDP 各构成项目得到不变价 GDP,进而推算出支出法 GDP 缩减指数。

(二)不同价格指数反映通货膨胀的适宜性分析

中国价格波动的度量,也即通货膨胀的度量,可以从生产领域价格指数、消费领域价格指数、综合价格指数等方面来度量。生产领域度量通货膨胀的价格指数主要以工业生产者价格指数为代表,尤其是工业生产者出厂价格指数(PPI)最为典型,以 PPI 为代表的衡量通货膨胀的生产领域方面的价格指数度量的是厂商生产成本的变化。

消费领域度量通货膨胀的价格指数主要以居民消费价格指数(CPI)、商品零售价格指数(RPI)为代表,度量的是居民生活成本的变化。由于通货膨胀与居民的生活息息相关,居民判断通货膨胀的发生与否主要是从消费的角度来看,因此居民消费价格指数也是大多数国家度量通货膨胀的主要指标。

度量通货膨胀的综合价格指数为 GDP 缩减指数,GDP 缩减指数与 GDP 核算范围相对应,涵盖了一个国家或地区生产的所有货物和服务,最能反映一般价格水平变动,在理论上是度量通货膨胀的理想指标。

由于以 PPI、RPI、CPI、GDP 缩减指数为代表从生产、消费等方面度量的通货膨胀经常出现在各大媒介、报纸头条,这种通货膨胀又被称之为标题通货膨胀。但 PPI、RPI、CPI 等指数的编制范围只反映某一领域的价格变动,并不能反映一般价格水平的全面变动。虽然 GDP 缩减指数作为一个综合价格指数能够反映一般价格水平的全面变动,但它是一个国民经济核算的衍生指标,由推算而来,并非经过编制得出的,因而存在许多缺点。比如,GDP 缩减指数包含了许多非货币交易,价格度量与货币有关,而非货币交易得到的价值量跟价格变动关系不大。GDP 缩减指数并没有将物量变化因素完全剔除,且通常是按季度或年度公布,时效性较差,而且随着 GDP 的修订,GDP 缩减指数也随之变动,同时也存在一些偏误。

因此,PPI、RPI、CPI 等为代表度量标题通货膨胀的价格指数,都是其各自领域内通货膨胀的度量,反映的是各领域内生产或生活成本,并不能全面反映通货膨胀的变化。虽然 GDP 缩减指数能反映一般价格水平的全面变动,但由于其自身的局限性,并不是一个度量通货膨胀很好的指标。度量通货膨胀的首要目的就是为货币当局制定和实施货币政策服务,货币政策所关注的是一般价格水平变动的长期趋势,因此,从执行货币政策的角度来看还需测度核心通货膨胀。

(三)核心通货膨胀的测度

1. 核心通货膨胀的概念及内涵

尽管核心通货膨胀的概念已经被学术界广泛使用,也被各国中央银行当作货币政策参考的主要依据,但是对其定义和度量一直没有一个统一的认识。"核心通货膨胀"作为一个正式的经济学术语最早是由 Eckstein(1981)提出,他认为核心通货膨胀反映的是生产要素(主要是资本和劳动力)成本的长期趋势,并将其定义为市场处于长期均衡时的通货膨胀率。后来 Roger(1998)通过对核心通货膨胀定义的回顾和总结,将核心通货膨胀的定义归为两类。

一类是基于持续性通货膨胀的定义。代表人物主要有 Eckstein、Quah 和 Vahey。Quah 和 Vahey(1995)将核心通货膨胀率与经济的真实产出相联系,认为核心通货膨胀是通货膨胀中对实际产出没有中期和长期影响的成分,即产出中性通货膨胀。Eckstein、Quah 和 Vahey 所界定的核心通货膨胀都源自于弗里德曼提出的货币数量论思想,即将通货膨胀视为一般价格水平稳定持续性的增长,是一种货币现象,在货币长期中性的前提下,核心通货膨胀的定义不应该考虑供给冲击引起的通货膨胀扰动。

另一类是基于普遍性通货膨胀的定义。代表人物为奥肯(Okun,1970)和弗莱明(Flemming,1976),他们将通货膨胀定义为商品价格的普遍上涨。在这种定义中,所度量的通货膨胀包含普遍性的价格变化成分和相对价格变化成分。相对价格变化主要来自于供给冲击,如石油减产导致的石油价格上涨、极端天气导致的农产品价格上涨等。相对价格波动会短暂地影响总价格变动,而货币政策所关注的为所有商品价格变化的共同趋势,因此度量核心通货膨胀时应该剔除相对价格的变化。

中国人民银行货币政策分析小组在 2007 年第二季度的《中国货币政策执行报告》中,以官方角度界定了核心通货膨胀,即核心通货膨胀是指剔除暂时性因素影响的潜在通货膨胀(Underlying Inflation),用于反映价格变动的一般趋势。也是基于普遍性通货膨胀的定义来定义核心通货膨胀。

2. 基于统计方法的核心通货膨胀测度

虽然许多不同的测度核心通货膨胀的方法被提出,但"核心通货膨胀"一词却一直都被认为是剔除了食品和能源价格变动的通货膨胀,这也反映出核心通货膨胀在定义上缺乏一个广泛的共识。按照测算原理的不同,核心通货膨胀的测算方法可分为统计法和计量法两类。统计法通过对价格指数进行特定统计处理测得核心通货膨胀。这些统计处理包括从价格指数中剔除特定成分,价格指数成分的再加权和价格指数时序变动的平滑等。常见做法有剔除法、截尾均值法、波动性或持久性加权法、指数平滑法等。

(1)剔除法

剔除法是最常用和最传统的核心通货膨胀测算方法。在具体操作中,这种方法将标题通货膨胀中那些在中央银行控制之外的、受供给冲击驱动的波动性成分系统性地剔除,然后重新分配权重计算得到核心通货膨胀。常见的剔除成分是食品或者能源。一些中央银行也会剔除反映一次性变动的成分,如间接税、抵押品利息支出、进口品等。剔除法的优点是计算简便、及时,容易为公众所了解,具有很好的透明性。这也是大多数中央银行采用这种方法的根本原因。剔除法的主要缺点是,固定剔除特定成分的前提假设太过武断,尤其是对于低收入阶层中很大部分支出与食品和能源密切相关的发展中国家。

(2) 截尾均值法

截尾均值法是由 Bryan 及其合作者经过一系列研究后提出的。与每期固定剔除特定成分的剔除法不同,截尾均值法依据价格变动的方差贡献在每一期剔除相应的极端成分。其理论依据是:极端成分对应于商品的相对价格变动,极端成分变动毫无时间规律,不可预测,本期价格变动极端异常的商品在下一期并不一定如此。

截尾均值法的统计处理步骤是:首先系统剔除一定百分比的价格变动截面分布两个尾部[①],然后再加权计算处于中间部分的剩余成分,最终测算得到核心通货膨胀。假定按价格变动程度升序排列的价格分类指数为 $\{x_1, x_2, \cdots, x_n\}$,相应的权重为 $\{\omega_1, \omega_2, \cdots, \omega_n\}$,且权重之和为 1,则根据预设的截尾系数 α 得到剩余商品成分组合为 $I_\alpha = \left\{i: \frac{\alpha}{100} < W_i < 1 - \frac{\alpha}{100}\right\}$,相应核心通货膨胀的计算公式为:

$$\pi_\alpha^{Core} = (\sum_{i \in I_\alpha} \omega_i x_i)/(1 - 2\alpha/100) \tag{8.2.2}$$

显然,式(8.2.2)中,α 取值不同,核心通货膨胀的测算结果会存在差异。特别地,当 $\alpha = 0$ 时,π_α^{Core} 即为常见的加权均值;当 $\alpha = 50$ 时,π_α^{Core} 即为加权中位数。与剔除法相比,截尾均值法的优点是:统计性质良好,不易受价格变动极端值变化的影响。其缺点是:难以准确确定参数 α,特别是在价格变动截面分布不对称时。

(3) 波动性加权法

如果把核心通货膨胀测算看成一个货币政策信号的提取过程,那么核心通货膨胀数据应包含更多信号信息而舍弃噪声信息。在这一思想下,基于噪声信号比率信息对价格指数成分再加权的核心通货膨胀测算得以提出。波动性加权法就是其中一种方法。波动性加权法最先由 Diewer(1995) 提出,它是以标题通货膨胀分类商品价格变化的方差的倒数为权重进行加权平均来计算核心通货膨胀,其计算公式为:

$$\pi_t^{Core} = \sum_{j=1}^{n} [\pi_{j,t} \cdot (\frac{1}{\sigma_j^2} / \sum_{j=1}^{n} \frac{1}{\sigma_j^2})] \tag{8.2.3}$$

式中,σ_j^2 是第 j 种商品价格变化的方差。波动性加权法的优点在于很好地利用各类商品通货膨胀的波动性信息,且易于操作,不需要考察各个时点每类商品通货膨胀的排序情况。其缺点是没有考虑各类商品在居民消费支出中的重要性信息。

(4) 指数平滑法

在通货膨胀均值的偶然性机制漂移现实假设中,经济主体多会采用自适应方法认识世界。受这一思想启发,Cogley(2002) 提出指数平滑法来测算核心通货膨胀,具体是采用递减的权重对当前和过去的标题通货膨胀进行加权平均,即有:

$$\pi_t^{Core} = g_0 \sum_{i=0}^{j} (1 - g_0)^j \pi_{t-j} \tag{8.2.4}$$

式中,g_0 为调节参数,$0 < g_0 < 1$,其取值可由通货膨胀过程的半衰期公式 $HL = \ln2/g_0$ 得到。Cogley(2002) 基于美国通货膨胀半衰期为 5.5 个季度确定 g_0 取值为 0.125。指数平滑法类似

---

① 左尾表示极端低的价格变动,右尾表示极端高的价格变动。

于一个单项滤波,其中的核心通货膨胀测算较为简便,仅取决于滞后期通货膨胀和与新增数据无关的外生参数 g_0,从而保证了历史结果不会随通货膨胀新数据的出现而发生变化。其缺点是主要依赖历史信息,实时性较差。

3. 基于计量方法的核心通货膨胀测度

基于计量方法的核心通货膨胀测度方法主要有 SVAR 模型和动态因子指数(Dynamic Factor Index,DFI)模型两种。SVAR 模型在多变量模型框架下通过施加经济理论约束而估计得到核心通货膨胀。DFI 模型则是将通货膨胀成分指数的横截面差异和时间序列变动信息相结合,提取通货膨胀成分的"共同趋势"成分作为核心通货膨胀。

(1) SVAR 模型方法

Quah 和 Vahey(1995)建立产出和 CPI 的二元 SVAR 模型,然后施加需求冲击长期产出效应的零约束,识别出 SVAR 模型的结构化供给冲击和需求冲击,并将 CPI 中受到供给冲击的影响部分作为核心 CPI。模型如下:

$$Z_t = \begin{bmatrix} \Delta Y_t \\ \Delta \Pi_t \end{bmatrix} = \sum_{j=0}^{\infty} D(j)\eta(t-1) \tag{8.2.5}$$

式中,$\eta = [\eta_1, \eta_2]'$ 假定为正交分布,并且 $Var(\eta)=1$,Y_t 为产出,Π_t 为价格指数。

长期产出中性约束为:

$$\sum_{j=0}^{\infty} d_{11}(j) = 0 \tag{8.2.6}$$

通货膨胀过程可以写为:

$$\Delta \Pi_t = \sum_{j=0}^{\infty} d_{21}(j)\eta_1(t-j) + \sum_{j=0}^{\infty} d_{22}(j)\eta_2(t-j) \tag{8.2.7}$$

Quah 和 Vahey 测量核心通货膨胀的表达式即为:

$$\Pi_t^{core} = \sum_{j=0}^{\infty} d_{21}(j)\eta_1(t-j) \tag{8.2.8}$$

SVAR 模型可以依据经济理论在多变量框架下借助于非价格变量信息,测度出比单变量分析更为优越的具有经济理论基础的核心通货膨胀。随着研究的深入,一些学者根据其研究经济体的实际情况,将双变量 SVAR 模型拓展到三变量甚至四变量 SVAR 模型来测度核心通货膨胀。

(2) 动态因子指数模型

动态因子指数模型由 Stock、Watson 以及 Forni 等人提出并发展而来。该模型考虑了分类价格指数和通货膨胀的持续性,通过结合分类价格指数的横截面和时间序列的变动特点来进行核心通货膨胀的测度。使用动态因子指数模型度量核心通货膨胀的内在逻辑是,CPI 篮子的各个分类指数在市场力量的作用下,尽管短期内受不同冲击的干扰具有不同的波动,但在长期中应该具有相同的波动趋势,这种共同趋势即代表了核心通货膨胀。

用计量模型测度核心通货膨胀的方法,除了 SVAR 模型、动态因子指数模型外还包括共同趋势模型等方法。相较于统计方法测度的核心通货膨胀的直观、简单、易于理解等特点,计量模型方法测度的核心通货膨胀因其使用的模型较为复杂,假设较为严格,不易被公众理解,仅局限在学术探讨中。但不同核心通货膨胀测量方法,由于其应用目的及评价准则的不同,孰优孰劣,尚没有形成一致的意见。

(四)核心通货膨胀的评价方法

有了不同方法计算的核心通货膨胀序列,还要知道哪种方法更优于其他方法。通常哪一种备选方法相对更重要一些,在很大程度上取决于中央银行需要制定什么样的政策目标。例如,如果核心通货膨胀测度通货膨胀的目标是及时可信,那么最重要的关注点应该是其预测能力;如果核心通货膨胀测度通货膨胀是为了稳定公众对未来通货膨胀的预期,那么对核心通货膨胀的评价应在于其是否容易被公众理解等。

1. 定性标准

Roger(1998)认为一个好的核心通货膨胀度量方法应该具有:①及时性(Timely);②稳定性和无偏性(Robust and Unbiased);③可验证性(Verifiable)。Wynne(1999)在 Roger 的基础上提出了以下核心通货膨胀评价的六个标准:

(1)及时可算性(To Be Computable In Real Time);

(2)前瞻性(Forward-Looking);

(3)序列追踪纪录性(To Have A Track Record Of Some Sort);

(4)易于公众理解性(To Be Understandable By The Public);

(5)历史一致性(History Does Not Change);

(6)具备理论基础(To Have Some Theoretical Basis)。

除这些理论标准外,还有一些统计类方法被用来实证检验核心通货膨胀序列的优劣。虽然在文献中提出的实证检验标准有很多,但并没有一致的结论认为哪个最优,其中比较常用的检验标准主要有四种:基本统计性质检验、趋势追踪能力检验、预测未来通货膨胀能力检验、因果关系检验。

2. 统计检验标准

(1)基本统计性质

在基本的统计性质检验中,一个理想的核心通货膨胀应该是标题通货膨胀的无偏估计。并且在长期内二者应该具有高度的相关性。这可通过检验两者均值是否相等和检验两者的同期相关系数来实现。

(2)趋势追踪能力

一个好的核心通货膨胀测量方法在追踪趋势通货膨胀方面,不仅要在长期内与标题通货膨胀具有匹配的均值,而且核心通货膨胀还应该紧密地随着趋势通货膨胀移动或变化,保证两个序列之间的偏差最小。这方面的评判标准,通过计算趋势通货膨胀与核心通货膨胀的均方误差根(Root Mean Squared Error,RMSE)或绝对离差(Mean Absolute Deviation,MAD)即

$$RMSE^{Core} = \sqrt{\left\{\frac{1}{T}\sum(\pi_t^{Trend} - \pi_t^{Core})^2\right\}} \quad (8.2.9)$$

$$MAD^{Core} = \sqrt{\left\{\frac{1}{T}\sum|\pi_t^{Trend} - \pi_t^{Core}|\right\}} \quad (8.2.10)$$

式中,π_t^{Trend} 为在时间 t 时的趋势通货膨胀,π_t^{Core} 为在时间 t 时的核心通货膨胀。RMSE 或 MAD 越小,核心通货膨胀指标越靠拢于趋势通货膨胀,表明核心通货膨胀的趋势追踪能力越好,反之则越差。

(3)预测未来通货膨胀的能力

核心通货膨胀的变动应该是标题通货膨胀未来变动的信号。如果两者之间存在缺口,那么标题通货膨胀应该在中期内表现出向核心通货膨胀趋近的倾向。借鉴 Cogley(2002)的做法,

上述思想可通过检验未来k期标题通货膨胀与当期标题通货膨胀之差对当期核心通货膨胀与当期标题通货膨胀之差的回归方程实现：

$$\pi_{t+k} - \pi_t = \alpha_k + \beta_k(\pi_t - \pi_t^{Core}) + u_t \tag{8.2.11}$$

式中，π_{t+k} 表示未来k期的标题通货膨胀。如果系数β_k为负，则说明相应的核心通货膨胀具有未来预测能力；进一步地，系数β_k接近-1的提前时间越大，则说明相应的核心通货膨胀未来预测能力越强。

(4) 因果关系检验

因果关系检验要求核心通货膨胀应该是标题通货膨胀的格兰杰原因，即在预测标题通货膨胀时，过去的核心通货膨胀包含有过去标题通货膨胀不具备的有用信息，并且随着核心通货膨胀的变化标题通货膨胀也不断变化。但是，反之则不成立，即标题通货膨胀不应该是核心通货膨胀的格兰杰原因。检验方程如下：

$$\pi_t = \alpha_{10} + \sum_{j=1}^{n} \alpha_{1j} \pi_{t-j} + \sum_{j=1}^{n} \beta_{1j} \pi_{t-j}^* + x_t \tag{8.2.12}$$

$$\pi_t^* = \alpha_{20} + \sum_{j=1}^{n} \alpha_{2j} \pi_{t-j} + \sum_{j=1}^{n} \beta_{2j} \pi_{t-j}^* + x_t \tag{8.2.13}$$

被检验的平稳序列应该要拒绝方程(8.2.12)中$\beta_{1j}=0, j=1,\cdots,j$的联合零假设，不能拒绝方程(8.2.13)中$\alpha_{2j}=0, j=1,\cdots,j$的联合零假设。检验方程的滞后阶数$n$取决于Schwarz-Bayesian标准。

二、价格波动动态性质的统计分析方法

(一) 波动性与周期性的统计分析方法

1. 周期性划分

在文献以及实际应用当中，对价格波动周期的划分都是参考经济周期的划分来进行研究。对于价格波动周期的划分标准，归纳起来主要有三点：

(1) 在价格时间序列图中，"波峰"和"波谷"必须交替出现。

(2) 上升和下降阶段必须具有持续性，对应的区间跨度至少有9个月。

(3) 周期区间拐点界定为两个相邻区间之间的极值点。如果出现多个点满足上述条件，则以最近出现的点为周期区间拐点。

2. 周期性的三维特征

价格周期波动的三维特征与经济周期波动的三维特征类似，即价格波动在持续时间、幅度和离散度的状态表现。由于单次价格周期波动的三维状态各不相同，所以价格周期波动都是唯一的。反映价格周期波动三维状态的指标有如下三个：

(1) 反映持续时间的指标——持续期。它表明单次价格周期波动的持续性。根据价格周期波动阶段的两分法，持续期也可以分为扩张阶段的持续期和收缩阶段的持续期。二者之和，构成了整个价格周期波动的长度。

(2) 反映幅度的指标——波动幅度。波动幅度，也叫振幅，是指单次价格周期波动内价格增长率上下波动的离差。它反映单次价格周期波动的高低起伏的剧烈程度或强度，也可以反映价格增长的稳定性。最简便、最直观的波动幅度测度方法是计算单次价格周期波动的波动高度与波动深度之差。

(3) 反映离散度的指标——波动系数。波动系数是指价格增长率围绕长期趋势上下波动的

量值。它是衡量价格周期波动幅度对历史增长趋势偏离程度的标准化指标。波动系数的绝对值越大,说明实际价格增长率偏离长期趋势的程度越大,价格变动越不稳定;反之,波动系数的绝对值越小,实际价格增长率偏离长期趋势的程度越小,价格变动相对稳定。波动系数可采用变异系数公式计算如下:

$$V = \sigma/\bar{\pi} \tag{8.2.14}$$

式中,$\bar{\pi} = \frac{1}{n}\sum_{i=1}^{n}\pi_i$,$\sigma = \sqrt{\frac{1}{n}\sum_{i=1}^{n}(\pi_i - \bar{\pi})^2}$,$\pi_i$ 为价格增长率,$\bar{\pi}$ 为 π_i 的算术平均值,表示一定历史时期内物价平均增长率,σ 为标准差,表示价格增长率偏离长期增长趋势的波动幅度,n 为实际值的样本数。

(二)协动性的统计测度方法

从现有文献看,测度价格波动中变量序列间协动性的一个相对简便的方法就是计算两个价格变化率序列之间的时差相关系数:

$$r_l = \frac{\sum(y_{t+l} - \bar{y})(x_t - \bar{x})}{\sqrt{\sum(y_{t+l} - \bar{y})^2 \sum(x_t - \bar{x})^2}}, l = 0, \pm 1, \pm 2, \cdots, \pm L \tag{8.2.15}$$

式中,$\bar{x}$ 和 $\bar{y}$ 为 x_t 和 y_t 在样本区间内的平均值。

时差相关系数 r_l 的取值在区间 $[-1,1]$ 上。一般而言,相关系数越大,则说明价格变化率序列间的协动性越强。反之,相关系数越小,则说明价格变化率序列间的协动性越弱。特别地,当 r_l 为 1 时,则说明两个价格变化率序列间的走势完全一致。

(三)持久性特征的统计测度方法

文献中常用的通货膨胀持久性的统计测度方法主要包括一阶自相关系数法、自回归系数和法、最大自回归根法和半衰期法等。

1. 一阶自相关系数法

为揭示通货膨胀持久性的完整信息,一些学者发现持久性与反映过去冲击对当前通货膨胀影响的自相关函数密切相关。令当前通货膨胀 π_t 与过去相隔 i 期通货膨胀 π_{t-i} 间的自相关系数为 $\rho_i = \text{Cov}(\pi_t, \pi_{t-i})/\text{Var}(\pi_t)$,则 π_t 与其过去 k 期取值间的自相关函数为:

$$A = [\rho_1, \rho_2, \cdots, \rho_k] \tag{8.2.16}$$

式(8.2.16)中,如果自相关系数随着 i 的增加衰减越慢,那么远期通货膨胀冲击中能够反映到当前通货膨胀的影响越多,持久性越大。

然而,函数 A 不是一个标量指标,不能从总体上明确反映持久性的程度,因而还需要从 A 进一步提取可能指标。一个简单的指标就是 ρ_1。假定通货膨胀序列服从 AR(1) 过程:

$$\pi_t = \alpha_1 \pi_{t-1} + \varepsilon_t \tag{8.2.17}$$

式(8.2.17)中的 $\hat{\alpha}_1$ 与 ρ_1 等价,且有 $A = [\alpha_1, \alpha_1^2, \cdots, \alpha_1^k]$。对式(8.2.17)进行迭代运算可得:

$$\pi_t = \varepsilon_t + \alpha_1(\varepsilon_{t-1} + \pi_{t-2}) = \varepsilon_t + \alpha_1 \varepsilon_{t-1} + \alpha_1^2 \varepsilon_{t-2} + \cdots \tag{8.2.18}$$

显然,式(8.2.18)中的 α_1 越大,A 函数衰减越慢,通货膨胀持久性越大。

一阶自相关系数法的优点是计算简便,操作容易;其缺点在于通货膨胀的 AR(1) 过程假定过于严格,现实很难满足。

2. 最大自回归根法

在单位根存在的背景下可以将最大自回归根(Largest Autoregressive Root,LAR)引入到持久性测度中，假设通货膨胀序列服从更为一般的 AR(q) 过程[①]：

$$\pi_t = \alpha_0 + \alpha_1 \pi_{t-1} + \alpha_2 \pi_{t-2} + \cdots + \alpha_q \pi_{t-q} + \varepsilon_t \tag{8.2.19}$$

式(8.2.19)可改写为：

$$L(\alpha)\pi_t = \alpha_0 + \varepsilon_t \tag{8.2.20}$$

式中，L 表示滞后算子。特征方程 $L(\alpha)$ 可进一步被分解为：

$$L(\alpha) = 1 - \alpha_1 L - \alpha_2 L^2 - \cdots - \alpha_q L^q = (1-\rho L)(1-\beta_1 L)\cdots(1-\beta_{q-1}L) \tag{8.2.21}$$

式中，$\rho, \beta_1, \cdots, \beta_{q-1}$ 是特征方程中按大小排列的自回归根，ρ 为最大自回归根。从长期看，通货膨胀序列对冲击的反应即持久性主要由 ρ 决定。当 $\rho=1$ 时，通货膨胀具有无限持久性；当 $\rho=0$ 时，冲击的影响将马上消失，通货膨胀不具有持久性；当 $0<\rho<1$ 时，ρ 越大，持久性越大。

最大自回归根法的优点是能够测算出通货膨胀序列接近于单位根情形的程度，进而有效测算出接近无限大持久性的程度；其缺点是忽略了其他自回归根可能存在的影响[②]。

3. 自回归系数和法

如果把持久性看作是冲击对通货膨胀的长期累积影响，那么可通过式(8.2.19)的累积脉冲反应函数给出：

$$CIRF = \sum_{h=0}^{\infty} \frac{\partial \pi_{t+h}}{\partial \varepsilon_t} \tag{8.2.22}$$

由差分方程理论可知，如果式(8.2.19)对应特征方程的所有自回归根的模都小于1，即 π 平稳，则 CIRF 收敛。此时 CIRF 的计算公式为：

$$CIRF = \frac{1}{1-\sum_{i=1}^{q}\alpha_i} = \frac{1}{1-\beta} \tag{8.2.23}$$

鉴于 CIRF 与 β 间的单调关系[③]，Andrews 和 Chen(1994)最早提出用自回归系数和 SARC (Sum of Autoregressive Coefficients)来测度持久性，并认为 SARC 相当可靠。

4. 半衰期法

半衰期(Half-life, HL)是指一单位冲击发生后冲击规模衰减到一半所需的时间。这一指标常用于持久性测度中，尤其是购买力平价相关研究中(Rogoff, 1996)。

当通货膨胀过程形式为式(8.2.17)时，假设一单位冲击在 m 期后的影响为 α_1^m，令 $\alpha_1^m = 0.5$，可知半衰期(HL)的计算公式为：

$$m = \frac{\ln(0.5)}{\ln \alpha_1} \tag{8.2.24}$$

当通货膨胀过程形式为式(8.2.17)时，HL 的精确计算极为复杂，因而有研究用式(8.2.24)进行近似计算。但是，Murray 和 Papell(2002)指出，如果冲击不是单调趋近于零，那么式(8.2.24)并不是真值的良好近似。为此，很多研究直接借助于脉冲反应函数测算半衰期指标。Rossi(2005)给出了近单位根时 HL 的渐进修正公式。

半衰期法的优点是：用时间作为持久性衡量单位非常直观、便于理解。其缺点是：①如果脉冲反应函数发散，HL 会严重低估持久性。②如果脉冲反应在冲击影响的初期和末期表现不同

[①] 实践中，滞后阶数 q 通常根据一些信息准则识别确定，比如 AIC 准则、SC 准则等。

[②] 例如，在其他条件相同的情况下，考虑自回归根分别为(0.9, 0.7)和(0.9, 0.5)的两个 AR(2) 过程。显然，前者的持久性程度要高一些，但最大自回归法却无从辨别。

[③] 这也是 Batini 和 Nelson(2002)等研究将通货膨胀持久性笼统地称为"正序列相关"或"高自相关"的原因。

时,基于 HL 比较持久性的效果很差。③高持久性过程的 HL 通常很大,时变的持久性特点不大容易显现。

（四）通货膨胀预期的统计测度方法

1. 通货膨胀预期与菲利普斯曲线

通货膨胀受到冲击后的路径变化就是通货膨胀的动态机制特征,学术上主要通过菲利普斯曲线模型来刻画通货膨胀动态路径,并借此来揭示通货膨胀的动态演变规律。同时,以菲利普斯曲线为主的通货膨胀动态模型成为现代货币政策传导机制分析的核心。从原始菲利普斯曲线到不断修正的附加预期菲利普斯曲线、新凯恩斯菲利普斯曲线、混合式新凯恩斯菲利普斯曲线等,实际上主要是对通货膨胀动态模型中通货膨胀预期的不断认识和修正。

以滞后项表示的预期通货膨胀的附加预期菲利普斯曲线模型又被称为适应性预期模型,由于该模型反映的完全是一种"后顾型"预期行为,缺乏理论依据,并且与实际情况也有差异,因此遭到著名经济学家 Lucas(1976)的严厉批判。Lucas 从理性预期的角度批判适应性预期,他认为公众是有理性的,会根据政府当前经济政策等信息作出理性预测,因而预期通货膨胀率也会随着人们的理性预期而不断调整。理性预期强调的是一种"前瞻性"预期行为,学者们根据理性预期理论建立了现代短期通货膨胀动态模型,即新凯恩斯菲利普斯曲线模型。

新凯恩斯菲利普斯曲线模型中并不包含通货膨胀持久性,货币政策只需要正确地引导公众预期就可以控制通货膨胀,这与现实并不相符。Fuhrer(1997)通过对各国数据的研究表明通货膨胀确实存在持久性。Ball(1993,1994),Fuhrer 和 Moore(1995)的研究表明,只关注理性预期而忽略通货膨胀持久性并不能有效解释各个国家高通货膨胀治理所付出的代价。

后来一些学者认为,企业在对产品重新定价时不只考虑前瞻性的理性预期,还会考虑过去价格和行业标准,因此提出新的现代通货膨胀动态理论模型,即混合式新凯恩斯菲利普斯曲线模型。混合式新凯恩斯菲利普斯曲线表示的现代通货膨胀动态模型充分考虑了通货膨胀预期的"前瞻性"和"后顾性"行为,同时以混合式新凯恩斯菲利普斯曲线为代表的通货膨胀动态模型已经成为目前研究通货膨胀动态机制的主要工具。

2. C-P 概率法

微观大样本调查数据可以更好地描述消费者行为,直接调查消费者的通货膨胀预期。通过调查数据计算通货膨胀预期的方法,在实践中有着良好且广泛的应用。把微观调查获得的居民通货膨胀预期定性数据转化为定量的预期通货膨胀率本身,最常用的方法是 C-P 概率法。C-P 概率法起初是由 Theil(1952)提出并用来分析商业问卷中有关物价趋势的调查,之后 Carlson 和 Parkin(1975)针对问卷选择为三个选项的问卷改进了 Theil(1952)所用的概率法,形成了测度预期通货膨胀的 C-P 概率法。中国人民银行每季度《城镇居民储户问卷调查》中关于通货膨胀预期的问题也是三个选项,符合 C-P 概率法的数据要求,因此也可以通过 C-P 概率法测度中国通货膨胀预期。

C-P 概率法有两个基本假定。一是假定被调查者关于未来物价预期服从一个概率分布,正态分布、均匀分布和 logistic 分布都是经常采用的分布;二是假定一个敏感性区间(Sensibility Interval),即如果 $t-1$ 期的被调查者认为在 t 期的通货膨胀率将位于以 0 为中心的区间 $[-\alpha_t, \alpha_t]$ 内,则他(她)将会在问卷中选择"基本不变"这一选项。

设 $t-1$ 期的被调查者对 t 期通货膨胀率预期是一个随机变量,用 x_t^e 表示,设 x_t^e 的概率密度函数为 $f_t(x)$,而最终形成的预期通货膨胀率 π_t^e 即为该分布的期望,$\pi_t^e = E(x_t^e)$。如果假定中国居民被调查者关于未来物价预期服从正态分布,且预期 $x_t^e > \alpha_t$ 的概率就是认为"t 时期物价会上升"人数的百分比 R_t；预期 $x_t^e \leq -\alpha_t$ 的概率就是认为"t 时期物价会下降"人数的百分比 F_t；预期 x_t^e 位于区间 $[-\alpha_t, \alpha_t]$ 内的概率就是认为"t 时期物价基本不变"的人数百分比 N_t，用数学形式表示为

$$P(x_t^e > \alpha_t) = R_t \tag{8.2.25}$$

$$P(x_t^e \leq -\alpha_t) = F_t \tag{8.2.26}$$

$$P(-\alpha_t \leq x_t^e < \alpha_t) = N_t \tag{8.2.27}$$

这里假定预期通货膨胀率服从正态分布，均值就是最终形成的预期通货膨胀率 x_t^e，则可以把式(8.2.25)、式(8.2.26)改写为

$$P\left(\frac{x_t^e - \pi_t^e}{\delta_t^e} > \frac{\alpha_t - \pi_t^e}{\delta_t^e}\right) = P\left(Z_t > \frac{\alpha_t - \pi_t^e}{\delta_t^e}\right) = R_t$$

$$P\left(\frac{x_t^e - \pi_t^e}{\delta_t^e} \leq \frac{-\alpha_t - \pi_t^e}{\delta_t^e}\right) = P\left(Z_t \leq \frac{-\alpha_t - \pi_t^e}{\delta_t^e}\right) = F_t \tag{8.2.28}$$

式中，δ_t^e 为预期 x_t^e 的方差，$Z_t = \frac{x_t^e - \pi_t^e}{\delta_t^e}$ 是标准正态随机变量，设 $\Phi(\cdot)$ 是标准正态分布的累计分布函数，令 $z_1(t) = \Phi^{-1}(1-R_t), z_2(t) = \Phi^{-1}(F_t)$，则式(8.2.28)可以写为

$$\frac{\alpha_t - \pi_t^e}{\delta_t^e} = z_1(t), \frac{-\alpha_t - \pi_t^e}{\delta_t^e} = z_2(t) \tag{8.2.29}$$

于是可得，

$$\pi_t^e = \frac{\alpha_t [z_1(t) + z_2(t)]}{z_2(t) - z_1(t)}, \delta_t^e = \left|\frac{\alpha_t}{z_1(t) + z_2(t)}\right| \tag{8.2.30}$$

式中，π_t^e 为预期通货膨胀率，δ_t^e 为预期通胀率的标准差。为了得到具体的预期通货膨胀率的值，Carlson 和 Parkin(1975)还假定 $[-\alpha_t, \alpha_t]$ 是不随时间变化的，即 $[-\alpha_t, \alpha_t] = [-\alpha, \alpha]$，而且在样本区间内，实际通货膨胀率的均值与预期通货膨胀率的均值应该相等。因此 $\alpha_t \equiv \alpha$，并且可以估计出 α 的值为

$$\alpha = \frac{\sum_{t=1}^{T} \pi_t}{\sum_{t=1}^{T} [z_2(t) + z_1(t)]/z_2(t) - z_1(t)} \tag{8.2.31}$$

三、价格波动空间分析方法

(一)价格波动的传导路径分析

1. 国际传导途径

国际间价格传导，从货币方面看，当国外存在通货膨胀时，由于国外商品的价格上涨，使得该国的对外贸易将出现大量顺差。而大量贸易顺差的存在又会使该国的外汇储备大量增加。在固定汇率制下，大量的外汇储备将导致国内货币供给大大增加，从而引起国内利率降低、投资增加，并最终导致国内价格波动。因此，价格波动的国际传导的货币途径，如图 8-4 所示。

从国际贸易方面看，即由于国际市场上石油、原材料等价格上涨，导致国内这些基础产品的输入价格增加，从而引起国内的价格上涨，并最终引发国内价格波动。因此，价格波动的国际传导的贸易途径如图 8-5 所示。

2. 国内传导途径

从理论上讲，国内价格水平变动是各环节中众多微观因素综合作用的结果，其驱动机制很

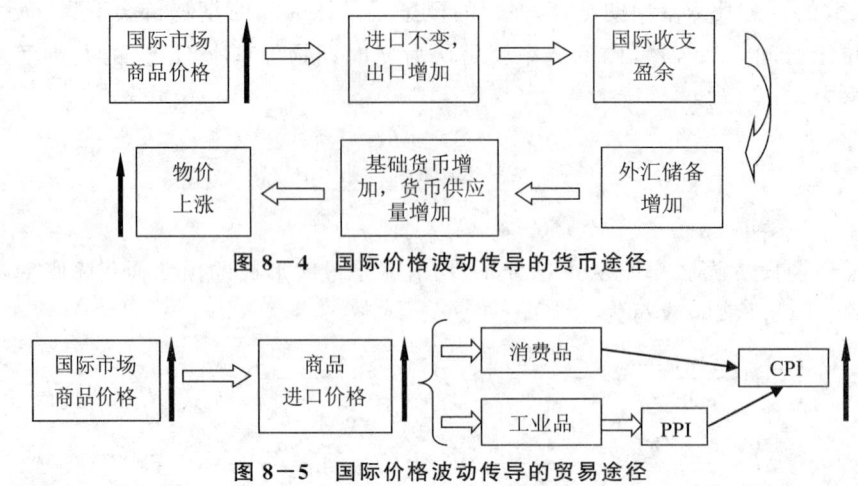

图 8—4 国际价格波动传导的货币途径

图 8—5 国际价格波动传导的贸易途径

难从单一因素考察，只能从总量上考察其运行规律。从价格运行的一般规律看，任何一个环节商品价格的变动都会通过相应的作用机制向其他环节传导。按照原理的不同，这些作用机制可以分为成本推动型和需求拉动型两种。按照成本推动理论，来自供给面的冲击发生后，价格水平的波动顺着生产—消费链条从上游环节向中下游环节传导。同时，按照引致需求理论，来自需求面的冲击会导致价格沿着生产—消费链条从中下游环节向上游环节传导。在现实经济中，由于来自需求面因素冲击和来自供给面因素冲击的力量对比和作用机制会随着时间的推进而发生变化，因此，在上中下游环节价格间的传导关系到底是顺向还是逆向的，需要通过实证研究来确定。

国内价格波动除了从生产—消费链条传导之外，还有可能在某一价格的子成分之间传导。以居民消费价格为例，居民消费价格指数包含食品价格和非食品价格指数。由于近年来中国需求冲击的加剧，食品价格持久性不断增加，食品价格上涨对总体 CPI 产生以工资渠道和预期渠道为主的"二轮效应"影响。一方面是食品价格在中国 CPI 菜篮子所占比重达 30% 以上，可以直接抬高总价格指数，这即"一轮效应"途径；另一方面食品价格上涨可以通过提高工资水平和引导公众预期来弥补食品上升的成本，进而传导至非食品价格，从而引发全面通货膨胀，这就是所谓的"二轮效应"（见图 8—6）。

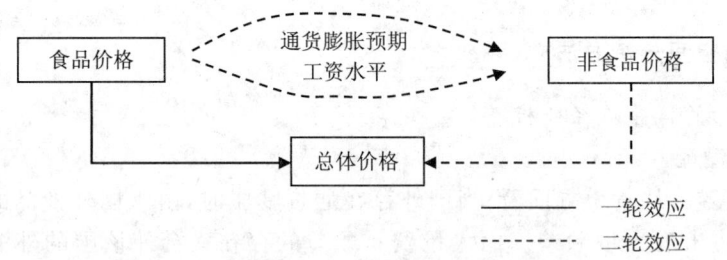

图 8—6 居民消费价格子成分传导示意图

(二) 价格波动的传导关系检验方法

价格传导主要是揭示各不同价格指数之间在时间上的因果预测关系。研究中通常采用 Granger 因果关系检验来检验这种关系。

在实践当中，根据检验变量时序特征的不同，通常使用的 Granger 因果检验模型有三种形式，分别是水平型 VAR 模型、差分型 VAR 模型和 VEC 模型。然而，由于单位根检验和协整检验方法多种，检验模型形式选择多样，受到检验变量时序特征及其检验方式的影响，Granger 因果关系检验在模型形式上会出现较大的不确定性和随意性,在模型推断上会出现偏差,进而导致结果上的不确定性甚至虚假性。为此,Toda 和 Yamamoto、Dolado 和 Lütkepohl 提出了另外一种无需考虑系统单整或协整性质的检验方法通常称为 TYDL 方法。

TYDL 方法在传统 Gramger 因果关系检验公式引入滞后期现数就可实现,通过模拟研究发现,在平稳、单整、协整等不同的数据生成过程特征下,与水平型 VAR 模型、差分型 VAR 模型、VEC 模型相比,TYDL 方法的检验结果具有更好的稳健性。

(三)相对价格波动分析方法

国内相对价格通常是指一国内部非贸易品和贸易品价格之间的比价。实践中对国内相对价格波动的分析通常集中在对中国工业生产者出厂价格指数(PPI)和居民消费价格指数(CPI)之间。从两个价格指数结构上看,PPI 包含了大量的可贸易品,CPI 包含了大量的非贸易品(如服务业),实证研究中发现,非贸易品和贸易品的相对价格往往与 CPI/PPI 比例有着近似替代关系。

国内相对价格波动最显著的莫过于 PPI 和 CPI 之间相背离,这种现象是指两者的基本走势和涨跌顺序出现有悖于理论分析或经验常识的异常情形,也即出现了相对价格波动。实证中对 PPI 和 CPI 之间背离分析,通常借助于相关分析、一般线性回归、格兰杰因果检验和 VAR 向量自回归等方法来考察。同时,相关价格波动也是结构性通货膨胀的典型代表,通过对相对价格波动分析,还能更好地解释结构性通货膨胀成因。

第三节 中国价格波动的统计分析

一、中国价格波动的周期性特征分析

中国居民消费价格指数的构成根据食品与非食品划分为食品消费价格指数和非食品消费价格指数两部分。近年来,中国居民消费价格指数的上涨与食品价格指数的上涨密切相关,图 8—7 为中国 2002 年 1 月到 2015 年 12 月的 CPI、食品价格指数(CPI_F)以及非食品价格指数(CPI_NF)的走势图,从图中可以看到,每一次 CPI 的上涨背后都是食品价格的不断高企,相对来说非食品价格指数变化相对稳定。但自 2008 年下半年开始,非食品价格指数变化趋势逐渐与食品价格指数和 CPI 指数相趋同。

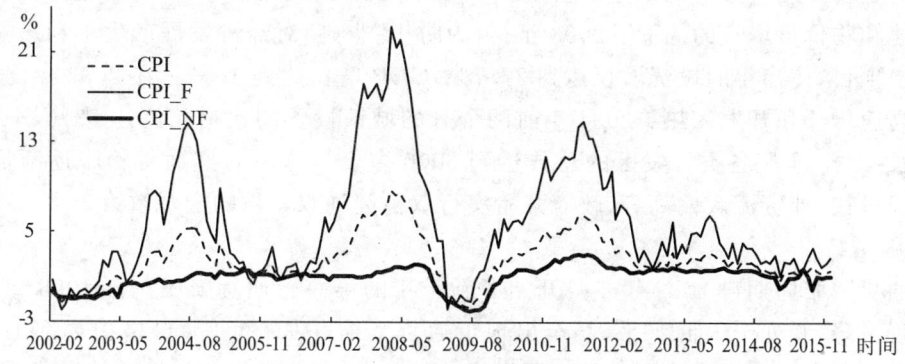

图 8—7 三种价格指数图

数据来源:中国经济信息网数据库。

根据图 8—7,可以通过食品通货膨胀与总体通货膨胀周期来分析中国 2002—2015 年食品

价格与总价格指数之间变动关系。总体来说,中国食品通货膨胀与总体通货膨胀具有相同的通货膨胀周期,从 2002 年 1 月到 2015 年 12 月,中国食品通货膨胀与总体通货膨胀波动趋势可以划分为四个通货膨胀周期(见表 8—1):第一个通货膨胀周期是从 2002 年 4 月到 2005 年 9 月(其中 2002 年 4 月之前属于上一个通货膨胀周期);第二个通货膨胀周期是从 2005 年 10 月到 2009 年 2 月;第三个通货膨胀周期是从 2009 年 3 月到 2012 年 10 月;第四个通货膨胀周期是从 2012 年 11 月到 2015 年 12 月。从样本区间看,前三个周期都在 40 个月以上,第四个周期在样本区间内也达到 38 个月。根据目前 2016 年前几个月通货膨胀率来看,第四个周期在 2015 年末并没有结束,完整的周期长度也在 40 个月以上。

表 8—1 通货膨胀周期统计量

周期	周期区间	价格指数	周期跨度（月）	波峰时刻	波峰（%）	周期内均值（%）	周期内波动性（std.）
一	2002.04—2005.09	食品价格	42	2004.07	14.6	4.42	4.65
		总体价格			5.3	1.69	1.92
二	2005.10—2009.2	食品价格	41	2008.02	23.3	8.75	7.3
		总体价格			8.7	3.63	2.6
三	2009.3—2012.10	食品价格	44	2011.07	14.8	6.52	4.6
		总体价格			6.5	2.83	2.4
四	2012.11—2015.12	食品价格	38（未结束）	2013.10	6.5	3.37	1.3
		总体价格			3.2	2.03	0.6

(一)2002 年 4 月—2005 年 9 月

1. 背景

第一个通货膨胀周期是从 2002 年 4 月到 2005 年 9 月。本轮通货膨胀周期与 1998 年开始的通货紧缩有密切联系。由于前期受东南亚金融危机影响,中国为应对严峻的经济形势,摆脱通货紧缩的压力,自 1998 年起,政府开始实行双松政策,主要是积极的财政政策加稳健的货币政策。相对于世界经济形势的低迷,中国在 2002 年经济增长达到 9.1% 的高速增长,逐步改变了经济减速和物价负增长的局面。2003 年初,为防止"非典"对经济发展产生不利影响,国家要求各地多上项目,使当年的投资增长达到 27.7%,GDP 增长达到 10%。在 2003 年之后再次出现了投资高速增长和开发区热。2004 年前两个月的城镇投资同比增长高达 53%,一季度全社会投资增长 43%,全国各类开发区的总数达到 6000 多个。这一时期通货膨胀逐渐加大,信贷和投资增长过快,外资流入偏高等,政府开始实行双稳健到双紧缩的宏观政策。

2. 成因与特点

本轮通货膨胀周期自 2002 年 4 月开始了新千年的第一轮通货膨胀。自 1998 年中国的价格水平出现下降,并处于很低水平,甚至出现了通货紧缩,CPI 和食品价格指数都出现了负增长。为了消除通货紧缩对经济增长的不利影响,国家通过实施积极的财政政策和货币政策来刺激经济,并带动了原材料、房地产、固定投资等价格的上涨。受经济复苏的影响,本轮通货膨胀在 2004 年 7 月达到通货膨胀顶峰,其中总体价格上涨 5.3%,食品价格上涨达 14.6%,食品中的肉禽类价格上涨高达 22.9%,蛋类价格上涨达 31.4%。此后 CPI 和食品价格开始回落。从总体来看,此轮通货膨胀主要是由投资需求拉动,属于温和通货膨胀,CPI 平均上涨 1.69%,食品价格平均上涨 4.42%。

(二) 2005 年 10 月—2009 年 2 月

1. 背景

第二个通货膨胀周期是从 2005 年 9 月到 2009 年 2 月。2005 年以来中国经济向加强宏观经济调控的预期方向稳定发展,继续呈现高经济增长与低通货膨胀的良好匹配态势。2006 年上半年,中国经济再次出现快速发展的态势。为防止经济过热,在 2006 年 4 月 14 日国务院常务会议提出了加强固定资产投资调控和控制货币信贷投放的政策措施。同时国家改变了积极的财政政策,实行稳健的财政政策和货币政策,开始紧缩货币供应。进入 2007 年之后,在"三驾马车"都快速发展的带动下,经济继续快速增长,上半年 GDP 增长达到 12.7%。面对经济发展的火爆形势和价格的快速上涨,国家的货币政策快速向从紧转变,除了严格控制贷款总规模之外,10 次上调法定存款准备金率。政府明确把"防止经济增长由偏快转为过热"和"防止价格由结构性上涨演变为明显通货膨胀"作为 2008 年宏观调控的首要任务。

此外,这一时期的国际经济变动对中国宏观经济的影响逐渐增大。由于中国石油需求对国际市场依存度很高,美元贬值和原油期货的炒作带来国际市场石油价格的持续高位运行对国内能源和原材料价格形成了强大的推动力。加之能源、粮食等其他国际大宗商品的价格高涨也对中国价格水平、企业成本造成了很大冲击。2008 年下半年开始,由于美国次贷危机的影响,叠加上前期双紧政策的滞后效应,使得中国经济出现下滑,倒闭或停产企业的数量迅速增加,直接影响到经济的发展,当年中国经济增长回落到 9%,CPI 由 2008 年 2 月高峰时的 8.7% 快速跌落到 2009 年 2 月谷底时的 -1.6%。

2. 成因与特点

本轮通货膨胀在 2006 年之前上涨速度较慢,属于温和性通货膨胀,但从 2006 年底开始物价持续上涨,上涨速度加快,食品价格和 CPI 在 2008 年 2 月达到顶峰,CPI 同比上涨 8.7%,食品价格同比上涨达到 23.3%,其中肉禽类价格上涨达 45.3%,蔬菜价格上涨达 46%。此轮通货膨胀高峰,一方面是由于 2007 年中国出现猪蓝耳病以及 2008 年的南方冻雨导致了猪肉以及鲜菜供给不足,使得价格短期内急剧上涨,推动食品价格上涨;另一方面是由于 2007 年美国次贷危机引发的全球性金融危机,导致美元大幅贬值,以美元计价的国际大宗商品价格大幅上涨(尤其是石油、能源价格的大幅上涨)输入中国,引发联动作用,导致中国物价上涨;再加上中国货币供应量和信贷规模的迅速扩张,导致流动性过剩,引发国内总需求增加,致使资产等价格不断上升。此轮通货膨胀周期由于受到国内及全球性的供给冲击,呈现出一定成本推动型通货膨胀的特征。

(三) 2009 年 3 月—2012 年 10 月

1. 背景

第三个通货膨胀周期是从 2009 年 3 月到 2012 年 10 月。随着美国次贷危机的进一步加深引发的全球性金融危机,不仅从金融领域蔓延到实体经济领域,还引起了全球经济衰退。中国对外贸易依存度较高,在全球经济衰退的环境中难免遭受巨大冲击。在外部环境巨大波动下,2008 年第四季度中国宏观经济的下行速度超出了人们的预期。针对宏观经济形势的这一变化,中央政府开始全面实施政策转向,推行扩张性的财政政策、宽松的货币政策、全面回调的贸易政策以及十大产业振兴计划和 4 万亿政府刺激计划来避免中国经济衰退。

在一系列避免经济衰退的政策刺激下,中国价格水平开始了新一轮的上涨周期,面对通货膨胀压力,2011年中国财政货币政策转向一松一紧,积极的财政政策配合稳健的货币政策。然而,后危机时代,中国经济中累积的问题逐渐显现,经济结构不合理、外部需求疲软、内部消费不足、固定资产投资的巨大扩张造成了严重的产能过剩,加之中国人口老龄化加快人口红利消失,资源约束日趋紧迫,前期经济刺激决策后遗症正在显现,经济下行已不可避免,从2011年8月开始,无论经济增长还是价格水平均开始下降,中国经济结束了30多年的高速增长,步入新的发展环境当中。

2. 成因与特点

由于对前期经济的宏观调控,2009年9月份之前食品价格出现了负增长,尤其是肉禽类价格从通货膨胀高峰的46%下降最低达−14.5%。但从2009年3月开始,中国又迎来新一轮通货膨胀,通货膨胀高峰出现在2011年7月,CPI同比上涨6.5%,食品价格上涨14.8%,其中粮食价格上涨12.4%,肉禽类价格上涨33.6%,蛋类价格上涨19.7%,水产品类价格上涨15%。非食品价格也随着CPI和食品价格上涨出现一定幅度的明显增长。本轮通货膨胀主要是为了应对金融危机对中国的影响,国务院出台了一系列宽松政策并在2009年投放4万亿来刺激经济,由此带来投资的过度需求而引发了本轮通货膨胀。

(四)2012年11月—2015年12月

1. 背景

第四个通货膨胀周期是从2012年11月至今。自2013年以来,全球经济已由危机前的快速发展期进入深度转型调整期,虽然全球经济有复苏迹象,但欧元区经济复苏乏力、新兴经济体持续动荡、美国经济复苏放缓为全球经济复苏增加了许多不稳定不确定性。能源农产品等国际大宗商品市场需求疲软、价格不断回落,使全球经济呈现出通缩趋势。与此同时,外部环境的恶化更是触发了中国经济内部持续积累的各种问题,中国经济处在了"三期叠加"的特定时期,经济发展回落到中速发展的阶段,步入了新常态。面对经济发展巨大的下行压力,中国经济政策自2013年一直实行积极的财政政策和稳健的货币政策,政策措施也由原来的简单刺激转变为以多策并举推动结构性改革为目的。这一时期,中国需求不振、外需疲软产能过剩以及国际大宗商品价格低迷等情况制约了PPI的回升,经济整体态势疲弱,到2015年经济增长率下降至6.9%,而物价水平基本稳定,由于缺乏上升推动力,甚至显现出一定的通货紧缩压力。

2. 成因与特点

相对来说,2012年11月至今的通货膨胀周期中,CPI和食品价格上涨比较温和,通货膨胀高峰出现在2013年10月,CPI同比上涨3.21%,食品价格同比上涨6.55%,其中上涨幅度最大的为鲜菜类产品涨幅达31.54%,肉禽类价格上涨为5.83%,非食品价格涨幅不大且相对平稳。而自2014年开始中国物价水平始终在1.5%左右徘徊,波动较小,甚至显现出一定通货紧缩的迹象。这一时期中国物价水平的变化相对稳定,一方面在于近几年中国粮食产量相对高产,自然灾害较少,食品供应充足;另一方面是由于中国内需不足,外需疲软,国际大宗商品价格回落带来的输入性通缩制约了中国价格上涨。

二、中国价格波动的持久性特征分析

(一)背景资料

通货膨胀持久性又称为通货膨胀持续性或通货膨胀惯性,是通货膨胀动态特征之一,一般定义为价格短期内受到经济系统中供给或需求因素冲击后恢复到长期均衡稳定水平的速度(Fuhrer,1997)。基于大部分学者的研究,Mishkin(2007)将国际普遍的持久性下降归结为通货膨胀动态变化的一大典型化事实。国内一些学者的研究表明,从20世纪90年代末中国通货膨胀持久性也存在不同程度的下降,对中国而言也符合这一典型化事实。但中国通货膨胀持久性较高,虽然从20世纪90年代末有所下降,学者们的研究大部分仍表明中国通化膨胀持久性都在0.9以上。

当食品价格上涨政策制定者要对此做出反应时,需要知道食品价格的上涨是暂时性的还是持续性的。如果是暂时性的,食品价格上涨在中长期内不会影响总价格上涨。由于暂时性价格波动一般是由于供给冲击,例如地震、冰冻灾害等,在短期内造成食物供给减少,供不应求导致食品价格上涨。货币政策对此完全可以不做任何反应,因为从长期看,暂时性的价格波动终将恢复到均衡价格水平。如果是持续性的,则表明不仅食品价格的上涨是持续性的,并且在中长期内很可能会影响总体通货膨胀,因此政策制定者需重点关注。

(二)中国测算

本节基于食品价格的上涨对非食品价格以及总价格水平的影响来分析通货膨胀的动态变化。中国从2002年才开始公布非食品价格,因此这里对价格动态关系的研究是从2002年开始。根据中国2002年1月至2014年12月的月同比价格指数,采用文献中应用比较广泛的自回归系数和法来估计中国食品通货膨胀、非食品通货膨胀和总体通货膨胀的持久性,估计方法分别为最小二乘法和分位数回归的Bootstrap中值无偏估计,滞后阶数根据AIC准则确定,具体结果如下表8-2。

表8-2 通货膨胀的持久性估计

类别	最小二乘法	中值无偏估计值	标准差	90%置信区间	滞后期数
总体通货膨胀 π	0.933	0.916	0.323	(0.339,1.461)	3
食品通货膨胀 π^f	0.921	0.909	0.368	(0.257,1.528)	4
非食品通货膨胀 π^{nf}	0.946	0.951	0.221	(0.568,1.331)	3

表8-2结果显示,近十多年来中国通货膨胀持久性还是处在较高的水平,从分位数回归来看非食品通货膨胀的持久性最高为0.951,其次是总体通货膨胀为0.916,食品通货膨胀相较于前两者较低为0.909。这表明中国不仅总体通货膨胀的持久性较高,而且分类价格通货膨胀很高。

从表8-2看,中国CPI通货膨胀、食品通货膨胀以及非食品通货膨胀的持久性系数都在0.9以上,说明三者的通货膨胀持久性较高。通货膨胀的持久性越高,说明通货膨胀率在偏离其均衡值后恢复到初始状态所需的时间就越长,对实体经济造成的冲击时间也越长,货币政策的滞后效应也会越明显。表8-2中,食品通货膨胀持久性系数虽然略低于CPI通货膨胀和非食品通货膨胀,但已达到很高的水平,食品价格的变动对总价格以及非食品价格来说,其影响不仅仅是短期的暂时性影响,还会有中长期的持续性影响。

传统的食品价格上涨理论认为食品价格易受暂时性的供给冲击影响,其波动性大、持久性较小。而对于新兴经济体国家,食品消费支出在居民消费支出中占比较大,食品在"CPI菜篮子"中权重也较高,且随着新兴经济体经济不断发展,居民收入水平的提高,城市化进程的加快,高热量、高蛋白类食品的需求也在持续增加,因而食品价格的持久性也可能较高。表8-2显示,中国食品价格的持久性水平很高,食品价格在很大程度上影响着总体通货膨胀的趋势。货币政策通常只关注物价变动的长期性趋势,对于中国而言,中国货币政策不仅要关注总体通货膨胀,还要注意到食品价格的不断上涨。同时,中国食品价格、总价格、非食品价格较高的持久性也意味着中国通货膨胀的治理还面临着货币政策风险,通货膨胀持久性越高,中央银行治理通货膨胀所付出的成本也较高。

三、中国主要价格指数间的传导机制分析

(一)背景资料

在成熟市场经济中,价格是经济运行的核心变量,是资源配置的指示灯,其变化直接关系着国民经济的健康运行。近10多年来,中国以CPI和PPI为代表的价格指数先后出现了四次较为明显的起伏波动,给国民经济的持续、平稳运行带来了巨大的困难和影响。在这一背景下,国家宏观调控已经把保持物价水平的相对稳定放在更加突出的位置。然而,物价变化不仅是指CPI和PPI的变化,而且还涉及到生产—消费链条的采购、生产、流通、消费等环节上的诸多价格变化。按照所属环节的关系,这些价格又可以勾勒出一定的上下链条关系。因此,分析这些价格指数间的链条关系及相应的作用机制,进而揭示通货膨胀的性质和成因,是目前宏观经济运行的监测与调控中亟待解决的关键问题。

(二)变量选择与数据处理检验

1. 变量选择

在编制范围内,不同商品和服务平均价格水平的变动情况体现于价格指数。经常关注的价格指数有:原材料燃料动力购进价格指数(RMPI)、工业品出厂价格指数(PPI)、企业商品交易价格指数(CGPI)、商品零售价格指数(RPI)和居民消费价格指数(CPI)。

根据生产消费链理论,上述价格指数间的关系可描绘为:RMPI(原材料成本)→PPI(工业品制造成本)→CGPI(批发成本)→RPI或CPI(零售成本)。考虑到2000年后CPI取代RPI成为中国价格统计中的核心指标,且CPI比RPI的覆盖面更大,含义更广,因而在零售成本环节选用CPI而舍弃RPI。这样,最终选择的变量是:RMPI、PPI、CGPI、CPI。

2. 变量数据的处理检验

数据来源于中国经济信息网数据库,数据频率为月度,样本区间为1998年1月—2012年6月。四个价格变量的原始数据均为年度同比数据,若假定1998年12个月份价格水平为100,就可以将年度同比数据转换为定基数据,然后采用X－12方法进行季节调整,再取自然对数。最终处理得到的数据如图8—8所示。

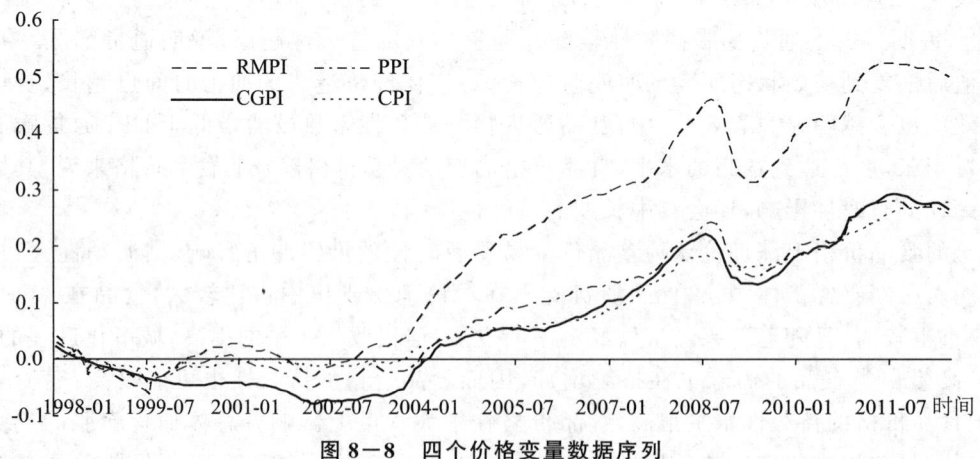

图8—8 四个价格变量数据序列

在建模之前采用 ADF 检验方法检验确定变量的单整阶数,结果如表 8—3 所示。从表 8—3 可以看出,四个变量的水平序列均为不平稳过程,一阶差分序列均为平稳过程。换句话说,四个变量的单整阶数为 1。

表 8—3　四个变量的 ADF 单位根检验

变量	水平序列			一阶差分序列		
	ADF 值	P 值	结论	ADF 值	P 值	结论
RMPI	−2.954	0.149	不平稳	−6.678	0.000***	平稳
PPI	−2.962	0.146	不平稳	−7.398	0.000***	平稳
CGPI	−2.759	0.215	不平稳	−5.090	0.000***	平稳
CPI	−1.881	0.660	不平稳	−11.795	0.000***	平稳

注:***、**和*分别表示在 1%、5% 和 10% 的显著性水平。

(三)检验结果及分析评论

1. 价格传导关系的 Granger 检验结果

借助于 EViews 8.0 软件,采用 TYDL 方法,选取 RMPI、PPI、CGPI 和 CPI 四个变量构建 Granger 因果关系检验模型。其中,根据单位根检验结果确定 d 的取值为 1,根据 LR 准则、FPE 准则、AIC 准则、SC 准则、HQ 准则绝大多数结果确定 k 的取值为 2。在四元模型框架下,各变量间的 Granger 因果关系检验结果如表 8—4 所示。根据表 8—4,在生产链条内部,RMPI 与 PPI 之间存在双向因果关系;在消费链条内部,CGPI 与 CPI 之间存在双向因果关系;而在生产链条到消费链条之间,仅存在从 CGPI 到 PPI、从 CGPI 到 RMPI、从 PPI 到 CPI 的单向因果关系。这些因果关系如图 8—9 所示。

表 8—4　四变量检验模型的修正 Wald 统计量结果

变量	RMPI	PPI	CGPI	CPI
RMPI	—	21.688*** (0.000)	0.045 (0.978)	1.618 (0.445)
PPI	10.851*** (0.004)	—	0.679 (0.712)	5.234* (0.073)
CGPI	55.175*** (0.000)	40.306*** (0.000)	—	31.324*** (0.000)
CPI	2.571 (0.277)	1.455 (0.483)	7.601** (0.022)	—

注:1. 括号中的值为检验的 p 值;
2. ***、**和*分别表示在 1%、5% 和 10% 的显著性水平下由行变量到列变量的单向因果关系显著成立。

2. Granger 检验结果的分析与评论

价格是国民经济运行的重要信号指标。价格依附商品的生产—消费链条而在相应的价格指数上相互传递,进而形成不同的传导关系和作用机制。具体地,按照成本推动理论,来自供给面的冲击发生后,整体价格水平的波动首先出现在上游的基础产品和原材料领域,然后沿着产业链逐步向生产领域扩散,最后传导到流通、消费领域。同时,按照引致需求理论,来自需求面

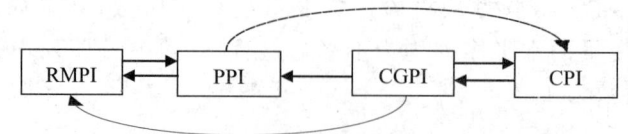

图 8—9 四元模型检验的因果关系结果示意图①

的冲击会导致价格传导出现逆生产链方向的变化。价格传导机制是在市场经济条件下,商品价格变动引起的相关商品价格变动的内在机制,是价格作为杠杆作用的体现与作为上下游价格链条的传输过程。

结合前面的检验结果,不难发现,中国的价格传导机制是:从传导关系上看,在生产链和消费链条内部,价格信号的正向和逆向传导较为顺畅;在生产链条和消费链条之间,价格信号的正向传导存在阻塞,而逆向传导相对顺畅。从传导作用机制上看,主要价格指数的反向因果关系相对较多,这意味着,尽管不能完全排除供给因素的影响,但中国的价格变动较多地是由需求因素驱动。

第四节 中国核心通货膨胀的测度与效果评价

本节采集中国主要宏观经济变量季度数据,运用 CF 滤波分解得到它们的周期性成分,并将以金融危机爆发的 08 年第三季度为节点划分为"新常态"和"旧常态"两个阶段。在此基础上,分析"新常态"和"旧常态"下中国经济周期波动的经验特征,进而总结得出"新常态"和"旧常态"下的典型化事实,并进行对比分析。

几乎所有国家的中央银行都关注价格变动,并将保持价格稳定作为货币政策操作的主要目标,将经济增长作为辅助目标,中国也不例外。《中华人民共和国中国人民银行法》第三条明确规定:"货币政策的最终目标是保持货币稳定,并以此促进经济增长"。然而,在现实生活中,以 CPI 为衡量指标的标题通货膨胀序列突然变动频繁,其背后的诱因复杂多变,既有源自于供给冲击的暂时性变动,也有与通货膨胀压力直接关联的趋势性变动。各国中央银行面临的普遍问题是:需要判断价格的短期突然变动是暂时性的还是趋势性的,进而识别出价格变动的本质。由于货币政策对总体经济活动的作用发挥存在滞后效应,导致误判价格变动本质的代价极大。因此,中央银行要想制定出更为有效的货币政策,就必须具备准确区分暂时性和趋势性价格变动的能力。

随着控制通货膨胀责任的不断增加,各国中央银行极为关注核心通货膨胀的概念,其测算方法在国内外文献中得以提出。并且一些国家也逐渐编制和公布本国的核心 CPI。美国劳工统计局从 70 年代后期开始定期公布"剔除食品和能源后的 CPI 月度数据"。此后,新西兰、澳大利亚、加拿大等主要发达国家和一些新兴国家经济体相继测定并公布本国的核心 CPI,并将其作为货币政策决策参考的重要指标。虽然中国没有官方公布的核心消费价格指数,但国家统计局公布的非食品消费价格指数剔除了居民消费价格指数中波动性较大的食品类价格,且中国能源通信价格多受政府管制,价格变化相对稳定,因此,中国非食品消费价格指数也可作为中国的核心 CPI 来参考。但由于中国居民消费价格指数中,食品类权重较大,总价格指数和食品价格指数都存在很高的持久性,非食品价格指数对于中国来说并不是一个好的描述中国核心通货膨

---

① 箭头虚线表示仅在 10% 的显著性水平下 Granger 因果关系成立。

胀的价格指标。

本节拟在探析现有核心通货膨胀测算方法和评价方法的设计思想和适用条件的基础上,结合中国价格变动特点对部分方法做出适当改进,并将其应用于中国2001—2013年核心通货膨胀测算,然后采用四种准则对所有核心通货膨胀测算结果的货币政策应用效果进行评价。

一、中国核心通货膨胀的不同方法测度

(一)剔除法

在中国CPI的八大类价格指数中,食品价格波动最为剧烈,其次是居住类价格,而一般被认为可以间接体现中国能源价格的交通和通讯类却相对平稳,因此这里采用剔除食品(CPI_EXF)、剔除食品和居住(CPI_EXF&H)两种方法来测算中国的核心通货膨胀,结果见图8—10。剔除计算所用到的权重根据何新华(2011)的方法计算,即分别根据住户调查中城市居民家庭生活消费支出和农村居民总生活消费支出数据,推算得到某一年居民消费分类价格指数权重,并将它们作为下一年CPI的计算权重(见表8—5)。

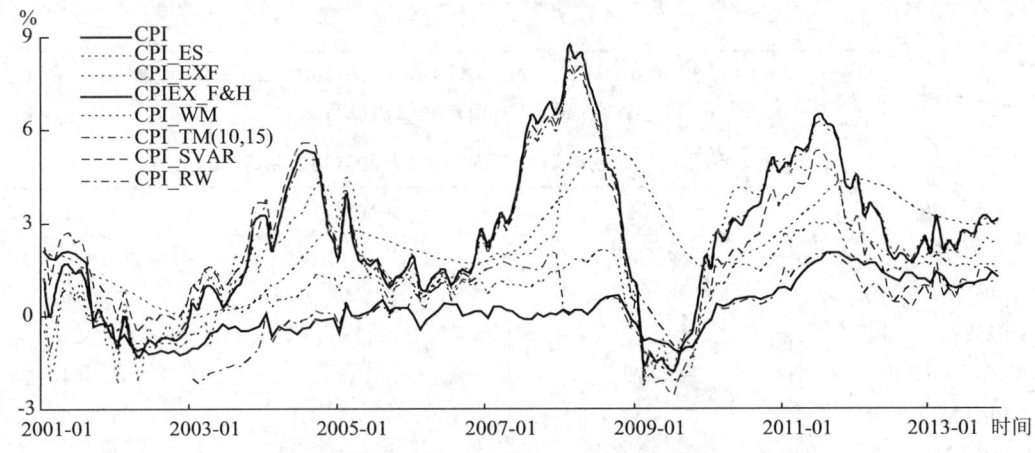

图8—10 CPI和核心通货膨胀七种测算方法结果

表8—5 居民消费价格指数权重一览表 单位:%

项 目	2001	2002	2003	2004	2005	2006	2007	2008	2009	2010	2011	2012	2013
食品	37.33	36.43	35.94	35.84	36.66	36.32	35.12	35.57	36.85	35.06	34.85	35.63	35.37
杂项商品和服务	3.85	4.60	3.66	2.95	2.99	2.95	3.03	3.09	3.04	3.11	3.07	3.23	3.36
衣着	8.35	8.26	8.17	8.10	7.96	8.28	8.46	8.55	8.41	8.48	8.77	9.17	9.22
家庭设备用品及服务	6.41	6.59	6.11	5.62	5.32	5.37	5.45	5.67	5.80	6.11	6.40	6.63	6.51
医疗保健	6.65	6.85	8.36	7.33	7.40	7.73	7.58	7.32	7.42	7.61	7.46	7.76	7.85
交通与通信	7.72	8.27	9.39	10.62	11.30	11.93	12.50	12.65	11.97	12.57	13.34	12.92	13.46
娱乐教育文化服务	14.12	13.70	14.58	14.71	14.22	13.82	13.16	12.08	10.96	10.83	10.79	10.36	10.31
居住	15.57	15.31	13.79	14.84	14.13	13.60	14.71	15.07	15.56	16.23	15.33	14.35	13.91

注:考虑到中国城乡烟酒及用品支出在《中国统计年鉴》中并未给出,而本节推算出的杂项商品和服务权重与官方2011年公布的烟酒及用品权重相当,所以这里直接把杂项商品和服务权重作为烟酒及用品的权重。

资料来源:作者根据《宏观经济研究》2011年第3期文章:"准确理解CPI之争中的几个关键概念"中提到的方法进行计算整理。

(二) 截尾均值法

观察中国 CPI 的截面分布特征可以发现(见图 8—11),CPI 各成分的偏度系数一直徘徊在 2.15 左右,意味着 CPI 分布为右偏分布。针对这一分布,理想的截尾方式是非对称性截尾。为了避免因剔除成分过多而损失一些重要信息,这里在左侧不超过 10% 和右侧不超过 25% 的约束下并按步长值为 5% 分别截取不同形式。为了确定最优的截尾形式,这里依次依据无偏性、方差减小性和均方误差根(RMSE)最小三个准则判别对表 8—6 的不同类型相关指标进行比较,最终确定最优形式为左侧截尾 10%、右侧截尾 15%,即 CPI_TM(10,15)。同时,为了便于横向比较,这里给出加权中位数法(CPI_WM)的核心通货膨胀结果(见图 8—10)。

图 8—11　各类商品价格指数变动偏度系数

表 8—6　不同非对称截尾形式下的均值、方差与均方误差根

	均值	标准差	RMSE
CPI	2.487	2.351	—
CPI_TM(5,10)	2.335	2.359	2.019
CPI_TM(10,15)	2.313	2.286	1.931
CPI_TM(5,15)	2.079	2.185	1.884
CPI_TM(10,20)	2.053	2.086	1.806
CPI_TM(5,20)	1.817	1.996	1.812
CPI_TM(10,25)	1.755	1.859	1.731

(三) 波动性加权法

考虑到中国食品支出在 CPI 中的比重较大,简单地采用波动性加权会低估食品价格对核心通货膨胀的影响。为此,这里采用 Anderson 等(2007)提出的波动性和支出权重双加权法计算核心通货膨胀(CPI_RW),其公式为:

$$\pi_t^{Core} = \sum_{j=1}^{n} [\pi_{j,t} \cdot (\frac{\xi_j}{\sigma_j^2} / \sum_{j=1}^{n} \frac{\xi_j}{\sigma_j^2})] \tag{8.4.1}$$

同时,为避免增加新的数据会导致计算权重改变,这里采用滚动加权形式,即由原来的全样本 CPI 成分信息计算权重改为之前三年信息滚动计算[①],结果见图 8—10。

(四) 指数平滑法

中国通货膨胀过程的持久性不同于欧美国家,因而利用指数平滑法测算核心通货膨胀需要设定一个适合于中国情况的 g_0 值。张成思(2007)、Gerlach 和 Tillmann(2012)利用自回归系数和法分别研究得到相应区间下中国通货膨胀持久性分别为 0.941、0.965 和 0.980。考虑到

---

① 这里之所以采用三年滚动是因为近年来的中国 CPI 波动周期约为三年。

三个研究结果相差不大,这里采用样本区间较为一致的 Gerlach 和 Tillmann(2012)结果,按照 Altissimo 等(2006)[①]的模拟和半衰期公式,计算得出中国 g_0 取值为 0.071。在此基础上,按照式(8.2.4)得到指数平滑法(CPI_ES)的计算结果(见图 8-10)。

(五)SVAR 模型方法

1. 中国 SVAR 模型的构建与约束设计

(1)中国 SVAR 模型的构建

Quah 和 Vahey(1995)建立产出和 CPI 的二元 SVAR 模型,然后施加需求冲击长期产出效应的零约束,识别出 AR 模型的结构化供给冲击和需求冲击,并将 CPI 中受到供给冲击的影响部分作为核心 CPI。

在中国,需求冲击和供给冲击的二元划分不符合现实经济运行情况,理由如下:首先,食品在中国 CPI 和城乡居民各项支出中权重比较大,如果直接剔除食品 CPI 测算核心 CPI 很可能导致信息缺失。因此,有必要在模型中加入食品价格因素单独衡量其影响。其次,中国的通货膨胀比较符合货币数量论的观点,很大程度上是一种货币现象,需求增长过快的原因是短期内货币供应量的显著增长。因此,本节进一步将总需求冲击细分为(实际)需求冲击和货币冲击,并引入食品价格冲击因素。

假设中国经济中存在如下四种结构化冲击:实际需求冲击(v_t^d)、供给冲击(v_t^s)、货币冲击(v_t^m)和食品价格冲击(v_t^f)。其中,供给冲击代表由经验积累、技术更新等因素引起的全要素生产率的提高,实际需求冲击反映投资、政府购买或消费的变化,货币冲击反映货币需求量的变化,食品价格冲击反映来自天气、自然灾害或疫病等方面的食品供给冲击。同时,假设产出增长率(y_t)、货币供应量(m_t)、通货膨胀(π_t)和食品价格指数(π_t^f)同时受到以上冲击的影响,所以,将平稳向量 $X_t = (y_t, m_t, \pi_t, \pi_t^f)'$ 表示成标准化白噪声冲击向量 $v_t = (v_t^s, v_t^m, v_t^d, v_t^f)'$ 的移动平均过程:

$$X_t = S(L)v_t \qquad (8.4.2)$$

式中,$S(L)$ 为滞后多项式。

(2)中国 SVAR 模型的约束设计

由于结构化冲击 v_t 和滞后多项式不能直接估计,因此必须首先估计简化式 VAR 模型,再将简化式转化成无穷阶 VMA 形式,即有:

$$S(L)v_t = B(L)\varepsilon_t \qquad (8.4.3)$$

令 $B(0) = I_4$,代入式(8.4.3)可得

$$S(0)v_t = \varepsilon_t \qquad (8.4.4)$$

$$E(\varepsilon_t \varepsilon_t') = S(0)E(v_t v_t')S(0)' = S(0)S(0)' \qquad (8.4.5)$$

求解式(8.4.5)中方程并识别其中结构化冲击,需施加如下六个长期约束。首先,假定除供给冲击外,其余冲击对产出的长期累积影响为 0,得到三个长期约束。其次,假定货币需求受到需求冲击和食品价格冲击的长期累积影响为 0,构成第四、五个约束。最后一个约束为假定食品价格冲击对通货膨胀没有长期影响。因而有:$S_{12}=0, S_{13}=0, S_{14}=0, S_{23}=0, S_{24}=0, S_{34}=0$。在此基础上,由式(8.4.3)和式(8.4.4)可得 $S(L) = B(0)S(0)$ 和 $v_t = S(0)^{-1}\varepsilon_t$。进而可得到如下核心通货膨胀:

[①] Altissimo, F., Ehrmann, M. and Smets, F, 2006, "Inflation Persistence and Price-setting Behaviour in the Euro Area: A Summary of the IPN Evidence." National Bank of Belgium Working Papers, No. 95.

$$\pi_t^{core} = \sum_{k=0}^{\infty} S_{31}^k L^k v_t^s + \sum_{k=0}^{\infty} S_{32}^k L^k v_t^m + \sum_{k=0}^{\infty} S_{33}^k L^k v_t^d \tag{8.4.6}$$

2. 基于 SVAR 法的中国核心通货膨胀测算

在 SVAR 模型的四个变量中,由于 GDP 没有月度数据,所以产出选择工业增加值变量,同时为消除季节因素影响,产出采用工业增加值的同比增长率数据;货币供应量用 M2 同比增长率来衡量;相应地,消费者价格指数和食品价格指数也选用同比数据。最终通过上述模型估计得到核心通货膨胀序列 CPI_SVAR,结果见图 8-10。

二、中国核心通货膨胀的测度效果评价

实证中评价核心通货膨胀测度有用性的方法很多。这里采用基于基本统计性质的无偏性检验、相关性检验、趋势追踪能力检验和未来预测能力检验四种准则评价上文核心通货膨胀测算结果。

(一)无偏性检验

理想的核心通货膨胀应该是标题通货膨胀的无偏估计。这可通过检验两者均值是否相等来实现。由表 8-7 可知,从无偏性准则判断,指数平滑法、不对称截尾均值法和 SVAR 法的核心通货膨胀与 CPI 具有相同的均值,通过检验;其余方法则与 CPI 均值不同,不能通过检验。

表 8-7　中国核心通货膨胀测度的无偏性、相关性和趋势追踪能力检验结果

	均值	相关系数	RMSE
CPI	2.489	1	—
CPI_EXF	0.921	0.732	2.065^2
CPI_EXF&H	0.271	0.446	2.580^3
CPI_TM(10,15)	2.313^1	0.991	1.931^2
CPI_WM	1.889	0.876	1.794
CPI_ES	2.366^1	0.543	1.101
CPI_SVAR	2.156^1	0.942	2.154
CPI_RW	0.403	0.496	2.627^3

注:1 表示对应核心通货膨胀序列与 CPI 在 5% 显著性水平下均值无显著差异;2 和 3 表示对应核心通货膨胀序列的 RMSE 在 5% 显著性水平下没有显著差异。

(二)相关性检验

理想的核心通货膨胀应该与标题通货膨胀高度相关。这可以通过检验两者的同期相关系数来实现。由表 8-7 可知,不对称截尾均值法、SVAR 法、加权中位数法和剔除食品法的核心通货膨胀与 CPI 的相关系数很大,能够很好地通过检验;而其余方法的测算结果与 CPI 的相关系数中等,可认为勉强通过检验。

(三)趋势追踪能力检验

基于政策目的,核心通货膨胀应该能够很好追踪通货膨胀的潜在趋势变动。RMSE 计算中,趋势通货膨胀的序列通过 CF 滤波方法计算得到。所有核心通货膨胀的 RMSE 结果见表

8—7。为了进一步两两比较 RMSE 间差异的显著性,这里采用 Diebold-Mariano 检验[①]发现,在追踪趋势通货膨胀能力方面,指数平滑法最好,其次依次是加权中位数法、不对称截尾均值法和剔除食品法、SVAR 法、剔除食品和居住法与波动性加权法。

(四) 未来预测能力检验

核心通货膨胀的变动应该是标题通货膨胀未来变动的信号。如果两者之间存在缺口的话,那么标题通货膨胀应该在中期内表现出向核心通货膨胀趋近的倾向。

考虑到中国的 CPI 周期,这里选择 $k=6,9,12,15,18$ 分别估计式(8.2.11)方程,得到结果见表 8—8。

表 8—8 核心通货膨胀的未来预测能力检验结果

	$\hat{\beta}_6$	$\hat{\beta}_9$	$\hat{\beta}_{12}$	$\hat{\beta}_{15}$	$\hat{\beta}_{18}$
CPI_EXF	−0.423 (−4.507)	0.809 * (−6.864)	−1.278 (−10.109)	−1.570 (−12.539)	−1.764 (−14.628)
CPI_EXF&H	−0.354 (−4.084)	−0.677 (−7.183)	−1.0463 * (−10.344)	−1.279 (−12.786)	−1.433 (−14.835)
CPI_TM(10,15)	−1.663 (−3.073)	−3.104 (−4.358)	−4.494 (−5.316)	−5.200 (−5.628)	−5.082 (−5.071)
CPI_WM	−0.336 (−2.292)	−0.861 * (−4.571)	−1.486 (−7.001)	−1.937 (−9.019)	−2.183 (−10.108)
CPI_ES	−0.142 (−1.662)	−0.441 (−3.967)	−0.842 (−6.786)	−1.138 * (−9.146)	−1.405 (−6.786)
CPI_SVAR	−0.090 (−0.398)	−0.185 (−0.588)	−0.336 (−0.849)	−0.548 (−1.228)	−0.819 * (−1.698)
CPI_RW	−0.600 (−6.952)	−1.064 * (−10.688)	−1.526 (−16.112)	−1.764 (−19.758)	−1.852 (−20.914)

注:括号内为 t 统计量值,* 表示 wald 约束"$\beta_k=-1$"检验在 5%的显著性水平下显著成立。

由表 8—8 可知,所有系数 β_k 均为负,说明全部核心通货膨胀都具有未来预测能力;进一步比较"$\beta_k=-1$"的出现时间发现,SVAR 法的出现时间为提前 18 个月;指数平滑法为提前 15 个月,剔除食品和居住为提前 12 个月,其余方法为提前 9 个月。换句话说,SVAR 法的未来预测能力最优,指数平滑法次之,剔除食品和居住法再次,其余方法相对较差。

三、结论及启示

本节在探析现有核心通货膨胀测算方法和评价方法原理的基础上,结合中国价格变动特点对部分方法进行适当改进,并将其应用于中国 2001—2013 年核心通货膨胀测算,然后采用无偏性检验、相关性检验、趋势追踪能力检验、未来预测能力检验四种评价准则对所有核心通货膨胀测算结果的货币政策应用效果做出评价。结果发现,在七种核心通货膨胀测算方法中,没有任何一种方法是绝对最优的。相对而言,SVAR 法、指数平滑法、不对称截尾平均法是较为优良的

---

① 该检验统计量为:$d_{t+i}=(\hat{e}_{1,t+i}^2-\hat{e}_{1',t+i}^2)^2=[(\pi_{BM,t+i}^{Trend}-\pi_{BM,t+i}^{Core})^2-(\pi_{j,t+i}^{Trend}-\pi_{j,t+i}^{Core})^2]$,$d_{t+i}$ 表示在 $t+i$ 期基准序列 BM 与备选序列 j 的偏差值。

测算方法。其中,SVAR法在无偏性、相关性、未来预测三个方面表现较好,在趋势追踪方面表现较差;指数平滑法在无偏性、趋势追踪、未来预测三个方面表现较好,在相关性方面表现较差;不对称截尾均值法在无偏性和相关性两个方面表现较好,在未来预测方面表现中等,在趋势追踪方面表现较差。

上述结论有着重要的启示意义。首先,由于不同核心通货膨胀测算方法的依据和侧重点各不相同,上述结论意味着中国价格变动的短期驱动因素在不同阶段各不相同,很难采用单一的核心通货膨胀测算方法捕捉得到。因此,中国人民银行要想准确识别价格变动特征并制定有效货币政策,必须同时采用多种方法测算核心通货膨胀。其次,受制于方法改进程度的不同,不同核心通货膨胀测算方法的货币政策应用效果也会存在差异。本节货币政策应用效果表现优良的三种方法都是结合中国价格变动特点改进幅度较大的方法,而其他方法的不良表现则可能源于方法本身的适用性和改进的科学性。因此,结合中国国情进一步开发核心通货膨胀测算方法应是未来分析研究的一大方向。

思考与练习

1. 简述价格波动的内涵,并结合自己身边的例子,谈一谈你对价格波动的认识。
2. 试论述价格波动的理论成因。
3. 简述价格波动的动态性质。
4. 通常可用于衡量通货膨胀的价格指数有哪些?这些价格指数在衡量通货膨胀时的优缺点有哪些?
5. 试分析中国改革开放以来居民消费价格指数(CPI)波动的周期性,并结合历史背景分析每次价格波动的形成原因。
6. 请借助于格兰杰因果关系检验方法检验确定近10年来中国价格波动的国内传导路径。
7. 近年来,学术界关于中国是否存在输入性通货膨胀争议很大,试采用合适方法并采集相关数据进行统计分析来说明你的观点。
8. 核心通货膨胀的基本定义是什么?为什么要测度核心通货膨胀?
9. 核心通货膨胀的常见测度方法有哪些?每种方法的基本原理是什么?
10. 简述采用截尾均值法测度核心通货膨胀的基本步骤。
11. 核心通货膨胀的统计检验标准有哪些?这些标准背后的基本原理是什么?
12. 请选择一种或几种核心通货膨胀测度方法测算中国的核心通货膨胀,并对其效果进行统计检验评价。
13. 试论述通货膨胀的持久性特征及其统计测度方法。

第九章 经济周期波动综合统计分析

经济周期波动是经济波动的最主要表现形式,也是经济运行中的普遍现象。在现实中,绝大多数人虽然并不充分了解经济周期波动的内涵、理论和作用机理等,但还是能够时时刻刻感受到其影响。当经济运行速度放慢时,产品市场需求萎缩,企业开工不足,待岗、失业人数增加,人们收入增长速度放慢甚至出现负增长,生活水平和生活质量下降;当经济运行速度加快时,产品市场需求兴旺,企业生产能力得到充分利用并开始扩张,人们收入增长速度加快,生活水平和生活质量大幅提高。类似的这些现象都与经济周期波动密切相关。

本章立足于多指标角度来讲述经济周期波动综合统计分析。首先介绍经济周期波动概念、特点、分类和成因等基本理论,然后论述经济周期波动景气监测、预警分析和典型化事实分析三种基本统计分析方法,最后给出三种基本统计分析方法在中国的应用实例。

第一节 经济周期波动综合统计分析理论

一、经济周期波动的概念及特点

经济周期波动是经济波动的最主要表现形式。大多数经济波动都可以分为扩张、收缩、衰退、复苏四个阶段,这四个阶段交替出现,使经济运行过程呈现周期性(Burns 和 Mitchell,1946)。这种周期性的波动模式是超越体制和发展阶段的普遍现象。它通过国内生产总值、工业生产、就业人数、物价水平等综合性经济指标表现出来。通常用经济周期波动来定义。

很多学者都曾经提出各种不同的经济周期波动定义。归纳起来,这些定义可分为两大类:一类是从逻辑和理论分析的角度,把经济周期波动定义为经济运行偏离均衡状态的反复出现。如熊彼特在 1933 年出版的著作《经济周期》中指出,经济周期是创新活动引起的原有均衡的破坏和向新的均衡的过渡。哈耶克(Hayek)认为,经济波动是对均衡状态的偏离,而经济周期波动就是指这种偏离状态的反复出现。这一类定义的缺点就是,过于理论化,不易量化,难以进行实证分析。

另一类是从统计描述和分析的角度进行定义,这类定义可分为两种:第一种把经济周期波动定义为累积性扩张和收缩的反复出现;第二种把经济周期波动定义为宏观经济活动对经济增长的一般趋势或长期趋势的偏离。如,《现代经济学词典》对经济周期波动的定义是:"经济活动水平的一种波动(通常以国民收入来代表),它形成一种规律性模式,即先是经济活动的扩张,随后是收缩,接着是进一步扩张。这类周期波动随着产量的长期趋势进程而出现。"

经济周期波动的经典定义是由美国国民经济研究局(National Bureau of Economic Research,NBER)从统计描述和分析角度给出的。这个定义最初由 1927 年 Mitchell 提出,然后由 Burns 和 Mitchell 共同修改后在 1946 年出版的《衡量经济周期》一书中予以表述的:"经济周期是以商业为主的国家中总体经济活动的一种波动行为。一个周期由在许多经济活动领域几乎同时发生的扩张(Expansion),随后是同样普遍的衰退(Recession)、收缩(Contraction)以及与下一个周期扩张连接的复苏(Revival)构成;这种变动顺序重复出现但不定期;经济周期的持续期从 1 年多到 10 年或 12 年不等;这些周期不能再被分为振幅与其相近、性质相似的更短周期。"简要地说,经济周期波动就是总体经济活动水平有规律扩张和收缩的交替过程或模式。

Burns 和 Mitchell 的定义受到欧美经济学界的公认,并被 NBER 等权威机构作为统计分析的依据。确切地说,这个定义本身并非经济周期波动的一个理论,更不是一个精确的模型,它只是对经济周期波动这一现象的描述,是一种分析的工具。

尽管对经济周期波动的定义表述存在着差异,但西方经济学界都认为经济周期波动具有以下几个特点:第一,经济周期波动是市场经济的必然产物和基本特征之一。这就是说,当经济由市场自发调节时,经济周期波动就不可避免。第二,经济周期波动是总体经济的波动。这就是说,这种波动不是局部的波动,不是发生在一个或几个经济部门,而是几乎覆盖所有的经济部门。其中心是产出的波动,并由此而引起就业、物价水平、利率和对外贸易等方面的波动。第三,经济周期波动的若干阶段在经济中反复出现,时间长短不一,具有随机性,在很大程度上难以预测。

二、经济周期波动的分类

1. 按经济周期波动持续时间的长短分类

在研究经济周期波动时,学者们首先根据长期统计资料来探讨经济周期性波动的规律,并根据波动时间长短的不同划分周期波动类型。依据不同的统计资料和划分标准,不同学者得到的经济周期波动类型各不相同。

(1)基钦周期

基钦周期(Kitchin Cycle)也称短周期或存货周期,因英国经济与统计学家约瑟夫·基钦(Joseph Kitchin)提出而得名。基钦在 1923 年发表的《经济因素中的周期与趋势》一书中,研究了 1890—1922 年间英国与美国的物价、银行结算、利率等指标,发现经济中存在平均 3.5 年(40 个月)的经济周期,这就是熊彼特(J. A. Schumpeter)所说的短周期,或称基钦周期。熊彼特把基钦周期与朱格拉周期联系起来,认为三个基钦周期组成了一个朱格拉周期,并用存货投资的变动和经济生活中的小创新,以及生产周期较短的设备的变动来解释基钦周期的形成。一般认为,基钦周期主要是由于企业库存投资的循环而产生的,因此,又可以称之为库存循环。

(2)朱格拉周期

朱格拉周期(Jugar Cycle),又称中周期或投资周期,因法国经济与统计学家克莱蒙特·朱格拉(Juglar)提出而得名。朱格拉在 1860 年出版的《论法国、英国和美国的商业危机及其发生周期》一书中首次提出"经济事件有其周期性"的思想。他研究三国统计资料后发现,经济存在平均持续时间为 9—10 年的周期,而且这种周期似乎与投资品生命期相对应,固定资本的大规模更新会引起国民生产总值、物价和就业的波动。后来,由于资本折旧加快,西方国家中这种周期的持续时间有所缩短,大约为 7—11 年。经过西方众多经济学家研究分析,认为朱格拉周期的产生是由于失业、物价随设备投资的波动而发生变化,从而导致 10 年左右的周期波动,朱格拉周期也被称为设备投资循环。

(3)康德拉季耶夫周期

康德拉季耶夫周期(Kondratieff Cycle)也称长周期或长波,因前苏联经济学家尼可来·康德拉季耶夫(Nikolai D. Kondratieff)提出而得名。康德拉季耶夫在1925年发表的《经济生活中的长期波动》中提出了著名的"长波理论",指出,资本主义经济中存在着平均长约54年左右一次的长周期。熊彼特还以三次重大的创新来解释三个与康德拉季耶夫划分相近的长周期。

(4)库兹涅茨周期

除了长周期、中周期和短周期外,还有一种较长的库兹涅茨周期(Kuznets Cycle),也称建筑业周期,因美国经济学家西蒙·库兹涅茨(Simon Kuznets)提出而得名。库兹涅茨在1930年出版的《生产和价格的长期变动》中指出,经济中存在着为期15—25年不等的长期波动,平均长度大约为20年。由于这种波动在美国的许多经济活动中,尤其是建筑业中特别明显,所以又称建筑业周期。

上述四个周期之间存在一定的联系。如果把康德拉季耶夫周期的平均长度定为54年,库兹涅茨周期为18年,朱格拉周期为9年,基钦周期为4.5年,那么四个周期之间的联系(见图9—1)为:

1个康德拉季耶夫周期＝3个库兹涅茨周期＝6个朱格拉周期＝12个基钦周期

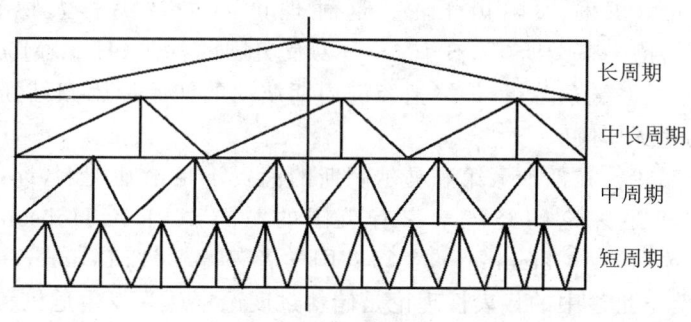

图9—1 四种经济周期的关系图

2. 按照经济周期波动的特点和性质分类

按照特点和性质的不同,经济周期波动可分为古典周期波动、增长周期波动和增长率周期波动三种。

(1)古典周期波动

古典周期波动,是指总体经济活动的绝对水平有规律性地出现上升与下降的交替和循环。在周期波动的扩张阶段,经济总量表现为正增长;在收缩阶段,经济总量会出现绝对量下降,表现为负增长。

(2)增长周期波动

增长周期波动,是指总体经济活动的相对水平有规律地出现上升与下降的交替和循环;即使在经济的收缩阶段,总产出指标也很少出现绝对量的下降,仅仅发生增长率的减慢。由于增长周期波动已经被不少经济学家运用统计资料加以验证,因而在实践中已经得到较为广泛的使用。

(3)增长率周期波动

国际上还有一些国家采用增长率周期波动的概念研究经济周期波动。增长率周期波动也称为增长率循环,如果经济时间序列增长率上下波动具有某种规律性,则认为存在着增长率周期波动。增长率周期波动仅仅是经济活动增长率的周期性上升和下降。增长率周期波动的概念并不意味着增长率必须是高低相间,而是意味着,增长率变化是从周期性的谷底到周期性的顶峰,然后再回到谷底。在中国,由于大多数宏观经济指标在绝对量上都是增长的,且增长率波动较大,因此,为了方便,很多政府部门和研究机构都按照增长率周期波动的定义来分析和测度周期波动。

三、经济周期波动的成因分析

经济周期波动理论是经济学中著述最为丰富、发展最快的理论之一。真正意义上对经济周期波动问题的理论研究是19世纪70年代威廉·杰文斯(W. S. Jevons)开始的。从19世纪中期到如今,经济周期波动方面的著作很多,经济周期波动理论有近百种之多。以凯恩斯主义宏观经济学的建立为界限,经济周期波动理论可以分为之前的传统经济周期波动理论和之后的现代经济周期波动理论。

1. 传统经济周期波动理论

传统的经济周期波动理论的提出时间在19世纪70年代到20世纪30年代之间,按提出先后大致可以分为以下几种:

(1)农业收成论。又称太阳黑子论。这种理论的主要代表人物有威廉·杰文斯(W. S. Jevons)和赫伯特·杰文斯(H. S. Jevons)以及美国的穆尔(H. L. Moore)等。农业收成论通过一连串的因果关系链条分析,最终把经济周期波动的初始原因归结到宇宙天体的变动。当今,农业收成论已毫无影响。

(2)近代消费不足论。在西斯蒙第和马尔萨斯的消费不足论基础上,近代从经济的周期性波动角度提出消费不足理论的经济学家有英国的霍布森(J. A. Hobson),美国的福斯特(W. T. Foster)和卡钦斯(W. Catchings),美籍德国学者莱德勒(E. Lederer)等。其中又以霍布森为典型。近代消费不足论中的代表性理论是储蓄过度论。认为发生危机和萧条,并不是人们没有充分的购买力,而是在现时收入中储蓄的比重过大,正是储蓄以及过度储蓄打乱了生产与销售之间的平衡。由于不能独立地解释经济周期波动的整个过程,近代的消费不足论在周期波动理论中并不占重要的位置。

(3)心理论。从心理变化角度解释经济周期波动的主要代表有英国的庇古(A. C. Pigou)、拉文顿(F. Lavington)、罗伯逊(D. H. Robertson)和凯恩斯(J. M. Keynes),美国的米歇尔(W. C. Mitchell)等。其中又以庇古和凯恩斯为典型。心理论强调了心理上的预期对经济行为的影响。由于预期是一种心理现象,具有不确定性的特征,因此心理因素不能作为最主要的经济周期波动形成的原因和因素,但心理论可以与其他传统经济周期波动理论共同解释经济周期波动。

(4)纯货币论。英国的霍特里(R. G. Hawtrey)是经济周期波动纯货币论的最突出代表。这一理论认为,经济周期波动是一种纯货币现象,即货币流动是经济周期波动发生的惟一的具有充分理由的原因。纯货币理论在描述货币因素渗入周期波动的扩张、收缩累积过程方面相当成功,贡献很大。然而,这种理论由于把经济周期波动完全看作一种货币现象而受到很多学者质疑。

(5)非货币投资过度论。这种理论的主要代表人物有德国的斯皮托夫(A. Spiethoff)、瑞典的卡塞尔(K. G. Cassel)等。这种理论认为,经济周期波动是一种生产的严重结构失调状态,是资本品生产与消费品生产相比相对过度的结果。非货币投资过度论以内生的投资因素与外生的技术革新、新发明等技术因素相结合来说明经济周期波动。非货币投资过度论从内生因素和外生因素方面揭示了经济周期波动,但并未对经济周期波动的成因给以充分说明。

2. 现代经济周期波动理论

20 世纪 30 年代之后,经济周期波动理论研究进入所谓的现代阶段。正如 Arnold(2002)所指出的,现代经济周期波动理论可划分为凯恩斯经济周期波动理论、货币主义经济周期波动理论、新古典经济周期波动理论、实际经济周期波动理论以及新凯恩斯经济周期波动理论。

(1)凯恩斯的经济周期波动论。凯恩斯认为,通常情况下的均衡就业水平往往是小于充分就业的均衡。要达到充分就业的均衡,就要有足够的有效需求,但通常有效需求对于充分就业的水平是不充足的。有效需求不足的原因主要有三个:一是心理上的消费倾向的原因;二是心理上的灵活偏好原因;三是心理上对资产未来收益的预期(资本边际效率)的原因。

在有效需求不足论和前人理论的基础上,凯恩斯表述了自己的经济周期波动论。其主要论点可以概括如下:第一,承认经济周期波动存在的事实,从经济体制内部寻找危机的根源。第二,认为宏观经济波动主要是由有效需求变动引起的。第三,认为经济向上和向下运行具有相当明显的规律性,经济周期波动的持续时间与固定资本的寿命和存货保管费用有关。第四,经济从向上趋势变为向下趋势时非常突然,从向下趋势变为向上趋势时并无尖锐的转折点。在政策主张方面,由于自由放任的经济无法避免产量和就业的剧烈波动,凯恩斯强调政府应担负起调节有效需求的职责,强调政府干预尤其是财政手段的巨大作用。

(2)货币主义经济周期波动理论。其主要代表人物是美国著名经济学家、1976 年诺贝尔经济学奖获得者弗里德曼(M. Friedman)。该学派也通过把形成经济周期波动的原因归之于外生的货币扰动来证明其中心命题。该学派把经济周期波动的成因归于外生的政府政策的冲击。他们认为,在价格调整和工资调整滞后的情况下,由政府政策而产生的货币供给增长偏其趋势的时高时低的交替运动导致了产出与就业偏离其趋势的波动。

(3)新古典经济周期波动理论。20 世纪 70 年代宏观经济学研究中兴起了理性预期学派(也称新古典宏观经济学派)。理性预期学派将经济周期理论与经济均衡分析的基本理论协调起来提出均衡经济周期理论,其主要代表人物是美国经济学家、1995 年诺贝尔经济学奖获得者卢卡斯(R. E. Lucas)以及萨金特(T. J. Sargent)、巴罗(R. J. Barro)等。在理性预期、短暂替代等假设基础上,该理论认为,应该从经济周期波动发生前价格和货币总量的波动中去寻找其形成原因。而政治经济周期理论的代表人物诺德豪斯(W. D. Nordhaus)、艾莱斯那(A. Alesina)和希布斯(Hibbs)认为,政府的干预作为外在冲击,导致了经济周期波动。其基础观念是:政府行为不是逆周期的,而应使其重新获选的机会最大。因此,经济周期大体上与政策制定者的执政期相同。

(4)实际经济周期波动理论。其主要代表人物有美国的基德兰德(F. E. Kydland)、普雷斯科特(E. C. Prescott)、金(R. B. King)、雷贝洛(Rebelo)和普洛瑟(C. I. Plosser)等。该学派关于经济周期波动的理论观点就是实际经济周期理论(Real Business Cycle Theory,简称 RBC 理论)。

RBC 理论在拉姆齐(Ramsey)模型的基础上,引入意外的技术冲击,构建了一个以典型微观主体为基本分析单位的动态一般均衡模型,并且据此对经济周期中各个变量之间的关系做出了较好的解释。RBC 理论认定经济周期是均衡现象,经济波动主要受实际因素的冲击驱动(既包括来自需求方面的冲击,更重要的是来自供给方面的冲击)。经济周期波动在很大程度上表现为经济基本趋势本身的波动,而不是经济围绕基本趋势的波动,即周期波动不是对均衡的偏离,而是均衡本身暂时的波动。既然是均衡状态,便具有帕累托效率,因而不存在市场失灵,政府也没有必要去干预经济。从发展趋势看,RBC 理论已经成为当今西方宏观经济学理论体系的一大支柱和不可或缺的组成部分。

(5)新凯恩斯经济周期波动理论。其主要代表人物有美国的斯蒂格里茨(J. E. Stiglitz)、曼昆(G. Mankiw)、罗默(D. Romer)、鲍尔(L. Ball)、格林沃德(B. Greenwald)等。新凯恩斯主义经济周期波动理论认为,经济波动在很大程度上是无规则的,不可预测的,波动的根源主要是外生的,起因于需求冲击和供给冲击。但是经济结构中的内生因素会使外生冲击引起的波动加剧和持续化。新凯恩斯主义经济周期波动理论的关键在于工资和价格粘性前提。

第二节 经济周期波动综合统计分析方法

从统计分析的角度考量,Burns 和 Mitchell(1946)的经济周期波动经典定义的表述是不完整的:一是没有给出如何测量总体经济活动,二是没有给出如何刻画经济周期波动的模式。实践中,经济周期性信息更多地借助多指标统计分析来得到。具体方法有两类:一类是景气监测和预警及其中的景气指数法、预警信号法,另一类是典型化事实方法。

一、经济景气监测与景气指数法

(一)经济景气监测

经济景气监测预警体系,是利用一系列经济指标建立起来的宏观经济"晴雨表"或"报警器"。它之所以能像"晴雨表"或"报警器"那样发挥监测和预警的作用,第一是因为经济本身在客观上存在着周期波动;第二是因为在经济波动过程中,经济运行中的一些问题可以通过一些指标率先暴露或反映出来。

为了满足宏观经济管理的需要,探求经济周期波动规律,西方经济统计学家们早在一个世纪以前就开始了经济景气监测预警的研究工作。19 世纪末到 20 世纪 70 年代,经过半个多世纪的不懈努力,经济景气监测预警体系得以不断充实和完善,并为世界各国所熟悉。中国在 20 世纪 80 年代末也开始了这方面的研究与应用。

1. 哈佛指数的兴起与衰亡

经济景气监测的多指标分析法最早始于美国。1909 年,美国统计学家巴布森(Babson)设立了世界上最早的景气预测机构——巴布森统计公司,并定期发布反映美国宏观经济状况的巴布森景气指数(Babson Index of Business Activity)和巴布森图表(Babson Chart)。巴布森指数是由经过季节波动调整、工作日调整、趋势处理等得到的商业、货币、投资三类指标共计 12 个指标组成的。1911 年,美国布鲁克迈尔经济研究所,也编制并发布了涉及股票市场、一般商品市场和货币市场等方面的景气指标。但这一时期对后世影响最大的还是美国哈佛大学发布的哈佛指数。

1917 年,哈佛大学为研究景气监测,专门设立了经济研究委员会,由著名统计学家珀森斯(W. M. Persons)主持。该委员会广泛搜集了美国 1875—1913 年的经济统计资料,利用新的景气指数编制方法编制出反映美国一般商情的哈佛指数,并于 1919 年 1 月开始在《经济统计评论》定期发布。哈佛指数,也称哈佛晴雨计或哈佛 ABC 曲线,是从大量的统计指标中选取在时间上与经济周期波动有明确对应关系的经济指标,寻找其中的相对规律、领先滞后关系。哈佛指数由 13 个指标组成,分为三组,分别合成三个指数曲线。第 1 组是反映预期的具有投机色彩的 4 个指标,合成 A 曲线;第 2 组是反映生产和价格的 5 个商情指标,合成 B 曲线;第 3 组是反映纽约金融市场状况的 4 个金融指标,合成 C 曲线。1921—1924 年,哈佛指数准确地预测到美国经济周期波动状况,使其名声大振。

哈佛指数的出现对景气指数的发展产生了重大影响,其构造思想和方法为许多国家所效仿。1920 年,英国由伦敦大学、剑桥大学、中央经济情报会议和英国实业联合会等组织创立了"伦敦与剑桥经济研究所"。该组织与哈佛经济委员会合作,采用哈佛指数方法编制了反映英国经济景气状况的指示器——英国商业循环指数。1922 年,在《瑞典经济评论》上出现了瑞典经济统计学家以哈佛指数方法编制的瑞典商情指数。1925 年,德国也成立了景气研究所,并于次年发布了德国一般商情指数。此外,还有许多国家如法国、意大利、奥地利、比利时、波兰和日本等都相继开展了景气监测研究,采用类似哈佛指数的方法编制本国经济"晴雨表"。但是,哈佛指数却未能正确预告震撼资本主义世界的 1929 年大危机的来临。当席卷西方世界的风暴即将到来的时候,哈佛指数却指示经济将继续扩张,从而遭到沉重的失败。后来虽几经修订,终因效果不佳而不得不放弃。哈佛指数的失败及类似景气指数的衰落标志着多指标分析法应用于经济周期波动监测的早期阶段的结束。

2. NBER 的完善与发展

哈佛指数失败后,美国经济周期波动研究的重心转移到美国的 NBER。NBER 正式成立于 1920 年,它是一个"私人的、非盈利的、非党派的"民间研究组织,其宗旨是对经济事实做经验分析和数量分析,一概不作政策建议。在 Mitchell 和 Burns 的组织下,NBER 做很多经济周期波动的监测、分析与预测的研究。1937 年,应美国财政部的要求,NBER 开始了判断衰退结束、经济复苏的转折时间的研究。他们首先按照一定的可信标准从 487 个月度和季度指标中初选出 71 个与总体经济周期波动复苏较为同步的指标,然后再挑选出 20 个最能可靠地反映经济周期波动的指标,构成监测系统,利用其中的先行指标指数对经济周期波动进程进行预测。这些指标的预测结果在后来的现实经济周期波动中得到证实。在此基础上,Burns 和 Mitchell 于 1946 年出版了《衡量经济周期》一书。在这部著作中,Burns 和 Mitchell 系统详尽地讨论了一系列经济周期波动监测问题,提供了大量用于比较和评估经济周期波动与周期波动阶段的概括性统计计量方法,包括周期波动的监测分离、趋势调整、平滑技术的运用等方面。此外,作者还指出,经济周期波动是一个在宏观经济各部门逐步扩散的过程,这个扩散在时间上存在一定的差异性。这些都为二战后经济周期波动监测研究的发展奠定了基础。

由于战争的影响,宏观经济波动景气监测预警系统的重大进展实际上是在二战后的 20 世纪 50 年代取得的。1950 年,在 C. H. Moore 的主持下,在 20 世纪 30 年代监测指标体系基础上,将 Mitchell 和 Burns 对复苏阶段的研究扩展到了同时包括复苏和衰退的阶段,构建了新的景气监测系统。Moore 从近千个统计指标的时间序列中选择了具有代表性的 21 个指标,并把它们分为先行、同步、滞后三类,构成了一个新的监测系统。在监测系统的构造上,改变了哈佛指数的平均数方法,开发出扩散指数。1960 年,Moore 又对监测系统的指标构成作了修订,扩大到 26 个指标。1961 美国商务部开始正式在其刊物《商情摘要》(Business Conditions Digest,BCD)上发布。后来,在商务部首席经济统计学家 J. Shiskin 的主持下,又开发出新的景气指数——合成指数,并于 1968 年 11 月开始在 BCD 上同时公布扩散指数和合成指数。至此,多指标分析法基本体系的构建工作基本完成。

自 20 世纪 70 年代初以来,利用景气指数监测经济周期波动的研究开始出现国际化的趋势。表现在:一方面,国际性景气监测预警系统——国际经济指标系统(IEI)的出现;另一方面,开始由工业化国家向发展中国家扩展。1995 年,美国会议委员会(The Conference Board,CB)

承担了以前由美国商务部完成的合成指数的责任。会议委员会计算并发布美国、澳大利亚、法国、德国、韩国、日本、墨西哥、西班牙和英国等国家的合成指数。

目前,国际经济周期波动研究的重心仍在 NBER,其下设有经济周期波动基准日期定期委员会,专门负责确定美国经济周期波动的基准日期。美国是指标分析技术较为成熟的国家。除美国之外,日本、德国、法国等也都使用指标分析技术分析经济周期波动。日本景气指数以前是由经济企划厅发布,如今改为内阁府经济社会综合研究所发布。加拿大和英国是由统计局发布经济周期波动的基准日期和景气指数。澳大利亚是由国立景气研究所(ISCO)发布基准日期和景气指数。中国是在 20 世纪 80 年代中期开始经济周期波动监测研究的,积极倡导者是吉林大学的董文泉教授、高铁梅教授等,后来国家统计局、国家信息中心等政府机构也开始了这方面的研究,并于 90 年代初正式投入应用。

(二)景气指数法

NBER 的多指标分析法,也叫景气指数法,是利用一系列经济指标建立起来的总体经济活动"晴雨表"或"报警器"。它之所以能发挥经济周期波动监测和预警的作用,原因在于:总体经济活动是一个具有多个侧面、多个过程的经济活动的综合体,总体经济活动的复杂性又决定了总体经济活动的各个部分的表现形式——各个宏观经济指标常常不一致。经济周期波动是通过一系列经济活动、历经多个经济过程来传递和扩散的,任何一个经济变量本身的波动过程都不足以代表总体经济活动的波动过程。我们很难用单个宏观经济指标来全面地说明总体经济活动,必须利用一系列指标构建景气指数(主要是扩散指数和合成指数)来综合反映。理想的做法是:首先选择一组主要的宏观经济指标,这组指标通常要反映总体经济活动的不同侧面,且与经济周期波动大体一致。然后,根据这些宏观经济指标转折点的一致性,推断总体经济活动的周期波动模式。

编制景气指数的最主要的目的就是预测经济周期波动的转折点,如果超前指数走出谷底,出现回升,预示着同步指数在若干个月后也会回升,也就是总体经济将出现复苏,而滞后指标则是对同步指数的确认,也就是再过几个月以后滞后指标也会出现回升。

从各国成熟景气指数的实践应用看,运用景气指数法进行经济周期波动监测预警需要以下几个实施阶段:

1. 景气指数周期性指标的选取

运用景气指数法进行经济周期波动监测预警的首要工作就是从为数众多的宏观经济指标中找出能够反映经济周期波动状态的指标。一般地,选择周期性指标要全面谨慎地考虑多方面的因素。这些因素不是固定的,而是随着研究者研究重点的不同而发生变化。很多研究都提出过周期性指标的选择标准。其中比较权威的是 NBER 给出的标准,它由以下六个准则构成:

(1)经济重要性(Economic Significance)。经济重要性主要是指从经济意义上看指标在经济周期波动中是否具有重要的作用。评价指标的经济重要性可以从两个方面来反映:一是从经济过程或变量的重要性来判断。二是序列所代表经济活动范围的深度。经济过程可以分为九类,分别是就业和失业,产出和收入,消费、储蓄和分配,固定资产投资,库存和库存投资,价格、成本和利润,货币和信贷,对外贸易和支付,政府活动等。每一类别都包括若干个指标。经济过程重要性的比较主要是基于类别而不是单个指标。从指标的反映范围上考察经济上的重要性,单个类别中的指标可分为由强到弱的三个层次。第一层次是总产出和总投入的实际和名义指标。这些指标恰当地界定了总体经济活动,在经济决策中十分重要。第二层次是上述总量指标的主要分量指标以及其他一些引致经济周期波动发生的指标。如投资、利润等。第三层次是反映经济周期波动主要特征的指标。经济上的重要性准则将指标分析与反映周期波动的本质、起因和影响的经济理论联系起来,增加了指标分析的科学性。

(2)统计充分性(Statistical Adequacy)。统计充分性是指经济指标从统计上是否能够充分反映经济周期波动过程和特征。这一特性可以从八个方面考察:一是统计报告制度质量,主要指有无稳定、健全、可靠的统计报告制度;二是统计调查过程范围,主要有普查、抽样调查、其他典型调查等三种情形;三是统计时间期限范围,主要有全月或全季的统计数,每周一次或每月一次的统计数或更少等情形;四是抽样误差、汇报误差等调查误差的可估计性;五是统计结果修订的频率,是从不修订,还是定期修订;六是指标序列长度;七是跨时可比性;八是其他考虑,如主观判断分析等。在具体评判时,可以先对上述八个方面的情况分别计算,然后再进行综合评判。

(3)时间匹配性(Timing)。时间匹配性是指单项经济指标周期波动的具体周期波动转折点与基准周期波动转折点在时间上的匹配情况。要反映这一特性需经过四个步骤。第一步是识别和确定经济指标的具体周期波动转折点。常用的方法是1975年NBER的Bry和Boschan(1971)提出的BB法。第二步是确定总体经济活动的基准周期波动转折点。这里可以使用官方公布的时点来替代。第三步是对比前两步的结果,计算指标的顶峰和波谷与基准周期波动的顶峰和波谷匹配的概率以及指标领先与滞后其平均水平的离散程度。第四步是根据顶峰时间匹配的概率、顶峰的离散程度、波谷时间匹配的概率、波谷的离散程度等四个方面结果,评价指标总体上的时间匹配性。

(4)一致性(Conformity)。一致性是指单项经济指标与总体经济波动在方向上的一致情况。如果一个经济指标在总体经济活动的扩张阶段上升,在收缩阶段下降,那么这个指标与经济周期波动正向一致;反之,这个指标与经济周期波动反向一致。指标的一致性可以通过三个方面来衡量。一是指标具体周期波动中与经济周期波动相一致的阶段所占的比重。二是指标具体周期波动中反常的周期波动数。所谓的反常周期波动是指那些波动与经济周期波动的扩张与收缩不一致的、容易引起错误信号的周期波动。三是经济指标波动幅度上的一致性。

(5)平滑性(Smoothness)。平滑性是指经济时间序列的平滑程度。如果一个经济指标序列的一致性和时间匹配性表现都非常好,但由于频繁的不规则波动使其不够平滑,则这个指标不能有效反映经济周期波动。事实上,很多经济指标序列都不够平滑。因此,需要对经济指标进行移动平均等统计变换,使其平滑性得以提高[①]。反映序列平滑性一个主要指标是MCD(Months for Cyclical Dominance)值。MCD值是指从绝对平均值上看,序列中趋势周期成分变化率大于不规则成分变化率的最短月(季)数。MCD值越小,则序列越平滑。

(6)及时性(Currency)。及时性是经济指标数据是否能够及时获取并及时更新。判断指标数据的及时性主要考虑两个方面:一是指标数据汇编的周期波动;二是汇编数据发布的滞后时间。与季度数据和年度数据相比,月度数据统计的及时性较好,如果能够及时获取经济指标的数据,对及时监测经济周期波动非常必要。

上述六项准则要求是对景气指数分析中周期性指标的理想要求。而现实指标并不完全满足这六项准则。因此,实际分析中需要对众多可供选择的指标各项要求的满足情况进行评分,然后再按照各项要求的权重,通过加权平均的办法得到一个综合评分值。最后,按照各个指标综合评分的高低,参考各项指标之间的互补和替代关系,最终选择出一组能够测度经济周期波动的指标。

---

① 有时,这种变换降低序列的及时性要求。

2. 景气指数周期性指标的统计处理

周期性指标的统计处理包括以下两项工作：

(1)转折点的确定。对周期性指标统计处理的首要工作是识别和确定指标序列的转折点——顶峰和波谷，然后确定周期的扩张阶段和收缩阶段，进而确定具体周期波动。这一工作有时可以通过肉眼观察完成，但更科学的是根据一些经验法则和程序化操作来确定。常用的方法是 Bry 和 Boschan(1971)基于月度数据提出的 BB 法。BB 法的三项步骤是：第一步，确定指标序列中一些潜在可能的转折点——顶峰和波谷，一般把指标序列中反向变化至少在五个月以上的时点才作为潜在的转折点。第二步，剔除掉一些连续的顶峰和波谷，确保这些转折点中的顶峰和波谷排列相间。如果同时存在几个连续的顶峰(波谷)，选择相对较大(小)的；如果几个连续的相等，选择最后的。第三步，根据一些审查规则剔除转折点，确保余下转折点满足持续期和波幅要求。这些审查规则是：相邻两个转折点间持续时间必须在 6 个月以上；完整周期的持续时间必须在 15 个月以上；周期幅度必须在一定标准以上(一般为一个标准差以上)。

(2)先行指标、同步指标和滞后指标的归类。在确定周期性指标及其具体周期的基础上，依据指标同基准指标周期的关系，可将分为先行指标、同步指标和滞后指标三类。先行、同步和滞后指标的选择和确定没有明确的经济理论基础作为支持，其过程更多的是基于经验和定量分析结果的判断。通常使用的方法有两类：

一类是主观经验判断法，代表性的方法是峰谷对应法(也叫图示法)。峰谷对应法通过比较周期性指标时间序列具体周期的统计图与经济基准周期的统计图来确定。

另一类方法是数理分析法，主要有时差相关分析法、K-L 信息量法、HDI 法、聚类分析法、马场法等。其中，比较常用的是时差相关分析法和 K-L 信息量法。

设 $x_t = \{x_1, x_2, \cdots, x_n\}$ 为基准指标序列，$y_t = \{y_1, y_2, \cdots, y_n\}$ 为待定指标序列，时差相关系数 r 的计算如下：

$$r_l = \frac{\sum(y_{t+l}-\bar{y})(x_t-\bar{x})}{\sqrt{\sum(y_{t+l}-\bar{y})^2 \sum(x_t-\bar{x})^2}}, l=0,\pm 1,\pm 2,\cdots,\pm L \quad (9.2.1)$$

计算 K-L 信息量的过程是：先对 $\{x_t\}$ 和 $\{y_t\}$ 标准化处理：$p_t = \dfrac{x_t}{\sum_{j=1}^{n} x_j}$，$q_t = \dfrac{y_t}{\sum_{j=1}^{n} y_j}$，$t=1,\cdots,n$，然后通过下式计算：

$$k_l = \sum_{t=1}^{n_l} p_t \ln(p_t/q_{t+l}), l=0,\pm 1,\cdots,\pm L \quad (9.2.2)$$

式中，l 表示先行或滞后时期数，l 取正表示待定指标滞后，l 取负表示先行；L 为最大延迟数。比较 r_l 或 k_l，$l=0,\pm 1,\pm 2,\cdots,\pm L$ 的大小，得到最大的时差相关系数 r_{l^*} 或 K-L 信息量 k_{l^*}。若 $l^* \in [-k,k]$（对于月度数据序列，一般设定 $k=3$），则说明待定指标为同步指标；若 $l^* > k$，则说明待定指标为滞后指标；若 $l^* < -k$，则说明待定指标为先行指标。时差相关系数 r_{l^*} 越大或 K-L 信息量 k_{l^*} 越小，则说明待定指标与基准指标的变动越相似。

3. 景气指数的编制

对周期性指标进行过统计处理后，便进入编制景气指数阶段。编制景气指数的方法有扩散指数和合成指数两种。

扩散指数(Diffusion Index,DI)的基本思想是把保持上升(或下降)的指标占上风的动向，看作是经济周期波动波及、渗透的过程,综合这些指标的情况用来把握整个经济周期波动。简单地说,扩散指数定义是在一组周期性指标的范围内,扩张状态的指标数占全部指标数的百分比。用公式表示的 t 时点的 DI 如下:

$$DI_t = \frac{扩张指标数}{周期性指标总数} \times 100\% \tag{9.2.3}$$

DI 分为当前的 DI 和累计的 DI 两种类型。其经济意义如下:

(1)当前的 DI 值大于 50% 时,意味着有过半数的指标所代表的经济活动上升;反之,DI 低于 50% 时,则有过半数的经济活动下降;DI 值为 50% 时,意味着经济活动的上升趋势与下降趋势平衡,表示该时刻是经济周期波动的转折点。利用先行扩散指数可以预测未来经济周期波动的峰或谷何时到来;利用同步扩散指数也可确定经济周期波动的峰或谷出现与否,并且利用同步扩散指数的极大值点或极小值点可预测未来的峰或谷出现的日期;滞后扩散指数更多地对前两种扩散指数结果起验证作用,并且可以判断经济周期波动的转折点或某一状态是否已经开始或者结束。

(2)累计 DI 是将当前 DI 值减去 50% 后,逐月累加而得到的指数序列。累计 DI 能够直观地反映出经济周期的转折点及波动。

很多国家编制的 PMI 指数就是扩散指数与商情调查结合的典型应用。以中国为例,PMI 调查采用每月定性调查的方式,采用分层概率抽样法(PPS),对企业采购经理或从事同类工作的高层管理人员进行问卷调查。中国 PMI 调查问卷内容包括国际 PMI 调查通用核心内容,又增加了反映中国企业采购特点的问题。

中国 PMI 指数计算采用国际通行的方法,即单个指数采用扩散指数编制方法,综合指数采用加权综合指数计算方法。具体来看,单个指数的计算涉及生产量、产品订货、出口订货、现有订货、产成品库存、采购量、进口、购进价格、主要原材料库存、生产经营人员、供应商配送时间这 11 个问题。得到企业调查数据后,首先需要对调查数据进行汇总计算,即计算各选项所占百分比。若采用加权方法进行汇总,则以每个企业上年营业收入作为权重,加权计算各企业选择增加、基本持平或减少分别占被调查企业总数的百分比;相对的,若采用不加权的方法进行汇总,则直接计算使用选择增加、持平或减少的企业数占比。计算各选项百分比时要注意从总体中剔除无关选项,即保证增加、基本持平、减少三项的百分比之和为 100%。然后采用扩散指数的计算方法得到第 t 个月单个指数,计算式为:

$$PMI_{it} = \omega_{1i,t} + 0.5 \times \omega_{2i,t}, i = 1, 2, \cdots, 11 \tag{9.2.4}$$

式中,ω_{1i} 表示增加项百分比,ω_{2i} 表示基本持平项百分比,不同 i 下标表示反映不同内容的指数及对应问题计算出的选项权重,例如 PMI_{1t} 反映的是第 t 个月的生产量情况,PMI_{2t} 反映的是第 t 个月的企业产品订货情况等(其中,供应商配送时间是一个逆指标)。其次,需要对问卷中提前采购天数问题的回答进行计算处理,处理方式为:先计算选择随用随买、30 天、60 天、90 天、6 个月、1 年选项的各自所占百分比 $q_1, q_2, q_3, q_4, q_5, q_6$,然后使用加权的方法计算提前采购天数,即:

$$提前采购天数 = 5 \times q_1 + 30 \times q_2 + 60 \times q_3 + 90 \times q_4 + 180 \times q_5 + 360 \times q_6 \tag{9.2.5}$$

最后,由于采购经理调查结果反映的是当月对上月情况的反应,故结果受季节因素影响比较明显,需要对其进行季节调整,通常采用国际上通用的 X-12-ARIMA 方法,但中国 PMI 指数常受到农历节假日的影响,故实际中常需要根据采购经理对每个问题受季节变动因素影响程度进行判断选择,进而计算得到季节影响程度因子来调整数据。

宏观经济综合分析时常用的是 PMI 综合指数,中国制造业综合 PMI 指数由 5 个扩散指数加权得到的:

$$PMI_t = 0.25 \times PMI_{1t} + 0.3 \times PMI_{2t} + 0.1 \times PMI_{7t} \\ + 0.2 \times PMI_{8t} + 0.15 \times (1 - PMI_{9t}) \quad (9.2.6)$$

式中,PMI_1 是反映生产量的指数,PMI_2 是反映产品订货的指数,PMI_7 是反映主要原材量库存的指数,PMI_8 是反映生产经营人员的指数,PMI_9 是反映供应商配送时间的指数。

为了弥补扩散指数不能表示经济周期波动变化的强弱的缺点,美国商务部的 Shiskin 和 NBER 的 Moore 编制了合成指数(Composite Index,CI),并于 1968 年使其实用化。和扩散指数一样,合成指数也是从反映各种经济活动的主要经济指标中选取一些对经济周期波动敏感的指标,用合成各指标变化率的方式来反映经济周期波动的程度大小。

目前,国际上 CI 的计算方法主要有三种:美国商业部经济分析局的计算方法、日本经济企划厅的计算方法和经济合作与发展组织(OECD)的计算方法。其中以美国商业部的计算方法的历史最悠久,影响也最大。其计算过程如下:

第一步,求指标的对称变化率并将其标准化。设指标 $Y_{ij}(t)$ 表示的是第 j 个指标组中第 i 个指标。例如,$j=1,2,3$ 分别表示先行、同步、滞后指标组,而 $i=1,2,\cdots,k_j$ 对应的是组内指标。首先对 $Y_{ij}(t)$ 求对称变化率 $C_{ij}(t)$:

$$C_{ij}(t) = 200 \times \frac{Y_{ij}(t) - Y_{ij}(t-1)}{Y_{ij}(t) + Y_{ij}(t-1)}, t=2,3,\cdots,n \quad (9.2.7)$$

式中,n 为样本期间数据个数。

当构成指标 $Y_{ij}(t)$ 中有零或负值时,或者指标是比率序列时,取一阶差分

$$C_{ij}(t) = Y_{ij}(t) - Y_{ij}(t-1), t=2,3,\cdots,n \quad (9.2.8)$$

为了防止变动幅度大的指标在合成指数中取得支配地位,各指标的对称变动率 $C_{ij}(t)$ 都被标准化,使其平均绝对值等于 1。标准化变化率的计算公式是:

$$S_{ij}(t) = \frac{C_{ij}(t)}{A_{ij}}, t=2,3,\cdots,n \quad (9.2.9)$$

式中,标准化因子为:

$$A_{ij} = \sum_{t=2}^{n} \frac{|C_{ij}(t)|}{n-1} \quad (9.2.10)$$

第二步,首先,求各指标组的标准化平均变化率。先求出先行、同步、滞后指标组的平均变化率 $R_j(t)$,计算公式如下:

$$R_j = \frac{\sum_{i=1}^{k_j} S_{ij}(t) \times \omega_{ij}}{\sum_{i=1}^{k_j} \omega_{ij}}, j=1,2,3, t=2,3,\cdots,n \quad (9.2.11)$$

式中,ω_{ij} 是第 j 组的第 i 个指标的权数,在本模型中使用了等权数,即 $\omega_{ij}=1$。

然后,计算指数标准化因子 F_j,计算公式如下:

$$F_j = \frac{\sum_{t=2}^{n} \frac{|R_j(t)|}{n-1}}{\sum_{t=2}^{n} \frac{|R_2(t)|}{n-1}}, j=1,2,3 \quad (9.2.12)$$

显然，$F_2=1$。

最后，计算标准化平均变化率 $V_j(t)$：

$$V_j = \frac{R_j(t)}{F_j}, t=2,3,\cdots,n \tag{9.2.13}$$

用同步指标序列的平均变化率的振幅去调整先行指标序列和滞后指标序列的平均变化率，其目的是为了把三个指数当作一个协调同步的体系来应用。

第三步，求初始合成指数 $I_j(t)$。

令 $I_j(1)=100$，则：

$$I_j(t) = I_j(t-1) \times \frac{200+V_j(t)}{200-V_j(t)}, j=1,2,3, t=2,3,\cdots,n \tag{9.2.14}$$

第四步，趋势调整。

这一步是使三个指标组得到的合成指数的趋势与计算同步指标组中被采用的序列的趋势平均值同步。可以认为后者是总体经济活动中趋势动向的线性近似。虽然合成指数的作用是显示总体经济活动的方向变化，但是许多用户也把合成指数作为活动水准的指标。趋势调整使得三个合成指数成为具有整合性的系统，为测定周期波动带来方便。

首先，对同步指标组的每个序列分别求出各自的平均增长率。使用的方法是复利公式：

$$r_i = (\sqrt[m_i]{C_{L_i}/C_{I_i}} - 1) \times 100, i=1,2,\cdots,k_2 \tag{9.2.15}$$

式中，$C_{I_i} = \dfrac{\sum\limits_{t \in \text{最先循环}} Y_i(t)}{m_{I_i}}, C_{L_i} = \dfrac{\sum\limits_{t \in \text{最后循环}} Y_i(t)}{m_{L_i}}$。$C_{I_t}$ 与 C_{L_t} 分别是同步指标组第 i 个指标最先与最后循环的平均值，m_{I_i} 与 m_{L_i} 分别是是同步指标组第 i 个指标最先与最后循环的月数，k_2 是同步指标个数，m_i 是最先循环的中心到最后循环的中心之间的月数。再求出同步指标组的平均增长率，把它称为目标趋势，且记为 G_r，有 $G_r = \left(\sum\limits_{i=1}^{k_2} r_i\right)$。

然后，对先行、同步、滞后的初始合成指数 $I_j(t)(j=1,2,3)$ 分别用复利公式求出他们各自的平均增长率：

$$r_j' = (\sqrt[m_j]{C_{L_j}/C_{I_j}} - 1) \times 100 \tag{9.2.16}$$

式中，$C_{I_j} = \dfrac{\sum\limits_{t \in \text{最先循环}} I_j(t)}{m_{I_j}}, C_{L_j} = \dfrac{\sum\limits_{t \in \text{最后循环}} I_j(t)}{m_{L_j}}$。

最后，分别对三个指标组的标准化平均变化率 $V_j(t)$ 做趋势调整：

$$V'_j(t) = V_j(t) + (G_r - r'_j), j=1,2,3, t=2,3,\cdots,n \tag{9.2.17}$$

第五步，计算合成指数。

首先，令 $I'_j(t)=100$，则：

$$I'_j(t) = I'_j(t-1) \times \frac{200+V'_j(t)}{200-V'_j(t)}, j=1,2,3, t=2,3,\cdots,n \tag{9.2.18}$$

然后，计算以基准年份为 100 的合成指数：

$$CI_j(t) = \left(\frac{I'_j(t)}{\overline{I'_j}}\right) \times 100 \tag{9.2.19}$$

式中，$\overline{I'_j}$ 是 $I'_j(t)$ 在基准年份的平均值。

有时在计算 CI 前,为了减少不规则变动,还要进行一次三项移动平均。

在计算扩散指数或合成指数后,就可以根据指数的变化趋势,分析和预测经济周期波动。特别地,还可以根据同步指标构建的扩散指数或合成指数的转折点(顶峰和波谷),确定经济周期波动的转折点(顶峰和波谷)的日期,进而得到经济周期波动的年表。

二、经济景气监测预警与预警信号法

(一)经济景气监测预警

1. 经济景气监测预警的概念

监测最初是指对事物及时地连续追踪,以时间为单位进行测量。预警有警告的意思,事先警告、提醒被告人的注意和警惕。所谓预警就是指对某一警素的现状和未来进行测度,预报不正常状态的时空范围和危害程度,以及提出防范措施。把监测和预警的概念应用到经济周期波动领域就是经济景气监测预警。

经济景气监测预警是为满足宏观经济管理的需要,依据经济周期波动的规律性,利用一系列经济指标和分析方法对经济周期波动轨迹和状态的测量、分析、评价和警度预报。经济景气监测预警包括经济景气监测和经济景气预警两个方面内容。前者侧重于经济周期波动轨迹和过程的分析,旨在揭示经济周期波动轨迹和过程中各种因素的关系和变化的内在规律,是现实经济周期波动运行轨迹的实证展现;后者则侧重于经济周期波动过程和发展方向的险情预报,旨在预报经济周期波动过程中的各种不正常现象,是未来发展趋势的科学推断。二者的区别表现在:

(1)从对象上看,经济景气监测的对象是一定时空范围内的经济周期波动轨迹和状态;而经济景气预警的对象是经济周期波动的某一警素即经济周期波动已有或即将出现的问题。

(2)从方法上看,经济景气监测的方法则是对经济周期波动的状态进行量测和分析;而经济景气预警的方法是对某一警素的现状和未来进行测度,即对经济周期波动的现状和未来做出评价。

(3)从结果上看,经济景气监测的结果是经济周期波动运行轨迹和运行规律;而经济景气预警的结果是预报不正常状态的范围和危害程度即警度,以及提出防范措施即排除警患。

(4)从研究重点上看,经济景气监测的研究重点是如何改进经济周期波动测度方法和手段以提高精度和降低费用;而经济景气预警的研究重点是如何确定预警指标的阈值区间,并判断景气处在什么状态。

2. 经济景气监测预警的作用和意义

经济景气监测预警作为国民经济统计分析的有效方法,其作用和意义主要表现在以下几个方面:

(1)准确把握和正确评价宏观经济运行中的周期波动状态。宏观经济运行是一个多层次、多方面、错综复杂而又十分庞大的动态系统。对整个宏观经济运行状态给出综合性测度,说明经济运行所处的冷热状态和周期波动阶段以及相应的特点。这是经济景气监测预警的基本任务。

(2)准确预测未来经济周期波动的发展趋势。根据经济周期波动的运行轨迹和先行特征,对宏观经济运行的未来趋势做出提前判断,在经济运行发生重大的转折之前,及时发出信息,提供早期预警信号,起到预警作用。这是经济景气监测预警的重点。

(3)及时反映宏观经济调控政策的效果。如何正确识别经济周期波动的幅度和频率,并采

取适时和适度的调控措施和经济政策,以熨平经济周期波动的幅度,降低经济周期波动的频率,避免波动的大起大落对经济造成的损害,取得经济长期稳定协调健康的增长,是宏观经济调控的一项重要任务。经济景气监测预警通过对经济周期波动轨迹和过程的刻画,可以判断宏观经济调控政策的实施效果,可以为宏观经济管理部门决定政策存续区间提供决策信息。宏观经济政策从实施到产生影响存在时滞。这种时滞的存在不仅影响宏观经济政策发挥作用的时间,而且在特殊情况下会使政策逆向调节产生负面效果。

(二)预警信号法

通过景气指数仅仅掌握经济周期波动轨迹和过程方面的信息,难以满足宏观经济管理的需要。为了提高宏观经济调控的有效性,在监测预警经济周期波动时引入评价指标,对经济周期波动的不同状态做出评价,编制具有评价功能的预警信号指数,不失为经济景气监测预警的一种新的思路。

预警信号法是根据宏观经济周期波动的状态性质,采用类似于交通管制信号的方法,来反映宏观经济运行的综合变化状况与变化趋势。其方法原理就是对一组反映经济发展状况的敏感性指标,运用有关的数据处理方法将一组指标合并为一个综合性的指标,然后通过用一组类似交通管制的红、黄、绿、浅蓝、蓝灯的信号标识系统给这组指标和综合指标所代表的经济周期波动状况发出预警信号,通过观察信号灯的变化情况来判断未来经济发展的趋势。

预警信号法通过单个综合性指标作为判断宏观经济景气状况的依据,可以减少仅靠单项指标进行决策的风险。同时,景气状况的判断和宏观决策取向融合在一起。综合景气状况分为五种状态,每种状态既表示当前的景气状况,又表示针对这种状况应采取的宏观政策取向。其中,红灯表示经济景气过热,此时政府及财政金融机构应采取紧缩措施,使经济恢复正常状况。黄灯表示经济景气尚稳,经济增长稍热,在短期内有转热和趋稳的可能,由红灯转为黄灯时,不宜继续紧缩;由绿灯转为黄灯时,在绿灯时期所采取的措施虽可继续维持,但不宜进一步采取促进经济增长的措施,并且应关注今后景气的变化,以便及时采取调控措施避免经济过热。绿灯表示当时的经济发展很稳定,政府可在稳定中采取促进经济增长的调控措施。浅蓝灯表示经济短期内有转稳和萎缩的可能,由浅蓝灯转为绿灯时,表示经济发展速度趋稳,可继续采取促进经济增长的措施;由绿灯转为浅蓝灯时,表示经济增长率下降,此时应关注今后景气的动向,适当采取调控措施,以使经济趋稳。蓝灯表示经济景气衰退,处于过冷状态,若信号由浅蓝灯转为蓝灯时,表示经济增长率开始跌入谷底,此时政府应采取强有力的措施来刺激经济增长。

预警信号法实施是通过预警信号系统来实现的,从各个国家的应用实践看,预警信号系统的编制过程包括以下几个步骤:

第一步,确定预警信号指标体系。确定预警信号指标体系是建立预警信号系统的重要组成部分。预警信号指标体系应是一系列反映国民经济运行状况的敏感性指标。在选择预警信号指标时,要考虑的原则是:灵敏性原则,即所选指标应能够灵敏反映经济运行的主要方面;超前性原则,即所选指标的变化应超前于实际经济周期波动;稳定性原则,即对所选指标变化幅度进行不同状态划分后,划分的标准能够保持相对的稳定。

第二步,确定单个指标的预警界限。建立预警信号系统的最关键的技术工作是预警信号界限值的确定,包括单个指标景气状态界限值的确定和经济运行综合景气状态界限值的确定两个方面。界限值是判断各监测指标以及综合景气状态落在不同景气状态区域的数量标准。单个指标四个界限值的确定是景气预警信号系统建立的重要环节,是一件很复杂、很细致的工作。确定界限值的方法一般有两种:一种是依据经济数学方法来确定;一种是传统方法,即依据监测和预警者的经验,通过分析历史资料,制定出各指标的变动率数值。当然,不能把界限值简单理解为一个固定不变的数值,而是一个随着本身的制约因素变化而变化的数值。

第三步,计算确定各个指标得分和灯色信号。将各项警告指标的动态指数同所确定的该项指标各个区间的界限值进行比较,落入哪个区间就记上相应的得分,判断各指标的灯号显示。这里需要对各色灯号分别赋予不同的分数,譬如5、4、3、2、1等,便于计算汇总。

第四步,汇总确定景气预警总分数与灯色信号。确定全部指标的预警界限,并将各个指标得分加总得到经济景气预警总分数,判断综合灯号的显示状况。若全部N个指标都打5分时的总分为5N,则可按比例确定全部指标的预警界限。比如,以满分的85%为红灯区与黄灯区的界线值,满分的73%为绿灯区与黄灯区的界线值,满分的50%为浅蓝灯区与绿灯区之间的界线值,满分的36%为浅蓝灯区与蓝灯区的界线值。

三、经济周期波动典型化事实分析

(一)经济周期波动典型化事实分析的内涵和意义

在现代宏观经济学中,经济理论与模型主要致力于解释现实经济运行中的一些重要现象,因此需要对大多数经济中存在的一些具有规律性的经济事实进行分析和归纳。所谓经济运行的典型化事实,即经济运行中经过大量统计验证后确认普遍存在的能够反映经济运行的真实和基本特征的具有代表性的关键性事实。一般地,经济运行的典型化事实是根据宏观经济变量的时间序列性质得出,主要与短期经济波动和长期经济增长有关。其中与短期波动中周期性波动相联系的事实就是经济周期波动的典型化事实。

经济周期波动的典型化事实是在宏观时间序列经验特征的基础上,通过统计分析、推断和检验而确认的经济周期波动中普遍存在的事实。概括经济周期波动的典型化事实是对宏观经济学研究的一项挑战。正如Burns和Mitchell(1946)所指出的,任何经济周期波动都不是以前周期波动的简单重复,在振幅、范围和持续期等方面往往会表现出一定差别。然而,从差别的表象中抽象出内在一致的规律,这种一般化努力恰恰是经济学研究最重要的课题之一。正因为如此,关于经济周期波动典型化事实的研究始终属于宏观经济学进展的一部分。目前被广泛认同的经济周期波动的典型化事实一般包括波动性、协动性、持久性和非对称性四个方面。

经济周期波动的典型化事实通常可以概括为四大方面:(1)波动性,即包括总产量(出)在内的各宏观经济变量的波动大小;(2)协动性,即各宏观经济变量与总产量(出)之间的协动关系;(3)持久性,即包括总产量(出)在内的各宏观经济变量周期性波动的持久程度;(4)非对称性,即包括总产量(出)在内的各宏观经济变量波动在持续时间、转换速度以及发展深度方面所表现出的明显差异性。

经济周期波动典型化事实分析具有十分重要的意义:

首先,它为理解经济周期波动提供了一个事实视角和总体描述,任何关于中国经济周期波动的分析和探讨都应该以这些事实为基础。换句话说,通过总结经济周期波动的典型化事实,可以为相关理论、观点和模型的检验提供一个参照标准。现代宏观经济学的发展越来越强调这种理论与经验的互动。现在,评价一个周期波动理论是否成功,关键在于该理论能够在多大程度上解释这些典型化事实;同时,理论的扩展和推进也往往致力于同尽可能多的事实相一致。而这正是国内以前的很多研究所欠缺的。

其次,它为判断宏观经济形势提供了参考依据。例如,通过对宏观经济变量之间复杂的协动关系进行分析,确认其领先、同步或滞后关系,就可以为监测和预警宏观经济运行提供帮助。

这对于政府执行宏观调控、稳定经济运行,也是必要的。

再次,它也是对 Lucas(1977)命题的一个检验。Lucas 断言:"虽然绝对无法从理论上预见到经济周期波动,我们还是能够根据序列间协动运动的定性行为得出以下结论:所有经济周期波动都是类似的。这对于具有理论倾向的经济学家来说是具有吸引力和挑战力的,因为它意味着可能根据指导市场经济的一般法则对经济周期波动作出一致的解释,而无需依赖于特定国家或时期的政治、制度特征"。大量经验研究在很大程度上证实了 Lucas 的判断。

(二)经济周期波动典型化事实分析的基本方法

由于波动性、持久性和非对称性等宏观时间序列经验特征的统计分析方法前面已作介绍,因此,这里重点介绍协动性经验特征的统计分析方法。

协动性(Co-movement)是指经济周期波动中各主要宏观经济变量随着周期波动阶段变化而呈现出的几乎同步的上下起伏运动特征。或者说,经济周期波动中各主要宏观经济变量与总体经济活动几乎同步的运动特征。NBER 创始人 Burns 和 Mitchell(1946)给出经济周期波动的经典定义强调了经济周期波动中一个经验性规律就是宏观经济变量的协动性,即各种经济活动会一起上升或下降,表现在宏观统计数据中的产出、投资、消费、就业等经济变量的同步变动。事实上,对协同运动序列之间在时间上可能的先行与滞后关系的考察,是 Burns 和 Mitchell 方法论的核心。在分析中,Burns 和 Mitchell 考虑了成百上千序列间的历史一致性(Concordance),这些序列包括产出、收入、价格、利率、银行交易、交通服务等。他们使用这些序列转折点的聚集性来确定经济周期波动的基准日期。同时,还分析了经济周期波动中不同序列协同运动的一致模式,这直接导致了先行指标、同步指标和滞后指标合成指数的诞生。

从协动性的表现看,经济周期波动中单个宏观经济变量的波动方向与总体经济波动方向之间的关系存在三种情形:一是顺周期(Procyclical),如果一个经济变量的变动与总体经济活动的变动方向一致,即二者表现为较大的正的截面相关关系,则称其是顺周期的;二是反周期(Countercyclical),如果一个经济变量的变动与总体经济活动的变动方向相反,即二者表现为较大的负的截面相关关系,则称其是反周期的;三是非周期(Acyclical),如果一个经济变量的变动与总体经济活动的变动方向没有相关关系,即二者表现为截面不相关关系,则称其是非周期的。从西方国家经济周期波动的典型化事实看,大多数宏观经济变量,如总产出、就业、消费、投资等,都是顺周期的;个别宏观经济变量如失业率,是反周期的;少数宏观经济变量如实际利率、政府支出、资本存量等,是非周期的。

从现有文献看,协动性的测度方法主要有以下几种:

1. 相关系数法

测度经济周期波动中变量序列间协动性的一个相对简便的方法就是计算两个序列之间的时差相关系数:

$$r_l = \frac{\sum(y_{t+l} - \bar{y})(x_t - \bar{x})}{\sqrt{\sum(y_{t+l} - \bar{y})^2 \sum(x_t - \bar{x})^2}}, l = 0, \pm 1, \pm 2, \cdots, \pm L \qquad (9.2.20)$$

一般而言,时差相关系数越大,则说明测度经济周期波动中变量序列间的协动性越强。反之亦然。但是,当两个序列存在明显的趋势或为单整序列,两者之间可能存在"虚假相关",这时,使用时差相关系数法测度经济周期波动中变量序列间协动性就极不准确。自从 20 世纪 80 年代"单位根"革命之后,越来越多研究认为,大多数宏观经济变量序列趋势平稳或差分平稳。在这种情况下,要测度变量序列间的协动性,必须采用一定的方法对变量序列进行成分分解,得到它们的周期成分,然后再计算时差相关系数。

这里以各产业 GDP 与 GDP 之间的协动关系测度进行演示说明。首先收集整理 1952—2015 年中国 GDP 总量数据及分产业 GDP 数据进行产出方面宏观经济指标的协动性经验特征分析,在原数据基础上,为了减少异方差和数据量纲的影响,指标的水平值为这些变量数据的自然对数形式。然后对指标值使用 HP 滤波分解法进行趋势分离,得到周期成分。由于 HP 滤波分解法需要明确变量序列的时序特征,因此在之前还需要进行单位根检验,检验结果如下表 9—1 所示。

表 9—1 产出序列基本特征的统计描述与单位根检验结果

指标名称	英文代号	均值	标准差	平稳类型
实际 GDP	GDP	7.1779	2.1851	I(1)
第一产业实际 GDP	GDP1	5.7259	1.6858	I(1)
第二产业实际 GDP	GDP2	6.2749	2.3118	I(1)
第三产业实际 GDP	GDP3	6.0256	2.3828	I(1)

数据来源:CEIC 数据库。

然后对产出自然对数结果序列进行趋势分离,再计算各变量周期成分序列之间时差相关系数,计算结果见表 9—2。一般地,如果 $i=0$ 列的时差相关系数为正,则说明该变量相对于总产出波动为顺周期,而且系数值越大,顺周期关系越显著。反之,如果为负,则说明该变量相对于总产出波动为反周期。如果绝对值最大的时差相关系数不在 $i=0$ 处,譬如在 $i=1$ 处(对应表 9—2 中领先列结果),则说明该宏观经济变量领先产出一年。如果在 $i=-1$ 处(对应下表中滞后列结果),则说明该宏观经济变量滞后产出一年。

表 9—2 1952—2015 年中国经济周期波动协动性特征的统计描述

GDP&GDP			GDP&GDP1			GDP&GDP2			GDP&GDP3		
i	1滞后	领先	i	1滞后	领先	i	1滞后	领先	i	1滞后	领先
0	1.0000	1.0000	0	0.4800	0.4800	0	0.9315	0.9315	0	0.8719	0.8719
1	0.6558	0.6558	1	0.4233	0.3341	1	0.5830	0.5805	1	0.4978	0.6158
2	0.1236	0.1236	2	0.3000	0.1078	2	0.0378	0.0670	2	0.0029	0.1862

从总体看,总产出的周期成分具有一定的自相关性。分产业看,各产业的波动都是顺周期变化,但这种顺周期协动关系在各个产业间的表现有所不同。第一产业的波动与总产出的波动相关程度较小,第二、三产业的波动与总产出的波动之间的相关程度较高,这种相关程度的差异与农业在中国国民经济中的地位日趋下降密切相关。三次产业产出波动与总产出波动情况相关系数均在同期达到最大,其中第二、第三产业对应的时差相关系数最大值在 0.9 左右。显然,第二、三产业波动是决定产出波动的重要因素,其中第二产业产出序列与总产出序列间的协动性最强,主要由于中国第二产业统计资料来源更为可靠、全面。相比之下,第三产业虽起步较晚,但发展迅猛,且相关统计制度尚待完善,故对第三产业数据质量有一定影响。

2. 一致指数法

一致指数(Conformity Index)由 King 和 Plosser(1994)提出,其基本思想是:两个序列之间的一致性由它们的相对行为来决定,其中一个序列为基准序列,并由其来确定待分析的顶峰和波谷。如果一个序列的扩张与收缩阶段与基准序列几乎同时,则该序列与基准周期波动一致。也就是,如果一个序列在基准序列为扩张阶段期间的增长率高于随后基准序列收缩阶段的增长率,整个周期波动的取值设定为1。相反,如果一个序列在基准序列为收缩阶段期间的增长率高于随后基准序列扩张阶段的增长率,整个周期波动的取值设定为-1。序列的一致程度就由这些±1的平均值(乘以100)给出。定义 A_{ij} 为具体序列 y_{jt} 在第 i 个基准周期波动(假设样本区间内共有 k 个基准周期波动)的扩张阶段的变化量,则这个序列的一致指数为:

$$C = \frac{1}{k}\sum_{i=1}^{k}\text{sgn}(A_{ij}) \times 100 \quad (9.2.21)$$

从一定程度上讲,一致指数并非经济周期波动中变量序列协动性的理想测度指标。例如,当基准周期处于扩张阶段时,对于满足 A_{ij} 等于1的序列 y_t 也有可能在很长一段时间内处于具体周期的收缩阶段,这明显与协动性的本意不相吻合。

3. 一致统计量法

为了克服一致指数的缺点,Harding 和 Pagan(1999)提出了一致统计量(Concordance Statistic)来测度经济周期波动中变量序列间的协动性。设 X_t, Y_t 为待分析两个宏观经济变量序列。在确定两个宏观经济变量的转折点即顶峰点和波谷点及相应的扩张阶段和收缩阶段后,定义两个虚拟变量序列 S_{X_t} 和 S_{Y_t} 如下:

$$S_{X_t} = \begin{cases} 1 & X_t \text{ 处于扩张阶段} \\ 0 & X_t \text{ 处于收缩阶段} \end{cases}, S_{Y_t} = \begin{cases} 1 & Y_t \text{ 处于扩张阶段} \\ 0 & Y_t \text{ 处于收缩阶段} \end{cases}$$

计算一致统计量 C_{XY}:

$$C_{XY} = \frac{1}{T}\left\{\sum[(S_{X_t} \cdot S_{Y_t}) + (1-S_{X_t})(1-S_{Y_t})]\right\} \quad (9.2.22)$$

式中,T 为样本长度。

特别地,若 X_t 为能够代表总体经济活动的指标或其周期波动与基准周期波动一致的指标,比如产出指标或一致指标的合成指数,则一致统计量的意义就十分明确。若宏观经济变量为完全顺周期的,则一致统计量的值为1;若宏观经济变量为完全反周期的,则一致统计量的值为0。此外,一致统计量的计算结果很少受序列平稳与否的影响。这些使得一致统计量成为测度经济周期波动中变量序列间协动性较为良好的方法。

(三)一个有代表性的经济周期波动典型化事实研究

获取经济周期波动的典型化事实,必须对宏观经济变量进行趋势分离,把剩余成分作为周期波动来探求经济周期波动的规律性。其中典型的做法是 Zarnowitz(1992)对美国的研究。

在相关论著中,Zarnowitz 从工资和价格,产出、投资、存货和就业,消费,货币变量,金融变量等五个领域来分析经济周期波动的典型化事实。

(1)从工资和价格领域看,与总需求变动相比,名义工资总体水平和价格总体水平的敏感度较小,而且随着美国经济中生产服务业成分的增加,这种敏感程度还在降低,当然,这种降低还和美国经济中工资的粘性变化有关。产成品的价格变动要小于单位生产成本(主要是工资成本);劳动生产率沿着长期增长趋势顺周期波动,一般也领先于整个周期波动;复苏阶段的货币工资的增长常常慢于物价的上涨,而扩张阶段又超过物价的增幅;劳动生产率的特性与货币工资的粘性变化一起又使得单位生产成本滞后于总体经济周期波动。在这种情况下,总利润指标领先于整个周期波动,而且这种领先时间要少于单位生产成本的滞后时间。与完全竞争不同,不完全竞争意味着加成定价,这种加成定价是顺周期的,而且领先总体经济活动时间较长。与零售物价和工资相比,工业品价格水平对经济周期波动更加敏感,工业品价格水平的波动大于零售物价和工资的波动。

(2)从产出、投资、存货和就业领域看,私人投资支出占 GDP 的比重要远小于私人消费支出,但其波动性要比私人消费支出大得多。总产量的波动一般大于总销售额的波动,这意味着存货投资是顺周期的。耐用品的生产在很大程度上受订单左右,因订单具有较大的波动性而波动较大。合同投资下降很久以后,实际投资仍在增长,这种增长是由于订单的累积性积压造成的。整体经济开始收缩后一段时间,新企业的扩张支出才达到顶点。存货投资对持续期较短的或较为温和的经济周期波动有重要影响;固定投资波动则对萧条或衰退阶段持续时间较长的或深度较大的经济周期波动产生影响。企业存货变动是顺周期的,且变动更剧烈、更频繁。制造业和商业存货的总体水平存在一个趋势,且滞后于周期波动。生产、就业和存货的振幅较大。

(3)从消费领域看,分期付款的消费信贷和抵押贷款余额是顺周期的,并且领先于周期波动。银行贷款的净变动也是顺周期的,只不过领先时间相对较短。

(4)从金融变量领域看,利润率是高度顺周期的,而且领先时间较长;与工资、红利、净利息和租金相比,利润的波动幅度更大。在总利润下降前很久,单位销售利润(由于存在存货,这里的单位并非产成品单位)开始下降;总利润的下降也发生在总销售额下降之前,但领先时间较短。

(5)从货币变量领域看,短期利率与周期波动同向变动,并在其平均水平上下作大幅变动。如果利率水平较低,则用基点表示的短期利率对周期波动的敏感反应较小。长期利率与周期波动高度同向变动,但在平均水平附近小幅波动。在周期波动的顶峰附近,短期债券利率趋向于或超过长期利率;在周期波动的谷底附近,它大大低于长期利率。债券价格下降领先于股票价格下降,而股票价格下降又领先于总销售额下降。货币的流通速度是顺周期的。在温和的衰退阶段,货币总量的增长速度放缓,而在严重的衰退阶段,则停止增长。

第三节 中国经济周期波动的景气监测预警分析

一、景气指数法的中国应用实例

中国宏观经济景气指数包括:一致指数(1996 年=100)、先行指数(1996 年=100)、滞后指数(1996 年=100)。指标解释为:一致指数是反映当前经济的基本走势,由工业生产、就业、社会需求(投资、消费、外贸)、社会收入(国家税收、企业利润、居民收入)等 4 个方面合成;先行指数是由一组领先于一致指数的先行指标合成,用于对经济未来的走势进行预测;滞后指数是由落后于一致指数的滞后指标合成得到,它主要用于对经济循环的峰与谷的一种确认。

根据中国经济景气监测中心(CEMAC)公布,可知:

(一)中国经济景气监测中心的景气动向指数的编制流程

中国经济景气监测中心官方计算并公布中国经济景气指数,由图 9—2 编制流程图可知,中国经济景气动向指数编制的主要依据为景气动向指数初选指标组和景气动向指数终选指标组,其中初选动向组又由一致指标组初选框、先行指标组初选框和滞后指标组初选框组成。一致、先行、滞后指数均使用合成指数计算方法进行编制,由于三者反映内容、性质及作用不同,三者指标组构成也存在较大差异。目前根据专家意见,中国编制一致指数主要使用反映中国总产出、工业生产、就业、个人收入、企业利润及销售的指标进行合成,编制先行指数综合使用反映中

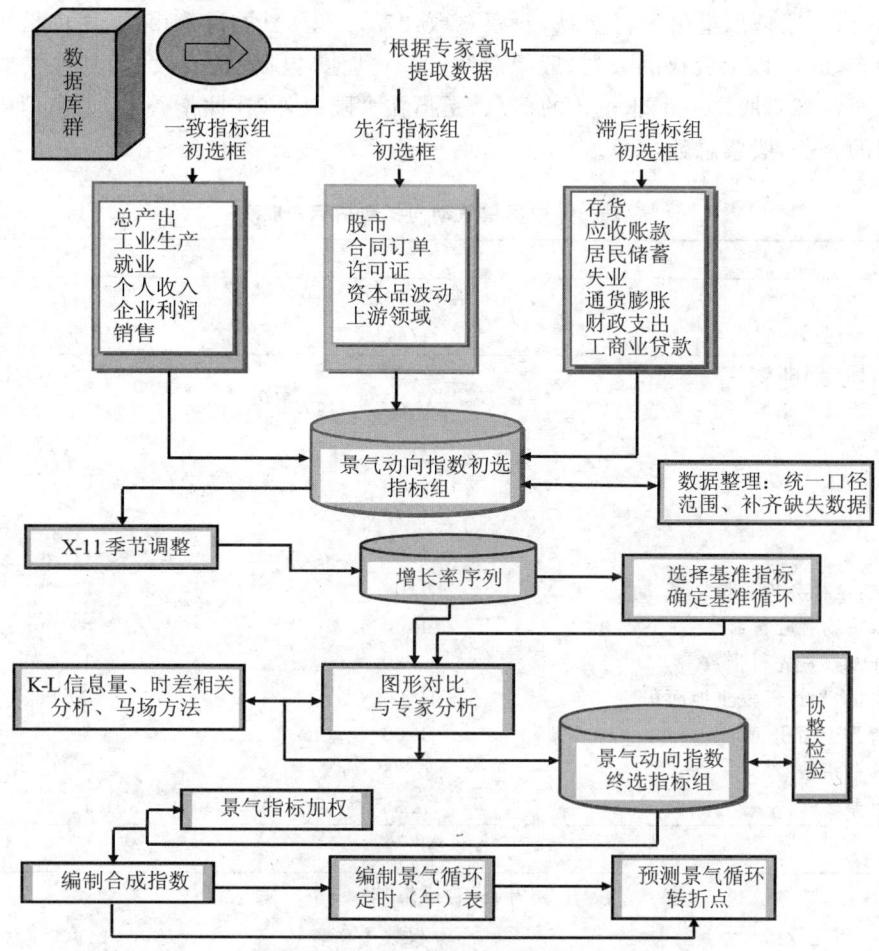

图 9-2 中国经济景气动向指数的编制流程图

国股市、企业合同订单、许可证、投资品波动、上游领域的指标,而编制滞后指数使用的是反映中国存款、应收账款、居民储蓄、失业、通货膨胀、财政支出及工商业贷款情况的指标进行合成指数计算,各指数指标组构成具体见表 9-3。得到景气动向指数初选指标组数据后,通过补缺、统计口径及季节调整(常用 X-11 方法)的数据整理后,可得到增长率序列以选择基准指标并确定基准循环。然后根据理论研究基础,对初步确定的先行、同步、滞后指标进行进一步的选择与归类(通常使用时差相关分析、K-L 信息量等方法),同时结合专家分析及指标协整检验结果以确定景气动向指数终选指标组。最后,通过对先行、同步、滞后终选指标组进行加权即可编制得到中国经济景气动向合成指数,进而编制景气循环表并景气循环预测转折点。

(二)中国景气动向指数指标组

根据中国经济景气监测中心(CEMAC)网站,可知中国目前使用较广的经济景气动向指数指标系统如表 9-3 所示。

表 9-3 中部分指标解释:(1)国债利率差:7 年期以上国债市场加权平均收益率减去 1 年及以内国债市场加权平均收益率;(2)物流指数:是由社会货运量、沿海主要港口货物吞吐量编制的合成指数;(3)社会收入指数:由各项税收收入、工业企业利润总额、城镇居民可支配收入编制的合成指数;(4)社会需求指数:由固定资产投资、消费品零售、进出口总额编制的合成指数;(5)恒生中国内地流通指数:组成公司的营业收入主要来源于中国大陆。包括 H 股(内地注册,

香港上市的公司,股票以港币发行交易,股票总数:37);红筹股(香港上市的,由内地国有机构直接或间接持有35%以上股权的公司,股票总数:30);其他(包括"私筹股"和其他主要业务在内地的港资公司。私筹股是一个非正式的概念,是指在大陆以外(在此指香港)上市但由内地私营企业家控制的企业,股票总数:29)。

表9—3 中国景气动向指数指标构成表

(1)
先行合成指数

先行指标	权数	比重(%)
先行6指标合成指数	2.36	78.67
恒生内地流通股指数	0.60	10.00
产品销售率	1.15	19.17
货币供应M2	1.20	20.00
新开工项目	1.20	20.00
物流指数	1.05	17.50
其中:全社会货运量	1.00	50.00
沿海港口货物吞吐量	1.00	50.00
房地产开发投资先行指数	0.80	13.33
其中:房地产开发土地面积	1.00	50.00
商品房新开工面积	1.00	50.00
消费者预期指数	0.28	9.33
国债利率差	0.36	12.00

(2)
同步合成指数

先行指标	权数	比重(%)
工业生产指数	0.59	14.75
工业从业人员数	0.50	12.50
社会收入指数	1.28	32.00
其中:财政税收	0.80	26.67
工业企业利润	1.00	33.33
居民可支配收入	1.20	40.00
社会需求指数	1.63	40.75
其中:固定资产投资	1.00	33.33
全社会商品零售	1.20	40.00
海关进出口	0.80	26.67

(3)
滞后合成指数

滞后指标	权数	比重(%)
财政支出	0.68	13.60
工商业贷款	1.09	21.80
居民储蓄	0.67	13.40
居民消费价格指数	1.05	21.00
工业企业产成品资金	1.51	30.20

数据来源:中国经济景气监测中心(CEMAC)。

(三)中国景气指数的变化及分析

研究景气循环的分析方法有三种:古典循环法,主要是观察经济时间序列绝对量本身的波动,一般观察时间序列的长期趋势及循环要素(TC)的波动。增长循环波动也称离差循环方法,一般观察经济时间序列相对量的波动,将时间序列的长期趋势T和循环要素C分离,把循环要素C的变动看作是景气变动,即增长周期波动是循环要素C的波动。增长率循环,观察经济时间序列的增长率(与上年同月或同季比的变化率),分析其波动的规律性。同前两种方法一样,也要对时间序列进行季节调整,对增长率序列的长期趋势及循环要素(TC)的波动进行分析。在实际研究过程中,采用的是增长率循环方法对景气循环进行研究,因此要对经过季节调整以后的时间序列数据求其增长率序列,也就是对序列求其上年同月比。中国景气指数编制方法使用的是合成指数,CI的计算过程相当繁杂。其过程可简单描述为5个步骤:求单个指标的变化率;求多个指标对称变化率的合成;求初始合成指数;趋势调整;求最终合成指数。

据中国经济景气监测中心所测算公布的1991年1月—2016年3月的景气指数,可以对26年来的经济景气情况进行分析(见图9-3)。从图9-3中可见,整体来看,三者变动幅度及趋势基本一致,变动有明显的先后区别,指数整体均呈现下降趋势。具体来看,由图中所示的指数变动情况,可以判断出1991年2月—1994年1月、2002年1月—2004年3月、2009年2月—2010年4月为较明显的景气上升阶段,而1993年3月—1993年10月、1994年8月—1995年10月、1996年12月—1998年3月、2007年12月—2009年2月、2011年8月—2012年8月为景气下降阶段。可以看出一致合成指数在2010年2月达到其峰值,随后一直处于在波动中下降的阶段。从图中可以看出,先行合成指数具有良好的先行性,其中峰的先行期相对比较稳定,平均超前期约7—9个月。同时可以发现先行合成指数最近的谷值已在2015年12月出现,截止到2016年3月份已持续回升3个月,由此可以判断此轮中国经济周期波动的谷值将在2016年7月或8月出现。由图中滞后指数走势可以看出,滞后合成指数平均滞后期约为9—11个月,由一致指数整体在波动中走低的趋势可知,2016年3月后中国之后合成指数将继续呈下降趋势,反映出中国整体经济状况较为低迷。

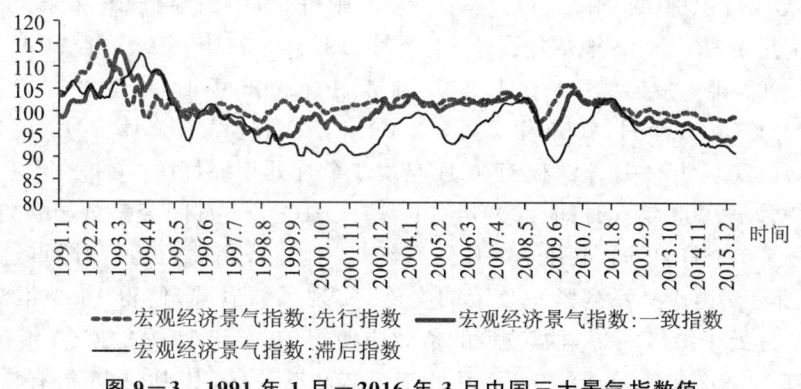

图9-3 1991年1月—2016年3月中国三大景气指数值

数据来源:CEIC(中国宏观经济)数据库。

二、预警信号法的中国应用实例

(一)中国经济景气监测中心的预警信号系统设置

在借鉴了其他国家预警信号法的基础上,中国很多部门和研究机构,如吉林大学、国家信息中心、中国经济景气监测中心等都曾经对预警信号系统的构建问题进行了深入研究,并取得可喜的成果。这里以中国经济景气监测中心的预警信号系统设置为例进行说明。中国经济景气监测中心的预警信号指标体系由下列10个指标构成,分别是:工业生产指数、固定资产投资、社会消费品零售总额、海关进出口总额、工业企业利润总额、城镇居民可支配收入、金融机构各项贷款、货币供应M2和居民消费价格指数。这些指标界限值设置见表9—4。在确定景气预警总分数的界限值时,以100为基准按照比例确定界限值。

表9—4 预警灯号系统各指标及综合景气得分界限值表

指标	红、黄灯界	黄、绿灯界	绿、浅蓝灯界	浅蓝、蓝灯界
工业生产指数	119	115.8	110.6	108.8
固定资产投资	46	32	14.5	11
社会消费品零售总额	29	18.5	9	7.6
海关进出口总额	35	25	10	3.5
财政收入(不含债务)	26	23	14.8	10.8
工业企业利润总额	161.5	85	0	−16.9
城镇居民人均可支配收入	18.5	13.5	8.9	5
金融机构各项贷款	24.8	23	15.2	10
货币供应M2	30.2	22.5	14.8	13.5
居民消费价格指数	118	108	100	99
景气预警总分数	137	117	83	63

资料来源:根据陈瑾玫:《宏观经济统计分析的理论与实践》,经济科学出版社,2005年版,第287页,并结合最新做法变化作调整。

(二)中国景气预警总分数值的变化

据中国经济景气监测中心所测算的1991年1月—2016年3月的预警指数,可以对26年来的经济景气情况进行识别(见图9—4)。从图9—4中可见,中国经济26年来大多数时间在绿灯区运行,1991年1月—1992年2月连续14个月、1995年7月—1997年11月连续29个月、2002年7月—2004年1月连续19个月、2004年4月—2006年10月连续30个月、2006年11月—2007年8月连续10个月、2009年5月—2009年12月连续8个月、2010年3月—2014年1月连续47个月、2014年4月—2014年6月连续3个月处于绿灯区。1992年3月—1995年6月间、2007年9月—2008年6月间、2009年11月—2010年3月间经济处于黄灯和红灯之间,其中1993年中有8个月、1994年有4个月处于红灯区,经济超高位运行,严重过热,并于1993年5、6月达到顶峰。由于一系列紧缩政策的实施,实现了软着陆,使得1995年7月—1997年11月连续29个月处于绿灯区。紧缩政策的负效应使得1997年12月—2000年3月连续28个月、2001年7月—2002年4月连续10个月处于浅蓝和蓝灯区,其中1998年有7个月、1999年连续7个月处于蓝灯区,经济增长低迷,宏观经济冷缩。1999年4月达到谷底,从1999年5月开始有所回升,经济景气逐步进入回升期,从2002年7月起经济景气进入比较强劲的回升期,直到2004年6月,连续20个月经济运行处于基本正常、增长速度适当的范围。经过2004年2、3月两个月的短暂过热后,经济运行又从2004年4月开始进入正常区间,持续了54个月。2008年10月开始,受到全球经济危机的影响,经济增长放缓,经济景气指数在2009年1月达到低谷,2009年2月至4月,经济景气一直在低点波动,从2009年5月开始进入比较强劲的回升期,此回升期一直持续到2010年3月,之后开始进入正常区间,已经持续了29个月。自2011年3月—6月4个月经济短暂增长之后,从2011年7月起,开始出现持久而缓慢的回落趋势,经济增长逐步放缓,直至2014年2月,宏观经济开始由绿灯区进入浅蓝灯区,并在2014年7月—2016年3月连续21个月处于浅蓝灯区,表明中国经济增长速度已全面放缓,经济低迷状况持续时间长且影响较为深远。

图9—4　1991年1月—2016年3月中国景气预警总分数值

数据来源:CEIC(中国宏观经济)数据库。

第四节　中国经济周期波动的典型化事实分析

一、数据来源和处理说明

采集包括产出、就业、消费、投资、政府支出、贸易、价格、工资、生产率和金融等方面的宏观季度数据,共23个指标。除财政支出指标的数据区间为1995年第一季度至2014年第三季度,第一产业从业人数、第二产业从业人数和第三产业从业人数数据区间为1994年第一季度至2014年第三季度,FDI(外商直接投资)、PPI(工业生产者出厂价格指数)数据区间为1997年第一季度至2014年第三季度以外,其他指标的数据区间为1992年第一季度—2014年第三季度。其中第一产业从业人数用农、林、牧、渔业的城镇非私营单位从业人数来代替,第二产业从业人数用采矿业、制造业、电力、热力、煤气、水以及建筑业的城镇非私营单位从业人数来代替,第三产业用金融业、房地产业等代表性行业城镇非私营单位的从业人数替代。劳动生产率指标数据根据实际GDP除以城镇非私营单位从业人数计算得到。其他数据均来源于CEIC数据库和1992—2014年《中国统计年鉴》。除价格指标以及货币供应量指标和工资总额指标外,其他指标都使用GDP减缩指数转换为以1978年价格表示的实际水平。在此基础上,为了减少异方差和数据量纲的影响,指标的水平值取自然对数形式。而价格指标(居民消费价格指数和商品零售价格指数)不取对数,而是采取百分比形式。这样,价格指标和其他指标的一阶差分序列都具有增长率意义。由于CF滤波分解法需要明确序列的时序特征,因此还需要进行单位根检验。单位根检验采用ADF法,结果如表9—5第2列所示。

二、经验特征分析

由于采集数据使用的是季度数据,首先需要对各变量序列进行季节调整;然后以2008年金融危机为转折点,将数据分为1992年第一季度至2008年第三季度和2008年第四季度至2014年第三季度两个时段,使用CF滤波分解方法,对两个时段中的中国各主要宏观经济变量的季度数据序列进行分解,得到周期性成分;然后计算各个周期性成分的标准差,及其与产出(实际GDP)的周期性成分之间的时差相关系数,以揭示变量波动性和协动性的事实特征。其中,如果 $l=0$ 列的时差相关系数为正,则说明该变量相对于产出波动为顺周期,而且系数值越大,顺周期关系越显著。反之,如果为负,则说明该变量相对于产出波动为反周期。如果绝对值最大的时差相关系数不在 $l=0$ 处,譬如在 $l=4$ 处(对于季度数据,l 取 6),则说明该宏观经济变量领先产出一年。如果在 $l=-4$ 处,则说明该宏观经济变量滞后产出一年。所有计算结果见表 9-5。表中每个指标对应两行,第一行代表 1992 年第一季度至 2008 年第三季度的数据运行结果,第二行代表 2008 年第四季度至 2014 年第三季度的数据运行结果。依据表 9-5,可以分析得到数据区间内的中国经济周期波动的经验特征。

表 9-5 中国经济周期波动经验特征的统计描述

序列 x_t^c	平稳类型	标准差	同产出周期成分之间的时差相关 $Corr(x_t^c, y_{t+l}^c)$												
			−6	−5	−4	−3	−2	−1	0	1	2	3	4	5	6
GDP	I(1)	0.007	−0.07	0.07	0.23	0.44	0.67	0.88	1.00	0.88	0.67	0.44	0.23	0.07	−0.07
	I(1)	0.007	−0.08	0.02	0.15	0.33	0.58	0.83	1.00	0.83	0.58	0.33	0.15	0.02	−0.08
第一产业GDP	I(1)	0.028	0.53	0.51	0.44	0.31	0.13	−0.08	−0.29	−0.43	−0.54	−0.61	−0.62	−0.57	−0.48
	I(1)	0.008	0.66	0.65	0.64	0.61	0.50	0.31	0.08	−0.21	−0.42	−0.53	−0.55	−0.55	−0.54
第二产业GDP	I(1)	0.014	−0.27	−0.22	−0.11	0.07	0.28	0.49	0.63	0.56	0.46	0.38	0.32	0.25	0.16
	I(1)	0.018	−0.01	0.14	0.30	0.50	0.71	0.89	0.97	0.76	0.50	0.25	0.06	−0.08	−0.21
第三产业实际GDP	I(1)	0.013	−0.25	−0.09	0.09	0.29	0.48	0.62	0.68	0.70	0.63	0.49	0.32	0.16	0.04
	I(1)	0.006	−0.28	−0.46	−0.64	−0.76	−0.78	−0.65	−0.39	−0.13	0.08	0.23	0.34	0.44	0.54
从业人数	I(1)	0.037	0.49	0.58	0.63	0.64	0.59	0.50	0.38	0.21	0.05	−0.10	−0.24	−0.36	−0.45
	I(1)	0.021	−0.29	−0.35	−0.35	−0.37	−0.45	−0.58	−0.68	−0.53	−0.27	0.02	0.23	0.32	0.32
第一产业从业人数	I(1)	0.017	0.21	0.27	0.26	0.17	0.03	−0.10	−0.20	−0.25	−0.29	−0.35	−0.44	−0.52	−0.54
	I(1)	0.020	0.46	0.59	0.64	0.63	0.60	0.54	0.45	0.29	0.06	−0.19	−0.39	−0.48	−0.48
第二产业从业人数	I(1)	0.028	0.20	0.22	0.21	0.14	0.04	−0.07	0.17	−0.22	−0.24	−0.26	−0.28	−0.29	−0.29
	I(1)	0.033	−0.20	−0.29	−0.32	−0.36	−0.46	−0.61	−0.72	−0.59	−0.35	−0.06	0.16	0.27	0.27
第三产业从业人数	I(1)	0.333	0.08	0.06	0.01	−0.08	−0.17	−0.25	0.30	−0.33	−0.37	−0.42	−0.49	−0.51	−0.48
	I(1)	0.079	0.37	0.25	0.13	−0.02	−0.24	−0.47	−0.64	−0.64	−0.54	−0.43	−0.33	−0.28	−0.24
财政支出	I(1)	0.022	−0.16	−0.01	0.15	0.28	0.44	0.58	0.71	0.76	0.74	0.66	0.54	0.41	0.30
	I(0)	0.018	0.38	0.56	0.72	0.76	0.66	0.44	0.18	0.00	−0.10	−0.16	−0.27	−0.35	−0.48
进口额	I(1)	0.063	−0.04	0.05	0.14	0.20	0.24	0.26	0.25	0.18	0.10	0.05	0.01	−0.02	−0.05
	I(2)	0.065	−0.25	−0.27	−0.34	−0.44	−0.45	−0.29	0.04	0.31	0.47	0.54	0.57	0.62	0.66
出口额	I(1)	0.076	0.03	0.08	0.08	0.06	0.04	0.03	0.04	−0.01	−0.07	−0.13	−0.14	−0.10	
	I(1)	0.054	−0.01	0.13	0.33	0.56	0.75	0.80	0.68	0.47	0.24	0.03	−0.14	−0.29	−0.42
货币流通量M0	I(0)	0.057	0.07	0.10	0.18	0.30	0.41	0.46	0.40	0.21	0.06	−0.05	−0.13	−0.20	−0.26
	I(1)	0.019	0.43	0.53	0.61	0.68	0.71	0.68	0.58	0.26	−0.04	−0.28	−0.45	−0.56	−0.61
货币流通量M1	I(0)	0.046	0.14	0.14	0.21	0.33	0.46	0.50	0.42	0.07	−0.07	−0.23	−0.34	−0.40	−0.44
	I(1)	0.038	−0.39	−0.30	−0.16	0.04	0.30	0.61	0.89	0.84	0.70	0.54	0.40	0.29	0.19
货币流通量M2	I(0)	0.047	0.35	0.29	0.24	0.23	0.22	0.17	0.03	−0.16	−0.31	−0.41	−0.47	−0.51	−0.55
	I(1)	0.014	−0.15	−0.19	−0.15	−0.02	0.22	0.55	0.86	0.51	0.43	0.35	0.29	0.23	
PPI	I(1)	0.025	0.18	0.23	0.25	0.21	0.09	−0.07	−0.24	−0.38	−0.45	−0.46	−0.44	−0.38	−0.30
	I(1)	0.040	−0.30	−0.14	0.12	0.43	0.69	0.80	0.73	0.53	0.37	0.23	0.11	0.00	−0.14

续表

序列 x_t^c	平稳类型	标准差	同产出周期成分之间的时差相关 $Corr(x_t^c, y_{t+l}^c)$												
			-6	-5	-4	-3	-2	-1	0	1	2	3	4	5	6
劳动生产率	I(1)	0.017	-0.15	-0.13	-0.07	0.05	0.21	0.36	0.46	0.46	0.41	0.35	0.31	0.28	0.23
	I(1)	0.026	0.20	0.28	0.32	0.38	0.51	0.68	0.81	0.64	0.37	0.08	-0.14	-0.25	-0.27
RPI	I(1)	0.033	0.08	0.24	0.41	0.56	0.64	0.64	0.57	0.40	0.25	0.12	0.02	-0.06	-0.12
	I(1)	0.018	-0.06	0.12	0.37	0.63	0.80	0.83	0.67	0.44	0.22	0.05	-0.07	-0.18	-0.30
RPI 变化率	I(1)	0.033	0.08	0.24	0.41	0.56	0.64	0.64	0.57	0.40	0.25	0.12	0.02	-0.06	-0.12
	I(1)	0.018	-0.06	0.13	0.37	0.63	0.80	0.83	0.67	0.44	0.22	0.05	-0.07	-0.18	-0.30
社会消费品零售总额	I(1)	0.016	0.01	-0.17	-0.28	-0.29	-0.24	-0.21	0.21	-0.19	-0.13	-0.04	0.03	0.07	0.06
	I(1)	0.016	-0.33	-0.27	-0.09	0.18	0.46	0.67	0.78	0.73	0.61	0.49	0.38	0.26	0.11
CPI	I(0)	0.019	-0.07	-0.12	-0.19	-0.26	-0.32	-0.30	0.00	0.00	0.33	0.37	0.33	0.24	
	I(0)	0.004	0.34	0.32	0.14	-0.16	-0.49	-0.73	-0.82	-0.51	-0.40	-0.31	-0.22	-0.07	
CPI 变化率	I(0)	0.019	-0.07	-0.12	-0.19	-0.26	-0.32	-0.30	0.00	0.00	0.33	0.37	0.33	0.24	
	I(0)	0.004	0.34	0.32	0.14	-0.16	-0.49	-0.73	-0.68	-0.52	-0.40	-0.31	-0.22	-0.07	
名义工资总额	I(2)	0.014	-0.29	-0.29	-0.25	-0.20	-0.12	-0.01	0.13	0.24	0.38	0.38	0.34	0.27	0.21
	I(1)	0.030	-0.02	-0.10	-0.09	-0.05	-0.08	-0.23	-0.44	-0.51	-0.45	-0.26	-0.05	0.10	0.12
外商直接投资 FDI	I(0)	0.067		0.04	0.23	0.31	0.37	0.35	0.24			-0.12	-0.12	-0.19	
	I(0)	0.053	-0.20	0.04	0.28	0.49	0.62	0.67	0.63	0.54	0.40	0.23	0.03	-0.15	-0.27

注：数据表格中第一行结果为金融危机前即1992年第一季度至2008年第三季度，第二行结果为金融危机后即2008年第四季度至2014年第三季度。

产出方面，从表9—5可以看出，在金融危机以前，总产出的波动性小于三次产业产出，第一产业产出波动性最大，为0.028，远远大于总产出和第二产业产出、第三产业产出。金融危机以后，第一产业产出和第三产业产出波动性明显下降，而第二产业产出波动性上升。金融危机以前，第一产业产出为反周期，第二产业和第三产业产出为顺周期；金融危机以后，第一产业和第二产业产出为顺周期，第三产业产出为反周期，且第二产业产出波动与总产出波动的相关程度较高，时差相关系数的最大值达到0.97左右。从中可以看出，第二、三产业的波动是决定总产出波动的重要因素。从三次产业产出的波动特征看，增加第三产业在国民经济中的比重，有助于抑制总产出的波动，促进宏观经济稳定。发展第三产业的这种宏观经济意义往往为人们所忽略。

就业方面，金融危机以前，三次产业的就业波动均大于总就业的波动，这意味着在经济波动中跨产业劳动流动频繁，就业结构变动激烈，反映了中国兼具转型经济和二元发展中经济的特点。金融危机以后，第一、第二产业波动均有所上升，而总体就业波动及第三产业就业波动下降，且下降幅度大于前者的上升幅度。总体从业人数的波动在金融危机以前是顺周期的，而且滞后四个季度即一年，但金融危机以后这种关系转变为同期反周期关系。从各产业看，在金融危机以前，第一产业从业人数的波动是反周期的，第二、三产业从业人数波动是顺周期的。但金融危机以后，第一产业就业波动转变为顺周期，第二、三产业就业波动呈现反周期的变化。在就业波动的这些特征中，反周期关系的成因尤其值得关注。可能的解释是：(1)中国具有典型的二元经济特征，第一产业隐藏着大量的过剩劳动力，充当第二、三产业就业的"蓄水池"。在金融危机以前，经济扩张时期，这些过剩劳动力向第二、三产业转移，就业随之增加，而第一产业就业减少。金融危机以后，经济衰退，劳动力流动正好相反，导致上述关系出现。(2)随着社会经济的发展,服务业以及私营经济、个体经济逐渐发展壮大,经济中出现大量的非正规就业,这些非正规就业又多集中在第三产业。由于现有的从业人数统计很难反映这些非正规就业,因而使得第三产业就业波动的顺周期关系没有在统计上表现出来。

生产率方面,两个时段,劳动生产率的波动性均大于总产出。两个时段劳动生产率都是高度同期顺周期的。这说明生产率波动很可能是金融危机以后中国经济周期波动的重要影响因素之一。同 Prescott(1986)以及 Aiyagari(1994)得出的生产率冲击在经济波动中具有重要影响的结论相吻合。

投资与消费方面,社会消费品零售总额的波动性大于总产出,其波动是顺周期的,尤其在金融危机以后,波动是高度同期顺周期。外商直接投资(FDI)的波动性在两个时段均大于总产出,且两个时段中均是顺周期的,特别是在金融危机以后,FDI呈现出高度顺周期,滞后一个季度。

贸易方面,从国际贸易(进出口)和国内贸易(社会消费品零售总额)两方面来考察贸易波动与产出波动之间的关系。两个时段,与总产出相比,进口额、出口额波动性大。社会消费品零售总额波动性比进口额、出口额小得多,而金融危机以后,与总产出相比,出口额波动性降低,进口额波动性增大,社会消费品零售总额波动性变化很小。整体上来说,国际贸易的波动性要比国内贸易大。就国际贸易而言,在两个时段,进口波动是顺周期的,尤其是金融危机以后时差相关系数较大,领先六个季度;出口波动也是顺周期的,同样在金融危机以后时差相关系数较大,滞后一个季度。就国内贸易而言,在金融危机以前,社会消费品零售总额是反周期的,金融危机以后转变为顺周期。

工资和价格方面,在金融危机前后两个时段,工资总额的波动性均大于总产出。在金融危机以前,工资波动顺周期;金融危机以后工资波动转为反周期。价格水平指标——工业生产者出厂价格指数以及商品零售价格指数的波动性在两个时间段均高于总产出。居民消费价格指数在金融危机以前波动性大于总产出,金融危机以后波动性小于总产出。而且居民消费价格指数在两个时间段都是反周期的,商品零售价格指数在两个时间段都是顺周期的,工业生产者出厂价格指数在金融危机以前是反周期的,在金融危机以后是顺周期的。而通货膨胀率指标——居民消费价格变化率的波动性在金融危机以前大于总产出,金融危机以后小于总产出;商品零售价格变化率的波动性在两个时段均大于总产出。价格在传统上被认为是顺周期的,但有一些研究(Kydland 和 Prescott,1990;Cooley 和 Ohanian,1991;Backus 和 Kohoe,1992 等)认为价格是反周期的。

财政与货币方面,两个时段中,财政支出的波动性均大于总产出,其波动在两个时段均是顺周期。以 M0 和 M1、M2 衡量的货币供应量在两个时段的波动性均比总产出大,金融危机以后,M2 的波动性与总产出大体相当。两个时段,M0、M1、M2 的波动均为顺周期,主要是由于随着金融体制改革的深化和央行独立性的增强,货币供给对实体经济的作用也有所增强,M0 和 M1、M2 的波动逐渐呈现较强的同期顺周期关系。

三、"新常态"和"旧常态"下典型化事实的对比分析

基于上述分析,从波动性、协动性和粘持性三个方面总结"新常态"和"旧常态"下中国经济周期波动的典型化事实。结果如表9—6和表9—7所示。

表 9—6 "新常态"下中国经济周期波动的典型化事实

波动性(Volatility)	波动性大于总产出：财政支出、进口、出口、M1、M0、劳动生产率、投资、国内贸易、名义工资总额、价格水平、从业人数等 波动性与总产出大致相同：M2 等 波动性小于总产出：通货膨胀率等
协动性(Co-movement)	顺周期：进口、出口、劳动生产率、财政支出、国内贸易、货币供应量、投资等 反周期：从业人数、名义工资总额、价格水平、通货膨胀率等
持久性(Persistence)	所有宏观经济变量的波动都表现出较大的持久性

表 9—7 "旧常态"下中国经济周期波动的典型化事实

波动性(Volatility)	波动性大于总产出：劳动生产率、从业人数、国内贸易、财政支出、货币供应量、价格水平、通货膨胀率、投资等 波动性与总产出大致相同：名义工资总额等 波动性小于总产出：无
协动性(Co-movement)	顺周期：投资、进口、出口、财政支出、货币供应量、劳动生产率、名义工资总额等 反周期：从业人数、价格水平、国内贸易、通货膨胀率等
持久性(Persistence)	所有宏观经济变量的波动都表现出较大的持久性

对比表 9—6 和表 9—7 就可以发现，"新常态"和"旧常态"下的典型化事实在大多数方面都相同或相似。然而，两种常态下的典型化事实还存在一定的差异。通过对比，主要有以下几点不同。首先，通货膨胀率的波动性在"新常态"下是小于总产出的；其次，在"新常态"下 M2 的波动性大体与总产出一致，而在"旧常态"下名义工资总额与总产出的波动性大体一致；最后，在"新常态"下名义工资总额是反周期的，在"旧常态"下，国内贸易即社会消费品零售总额是反周期的。

思考与练习

1. 经济周期波动的经典定义是什么？为什么说这种定义只是一种描述性定义？
2. 经济周期波动按持续时间的长短不同可以分为哪几种类型？这些类型之间的联系是什么？
3. 经济周期波动按性质与特点可以分为哪几种类型？各个类型的定义是什么？
4. 从实践应用来看，运用景气指数法进行经济周期波动监测预警一般需要哪几个实施阶段？
5. 请简述 NBER 选取景气指数周期性指标的基本原则。
6. 请结合时差相关分析法和 K—L 信息量法计算公式，简述如何划分先行指标、同步指标和滞后指标。
7. 试论述经济景气合成指数(CI)的基本思想与计算步骤。
8. 试结合中国的 PMI 指标编制论述经济景气扩散指数(DI)的基本原理和编制方法。
9. 从实践应用来看，经济周期波动预警信号系统的编制过程包括几个具体步骤？
10. 经济周期波动的典型化事实一般包括哪些方面，各自有什么涵义？
11. 经济周期波动中变量间协动性的表现情形有哪些？如何对协动性进行统计测度？
12. 请收集中国改革开放以来的 GDP 总量和分产业年度数据，试从波动性和协动性两个方面进行 GDP 波动典型化事实的总结分析。

第十章 政府财政与货币调控统计分析

政府财政与货币调控是对宏观经济进行调控的主要手段。经济学理论研究表明,宏观经济发展过程中总是伴随着经济的周期性波动。政府财政和货币调控正是通过调整财政收支或货币供应量等项目,及时修正宏观经济运行中偏离宏观经济目标的倾向,保证市场经济的健康可持续发展。可以说,政府财政和货币的调控是宏观经济有序发展的重要保障,同时也是宏观经济统计分析中应该关注的内容。

本章首先介绍政府财政调控以及货币调控的统计分析理论和方法,展开分析政府财政调控中的财政收支项目和货币调控中的货币供应量、利率等调控中介目标,然后是对中国政府债务、税收与经济增长、财政政策调控等政府财政调控问题的实证分析,最后是对中国货币供给、货币需求和货币调控的经济效应等问题的实证分析。

第一节 政府财政调控统计分析理论和方法

政府财政调控是政府通过调整财政收支项目来实现宏观调控目标的过程,而要实现有效的政府财政调控,就有必要对财政收支项目概念进行系统的梳理,同时对财政收支的一般统计分析方法有正确的认识。

一、财政调控的一般性分析

财政调控是政府依据客观经济规律,运用财政政策手段调节经济运行,实现社会总供求平衡,保持经济稳定增长的有效方式。其目的是为了使财政分配的资金得到落实,社会公共需要得到满足,经济发展和社会生活得以正常进行。

(一)财政调控的目标

首先,财政调控的目标在于实现社会总供给和总需求的总量平衡和结构平衡,促进资源的优化配置和经济结构的合理化,保持经济的适度增长和物价的基本稳定,促进充分就业以及国际收支平衡等宏观调控目标。实际应用中,财政调控的主要目标一般设定为促进经济增长和稳定物价水平。

其次,财政调控的目标还将协调经济社会的各参与方利益分配,促进收入的公平分配,防止平均主义,改善现有的收入差距过大等分配不公的现象。

第三,财政调控的目标也包含在维持经济增长的基础上进一步促进政治稳定和社会稳定。

(二)财政调控的方式

财政调控的方式分类方法有两种,一种是根据财政调控的实现方式分为行政法律手段调控和经济手段调控两类,另一种是根据财政调控的作用对象分为财政收入调控和财政支出调控。

在根据财政调控的实现方式分类类别中,行政法律手段调控是指政府通过以法律的形式确定财政收入和财政支出政策,以此规范财政关系及运行的行为,同时实现对经济进行调控;而经济手段调控则是指政府直接调整财政支出或财政收入项目,使其达到财政调控的目标。

在根据财政调控的作用对象分类类别中,财政收入调控是指政府通过对税率、税种等财政收入项目的调整,达到财政调控的目标;财政支出调控是指政府通过对转移支付、政府购买支出项目的调整,达到财政调控的目标。

(三)财政调控的功能

财政调控的功能体现在三个方面:一是通过调整财政收支及其平衡状况可以直接影响社会总供求及其平衡,进而达到经济平稳增长和物价稳定的目标;二是通过调整财政收支项目,能够对企业乃至个人货币收支的增减和流向发挥重要的调控作用;三是财政调控渗透市场活动与非市场活动两个领域,为宏观经济的可持续发展提供助力。

二、财政收支的概念及分类

(一)财政收支的概念

政府财政调控是宏观经济统计分析的重要组成部分,政府财政调控以对财政收支项目调控为主。财政收支项目包括财政收入和财政支出两个子项目。对财政收支项目的调整首先需要明确财政收支的统计意义。

政府财政统计手册(GFSM)是国际货币基金组织(IMF)发布的针对财政收支统计的国际指导准则,目的在于构建一个全面完整、适用于财政政策分析和数据质量评估的政府财政统计体系。政府财政统计手册作为一个国际准则的范本,有其存在的现实意义,但在实践中仍有较大的局限性,因此在实际应用中,各国都对政府财政统计手册进行改进,形成适合本国国情的财政统计体系。

在中国的财政收支体系中,财政收入是指国家凭借政治权利,以社会管理者、国有资产所有者身份筹集到的归国家支配的资金,是国家参与国民收入分配的主要形式,是政府履行职能的财力保障,表现为政府部门在一定时期内所获得的货币收入。按照现行政府预算体系,财政收入分为:公共财政收入、政府性基金收入、国有资本经营收入和社会保险基金收入。

财政支出则是指政府为提供公共产品和服务,满足社会公共需要而安排财政资金的支付,反映政府配置资源的范围和规模。财政支出是国家财政将筹集起来的资金进行分配使用,以满足经济建设和各项事业的需要,其性质是政府的公共支出。财政支出是国家将通过各种形式筹集上来的财政收入进行分配和使用的过程,它是整个经济分配活动的第二阶段。按照中国现行的政府预算体系,财政支出可分为公共财政支出、政府性基金支出、国有资本经营支出和社会保险基金支出。

在政府财政统计手册中,并没有直接对财政收入做出定义,而是先对收入定义为通过交易使净资产增加的部分,政府财政收入则表现为政府净资产的增加。一般认为,政府财政收入有四个方面的来源:政府强制征收的税收收入和社保收入;政府作为资产所有者取得的财产性收入;政府提供货物和服务所得的收入;政府接受的来自其他部门的转移支付。其中,强制征收的税收收入是财政收入的主要来源。

政府财政统计手册也未对财政支出做出定义,而是将支出定义为通过交易使净资产的减少的部分,政府财政支出就表现为政府净资产的减少。一般认为,广义政府部门承担两个经济职责,一是主要以非市场的形式向社会提供公共产品和服务,二是以转移支付的形式重新分配收入和财富。财政支出的分类方式有两种,一种是以经济性质分类,另一种是以实现政府职能类别分类。

(二)财政收支的分类

1. 财政收入的分类

财政收入分类就是按照财政收入的内在性质和相互联系,对财政收入所进行的科学、系统的划分和归并。对财政收入进行分类,可以帮助我们了解和分析财政收入的结构及其变化趋势,对影响财政收入的各类因素进行研究,进而制定合理的财政政策和制度,正确处理组织财政收入过程中的各种利益分配关系。

中国目前现行的政府财政体系中将财政收入分为:公共财政收入、政府性基金收入、国有资本经营收入和社会保险基金收入四大类。财政收入类别的比较见表10—1。

表10—1 财政收入类别比较

政府财政统计手册 GFSM(2014)	中国政府财政统计体系
税收收入,包括对收益、利润和资本所得征税、对财产征税、对工资和劳动报酬征税、对货物和服务征税、对国际贸易和交易征税、其他税收	公共财政收入包括税收收入和非税收入两部分。税收收入包括中央固定收入、地方固定收入以及中央与地方共享收入[①]
社会缴款,包括社会保险缴款、其他社会缴款	政府性基金收入包括中央收入、地方收入以及中央与地方共享收入
捐赠,包括外国政府部门的捐赠、国际组织的捐赠、其他广义政府单位捐赠	国有资本经营收入包括利润收入、股利和股息收入、产权转让收入、清算收入以及其他国有资本经营收入
其他收入,包括财产收入、出售货物和服务的收入、罚款罚金和罚没收入、其他未分类的转移支付、保费及其他费用,以及非寿险保费收入和担保计划收入	社会保险基金收入包括社会保险费收入、利息收入、财政补贴收入和其他收入

2. 财政支出的分类

政府财政支出分类是指按一定标准将预算支出划分为不同的类别,随着社会经济的不断发展,财政支出的数量不断增加,财政支出的种类也越来越复杂,为了正确安排、合理分配和有效使用财政资金,有必要根据不同的标准和需要对财政支出进行科学的分类,以认识和把握政府预算支出的发展规律,提高财政支出的社会经济效果,更好发挥财政支出在社会经济发展中的作用。结合国际财政收支分类的做法,2007年中国对政府支出体系进行大的调整,建立了与国际接轨的财政支出分类体系,见表10—2和表10—3。

---

① 中央政府固定收入包含国内消费税、进口货物增值税和消费税、关税、未纳入分享范围的企业所得税、各银行总行和保险总公司等集中缴纳的营业税和城市维护建设税、车辆购置税、船舶吨税等。地方政府固定收入包含有营业税、城市维护建设税(除属于中央政府固定收入外)、房产税、印花税(不含证券交易印花税)、城镇土地使用税、土地增值税、车船税、耕地占用税、契税、烟叶税等。中央政府和地方政府分享收入包含国内增值税(中央政府占75%,地方政府占25%),纳入分享范围的企业所得税(中央政府占60%,地方政府占40%),个人所得税(中央政府占60%,地方政府占40%),证券交易印花税(中央政府占97%,地方政府占3%)。

表 10－2 财政支出类别比较(以经济性质划分)

政府财政统计手册 GFSM(2014) （共 6 类）	中国政府财政统计体系 （共 12 类）
雇员报酬、利息、补贴、捐赠、社会福利、其他支出	工资福利支出、商品和服务支出、对个人和家庭的补助、对企事业单位的补贴、转移性支出、赠与、债务利息支出、债务还本支出、基本建设支出、其他资本性支出、贷款转贷及产权参股、其他支出

表 10－3 财政支出类别比较(以政府职能划分)

政府财政统计手册 GFSM(2014) （共 10 类）	中国政府财政统计体系 （共 26 类）
一般公共服务、国防、公共秩序和安全、经济事务、环保、住房和社会福利设施、医疗、娱乐、文化和宗教、教育、社会保护	一般公共服务、外交、国防、公共安全、教育、科学技术、文化体育与传媒、社会保障和就业、社会保险基金支出、医疗卫生、节能环保、城乡社区事务、农林水事务、交通运输、资源勘探电力信息等事务、商业服务业等事务、金融监管等事务支出、地震灾后恢复重建支出、援助其他地区支出、国土资源气象等事务、住房保障支出、粮油物资储备事务、预备费、国债还本付息支出、其他支出、转移性支出

三、财政收支的结构和规模分析

财政收支活动是国民经济正常运转中不可或缺的部分，政府通过财政收支活动实现对资源的调控配置，国民财富的再分配，维护社会稳定等职能，从这一层意义上来说，财政收支的结构与规模反映了政府参与经济活动的广度和深度。

（一）财政收入的结构分析

表 10－4 给出了中国 2007—2014 年财政收入结构。表中清晰显示出了税收收入内部的构成部门。图 10－1 进一步给出了公共财政收入模型情况。从表 10－4 和图 10－1 可知，2001 年中国预算内公共财政收入中约有 93.38% 来源于各种税收，非税收入占全部财政收入比重不到 10%，但随着近年来非税收入中土地出让金的大幅增加使得非税收入在公共财政收入中的比重有所增加，2014 年公共财政收入中税收收入所占比重下降至 84.90%，非税收入则达到 15.10%。尽管非税收入占财政收入的份额有所增加，但税收收入在财政收入中仍然占据着主要地位，因而分析预算内公共财政收入项目结构的关键是分析税收收入的结构。

表 10－4 中国 2007—2014 年财政收入结构　　　　　　单位：亿元

年份	税收收入							非税收入
	国内增值税	营业税	进口货物税	企业所得税	出口退税（一）	其他税收收入	合计	
2007	15470.23	6582.17	6153.41	8779.25	5635.00	14271.91	45621.97	5699.81
2008	17996.94	7626.39	7391.13	11175.63	5865.93	15899.63	54223.79	7106.56
2009	18481.22	9013.98	7729.79	11536.84	6486.61	19246.37	59521.59	8996.71
2010	21093.48	11157.91	10490.64	12843.54	7327.31	24952.53	73210.79	9890.72
2011	24266.63	13679.00	13560.42	16769.64	9204.75	30667.45	89738.39	14136.04
2012	26415.51	15747.64	14802.16	19654.53	10428.89	34423.33	100614.28	16639.24
2013	28810.13	17233.02	14004.56	22427.20	10518.85	38574.64	110530.70	18678.94
2014	30855.36	17781.73	14425.30	24642.19	11356.46	42827.19	119175.31	21194.72

数据来源：《中国统计年鉴》，中国统计出版社。

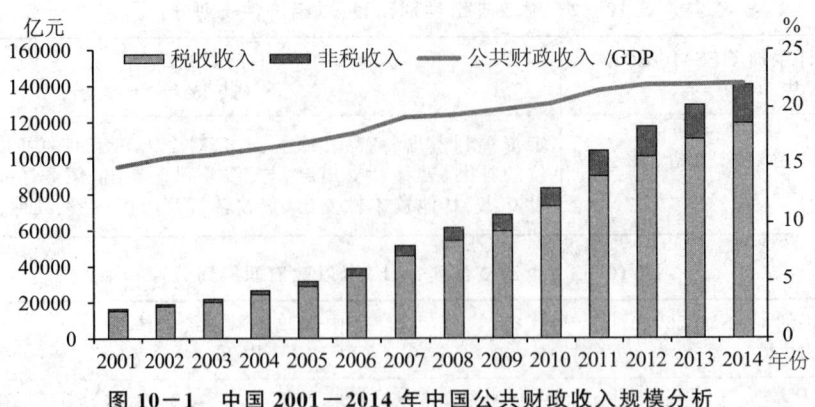

图 10－1 中国 2001－2014 年中国公共财政收入规模分析

改革开放以来,中央政府与地方政府的财政收入在总财政收入中的占比也发生了显著的变化,从表 10－5 可以看出,中央政府政府占比在改革开放之后至 1984 年都在快速提高,1984 年政府开展"利改税"基本完成,中央财政收入占比自此开始出现下滑;至 1993 年中央政府收入占比显著下降至 22.02%,1994 年分税制改革将这一格局打破,中央与地方之间重新划定财政收入的比率;此后,中央财政收入占比基本稳定在 53%,近年来随着税收的减免等财税体制改革的出台以及地方政府土地财政收入的增加,中央财政收入占比有所下降,2014 年中央财政收入占比为 45.95%。

表 10－5 中国 1978－2014 年中央政府与地方政府财政收入占比　　　单位:%

年份	中央政府占比	地方政府占比	年份	中央政府占比	地方政府占比	年份	中央政府占比	地方政府占比
1978	15.52	84.48	1991	29.79	70.21	2004	54.94	45.06
1979	20.18	79.82	1992	28.12	71.88	2005	52.29	47.71
1980	24.52	75.48	1993	22.02	77.98	2006	52.78	47.22
1981	26.46	73.54	1994	55.70	44.30	2007	54.07	45.93
1982	28.61	71.39	1995	52.17	47.83	2008	53.29	46.71
1983	35.85	64.15	1996	49.42	50.58	2009	52.42	47.58
1984	40.51	59.49	1997	48.86	51.14	2010	51.13	48.87
1985	38.39	61.61	1998	49.53	50.47	2011	49.41	50.59
1986	36.68	63.32	1999	51.11	48.89	2012	47.91	52.09
1987	33.48	66.52	2000	52.18	47.82	2013	46.59	53.41
1988	32.87	67.13	2001	52.38	47.62	2014	45.95	54.05
1989	30.86	69.14	2002	54.96	45.04			
1990	33.79	66.21	2003	54.64	45.36			

数据来源:《中国统计年鉴》,中国统计出版社。

(二)财政支出的结构分析

财政支出结构的形成和发展变化,应以国民经济长期发展战略和政策目标作为依据。调整和优化财政支出的职能结构和用途结构,有利于进一步推动全社会劳动生产率和人民生活水平的提高,有利于建设和谐社会。

财政支出的分类包括:公共财政支出、政府性基金支出、国有资本经营支出和社会保障支出。根据2014年的数据,公共财政支出仍然是财政支出主要的去向,占比达75.13%,全国政府性基金支出占比为23.82%,国有资本经营支出占比较小,仅有1.06%。

从表10-6可以看出,按照政府职能分类的主要公共财政支出占比在2007年至2014年间发生较为显著的变化。其中,自2007年公共财政支出分类改革之后,一般公共服务、外交、政府采购支出占比快速下降,降幅分别达到-48.89%、-44.19%、-100%;国防、公共安全也都有较大幅度下降;科学技术、文化体育与传媒、社会保障和就业这三项支出占比出现小幅下滑。与之相反的是医疗卫生与计划生育、城乡社区事务。农林水事务和交通运输占比都有大幅提高,提高比例分别为67.50%、30.98%、36.55%和77.92%。

表10-6 中国财政支出主要项目支出占比 单位:%

项目	2007	2008	2009	2010	2011	2012	2013	2014
一般公共服务	17.10	15.65	12.01	10.39	10.06	10.08	9.81	8.74
外交	0.43	0.38	0.33	0.30	0.28	0.27	0.25	0.24
国防	7.14	6.68	6.49	5.93	5.52	5.31	5.29	5.46
公共安全	7.00	6.49	6.22	6.14	5.77	5.65	5.55	5.51
教育	14.31	14.39	13.68	13.96	15.10	16.87	15.69	15.18
科学技术	3.58	3.40	3.60	3.62	3.50	3.54	3.63	3.50
文化体育与传媒	1.81	1.75	1.83	1.72	1.73	1.80	1.81	1.77
社会保障和就业	10.94	10.87	9.97	10.16	10.17	9.99	10.33	10.52
医疗卫生与计划生育	4.04	4.40	5.23	5.35	5.89	5.75	5.91	6.70
政府采购支出	9.36	9.57	9.72	9.37	10.37	11.10	11.68	0.00
节能环保	2.00	2.32	2.53	2.72	2.42	2.35	2.45	2.51
城乡社区事务	6.52	6.72	6.69	6.66	6.98	7.21	7.96	8.54
农林水事务	6.84	7.26	8.81	9.05	9.10	9.51	9.52	9.34
交通运输	3.85	3.76	6.09	6.11	6.86	6.51	6.67	6.85
资源勘探电力信息等事务	0.00	1.95	3.77	3.88	3.67	3.50	3.49	3.29
其他支出	5.12	4.40	3.03	4.66	2.58	0.57	-0.05	11.84

数据来源:相关年份《中国统计年鉴》,中国统计出版社。

改革开放以来,中央政府与地方政府的财政支出在总财政支出中的占比变化相对平稳,从表10-7可以看出,中央政府占比在改革开放之后至1984年都基本保持在50%左右,1984年开始城市经济改革,地方财政支出显著增加,中央财政支出占比自此开始出现下滑,此后随着地方基础设施建设投资的增加,地方财政支出占比逐年提高,至2014年中央财政支出占比为14.87%。

结合表10-5可以发现,在1993年进行财税体制改革之后,中央政府财政收入占比快速增加,但相应的财政支出并没有相应的同比例提高,地方政府在财政收入减少的情况下,财政支出并没有显著下降,这表明政府间存在着"财权与事权不相匹配"的问题。

表10—7 中国中央政府与地方政府财政支出占比 单位:%

年份	中央政府占比	地方政府占比	年份	中央政府占比	地方政府占比	年份	中央政府占比	地方政府占比
1978	47.42	52.58	1991	32.21	67.79	2004	27.71	72.29
1979	51.11	48.89	1992	31.28	68.72	2005	25.86	74.14
1980	54.26	45.74	1993	28.26	71.74	2006	24.72	75.28
1981	54.96	45.04	1994	30.29	69.71	2007	22.98	77.02
1982	52.99	47.01	1995	29.24	70.76	2008	21.32	78.68
1983	53.89	46.11	1996	27.10	72.90	2009	19.99	80.01
1984	52.52	47.48	1997	27.43	72.57	2010	17.79	82.21
1985	39.68	60.32	1998	28.95	71.05	2011	15.12	84.88
1986	37.93	62.07	1999	31.49	68.51	2012	14.90	85.10
1987	37.38	62.62	2000	34.75	65.25	2013	14.60	85.40
1988	33.92	66.08	2001	30.51	69.49	2014	14.87	85.13
1989	31.47	68.53	2002	30.71	69.29			
1990	32.57	67.43	2003	30.10	69.90			

数据来源:《中国统计年鉴》,中国统计出版社。

(三)财政收入的规模分析

政府财政收入规模是指政府可以组织多少财政收入,一般认为,财政收入占国内生产总值的比率是衡量财政收入规模的指标。合理的财政收入规模能够对经济增长产生积极作用,这是因为:(1)财政收入占GDP比重会影响资源的有效配置;(2)财政收入占GDP的比重影响经济结构的优化;(3)财政收入占GDP的比重既影响公共需要的满足,也影响个别需要的实现。财政收入占GDP比重的大小仍是一个悬而未决的问题。研究表明:随着国家职能的转变,财政收入规模会随之逐步扩大,财政与经济之间存在着相互促进、相互制约的关系。

测度财政收入规模的统计指标主要包括:

1. 财政收入占GDP的比率:从总体上反映国民经济对财政的负担情况。

表10—8 中国财政收入规模分析

年份	财政收入占GDP的比率(%)	财政收入增长弹性系数	财政收入增长边际倾向	年份	财政收入占GDP的比率(%)	财政收入增长弹性系数	财政收入增长边际倾向
2000	13.43	1.06	0.20	2008	19.36	1.01	0.21
2001	14.86	1.11	0.28	2009	19.82	1.02	0.25
2002	15.62	1.05	0.23	2010	20.32	1.03	0.23
2003	15.90	1.02	0.18	2011	21.46	1.06	0.28
2004	16.42	1.03	0.19	2012	21.95	1.02	0.27
2005	17.03	1.04	0.21	2013	21.97	1.00	0.22
2006	17.81	1.05	0.22	2014	22.07	1.00	0.23
2007	19.15	1.08	0.25				

数据来源:根据《中国统计年鉴》整理所得。

2. 财政收入增长弹性系数：即财政收入增长速度对 GDP 名义增长速度的比值。比值大于、等于和小于 1，分别表明财政收入的增长快于、等于和低于 GDP 的增长。

3. 财政收入增长边际倾向：即财政收入增加的比率与 GDP 增加的比率的比值，表示 GDP 多增一个单位的同时，财政收入增加的多少。

从表 10-8 可以看出财政收入增长弹性系数在 2013 年前各年份均大于 1，表明这一时期财政收入增长大于 GDP 的增长，而在 2013 年和 2014 年期间这一系数均为 1，表明财政收入增长与 GDP 增长同步；从财政收入增长边际倾向来看，财政收入增加的比率与 GDP 增加的比率的比值基本维持在 25% 上下浮动，表明多增加 1 个单位的 GDP，相对应财政收入增加 0.25 个单位。

（四）财政支出的规模分析

财政支出规模分析主要有两个方面：

第一，财政支出是政府为整个经济社会有序运行提供必要的公共产品和服务，财政支出的绝对量和增长速度反映了政府提供公共产品的数量和增长变化。

第二，考察政府提供的公共产品和服务数量是否满足社会需求，还必须要在国民经济发展的水平和速度的前提背景下分析，因此，还要用相对指标反映财政支出与国民经济发展的关系。一是随着人均收入水平的提高，政府在经济、文化、社会发展方面的作为越来越大，财政支出与 GDP 的比率也应提高，在财政学上将此称为瓦格纳法则。在统计上，可比较人均 GDP 与财政支出占 GDP 比率这两个指标的关系。二是计算财政支出增长的弹性系数，即财政支出增长速度与 GDP 名义增长速度的比值。弹性系数大于、等于和小于 1，分别表示财政支出快于、等于和小于 GDP 的增长速度。三是计算财政支出增长的边际倾向，即财政支出比上年多增的数量与 GDP 比上年多增数量的比值，反映 GDP 每多增一单位，财政支出增加多少。

从表 10-9 可以看出财政支出增长弹性系数在 2005 年至 2014 年均大于 1，表明这一时期财政支出增长大于 GDP 的增长，而在 2014 年这一系数均为 1，表明财政支出增长与 GDP 增长同步；从财政支出增长边际倾向来看，从 2010 年开始财政支出增加的比率与 GDP 增加的比率的比值基本维持在 21%-33% 区间内波动，表明多增加 1 个单位的 GDP，相对应财政支出增加 0.21-0.33 个单位。

表 10-9　中国财政支出规模分析

年份	人均 GDP（元）	财政支出占 GDP 的比率（%）	财政支出增长弹性系数	财政支出增长边际倾向
2000	7902	15.92	1.09	0.28
2001	8670	17.14	1.08	0.29
2002	9450	18.23	1.06	0.29
2003	10600	18.05	0.99	0.17
2004	12400	17.73	0.98	0.16
2005	14259	18.25	1.03	0.22
2006	16602	18.57	1.02	0.20
2007	20337	18.57	1.00	0.19
2008	23912	19.76	1.06	0.26
2009	25963	22.08	1.12	0.47
2010	30567	21.98	1.00	0.21
2011	36018	22.57	1.03	0.26
2012	39544	23.58	1.04	0.33
2013	43320	23.84	1.01	0.26
2014	46629	23.87	1.00	0.24

数据来源：根据《中国统计年鉴》整理所得。

四、财政收支平衡分析

(一)财政收支平衡概念

财政收入项目与财政支出项目的数量对比关系无非三种:财政支出大于财政收入,产生财政赤字;财政收入大于财政支出,形成财政结余;财政收入与财政支出持平。第三种情形即为财政收支平衡,表现为在确定时期内财政收入与财政支出总量上的对等关系。通常来说,严格意义上的财政收支平衡是一种理想状态,仅会在编制预算时才会出现,财政收支不平衡才是常态。由于超出收入的支出将会形成财政赤字,政府赤字的增加将会限制政府经济政策的实施,从而对经济带来负面影响,为稳妥起见,常常将财政收入大于支出,略有结余的情况称之为财政平衡。

财政收支是否平衡,表面上是一种收支关系,而背后是反映政府部门与企业和居民部门之间的关系,反映各阶级、各阶层之间的利益关系,反映中央和地方、各地区以及政府各部门之间的利益关系。财政收支平衡意味着财政分配和物资分配相适应,是保证国民经济持续、稳定、协调发展的必要条件[①]。

(二)财政收支平衡差额的计算

通常认为,财政收支平衡差额等于政府财政总收入与债务收入减去同期内政府财政总支出与债务还本支出,可表示为:

$$财政收支平衡差额=(财政总收入+债务收入)-(财政总支出+债务还本支出)$$

中国财政赤字的计算方法是:

$$财政赤字=经常收入-经常支出 \quad (10.1.1)$$

将举债收入列入计算财政赤字的经常收入中不利于正确认识和分析财政收支平衡问题。

$$财政预算赤字=预算内财政经常收入-预算内财政经常支出 \quad (10.1.2)$$

$$中央财政预算赤字=中央财政预算经常收入-中央财政预算经常支出 \quad (10.1.3)$$

$$政府赤字=全部政府收入-全部政府支出 \quad (10.1.4)$$

式(10.1.4)计算的政府赤字是最全面的财政赤字,受到某些原因限制,式(10.1.4)中的收入和支出不能全面核算出来,式(10.1.3)计算的财政赤字主要用于分析中央财政的平衡状况。通常采用式(10.1.2)计算的财政预算赤字分析财政收支平衡问题。

为加强中央预算管理,2006年中央公共财政设立中央预算稳定调节基金,即中央财政安排部分超收收入,用于弥补段首年度预算执行收支缺口,或视预算平衡情况在编制以后年度预算时调入并安排使用的专用基金。补充中央预算稳定调节基金时在支出方反映,调入中央预算稳定调节基金时在收入方反映[②]。设立中央预算稳定调节基金后,公共财政结余或财政支出的计算方式为:

$$公共财政结余与赤字=(全国财政收入+调入中央预算稳定调节基金)$$
$$-(全国财政支出+补充中央预算稳定调节基金) \quad (10.1.5)$$

(三)政府财政赤字和政府债务的统计分析

政府财政赤字的评判指标包括:

1. 财政赤字率:财政赤字占GDP比率。

---

① 龚曙明著,《宏观经济统计分析—理论、方法、实务》,中国水利水电出版社,2010年.
② 中国国家统计局,《中国主要统计指标诠释》,中国统计出版社,2012年.

2. 债务率:外债余额占当年贸易和非贸易外汇收入的比率。
3. 赤字依存度:财政赤字占财政支出的比率。
4. 国债占财政收入比率:国债余额占当年财政收入的比率[①]。
5. 居民的国债负担率:国债余额占居民人民币储蓄存款余额的比率[②]。

2005—2014年中国财政赤字规模分析见表10—10。

表10—10　2005—2014年中国财政赤字规模分析　　　　单位:%

年份	财政赤字率	债务率	赤字依存度	国债占财政收入比率	居民的国债负担率
2005	1.23	35.44	6.72	103.05	23.12
2006	0.76	31.89	4.11	90.34	21.67
2007	0.57	29.00	3.09	101.47	30.18
2008	0.40	24.67	2.02	86.86	24.45
2009	2.25	32.16	10.20	87.91	23.10
2010	1.66	29.25	7.54	81.28	22.27
2011	1.11	33.31	4.92	69.36	20.97
2012	1.63	32.78	6.91	66.15	19.41
2013	1.87	35.59	7.85	67.14	19.38
2014	1.80	35.19	7.52	68.15	

数据来源:根据《中国财政统计年鉴》《中国统计年鉴》整理所得。

政府财政支出大于财政收入会产生财政赤字,财政赤字短期内可以起到增加投资、提振经济的作用,但长期高赤字率会限制政府对宏观经济的调控能力。一般认为,债务融资和货币融资是弥补财政赤字的两种常用方法,债务融资是指发行国债为赤字融资。货币融资有两种方式,一是财政部直接向中央银行借款或透支;二是财政部向公众出售国债,随后中央银行在公开市场上购入国债。但由于《中国人民银行法》规定,中国人民银行不得对政府财政提供借款或透支,也不得直接购买政府债券。中央银行通过公开市场业务直接购买国债与货币融资没有直接联系。因而,中国政府弥补财政赤字的方法主要以债务融资为主。

反映外债债务风险的主要指标有:
1. 负债率:年末外债余额与当年GDP的比率,是衡量经济总规模对政府债务的承载能力或经济增长对政府举债依赖程度的指标。
2. 债务率:指外债余额与当年贸易和非贸易外汇收入(国际收支口径)之比,是衡量债务规模大小的指标。
3. 偿债率:指偿还外债本息与当年贸易和非贸易外汇收入(国际收支口径)之比。

从表10—11可以看出,政府的外债整体规模处于可控状态,负债率和偿债率都有所下降。中国的法律规定地方政府不能自主发行债务,因而现有官方统计的政府债务水平不能反映真实情况,中国政府的真实债务水平应该将地方政府债务及其或有债务也包括进来,地方政府债务应该包括两部分:一是地方政府融资平台债务;二是非融资平台公司的地方政府债务。举借主体涉及地方政府部门和机构、经费补助事业单位、公用事业单位和其他单位。根据测算,2012

[①] 由于2006年实行国债余额管理,还本付息额不再进行统计,本节中以国债余额进行代替。
[②] 本节中国债余额采用中央财政债务余额指标数据,居民储蓄存款余额采用城乡居民储蓄存款余额指标数据。

年地方政府债务总计应为19.94万亿元,加之中央政府债务合计27.7万亿元,占GDP的比重为53%。

表10-11 中国政府外债风险分析表　　　　　　　　　　　　　　单位:%

年份	负债率	债务率	偿债率	年份	负债率	债务率	偿债率
2005	13.1	35.4	3.1	2010	9.3	29.2	1.6
2006	12.5	31.9	2.1	2011	9.5	33.3	1.7
2007	11.1	29.0	2.0	2012	9.0	32.8	1.6
2008	8.6	24.7	1.8	2013	9.4	35.6	1.6
2009	8.6	32.2	2.9	2014	8.6	35.2	1.9

在金融危机之后,政府债务水平开始显著提升,见表10-12。由2008年占GDP 41%扩大到2009年占GDP 49%。将中国政府债务水平与国际主要经济体相比较发现,中国政府债务水平并不突出,风险仍处于可控范围之内。债务对GDP的比重究竟处于何种水平为佳,迄今尚无定论,但是能够确定的是,随着债务水平的不断上升,还债压力也会随之增加,风险则会不断积累。Cecchetti等(2011)利用18个OECD国家1980—2010年的资金流量表数据估计得出,政府部门的债务阈值是85%,这也表明中国政府债务水平仍然在安全范围之内。与这些国家相比(见表10-13),中国政府债务安全状况也比较好。

表10-12　1996—2012年中国政府负债率分析　　　　　　　　　　　　单位:%

年份	债务/GDP	年份	债务/GDP	年份	债务/GDP
1996	23	2002	38	2008	41
1997	25	2003	39	2009	49
1998	28	2004	40	2010	49
1999	33	2005	41	2011	NA
2000	33	2006	40	2012	53
2001	35	2007	43		

表10-13　政府债务水平的国际比较　　　　　　　　　　　　　　　　单位:%

国家	政府债务占GDP比重	国家	政府债务占GDP比重
日本	226	美国	80
英国	81	德国	83
西班牙	71	澳大利亚	21
法国	90	加拿大	69
意大利	111	中国	53
韩国	33		

数据来源:除中国外,数据来自OECD数据库。

第二节 政府货币调控统计分析理论和方法

政府货币调控最终目标的选择,决定了货币调控的作用力和经济发展的方向,回顾国际货币政策形成和发展的历史,可以看出,货币政策已经由最初的单一目标过渡到多重目标的综合体系,对大多数国家的货币当局而言,增长目标和稳定目标成为其货币调控的核心目标。其中,充分就业和经济增长可归纳为增长目标,而物价稳定目标则可视为稳定目标。

一、政府货币调控的一般性分析

一般说来,政府货币调控是由政策目标、货币政策工具、中介目标三部分有机组成的。其中,政策目标指的是经济增长、物价稳定、充分就业和国际收支平衡;而中介目标则是货币供应量或是利率等。

从图 10-2 可以看出,政府货币调控的传导机制可以理解为:货币当局使用不同的货币政策工具来调节货币供应量和利率指标,进而对宏观经济产生影响,从而实现货币政策调控的目标:经济增长、物价稳定、充分就业和国际收支平衡。

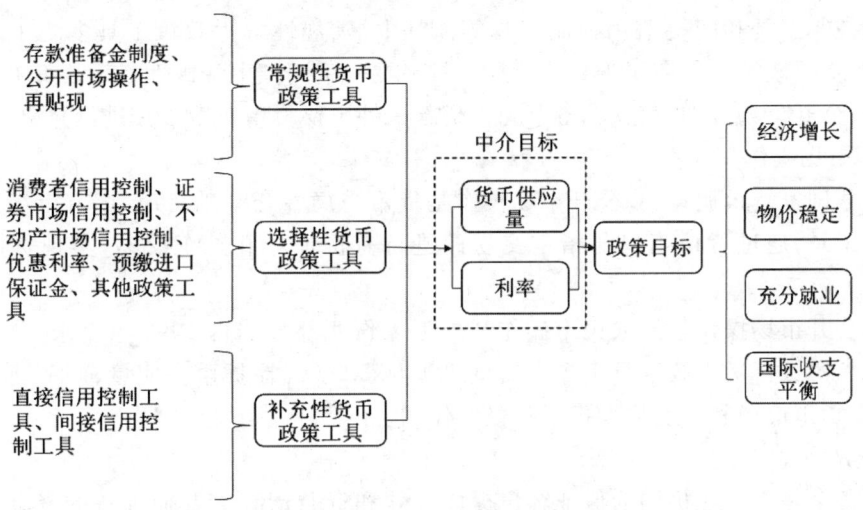

图 10-2 政府货币调控体系图

(一)政策目标

在政策目标中,经济增长和充分就业可归纳为增长目标,物价稳定可视为稳定目标。

1. 增长目标

充分就业,也称为完全就业,通常指凡是愿意并有能力工作的人都能得到一个满意的工作,并不存在劳动力资源浪费现象。在充分就业情况下,仍存在着摩擦性失业和自愿失业。

西方经济学对经济增长有两种观点,一种观点认为,经济增长是指国民生产总值的增加,即一国在某一时期内生产的产品和劳务总量的增加;另一种观点认为经济增长是指一国生产商品和劳务能力的增长,被视为一国生产可能性边界的扩展。

货币调控能否影响增长指标在经济学界引起了广泛的讨论,以弗里德曼为代表的货币主义和以卢卡斯为代表的理性预期学派最先提出了货币中性论,认为货币只能影响物价等名义变量,而无法影响真实产出。但是,现实经济与经济理论之间仍然存在着较大的差异,有相当一部分经济学家通过实证研究发现在长期或短期内货币是非中性的。

2. 稳定目标

物价稳定是指一般物价水平在短期内不发生显著的或者急剧的波动。首先物价稳定有助于企业和消费者更好地进行消费、投资决策,从而提高市场资源的效率;其次,物价稳定也鼓励个人和企业将资源投入到生产用途上,从而促进经济增长;第三,物价稳定有助于减少因为通货膨胀而加剧的税收和社会保障系统的扭曲所带来的损失;第四,物价稳定有助于防止由通货膨胀或通货紧缩而引起的财富和收入大量、无序的重新分配;第五,物价稳定有助于保持社会和政治的稳定。基于上述理由,物价稳定成为货币调控的重要目标。

货币冲击对物价水平会产生重要影响,这是几乎所有经济学家的共识。大量的实证研究表明,货币与物价之间存在高度正相关关系,货币增长率的变动会引起通货膨胀率的同等变化。

(二)货币政策工具

通常认为,货币政策工具是指货币当局为了达到货币政策目标而采取的手段,货币政策工具包括常规性货币政策工具、选择性货币政策工具和补充性货币政策工具。常规性货币政策工具包括存款准备金制度、公开市场操作和再贴现;选择性货币政策工具包括消费者信用控制、证券市场信用控制、不动产市场信用控制和对金融企业进行窗口指导等;补充性货币政策工具包括直接信用控制工具和间接信用控制工具等。其中,常规性货币政策工具多属于间接调控工具,而选择性货币政策工具多属于直接调控工具。在货币调控中常规性货币政策工具被经常使用,下面将对公开市场操作、存款准备金和再贷款三种主要货币政策工具进行介绍。

1. 公开市场操作

在大多数国家货币调控中,公开市场操作是货币当局吞吐基础货币,调节市场流动性的主要货币政策工具,通过货币当局与指定交易商进行有价证券和外汇交易,实现货币政策调控目标。

中国的公开市场操作包括人民币操作和外汇操作两部分。自1999年以来,公开市场操作已成为中国人民银行货币政策日常操作的重要工具,对于调控货币供应量、调节商业银行流动性水平,引导货币市场利率走势发挥了积极的作用。

2. 存款准备金

存款准备金是指金融机构为保证客户提取存款和资金清算需要而准备的资金。存款准备金率即金融机构按规定向货币当局缴纳的存款准备金占其存款总额的比率。从定义可以看出,存款准备金制度的初始作用是保证存款的支付和清算,之后才逐步演变为货币政策工具。货币当局通过对存款准备金率的调整,影响金融机构的信贷资金供应能力,进而影响货币供应量。

中国人民银行存款准备金工具分为人民币存款准备金率和外币存款准备金率两种。通常认为,中国人民银行提高存款准备金率,商业银行用于放贷的资金减少,投放的货币供应量也随之减少;反之,中国人民银行降低存款准备金率,商业银行用于放贷的资金增加,投放的货币供应量也随之减少。

3. 再贷款

再贷款是货币当局按规定发放的贷款,包括普通再贷款和再贴现。再贴现是指金融机构为了取得资金,将未到期的已贴现商业汇票再以贴现方式向货币当局转让的票据行为。无论是再贷款还是再贴现都会增加商业银行的资金来源,货币供应量随之增加;再贷款到期或再贴现的票据到期,货币当局从商业银行收回资金,货币供应量随之减少。

(三) 中介目标

中介目标是货币调控体系中重要环节,中介目标在货币调控中发挥着两层作用:一是由于货币政策作用机理的滞后性和动态性,货币当局需要有能够迅速反映经济状况变化的金融或非金融指标来作为其观察货币调控效果的信号;二是为避免货币政策制定者的机会主义行为,需要为货币当局设定一个名义锚,以便公众观察和判断货币当局是否言行一致。

货币调控最早采用的中介目标是利率,这主要与二战后凯恩斯主义的兴起有关。在凯恩斯主义有效需求理论指导下,工业化国家普遍采取了刺激总需求的经济政策,以利率作为货币政策的中介目标,运用低利率的扩张政策来刺激消费和投资需求。但随着 20 世纪 60 年代开始,主要发达国家出现了较为严重的通货膨胀,甚至出现滞胀,传统的凯恩斯主义对此束手无策,货币主义乘虚而入,取代凯恩斯主义成为经济学主流。在货币主义的政策观点指导下,货币供应量成为货币调控的中介目标。此后,尽管出现了直接盯住最终目标或是采取更多的中介指标,但利率和货币供应量仍然是货币调控中最为重要的中介目标。

中国自 1996 年正式引入货币供应量作为货币政策调控的中介目标。但近年来,随着金融市场的进一步深化,创新性金融衍生产品的大量出现,对货币供应量的监控形成相当大的挑战,货币供应量偏离货币当局目标值范围的现象时常出现。相比之下,利率指标不仅能够反映货币与银行信贷供给量,同时也能够反映货币资金供给的稀缺性,并且利率也是货币当局能够直接控制和影响的金融变量。

二、货币供应量分析

(一) 货币供应

货币供应量是指全社会的货币存量,是某一时点承担流通和支付手段的金融工具总和。依据充当货币的金融工具"货币性"的不同划分为 M0、M1、M2、M3、M4 五个层次,不同的经济体对货币供应量层次做出不同的定义。金融工具的"货币性"主要指金融工具的流动性和收益性,其中,流动性是指金融工具在多大程度上能够在短时间内以全部或接近市场的价值出售;收益性是指金融工具不仅本身具有一定面值,而且还可以赢得利息、红利和其他收益。一般说来,流动性强的现金不具有收益性,而具有收益性的有价证券和定期存款流动性则较弱。

货币供应从供应主体来看,可以简单的划分为三个部门、两个层次。三个部门是中国人民银行、商业银行和实体经济。人民银行作为中央银行,承担着货币的最终发行者和调控者的角色,其发放和调控货币的对象是商业银行,人民银行与商业银行之间就构成了货币供应的第一层次。

商业银行则利用人民银行提供的基础货币,向实体经济供应货币,货币进入实体经济完成交易后,交易结余部门再次回流金融体系,完成货币循环。商业银行通过银行贷款、结汇、购买债券等方式向实体经济提供流动性,实体经济再以存款的形式将货币回流金融体系,通过不断的循环形成货币创造,实现货币乘数扩张,这是货币供应的第二层次。

(二) 货币供应量统计分析

货币供应量统计分析包括货币供应量流动性分析和货币供应量形成因素分析。

1. 货币供应量流动性分析

货币供应量流动性分析是对不同货币层次是 M0、M1、M2 的变化进行分析,不同层次占比的大小反映了货币流动性的强弱。

近年随着同业存款的快速发展,同时由于影子银行的发展,M2 对实体流动性衡量的准确性有所下降,与实体经济指标相关性减弱。从 M2 存量看,中国货币总量已经处于相当高的水平,2014 年货币供应量 M2 达到了 122.83 万亿元,其中次贷危机后的天量信贷是货币存量大幅走高的主要因素,见表 10-14。

表 10-14 中国 2000-2014 年货币供应量统计表

年份	M2 余额（亿元）	M2 同比（%）	M1 余额（亿元）	M1 同比（%）	M1/M2	M0 余额（亿元）	M0 同比（%）	M0/M1	M0/M2
2000	138356	12.30	53147	16.00	0.38	14653	8.90	0.28	0.11
2001	158302	14.40	59872	12.70	0.38	15689	7.10	0.26	0.10
2002	185007	16.78	70882	16.82	0.38	17278	10.13	0.24	0.09
2003	221223	19.60	84119	18.70	0.38	19746	14.30	0.23	0.09
2004	253208	14.60	95971	13.60	0.38	21468	8.70	0.22	0.08
2005	298756	17.57	107279	11.78	0.36	24032	11.94	0.22	0.08
2006	345578	16.94	126028	17.48	0.36	27073	12.65	0.21	0.08
2007	403401	16.72	152519	21.01	0.38	30334	12.05	0.20	0.08
2008	475167	17.82	166217	9.06	0.35	34219	12.65	0.21	0.07
2009	610225	27.68	221446	32.35	0.36	38247	11.77	0.17	0.06
2010	725852	19.72	266622	21.19	0.37	44628	16.69	0.17	0.06
2011	851591	13.60	289848	7.90	0.34	50748	13.80	0.18	0.06
2012	974149	13.80	308664	6.50	0.32	54660	7.70	0.18	0.06
2013	1106525	13.60	337291	9.30	0.30	58574	7.10	0.17	0.05
2014	1228375	12.20	348056	3.20	0.28	60260	2.90	0.17	0.05

数据来源:《中国统计年鉴》,中国统计出版社。

2000-2002 年末,中国广义货币 M2 分别增长 12.27%、14.42%、16.78%,这一时期货币供应量增长相对较慢。2008 年世界金融危机之后,广义货币 M2 供给量显著增加,2009 年同比增长率为 27.68%,为自 1996 年以来的最大增速。

整体来看,从 2000 年到 2014 年的十五年间,中国的狭义货币 M1 和广义货币 M2 分别增长了 8 倍和 6.5 倍,居民消费价格指数和商品零售价格指数也只增长了 1.40 倍和 1.26 倍。货币流通量增长如此惊人,CPI 等物价增长却不是很多,超额货币都被大量的产能和资产所吸收。在改革开放初期,中国经济整体高速发展,百废待兴,产能不足情况较为严重,大量外资被吸引进来,投资工业区,购买设备,修建高速公路等。实体经济对货币供应的高速增长吸收能力较强,尽管出现通胀的迹象,但并不严重。到 2012 年后,随着实体经济产能过剩问题日趋严重,超额货币开始进入资产端。"豆你玩、蒜你狠"等大宗商品价格暴涨,房地产价格也开始线性增长,债市股市相继出现繁荣景象。

2. 货币供应量形成因素

通常认为,货币供应量 M 可表示为基础货币量 B 与货币乘数 K 的乘积,表示为:

$$M = B \times K \tag{10.2.1}$$

式中,基础货币量 B 的形成渠道包括:国外资产渠道,对政府债权渠道,对其他存款性公司债权和对其他金融性公司债权渠道。中国基础货币统计表见 10-15。

表 10—15 基础货币统计表

年份	基础货币						
	总量（亿元）	货币发行		存款性机构在央行的存款		金融行机构在央行的存款	
		总量(亿元)	占比(%)	总量(亿元)	占比(%)	总量(亿元)	占比(%)
2008	109478	40052	36.58	69330	63.33	526	0.48
2009	129653	47673	36.77	81838	63.12	580	0.45
2010	142820	44349	31.05	98359	68.87	642	0.45
2011	194084	63789	32.87	130295	67.13	899	0.46
2012	237392	67740	28.54	169652	71.47	928	0.39
2013	252944	68819	27.21	184125	72.79	1254	0.50
2014	287732	85753	29.80	201979	70.20	1273	0.44
2015	288344	69461	24.09	218883	75.91	1505	0.52
2016	290412	79395	27.34	211016	72.66	3111	1.07

数据来源：根据中国人民银行网站公布数据整理。

影响货币供应量的另一个因素货币乘数 K 则是由存款准备金率和现金漏损率等指标计算而成，具体可表示为：

$$K = \frac{c' + 1}{c' + r' + e'} \tag{10.2.2}$$

式中，c' 为现金漏损率，r' 为法定存款准备金率，e' 为超额准备金率。

（三）社会融资规模统计分析

社会融资规模与货币供应量是一个硬币的两面，但两者具有不同的经济含义。货币供应量是从存款性金融机构负债方进行统计，该指标反映的是金融体系向社会提供的流动性，体现了全社会的购买力水平。而社会融资规模则是从金融机构的资产方和金融市场发行方进行统计，从全社会资金供给的角度反映金融体系对实体经济的支持。社会融资规模与货币供应量之间是相互补充、相互印证的关系，从不同的角度为金融宏观调控提供信息支持。

近年来，随着商业银行表外业务的迅速发展，已有的货币供应量度量指标对实体经济流动性状况的度量愈发困难。理财产品、信托、债券等金融产品和金融衍生品规模的扩大，对拓展货币度量范围提出新的要求。中国人民银行在 2011 年编制并公布了 2002 年以来的月度社会融资总量指标。

社会融资规模是指一定时期内（每月、每季或每年）实体经济从金融体系获得的资金总额。这里的金融体系是整体金融的概念，从机构看，包括银行、证券、保险等金融机构；从市场看，包括信贷市场、债券市场、股票市场、保险市场以及中间业务市场等。社会融资规模由四个部分共十个子项构成：一是金融机构表内业务，包括人民币和外币各项贷款；二是金融机构表外业务，包括委托贷款、信托贷款和未贴现的银行承兑汇票；三是直接融资，包括非金融企业境内股票筹资和企业债券融资；四是其他项目，包括保险公司赔偿、投资性房地产、小额贷款公司和贷款公司贷款。央行自 2011 年开始公布月度社会融资总量的流量指标，自 2015 年 2 月开始央行公布了社会融资总量存量指标，其历史数据见表 10—16。从表 10—16 可以看出，2002 年至今，中国社会融资规模呈不断扩大趋势，有效促进了经济平稳较快发展。2014 年社会融资规模 16.48 万亿元，是 10 年前（2002 年）的 8.2 倍；社会融资规模与名义 GDP 的比率为 25.91%，比 2002

年上升 9.29 个百分点。

表 10-16　中国社会融资规模分析

年份	社会融资总量（亿元）	社会融资总量同比增速（%）	社会融资增量（亿元）	社会融资增量占GDP比重（%）
2002	148532		20112	16.62
2003	181655	22.3	34113	24.98
2004	204143	14.9	28629	17.81
2005	224265	13.5	30008	16.14
2006	264500	18.1	42696	19.62
2007	321326	21.5	59663	22.26
2008	379765	20.5	69802	22.04
2009	511835	34.8	139104	40.25
2010	649869	27.0	140191	34.28
2011	767478	18.2	128286	26.50
2012	914186	19.1	157631	29.51
2013	1074575	17.5	173169	29.45
2014	1228591	14.3	164773	25.91

社会融资规模指标兼具总量和结构两方面信息，不仅能全面反映实体经济从金融体系获得的资金总额，而且能反映资金的流向和结构。

第一，反映直接融资与间接融资的比例关系。社会融资规模由十项指标构成，它既反映实体经济通过金融机构获得的间接融资，也反映实体经济在金融市场上通过发行企业债券和股票获得的直接融资。近年来直接融资快速发展，占社会融资规模的比例大幅上升，中国融资结构明显改善。

第二，反映实体经济利用各类金融产品的融资情况。社会融资规模既包括银行业金融产品的指标，也包括保险业、证券业的金融产品指标；既包括金融机构表内业务的指标，也包括表外业务指标；既包括信贷市场业务，也包括债券市场、股票市场、保险市场以及中间业务市场的各类业务。因此，社会融资规模全面反映了中国实体经济融资渠道和融资产品的多样化发展。

第三，反映不同地区、不同产业的融资总量和融资结构。与货币供应量不同，社会融资规模可从多个角度进行分类统计，比如分地区、分产业、分来源等。因此，社会融资规模能从融资角度反映中国区域经济差别及产业发展情况。

三、利率体系分析

一般所指的利率体系仅包括金融市场中的各种利率。自 1978 年改革开放以来，中国主要开放的是商品和服务的价格，而以银行的存贷款利率为代表的资金借贷价格——利率则长期受到中国人民银行的管制，由人民银行统一确定和调整。随着金融市场的不断完善和发展，金融市场改革的不断深入，贷款利率在 2013 年 7 月 20 日全面放开，存款利率上限也在 2015 年 10 月 23 日放开。

（一）中国利率结构的现状

中国的利率包括两种类型，一种是官方利率，具体包括：再贷款利率、再贴现利率、存款准备金利率、超额存款准备金利率、金融机构本外币法定存贷款利率;另一种是市场利率,具体包括:银行同业拆借利率、银行间国债回购利率、交易所国债回购利率、中央银行票据利率、国债利率以及企业债券利率。也有学者曾指出(李扬,2005),中国有三套利率在起作用:第一是比较市场化的利率,如货币市场中的利率、整个金融市场中国债、政策性金融债、银行次级债等、一般金融债的发行和交易都是比较市场化的,以及境内大额外币存贷款的利率也是市场化的;第二是还处在管制之下的利率,主要是银行贷款和存款利率,特别是银行存款利率在中国发挥着很重要的作用;第三是中央银行的基准利率,特别是中央银行的超额准备金利率和准备金利率,超额准备金利率实际上构成了中国利率的底线。

通常认为,合理的利率体系就是要将银行商业利率与国债利率以及其他有价债券利率和收益率的结构理顺,建立以中央银行基准利率为主的弹性机制。尽管对于利率的水平结构是否合理没有一致的准则,但一般认为商业贷款利率最高,其余依次是公司债券利率、商业票据利率、贴现率、金融债券利率、同业拆借利率和国库券利率(陆前进、卢庆杰,2006)。根据上述结论可得中国的利率水平的结构体系应该是,贷款利率最高,其余依次是再贷款利率、再贴现利率、同业拆借利率、存款利率、国债利率、国债回购利率。

从表10-17可以看出,近些年,中国利率体系基本满足:贷款利率>再贷款利率>再贴现利率>存款利率,这表明随着中国金融市场改革的不断推进,利率体系的建立也日益成熟和完

表 10-17　中国各类利率的变动情况　　　　　　　　　　单位:%

变更日期	1年期存款利率	1年期贷款利率	准备金利率	1年期再贷款利率	再贴现率
2008.01.01	4.14	7.47	1.89	4.68	4.32
2008.09.16	4.14	7.20	1.89	4.68	4.32
2008.10.09	3.87	6.93	1.89	4.68	4.32
2008.10.15	3.87	6.93	1.89	4.68	4.32
2008.10.27	3.87	6.93	1.89	4.68	4.32
2008.10.30	3.60	6.66	1.89	4.68	4.32
2008.11.27	2.52	5.58	1.62	3.60	2.97
2008.12.23	2.25	5.31	1.62	3.33	1.80
2010.10.20	2.50	5.56	1.62	3.33	1.80
2010.12.26	2.75	5.81	1.62	3.85	2.25
2011.02.09	3.00	6.06	1.62	3.85	2.25
2011.04.06	3.25	6.31	1.62	3.85	2.25
2011.07.07	3.50	6.56	1.62	3.85	2.25
2012.06.08	3.25	6.31	1.62	3.85	2.25
2012.07.06	3.00	6.00	1.62	3.85	2.25
2014.11.22	2.75	5.60	1.62	3.85	2.25
2015.03.01	2.50	5.35	1.62	3.85	2.25
2015.05.11	2.25	5.10	1.62	3.85	2.25
2015.06.28	2.00	4.85	1.62	3.85	2.25
2015.08.26	1.75	4.60	1.62	3.85	2.25
2015.10.24	1.50	4.35	1.62	3.85	2.25

善。进入 2014 年以来,受到国内和国际多种因素的影响,经济增长的下行压力增加,为缓解经济下行压力,中国人民银行在 2015 年 5 次下调存款利率。同时可以看出,从 2015 年 10 月 24 日至 2016 年 8 月,准备金利率高于 1 年期存款利率,准备金利率高于储蓄利率(1 年期存款利率)的结果是导致商业银行发放贷款的动机减弱,而只是消极地将资金存放中央银行获取利息。根据西方国家的经验,存款准备金一般不予付息,因为设立存款准备金率的目的就是抵御存款的挤兑风险,从而保持商业银行的足够流动性。对准备金支付利息,将会加重中央银行的负担,使中央银行的再贷款利率的调整空间减小,同时会造成再贷款利率难以成为中央银行调控的基准利率。因而,准备金利率降低和再贷款利率的降低是相互制约的,逐渐降低准备金利率是中央银行转向间接调控的必然趋势。

(二)中国利率体系的作用机制分析

一个有效的利率体系作用机制应当是中央银行的基准利率、货币市场利率、存贷款市场利率以及资本市场上其他利率水平相互影响,相互制约。其中,中央银行的基准利率作为市场利率的基准,通过市场机制传递和影响货币市场和资本市场的其他利率水平,只有当利率水平的变动一致或者趋同的情况下,利率体系的作用机制才是有效的(如图 10-3)。

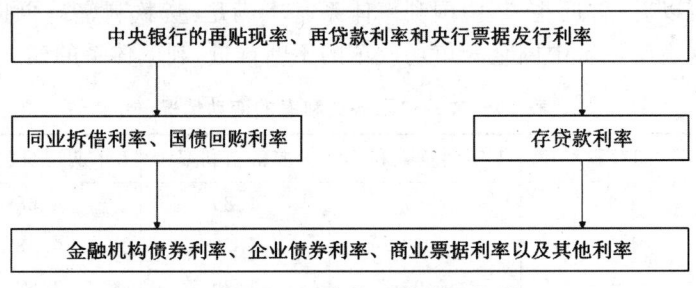

图 10-3 利率体系的作用机制

从中国利率的联动机制来看,中央银行的基准利率(再贷款利率)对存贷款利率的影响是十分明显的,但对超额准备金率的影响相对较小,主要原因是随着金融市场改革的推进,利率之间的传导机制逐步建立并发挥作用。图 10-4 给出了存款利率、贷款利率、再贷款利率和超额准备金利率四种官方利率的走势。可以看出再贷款利率基本上是高于存款利率的,贷款利率是高于超额准备金利率的,存款利率在 2004 年之后是大于超额准备金利率的。由此可以判断,官方利率的实际情况基本符合利率的作用机制和结构体系。

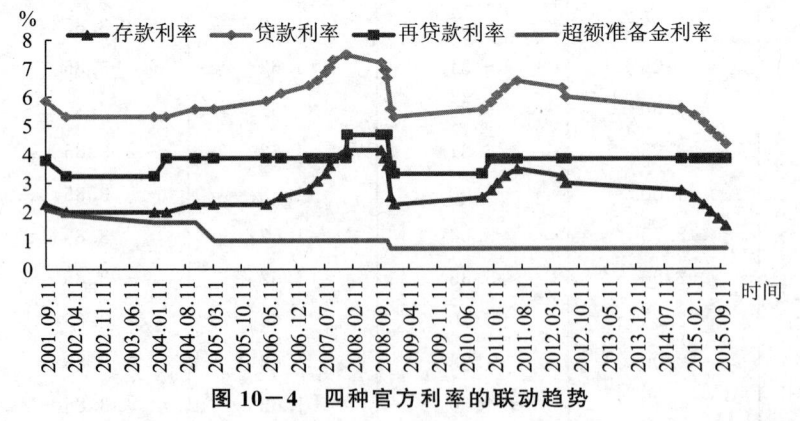

图 10-4 四种官方利率的联动趋势

考虑官方利率和市场利率之间的作用机制,选取 1 年期再贷款利率、准备金利率、银行间同业拆借利率。图 10—5 表明了所选指标的大致走势。由于再贷款利率和准备金利率自 2010 年以来都未作出调整,但从图 10—5 可以看出,拆借利率大部分时间都在再贷款利率和准备金利率之间变动,只有个别月份会在这一范围之外,说明由于商业银行以及其他金融机构的套利活动,使拆借利率的大小处于不存在套利机会的位置。

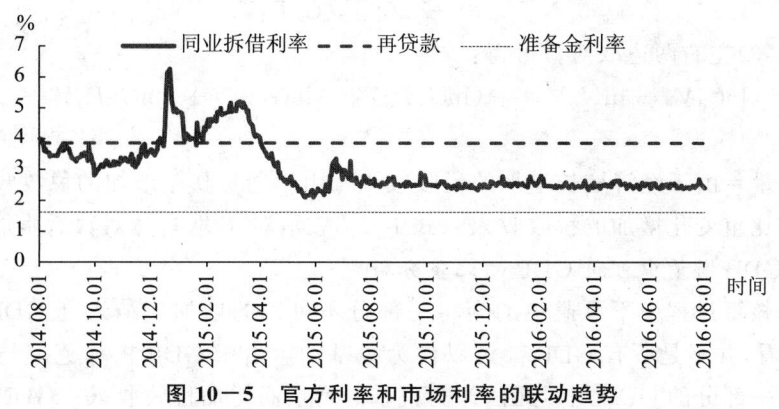

图 10—5　官方利率和市场利率的联动趋势

第三节　中国政府财政调控问题统计分析

有关政府财政调控的问题长期以来都是经济学家们研究的热点,税收与经济增长的关系是其中一个非常重要的问题。通过对政府财政政策调控有效性的分析发现,财政调控对经济增长的作用比较显著,对物价稳定的作用相对有限。

一、税收收入与经济增长的关系

经济增长是财政调控的主要目标之一。税收收入与经济增长的关系比较复杂,一方面,根据国民收入恒等式可知,税收收入的增加必然会造成消费和储蓄的减少,进而对产出的增长造成负面影响,阻碍经济的持续增长;另一方面,税收收入是政府进行财政调控的基础,而有效的财政调控通过调整经济结构,能够推动经济的健康有序发展。因而,厘清税收收入与经济增长的关系是宏观经济统计分析中的重点问题之一。

(一)GDP 总量变化对税收收入的影响

国内生产总值(GDP)是衡量一国经济增长的主要指标之一,GDP 总量与结构的变动是影响税收收入变化的基本因素。从宏观经济角度来看,税收收入增长率直接决定于经济增长率、通货膨胀率和税收收入占名义 GDP 的比率,其中税收收入占名义 GDP 的比率在一定时期内通常变化比较小,如果将税收收入占名义 GDP 的比率视为常量,则 GDP 总量对税收收入的影响只与通货膨胀率和税收收入占名义 GDP 比率有关。根据以上分析,设定关系式如下:

$$T = G \times P \times V \tag{10.3.1}$$

式中,T 表示税收收入;G 表示实际 GDP 增长(按照上年价格指数计算);P 表示 GDP 平减指数;V 表示税收收入占 GDP 的比重。

$$\frac{T_1}{T_0} = \frac{G_1 P_1 V_1}{G_0 P_0 V_0} = \frac{G_1}{N_0} \times \frac{V_1}{V_0} \times P_1 \tag{10.3.2}$$

式中,N 表示名义 GDP;下标 0 和 1 分别表示上期和本期。

式(10.3.2)表明,税收收入增长速度等于实际 GDP 增长速度、税收收入占名义 GDP 比重变化与 GDP 平减价格指数的连乘积。

式(10.3.2)进一步转换可得

$$\frac{T_1}{T_0}=\frac{G_1V_0}{N_0V_0}=\frac{G_1P_1V_0}{G_1V_0}\times\frac{G_1P_1V_1}{C_1P_1V_0}\times P_1 \quad (10.3.3)$$

对式(10.3.3)左右两边取对数可得:

$$T_1^*-T_0^*=(\ln G_1V_0-\ln N_0V_0)+(\ln G_1P_1V_0-\ln G_1V_0)+(\ln G_1P_1V_1-\ln G_1P_1V_0) \quad (10.3.4)$$

即:税收收入增量＝由于经济增长增加的税收收入＋由于通货膨胀增加的税收收入＋由于税收收入增占 GDP 比重变化增加的税收收入。式中 T^* 表示对 T 取自然对数后生成的变量。

(二)中国 GDP 增量中可税 GDP 的比重分析

在 GDP 的核算过程中不可避免的会将一部分不可税的增加值纳入到 GDP 的范围中,从 GDP 的构成来看,并不是所有 GDP 都可以作为税基的。由于 GDP 核算范围与核算方法方面的特点,有相当一部分的 GDP 增量无法作为税基的增量而增加税收收入。GDP 与税收之间有较高的相关性,但二者并不是完全的对等。

可税 GDP 是提出支出法计算的 GDP 中不可税部分之后的余额,一般认为,可税 GDP 与税收收入之间是完全对等的关系。不可税 GDP 中包括以下几个方面的内容:

1. 居民自给性消费:主要包括居民生活消费支出,即与人民生活息息相关的粮食支出、蔬菜瓜果支出、畜禽蛋品支出、水产品支出和医疗保健支出等。

2. 资本形成总额中的"存货增加":由于存货产品不发生市场交易行为,尽管其中的原材料、燃料存货和各种储备物质在上一交易环节产生了销项税,同时也形成了当前所处生产环节的进项税,但由于这两者可以相互抵消,因此可以认为不产生税收。

3. 公共部门固定资产虚拟折旧:政府单位的虚拟折旧＝年度固定资产原值的平均值×折旧率(4%)。

表 10-18　1994－2014 不可税 GDP 比重

年份	支出法 GDP（亿元）	可税 GDP（亿元）	可税 GDP 占比（%）	年份	支出法 GDP（亿元）	可税 GDP（亿元）	可税 GDP 占比（%）
1994	50217.4	36008.6	71.71	2005	187423.4	144771.6	77.24
1995	63216.9	44066.6	69.71	2006	222712.5	170329.2	76.48
1996	74163.6	52297.9	70.52	2007	266599.2	197215.2	73.97
1997	81658.5	57713.7	70.68	2008	315974.6	234894.8	74.34
1998	86531.6	63654.6	73.56	2009	348775.1	278247.3	79.78
1999	91125.0	69211.1	75.95	2010	402816.5	324600.1	80.58
2000	98749.0	77510.1	78.49	2011	472619.2	385365.3	81.54
2001	109028.0	85924.5	78.81	2012	529399.2	435331.3	82.23
2002	120475.6	94305.6	78.28	2013	586673.0	486229.3	82.88
2003	136613.4	108089.6	79.12	2014	640696.9	534278.6	83.39
2004	160956.6	124683.0	77.46				

数据来源:根据《中国统计年鉴》整理所得。

4. 货物和服务净出口：在货物和服务净进口的年份，将净进口国外 GDP 从本国 GDP 当中扣除，在货物和服务净出口的年份，要扣除货物的净出口部分。

根据上述分析，结合黄凤羽等（2007）给出的可税 GDP 的计算公式，对 1994—2014 年中国可税 GDP 进行估算。计算公式如下：

$$\text{可税 GDP} = \text{支出法计算的 GDP 总量} - \text{存货增加} - \text{居民食品、医疗保健支出} - \text{货物和服务净出口} \tag{10.3.5}$$

表 10—18 是根据《中国统计年鉴》的数据计算出的 1994—2014 年中国构成税基的 GDP 占 GDP 总量的比重。从表 10—18 可以看出，可税 GDP 在 GDP 中占比呈现逐年增加的趋势，从 1994 年的 71.71% 上升至 2014 年的 83.39%。这说明随着中国经济质量的不断提高，非可税的 GDP 比重在降低。

二、中国财政政策调控有效性分析

本节在分析财政政策有效性时，只针对宏观经济形势和政策目标，从政策调控方向、工具选择、调控重点、调控力度，以及调控最终效果等方面展开论述，特别是借助产出缺口和通胀缺口来进行。

用于实证分析的变量是产出缺口和通胀缺口两个时间序列数据。其中，产出缺口表示实际产出与潜在产出之间的差额占潜在产出的比率，反映实际产出相对于潜在产出的偏离程度，即实际产出围绕潜在产出上下波动的程度。当产出缺口为正时，实际产出高于潜在产出，经济处于扩张阶段；当产出缺口为负时，实际产出低于潜在产出，经济处于衰退阶段；当产出缺口为零时，实际产出等于潜在产出，这正是政府追求的稳定产出的目标。通胀缺口表示实际通货膨胀率与目标通货膨胀率之间的偏离程度，宏观调控就是要将通货膨胀率稳定在目标范围之内，即减小通胀缺口。

所用的时间序列数据为 1978—2014 年的年度数据。GDP、政府赤字、实际通货膨胀等数据来源于《中国统计年鉴》等。按照 GDP 平减指数对名义 GDP 数据进行处理得到实际 GDP，并进行对数变换。产出缺口由实际 GDP 经过滤波计算得出，即使用"增长周期波动"的方法将长期趋势项和短期波动项完全分开。通货膨胀指标采用消费者价格指数（CPI）进行实证分析。

（一）财政调控在实现经济增长目标方面的有效性分析

在经济学研究中，产出缺口常常被用来作为衡量宏观经济均衡的标准。图 10—6 是中国 1978—2014 年的产出缺口数据和赤字比例数据（赤字占当年 GDP 的比例）。可以看出，中国财政调控在实现经济增长目标上的效率不断提高。由于在改革开放前，中国处于计划经济时期，政府行政手段或计划控制较为严厉，财政调控对实现经济增长目标缺乏超前性和稳健性，调控力度变化也较为频繁，这些现象在改革开放初期仍然存在，直至 1992 年前后。这种情况在中国宏观调控的阶段性分析中清晰可见。尽管这一时期财政调控逐步完善和成熟，但调控当局的连续性和预见性仍存在较大的局限性。

1996 年之后，财政调控的效率有较大的提高，财政调控掌握了一定的提前量，对宏观经济失衡的预期判断也更为准确，进而采取了相适应的财政调控手段，维持着社会总需求和总供给相均衡的状态。受到 1997 年亚洲金融危机的影响，中国经济开始出现下滑，产出缺口在 2000 年进入负区域，并在 2005 年出现转折。在此期间，调控当局及时采取了积极财政政策，并且扩张力度不断增强，有效抑制了下滑的趋势，保持了经济的均衡发展。

在 2005 年转折之后直至 2007 年前后再次达到均衡，这一时期政府为了防止经济过热，适

图 10-6 中国 1978—2014 年产出缺口和赤字比例(右)变动趋势

当地减弱财政调控的力度,成功实现了目标。但紧接着在 2008 年出现全球金融危机,中国经济再次出现下滑趋势,产出缺口再次转负。政府果断实施了扩张性财政政策,调控的方向和节奏都掌握得比较恰当、准确。

总体上来看,财政调控政策在经济周期下降期内表现出较为显著的反周期性,但在经济周期扩张期里情况则较为复杂。在产出缺口为正时,财政调控政策表现出反周期性;但在产出缺口为负时,财政调控表现出顺周期性。这表明,中国宏观调控在实现经济增长目标上总体是有效的,并且效率在不断提高。

(二)财政调控在实现物价稳定目标方面的有效性分析

财政调控的目标包括经济增长和物价稳定。经济增长目标在于抚平经济周期波动,从而实现经济长期稳定的增长。而稳定物价的目的在于实现国民经济在低通货膨胀率水平下既有利于经济增长,又不会有通货膨胀压力。一般认为,目标通货膨胀率是能够实现物价稳定的通货膨胀率,Mishkin(2000)认为 0—3% 的通货膨胀率满足这个标准。Akerlof 等(2000)研究了美国和加拿大的数据后发现,最优通货膨胀率是 2%—3%。基于此,实证将目标通货膨胀率设定为 3%。

从图 10-7 可以看出,1996 年之前,中国以 CPI 度量的通货膨胀波动较大,且大多数年份通货膨胀率都处于较高水平。而 1996 年之后,物价稳定目标的实现程度明显得到了改善,通胀缺口在零线附近摆动,物价相对处于较低水平。同时可以看出,1996—2003 年,中国通胀缺口处于负值区域,表明这段时期内中国经济面临着通胀紧缩的风险。2003 年之后,通胀缺口由负转正,此后基本保持着小幅波动的态势,说明政府宏观调控的有效性。

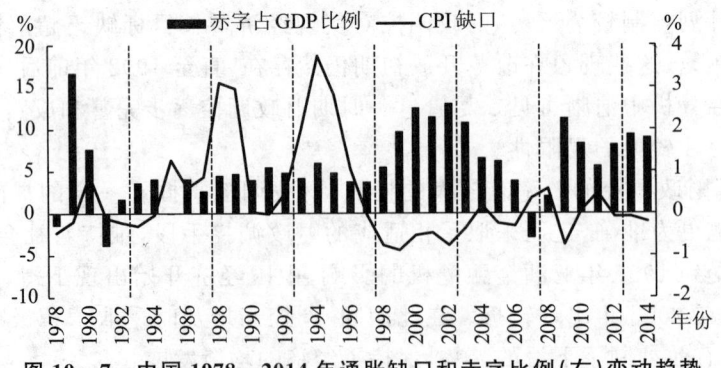

图 10-7 中国 1978—2014 年通胀缺口和赤字比例(右)变动趋势

通过将赤字比例与通胀缺口对应比较可以发现,财政调控对稳定物价目标的效果并不显著,或者说,物价稳定并不应归于财政调控政策。因为赤字比例较大的年份往往出现通胀缺口处于较低水平,甚至为负;但在赤字比例较低的年份里通胀缺口却处于较高水平。中国财政调控的主要目标仍然是经济增长,对物价稳定调控的针对性并不强。从另一方面来说,财政调控对物价的影响本身就具有一定的局限性,财政调控尽管存在通货膨胀效应,但通货膨胀更多地还是表现为一种货币现象,对货币调控的依赖性更强。

第四节 中国政府货币调控问题统计分析

政府货币调控可以划分为货币供给和货币需求两个方面。货币供给表现为某一时期内流动性的状况,而货币需求则是通过货币需求函数对经济变量发挥作用。此外,货币调控中不同中介目标所产生的经济效应也是对货币调控问题研究的要点之一。

从理论上说,广义货币 M2 增长的主要目的是为了支持 GDP 的增长,当 GDP 增速下降时也同步下降,避免出现通货膨胀;当 GDP 增速提高时也同步提高,避免出现通货紧缩。因而 M2/GDP 的比值是考察一国流动性的有效指标。

从表 10—19 可以看出,2008 年金融危机前后中国的 M2/GDP 增长速度远高于世界其他主要经济体。M2 增速高于 GDP 增速的部分理论上会形成通货膨胀,反映到各类价格指数上。但研究发现,实际 GDP 的增长率加上消费价格指数的增长率仅为 14.5%,这一数值远小于广义货币 M2 供给的增长率 21%[①],由此引发了社会各界对超发的货币"去哪了"的思考,即"中国货币超发之谜"。与绝大多数商品的形成一样,作为一种特殊商品,广义货币的超发也是由供给和需求两个方面共同决定的。

表 10—19 世界主要经济体流动性比较 单位:%

国家或地区	2008	2009	2010	2011	2012	2013	2014
中国	150.01	176.55	177.51	175.90	182.38	188.18	193.10
美国	55.08	58.75	59.29	64.03	67.84	70.49	72.88
日本	143.04	156.14	152.72	158.24	159.23	163.27	169.19
欧盟	90.07	95.75	96.15	96.61	101.81	104.57	108.63

一、中国货币供求的统计分析

(一)中国货币供给结构分析

根据本章第二节中对货币供给的分析可知,货币供应量是货币乘数与基础货币的乘积,而货币乘数又是由现金漏损率与存款准备金率计算所得的。

图 10—8 和图 10—9 显示了近 15 年来中国货币供给的基本状况。随着中国经济的持续较快发展,基础货币与货币供应呈持续上升趋势,特别是在金融危机发生之后,为应对危机的负面影响,货币供应量大幅上升,但货币乘数存在波动性。2001—2006 年货币乘数持续上升,但在 2006 年以后出现比较明显的下滑,直至 2008 年 12 月开始逐步回升,2009 年和 2010 年再次出现小幅下滑,2011 年 9 月至 2015 年 12 月这一阶段基本都保持增长趋势。从中国的显示来看,

---

① 陈龙:"钱都去哪了",《财经》,2014 年第 17 期.

根据货币存量的变化状况,可将 21 世纪以来 15 年的时间大致划分为四个阶段:(1)2001 年 1 月—2003 年 9 月,亚洲金融危机后的经济复苏期;(2)2003 年 9 月—2008 年 12 月,外汇大量流入期;(3)2008 年 12 月—2009 年 12 月,金融危机时期;(4)2009 年 12 月—2015 年 12 月,金融危机后的经济复苏期。

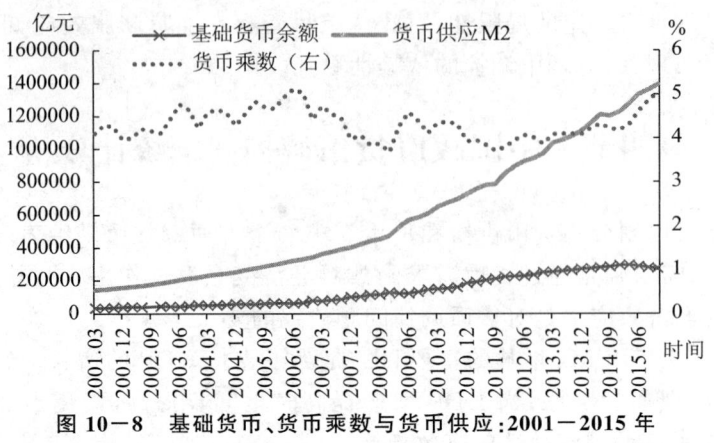

图 10-8　基础货币、货币乘数与货币供应:2001—2015 年

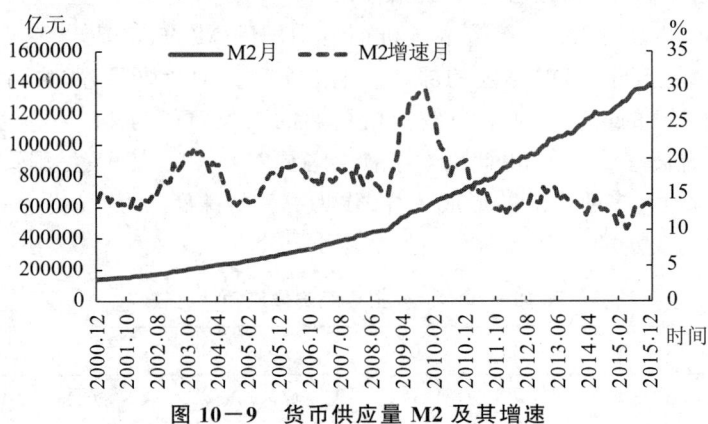

图 10-9　货币供应量 M2 及其增速

图 10-10 显示了近 15 年来中国货币乘数各决定变量的比率。其中存款准备金率分为法定存款准备金率和超额存款准备金率。

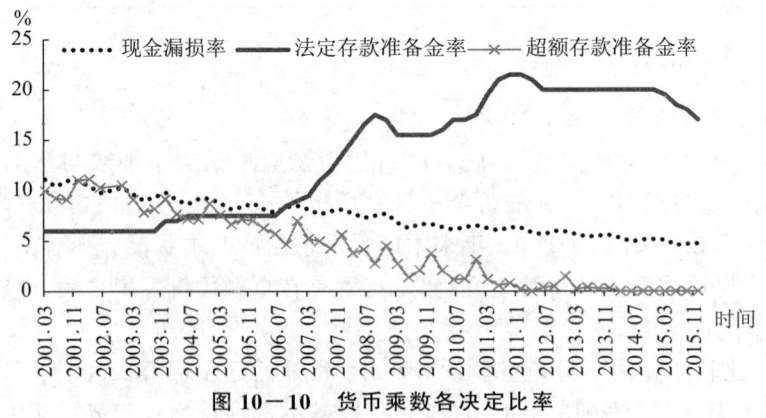

图 10-10　货币乘数各决定比率

根据货币供给的传统公式,货币存量的变化主要是由基础货币和货币乘数(现金比率、法定准备金率、超额准备金率)两个主要因素决定。因此,能够计算每个决定因素变化所引起的货币

存量的变化及其贡献度。首先，对货币供给公式两边同时取对数：

$$M = B \times K = B \times \frac{c'+1}{c'+r'+e'}$$

$$\ln M = \ln B + \ln B + \ln(c'+1) - \ln(c'+r'+e') \tag{10.4.1}$$

在两个时点之间，$\ln M$ 的总变化为：

$$\Delta \ln M = \ln M_t - \ln M_0 \tag{10.4.2}$$

依次考察当其他变量保持初值不变时，决定因素发生变化所导致的 M 的变化。因此，由 (10.4.1)式可分别得到：

$$\Delta B \text{ 的影响} = \Delta \ln M(c_t = c_0, r_t = r_0, e_t = e_0)$$
$$= \ln B_t - \ln B_t \tag{10.4.3}$$

$$\Delta c \text{ 的影响} = \Delta \ln M(B_t = B_0, r_t = r_0, e_t = e_0)$$
$$= \ln(1 + c_t -) - \ln(c_t + r_0 + e_0) - \ln(1 + c_0) + \ln(c_0 + r_0 + e_0) \tag{10.4.4}$$

$$\Delta r \text{ 的影响} = \Delta \ln M(B_t = B_0, c_t = c_0, e_t = e_0)$$
$$= -\ln(c_0 + r_t + e_0) + \ln(c_t + r_0 + e_0) \tag{10.4.5}$$

$$\Delta e \text{ 的影响} = \Delta \ln M(B_t = B_0, c_t = c_0, e_t = e_0)$$
$$= -\ln(c_0 + r_t + e_t) + \ln(c_0 + r_0 + e_0) \tag{10.4.6}$$

可以看出，式(10.4.3)是对基础货币 B 发生变化产生影响的估算，而式(10.4.4)—(10.4.6)分别对现金漏损率 c，法定存款准备金率 r，超额存款准备金率 e 发生变化产生影响的估算。我们分别将式(10.4.3)—(10.4.6)除以式(10.4.2)来大致估算各决定因素所对应的对货币存量变化的贡献程度。需要注意的是，由于式(10.4.3)—(10.4.6)相加结果并不等于货币供应量的变化，即式(10.4.2)，这是因为式(10.4.3)—(10.4.6)只是考虑了各个决定因素单独作用的影响，而并未考虑各因素之间的相互作用的影响，因而本文将式(10.4.3)—(10.4.6)相加结果与式(10.4.2)之间的差值认定为是各决定因素之间相互作用的影响。

表 10—20　2001—2015 年各因素对货币存量变化的贡献度

决定因素	亚洲金融危机后的复苏期 2001.3—2003.9	外汇大量流入期 2003.9—2008.12	次贷危机时期 2008.12—2009.12	次贷危机后的复苏期 2009.12—2015.12
变化率(%)				
基础货币	27.33	103.12	13.06	63.00
现金漏损率	−8.95	−9.82	−9.34	−21.21
法定准备金率	0	−38.30	5.26	−5.62
超额准备金率	6.77	16.95	1.94	1.05
各因素相互作用	14.72	8.02	14.1	45.27
总计	39.87	79.97	25.02	82.49
各因素对货币存量变化的贡献度(%)				
基础货币	68.55	128.95	52.20	76.37
现金漏损率率	−22.45	−12.28	−37.33	−25.71
法定准备金率	0.00	−47.89	21.02	−6.81
超额准备金率	16.98	21.20	7.75	1.27
各因素相互作用	36.92	10.03	56.35	54.88
总计	100	100	100	100

依照前文所述,按照货币存量的趋势变化,将近15年时间大致划分为四个阶段,以下对各个阶段各决定因素的贡献度进行考察。

从表10-20可以看出,基础货币对货币存量变化的贡献度在各个阶段都占据主导地位,特别是在外汇大量流入时期,基础货币对货币存量变化的贡献度达到了128.95%,次贷危机期间,随着外汇占款同比增速的迅速下降,基础货币兑货币存量变化的贡献度显著下降至52.20%,在次贷危机后的经济复苏期,基础货币对货币存量变化的贡献度再次增加,为76.37%,超过了亚洲金融危机后的经济复苏期的贡献度68.55%。

货币乘数对货币存量变化的贡献度在各个阶段相对较小,具体来看,现金漏损率在各个时期对货币存量变化的贡献度均为负,这主要是因为现金漏损率整体呈现下降趋势,而货币存量的变化则是增长趋势;法定存款准备金率在外汇大量流入时期和次贷危机后经济复苏期对货币存量贡献度表现为负,这与基础货币中外汇占款大幅增加以及货币乘数中法定准备金率多次调高的现实直接相关;而超额准备金率则在各个时期对货币存量变化的贡献度均为正,在亚洲金融危机后的经济复苏期和外汇大量流入期超额准备金率的贡献度较为显著,这可能与这一时期超常规刺激政策下商业银行大量的信贷投放导致超额准备金率下降有关。

(二)基础货币的结构分析

基础货币对货币存量变化的贡献度占据主导地位,因而有必要对基础货币的形成和结构进行分析。在探讨基础货币的供应结构时,从中国人民银行定期公布的《货币当局资产负债表》着手。简化《货币当局资产负债表》可得表10-21。

表10-21 货币当局资产负债表(简化)

资　产	负　债	资　产	负　债
外汇占款	基础货币	各类证券及投资	央行债券
对金融机构贷款	财政存款	其他净资产	

通过表10-21可以得到基础货币(储备货币)的简化决定公式:

$$\text{基础货币}=\text{外汇占款}+\text{对金融机构贷款}+\text{各类证券及投资}+\text{其他净资产}\\-\text{财政存款}-\text{央行债券} \tag{10.4.7}$$

在式(10.4.7)的基础上可以得出基础货币的供给结构如图10-11所示,随着外汇占款对基础货币的影响逐渐增加,既有的货币政策工具难以满足冲销的需求,从2003年开始人民银行发行央票来对冲流动性。以往在基础货币供给中起主导作用的"对金融机构贷款"的占比近年来呈不断下降趋势,外汇占款成为了基础货币供应的主要途径。

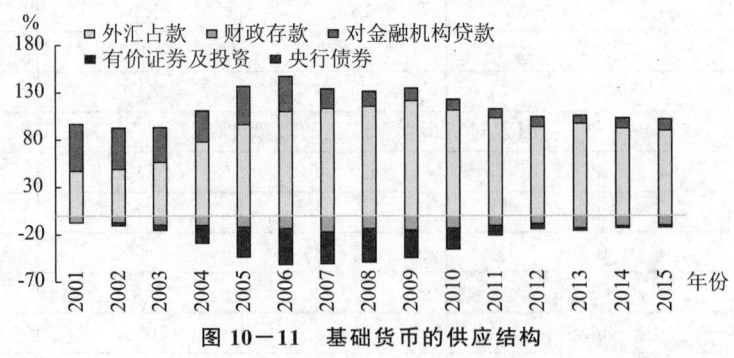

图10-11 基础货币的供应结构

(三)中国货币需求函数模型构建

货币需求在宏观经济统计分析中一直发挥着举足轻重的作用,特别是在货币政策选择时,对货币需求量估计的可信程度受到广泛的关注。一般来说,在估计货币需求函数时,要特别注意指标和模型的选择,因为恰当的指标不仅能够反映持有货币的机会成本,还能使研究结果更为有效合理。

在货币需求研究方面,有线性回归模型、向量自回归模型(VAR)等,,误差修正模型(ECM)在实证检验方面表现良好,因为 ECM 具备以下优点:(1)该模型在用普通最小二乘法(OLS)估计时,能有效避免伪回归;(2)ECM 中包含的参数不仅能体现变量的短期关系,也能体现变量的长期关系,也就是说,ECM 可以用来研究经济问题的短期和长期特征;(3)ECM 将变量的水平值和差分值结合在一起,能充分体现这两者所代表的信息。

我们将依据 1978—2007 年的年度数据,采用货币需求的 ECM 模型来对中国的长、短期货币需求函数进行估计。

关于建模过程中可能产生的内生性问题,在实证建模时可通过对协整检验结果进行弱外生检验来加以解决,根据检验结果判断是否可以建立单方程自回归分布滞后模型,进而使用"从一般到特殊"的建模方法得到最终简化的单方程 ECM。目前,绝大多数国家的经验模型结果都验证了货币需求模型单一方程形式,因此,本文构建了制度变迁下的中国货币需求单一方程模型。首先从通用的货币需求理论出发建立模型:

$$M/P = kY^a \exp(R_c + u) \tag{10.4.8}$$

通常情况下,式(10.4.8)可采用对数的线性表达式,但利率一般只用水平值,因此本文采用如下形式的货币需求函数:

$$\ln M = f(\ln Y, \Delta \ln P, Rd, Rf, Rl) \tag{10.4.9}$$

式中,M 表示货币需求,选用狭义货币供应量 M1 作为货币需求的指标;Y 表示规模变量,采用实际国内生产总值(1995 年不变价 GDP)来表示;P 表示物价水平,使用消费价格指数(CPI,1995 年为 100);Rd 表示利率,采用储蓄存款一年期定期利率;Rf 为衡量经济转型的制度变量——市场化进程相对指数,综合康继军等(2007)和陈邦强等(2007)的研究计算了 1978—2007 年中国经济体制市场化进程相对指数,如表 10-22 所示;Rl 为表示软约束的存贷比,存贷比=国家银行各项贷款/国家银行各项存款。函数 f 为参数线性函数。CPI 和 GDP 数据来源于《中国统计年鉴》,各利率数据来源于《中国金融年鉴》。

表 10-22 1978—2007 年中国经济体制市场化进程相对指数

年份	市场化指数	年份	市场化指数	年份	市场化指数	年份	市场化指数
1978	0.234	1986	3.142	1994	6.215	2002	7.365
1979	0.466	1987	3.416	1995	6.283	2003	7.752
1980	0.772	1988	3.826	1996	6.793	2004	8.016
1981	1.351	1989	3.527	1997	7.223	2005	8.367
1982	1.538	1990	3.881	1998	7.196	2006	8.680
1983	1.653	1991	4.307	1999	7.038	2007	9.520
1984	1.963	1992	5.308	2000	7.294		
1985	2.731	1993	5.861	2001	7.402		

(四)货币需求函数实证检验及结论

在利用时序数据估计中国经济转型期货币需求函数之前,首先需要对相关时序变量的平稳性进行检验。本文采用扩展的 ADF 法检验各变量的平稳性。首根据 ADF 检验结果,各变量的水平值均存在单位根,而一阶差分值都可以拒绝存在单位根的零假设,所以可以判定所有变量都是 I(1)变量(见表 10-23)。

表 10-23 单位根检验结果

变量	水平检验结果			一阶差分检验结果		
	检验形式(C,T,L)	ADF 值	P 值	检验形式(C,T,L)	ADF 值	P 值
$\ln(M/P)$	(C,T,1)	−2.59	0.29	(C,0,2)	−4.17	0.003
$\ln Y$	(C,T,2)	−3.26	0.10	(C,0,5)	−4.16	0.004
$\ln P$	(0,0,4)	−0.68	0.41	(0,0,3)	−4.27	0.000
Rd	(C,0,1)	−1.76	0.39	(C,0,0)	−3.28	0.026
Rf	(C,T,1)	−2.26	0.44	(C,0,0)	−3.91	0.006
Rl	(C,0,0)	−1.17	0.68	(C,0,0)	−3.90	0.006

由于各变量均为 I(1)变量,本文采用基于向量自回归的极大似然估计的 Johansen 协整检验方法对各变量进行协整检验。本文主要考察 $\ln(M/P)$、$\ln Y$、$\Delta \ln P$、Rd、Rf、Rl 等变量间的协整关系,确定各变量间的长期均衡关系。首先,从较大的滞后阶数(lag)开始,通过检验对应的 LR 值、FRE 值、AIC 值、SC 值、HQ 值等确定水平 VAR 模型的最佳滞后阶数,检验结果表明包含 $\ln(M/P)$、$\ln Y$、$\Delta \ln P$、Rd、Rf、Rl 变量的无约束 VAR 模型的最佳滞后阶为 3(见表 10-24)。

表 10-24 水平 VAR 模型的最佳滞后阶数检验结果

滞后阶数	$\ln L$ 值	LR 值	FRE 值	AIC 值	SC 值	HQ 值
0	−11.0957	NA	2.37E−06	1.2381	1.4801	1.3078
1	171.9634	281.6294	1.30E−11	−10.9202	−9.4686	−10.5022
2	204.8434	37.9385	9.01E−12	−11.5264	−8.8651	−10.7600
3	262.4015	44.2754*	1.54E−12*	−14.0309*	−10.1598*	−12.9162*

注:* 表示在 0.05 显著性水平上选择的最佳滞后阶数。

赤池最小信息准则(AIC)和施瓦茨准则(SC)均表明在进行 Johansen 协整检验时协整方程和 VAR 的模型设定形式应为数据有确定性趋势,协整模型中有截距和趋势,VAR 中无趋势。综合 VAR 模型中变量及其滞后阶的选择,我们以式(10.4.9)为基础建立一个 3 阶滞后的 ADL 模型,求长期趋势项 ECM:

$$ECM = \ln\left(\frac{M}{P}\right) + 5.51 - 1.48\ln Y + 1.50 g(P) + 0.008 Rd + 0.1 Rf \quad (10.4.10)$$

该 ECM 项隐含了货币需求的长期均衡关系:

$$\ln\left(\frac{M}{P}\right) + 1.48\ln Y - 5.51 - 1.50 g(P*) - 0.008 Rd* - 0.1 Rf* \quad (10.4.11)$$

长期均衡关系式(10.4.11)中,$g(P*)$ 为均衡通货膨胀增长率,$Rf*$ 为均衡市场化进程相对指数，$Rd*$ 为均衡储蓄存款一年期定期利率。经过不变价格处理的各时序变量均为 I(1) 变量，并且各变量之间存在协整关系，经单位根检验验证，该 ECM 项为平稳时间序列 I(0)。因此，使用 P 变换从 I(1) 空间差分后转入 I(0) 空间，以式(10.4.9)为基础建立一个二阶滞后的 ADL 模型，并直接以 ECM_{t-1} 作为该模型的长期均衡项以保证其对产出的变化率具有负向的调节作用。根据"从一般到特殊"的动态建模方法，采用"自由策略"，经过逐步约化，最后得到货币需求关系的制度分析模型：

$$g\left(\frac{M}{P}\right)_t = 2.999 g(Y)_t - 1.817 g(Y)_{t-1} + 1.952 g(Y)_{t-2} + 0.766 \Delta g(P)_{t-1}$$
$$+ 0.084 \Delta Rf_{t-1} - 0.92 ECM_{t-1} \tag{10.4.12}$$
$$T = 26(1982 - 2007 \text{年}), R^2 = 0.885, \text{adj} R^2 = 0.856$$
$$\sigma = 0.030, DW = 2.435, \log L = 57.296$$

模型(10.4.12)将实际货币增长率波动过程的解释因素分解为长期和短期两类。在长期因素方面，首先，在模型(10.4.12)中高度显著的 ECM_{t-1} 项，即式(10.4.10)反映了货币波动过程中隐含的长期规律，这一长期规律表明的是实际货币、实际产出、通货膨胀、市场化进程和存款利率之间的长期关系。各变量系数符号符合货币需求函数的要求，在长期稳定状态下，实际货币需求 $\ln\left(\frac{M}{P}\right)$ 与实际产出 $\ln Y$ 正相关，与通货膨胀率 $g(P)$ 负相关，与人民币储蓄存款一年期定期利率(Rd)负相关，与市场化进程相对指数(Rf)负相关，而存贷比(Rl)则没有进入长期方程。

其次，均衡关系式反映了货币波动过程中隐含的长期规律，这一规律由模型(10.4.12)中实际货币增长率对于长期需求关系的(非均衡)偏离(由解释变量 ECM_{t-1} 表出)之负反馈体现出来。模型(10.4.12)中的长期均衡项 ECM 的系数为 -0.92，符合误差修正机制，表明长期货币需求关系对实际货币增长率的波动起着约 0.92 倍的负反馈修正作用，即实际货币增长率对于长期货币需求关系的偏离的调整较快，大致需要 1 年零 1 个月左右($1/0.92 \approx 1.09$ 年)即可得到完全调整，表明中国货币需求在短期内是稳定的，选择货币供应量比选择利率更加符合中介目标的选择条件。

在短期因素方面，实际货币增长率($g\left(\frac{M}{P}\right)$)受实际 GDP 增长率及其惯性($g(Y)_t$、$g(Y)_{t-1}$、$g(Y)_{t-2}$、通货膨胀率($\Delta g(P)_{t-1}$、市场化进程($\Delta Rf_{t-1}$))的短期影响。从系数大小来看，即期及前两期实际 GDP 增长率对实际货币增长率的影响较大，即期实际 GDP 增长率对即期货币需求有显著的正面影响，表明经济增长仍然是拉动货币需求量增加的主要因素。前一期的通货膨胀率对即期货币需求有显著的正面影响，比较系数大小，其作用小于实际 GDP 增长率。市场化进程对即期货币需求有显著的正面影响，表明市场化进程的提高在短期内是拉动货币需求增加的因素，尽管其系数较小。

研究认为解释在经济转型过程中由于制度变迁引起对货币超常需求的关键在于制度变量的选择，选取市场化指数进行实证分析，通过对实证结果的讨论发现，无论是从系数大小还是从变量显著性来看结果都比较理想，得到了稳定的货币需求函数。

根据实证过程所建立的货币需求关系的制度分析模型，可以得到以下主要结论：

(1)实证结果强烈支持了实际货币需求与实际 GDP 之间存在长期稳定关系的理论假设。在考虑了制度因素之后，估计的收入弹性系数大于 1。此外，实际货币需求与实际 GDP 之间的短期关系也非常显著。

(2) 在传统货币需求模型中引入衡量市场化进程的制度因素——市场化进程相对指数,为货币流通速度减慢的现象提供了一种合理解释。如果不考虑制度因素,将得到基本不含长期趋势的潜在货币流通速度,从而被简单的货币数量论误导出货币流通速度持续减慢的结论。

(3) 无论长期还是短期,存贷比的加速度 ΔgRl 均未能显著地进入货币需求模型,这一结果表明由总信贷速度变化所衡量的软约束膨胀在经济转型的进程中缺乏对货币需求的拉动力。存贷比不一定是软约束唯一和充分的表现形式。模型(10.4.12)中的 ΔRf 也有可能反映由软约束引致的国有经济产出的变动。此外,从存贷比变量的消失可看出计划机制中非均衡部分的削弱,即货币需求关系在不断向一般理论关系靠拢。

(4) 在刚性利率政策下,通货膨胀自然成为测度持币成本的主要指标。在模型(10.4.12)中,通货膨胀率无论在长期还是在短期都呈现出对货币需求的显著解释力。同时,模型表明通货膨胀是解释货币需求量的有效外生变量。

二、中国货币调控的宏观经济效应分析

对于测量货币调控行为定量效果的方法模型,常见的有基于一国或多国的大规模宏观计量经济模型(MEM)法,结构向量自回归模型(SVAR)法,基于一些宏观理论框架的小规模经典模型(SSM)法。其中的 SVAR 法既不像 SSM 法那样需要设定宏观经济的完备模型,也不像 MEM 法那样需要较多的约束条件。它只需少数几个变量,施加相对较少的约束就能识别出政策冲击,因而在实证研究中得到较为广泛的应用。

(一) SVAR 模型的构建

SVAR 模型是通过一组考察变量的滞后结构来解释变量之间的关系。关于货币政策操作中的 SVAR 模型系统由两类变量组成:一是表示政策目标的宏观经济变量(Z_t),通常为产出和价格,二是表示中介目标的货币政策变量(R_t)。由 n 个 Z_t 和 R_t 变量组成的 SVAR 模型可表示如下:

$$B_{(n\times n)}\binom{Z_t}{R_t}_{(n\times 1)} = \Gamma_{0(n\times 1)} + \Gamma_{1(n\times n)}\binom{Z_{t-1}}{R_{t-1}}_{(n\times 1)} + \cdots + \Gamma_{p(n\times n)}\binom{Z_{t-p}}{R_{t-p}}_{(n\times 1)} + \varepsilon_{t(n\times 1)}$$

(10.4.13)

式中,B 为经过正规化处理的主对角线元素为 1 的 $n \times n$ 维矩阵,ε_t 为 $n \times 1$ 维独立同分布的结构式冲击列向量,其协方差矩阵 D 为正的对角系数矩阵,即有 $E(\varepsilon_t\varepsilon'_t) = D$。

假设矩阵 B 可逆,式(1)的简化形式可改写如下:

$$\binom{Z_t}{R_t}_{(n\times 1)} = C_{0(n\times 1)} + \Phi_{1(n\times n)}\binom{Z_{t-1}}{R_{t-1}}_{(n\times 1)} + \cdots + \Phi_{p(n\times n)}\binom{Z_{t-p}}{R_{t-p}}_{(n\times 1)} + u_{t(n\times 1)}$$

(10.4.14)

式中,$C = B^{-1}\Gamma_0$;$\Phi_i = B^{-1}\Gamma_i$,$i = 1,\cdots,p$;$u_t = B^{-1}\varepsilon_t$,$E(u_tu'_t) = \Omega = B^{-1}DB^{-1}$。

在通过估计式(10.4.14)得到简化式冲击 u_t 的基础上,可以得到系统的无穷阶的 VMA 形式:

$$\binom{Z_t}{R_t} = \mu + \Psi(L)u_t$$

(10.4.15)

式中,$u_t = B^{-1}\varepsilon_t$,$\Psi(L) = I + \Psi_1 L + \Psi_2 L^2 + \cdots = (I - \Phi_1 L - \cdots - \Phi_p L^p)^{-1}$。

进一步地,可得结构式冲击 ε_t 的 MA 形式:

$$\begin{pmatrix} Z_t \\ R_t \end{pmatrix} = \mu + \theta(L)\varepsilon_t \tag{10.4.16}$$

式中, $\theta(L) = \Psi(L)B^{-1} = B^{-1} + \Psi_1 B^{-1} L + \Psi_2 B^{-1} L^2 + \cdots$。

(二) 变量选取和数据处理

实证样本区间选择为 1999 年第 1 季度至 2011 年第 2 季度。研究中,一年期贷款利率(IR)是根据中国人民银行数据计算,其他指标数据来源于中经网数据库。选取季度国内生产总值(GDP)、外汇储备累计额(FER)、居民消费价格指数(CPI)作为表示货币政策目标的宏观经济变量集 Z_t,选取利率、货币供应量和信贷作为中介目标指标分别引入模型中。具体地,在保证三个宏观经济变量 Z_t 进入模型的前提下,把 R_t 中的广义货币供应量(M2)、人民币贷款余额(LOAN)、一年期贷款利率(IR)和银行间 7 天同业加权平均利率(IB07D)四个变量依次纳入。由于所有指标变量存在明显的季节性特征,以 X-12 方法对季度数据进行季节调整,然后取对数,以熨平长期趋势,消减可能存在的异方差。

(三) 实证分析结果

SVAR 模型方法的分析目的是研究系统中结构式冲击 ε_t 对所有变量的影响。这里将考察的冲击作用期限设为 10 季度,设置脉冲为残差的一个单位的冲击,采用 Monte Carlo 随机模拟方法来计算货币中介目标冲击对产出波动和价格波动的脉冲响应函数及方差变化的相对贡献度。

1. 不同货币政策冲击对 GDP 波动的动态影响机制

GDP 对不同货币政策冲击的脉冲响应函数如图 10-12 所示。由图可以看出:(1)M2 和 LOAN 等数量型货币政策冲击对 GDP 冲击开始为正,之后快速增加,并在第 3 季度达到正的最大值,分别为 0.29 个百分点和 0.27 个百分点,再后这种正向影响逐渐降低,在第 7 季度左右开始转化为负。(2)IR 和 IB07D 等价格型货币政策冲击开始较小,之后缓慢增大,并在第 5 季度达到负的极大值,分别为 0.16 个百分点和 0.18 个百分点,再后逐渐降低,在第 9 季度左右开始转化为正。

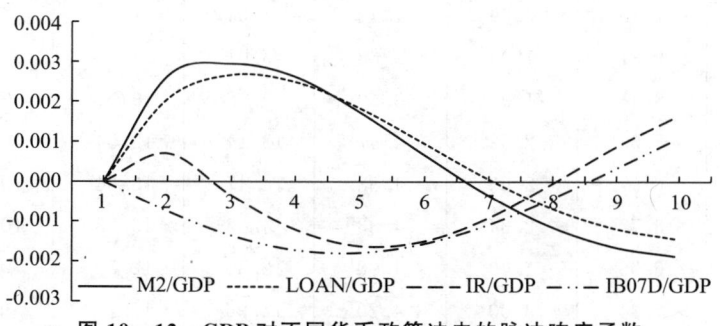

图 10-12 GDP 对不同货币政策冲击的脉冲响应函数

2. 不同货币政策冲击对 CPI 波动的动态影响机制

CPI 对不同货币政策冲击的脉冲响应函数如图 10-13 所示。可以看出:(1)M2 和 LOAN 等数量型货币政策冲击对 CPI 冲击开始为正,之后快速增加,并在第 6 季度分别达到最大值 0.47 个百分点和 0.44 个百分点,之后这种正向影响缓慢减少,在第 10 季度左右趋近于 0。(2) IR 在前 3 个季度会对 CPI 有一定程度的正向影响,之后这种影响转变为负值,并在第 7 季度达到最大值 0.47 个百分点;而 IR 在前 4 季度会对 CPI 有一定程度的正向影响,之后这种影响转变为负值,并在第9季度达到最大值0.18分点。两种利率的作用方向与理论预期不完全一致,其作用效果差异较大。这可能与利率市场存在管制且工具操作运用较少有关。尽管近年来中国的货币市场发展很快,中央银行已经能够有效地控制货币市场利率,但存贷款利率仍然是一种管制利率,没有完全实现市场化,运用次数较少,与货币市场利率之间没有良好的互动关系。

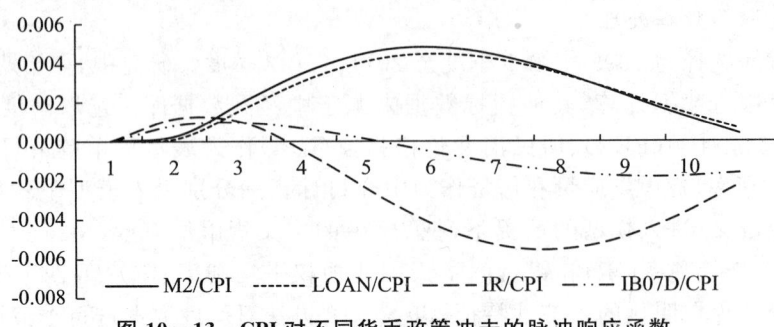

图10—13 CPI对不同货币政策冲击的脉冲响应函数

3. 不同货币政策冲击对GDP波动和CPI波动的方差贡献

从货币政策冲击对GDP波动和CPI波动的方差分解结果(见表10—25)看,M2、LOAN、IR和IB07D四种冲击对中长期GDP波动的方差贡献分别约为9%、7%、2%和4%,对中长期CPI波动的方差贡献分别约为13%、12%、10%和2%。比较而言,对于力度相等的货币政策来说,数量型货币政策冲击对产出波动的影响要小于对价格波动的影响,而不同价格型货币政策冲击对产出波动的影响和价格波动的影响则表现不一。IB07D冲击对产出波动的影响要大,而IR冲击对价格波动的影响极为激烈,后者可能与货币政策更多通过要素价格向其他商品价格传导有关。总的来说,大多数货币政策冲击对物价波动的影响要稍大于对产出波动的影响。

表10—25 不同货币政策冲击对GDP和CPI波动方差贡献比较 单位:%

	M2/GDP	LOAN/GDP	IR/GDP	IB07D/GDP	M2/CPI	LOAN/CPI	IR/CPI	IB07D/CPI
1	0.00	0.00	0.00	0.00	0.00	0.00	0.00	0.00
2	6.30	3.91	0.44	0.45	0.05	0.01	1.96	0.43
3	9.81	7.49	0.39	1.43	1.54	1.15	4.93	0.66
4	10.59	8.81	1.04	2.68	5.01	4.39	7.64	0.61
5	9.67	8.48	1.97	3.80	9.58	9.01	9.56	0.51
6	8.47	7.63	2.52	4.47	13.14	12.54	10.61	0.59
7	7.76	6.97	2.53	4.58	14.47	13.64	10.92	0.94
8	7.73	6.77	2.34	4.33	14.22	13.18	10.73	1.49
9	8.22	6.96	2.40	4.08	13.51	12.38	10.29	2.05
10	8.95	7.34	3.00	4.20	12.96	11.79	9.83	2.46

(四)主要结论

构建由GDP、外汇储备累计额、消费者物价指数、货币政策组成的四变量SVAR模型族,测算出不同货币政策冲击对产出和价格波动的具体效应。得到的结论及相关启示如下:

1. 货币政策冲击在中短期内对产出波动具有最多不超过11%的影响,且不同的中介目标的效应有所差异,数量型的货币政策中介目标工具冲击对产出波动的功效要强于价格型货币政策中介目标冲击。

2. 除银行间同业拆借利率冲击外,其他货币政策冲击对物价波动的影响要大于对产出波动的影响,且解释程度都在 12% 左右。因此,在一定程度上可以说,货币政策既是价格波动的根源,也是对付通货膨胀的有效手段。具体而言,对于力度相等的货币政策来说,数量型货币政策冲击对价格波动的影响要大于对产出波动的影响。

3. 随着金融创新、金融电子化等的进一步发展,M2 的作用效果测量难度也在增加,其可控性越来越差;同时,随着非国有经济比重的上升和外汇储备的增加,信贷渠道的作用在下降,调节国内信贷的有效性逐渐丧失。未来中国货币政策中介目标应向利率转移,利率市场化改革势在必行。

思考与练习

1. 政府财政调控的目标是什么? 其方式和职能有哪些?
2. 试比较中国政府财政统计体系和政府财政统计手册中对财政收入和支出项目分类的差异。
3. 财政收入(或支出)规模增长统计分析的主要指标有哪些?
4. 什么是财政收支平衡? 如何进行财政收支平衡统计分析?
5. 试采集数据分析评判中国财政政策调控在实现经济增长和物价稳定两个目标方面的有效性。
6. 简述政府货币调控的基本内容。
7. 什么是货币供应量? 如何进行货币供应量统计分析?
8. 什么是社会融资规模? 与货币供应量相比,它在监测货币资金供给方面有哪些优越性?
9. 简述中国现行利率体系的结构和作用机制。
10. 试采集数据剖析 2000 年以来中国的货币供给结构,分析揭示货币乘数变动的决定因素。
11. 试结合货币需求函数分析中国 M2/GDP 偏高的形成原因。

参考文献

[1] 白重恩,钱震杰:"国民收入的要素分配:统计数据背后的故事",《经济研究》,2009年第3期.

[2] 白仲林,张强,刘泽行:"城镇化进程中我国宏观经济动态效率的分析——对AMSZ准则的一种扩展",《天津财经大学学报》,2014年第7期.

[3] 钞小静,惠康:"中国经济增长质量的测度",《数量经济技术经济研究》,2009年第6期.

[4] 钞小静,任保平:"中国经济增长质量的时序变化与地区差异分析",《经济研究》,2011年第4期.

[5] 曹建海,李芳琴:"中国是否存在过度投资?——基于1995—2014年投资效益的测算",《财经问题研究》,2016年第5期.

[6] 陈瑾玫:《宏观经济统计分析的理论与实践》,经济科学出版社,2005年.

[7] 常世旺:"经济增长与地方税收入相关性分析——可税GDP概念的引申与应用",《涉外税务》,2005年第1期.

[8] 杜金富:《价格指数理论与实务》,中国金融出版社,2014年.

[9] 董静,李子奈:"修正城乡加权法及其应用——由农村和城镇基尼系数推算全国基尼系数",《数量经济技术经济研究》,2004年第5期.

[10] 蒂莫西·J·科埃利等:《效率与生产率分析引论》(第二版),中国人民大学出版社,2008年.

[11] 樊丽明,张斌:"经济增长与税收收入的关联分析",《税务研究》,2000年第2期.

[12] 方福前,俞剑:"居民消费理论的演进与经验事实",《经济学动态》,2014年第3期.

[13] 袁志刚:"我国宏观投资效率的定义与衡量:一个文献综述",《南开经济研究》,2006年第1期.

[14] 高铁梅:《中国转轨时期的经济周期波动》,科学出版社,2009年.

[15] 高铁梅,陈磊,王金明:《经济周期波动分析与预测方法》,清华大学出版社,2015年.

[16] 管涛:"构建国际收支平衡市场化机制",《中国金融》,2014第1期.

[17] 龚曙明:《宏观经济统计分析——理论、方法与实务》,中国水利水电出版社,2010年.

[18] 杭斌:"城镇居民的平均消费倾向为何持续下降——基于消费习惯形成的实证分析",《数量经济技术经济研究》,2010年第6期.

[19] 郝春虹:"中国税收与经济增长关系的实证检验",《中央财经大学学报》,2006年第4期.

[20] 侯成琪:《部门异质性、核心通货膨胀与最优货币政策》,北京大学出版社,2014年.

[21] 贺力平,樊纲等:"消费者价格指数与生产者价格指数:谁带动谁",《经济研究》,2008年第

11期.

[22] 黄赜琳,刘社建:"实际冲击与中国产出持久性影响的实证分析",《统计研究》,2004年第10期.

[23] 靳东升,陈俐:"90年代中国宏观税负的国际比较研究",《财政研究》,2003年第5期.

[24] 贾俊雪:《中国经济周期波动特征及原因研究》,中国金融出版社,2008年.

[25] 经济合作与发展组织:《生产率核算手册》,科学技术文献出版社,2008年.

[26] 康远志:"中国居民消费率太低吗?——基于居住支出的实证分析",《江汉学术》,2014年第2期.

[27] 康远志:"中国居民自由住房虚拟租金的一个估算",《统计与信息论坛》,2014年第5期.

[28] 吕光明,齐鹰飞:"中国经济周期波动的典型化事实:一个基于CF滤波的研究",《财经问题研究》,2006年第7期.

[29] 吕光明:《经济周期波动测度方法与中国经验分析》,中国统计出版社,2008年.

[30] 吕光明:"中国劳动收入份额的测算研究:1993—2008",《统计研究》,2011年第12期.

[31] 吕光明,杨滨嘉:"中国主要价格指数间传导机制研究",《财经问题研究》,2013年第1期.

[32] 吕光明:"通货膨胀持久性研究测度综述",《经济统计学》(季刊),2014年第2期.

[33] 吕光明,于学霆,徐曼:"多方法改进视角下的中国核心通货膨胀测算和效果评价",《统计研究》,2014年第5期.

[34] 吕光明,李莹:"中国劳动报酬占比变动的统计测算与结构解析",《统计研究》,2015年第8期.

[35] 吕光明,李莹:"我国收入分配差距演变特征的三维视角解析",《财政研究》,2016年第7期.

[36] 刘金全:"中国实际GDP序列的非对称性度量和统计检验",《财经研究》,2002年第1期.

[37] 李洁:"GDP核算中自由住房服务虚拟计算的中日比较",《统计研究》,2013年第11期.

[38] 李凌,权衡:"宏观计量经济学研究方法的演进与比较",《经济学动态》,2009年第5期.

[39] 罗平:"《国际收支手册》第五版(中文版)介绍",《中国金融》,1995年第9期.

[40] 林仁文,杨熠:"中国的资本存量与投资效率",《数量经济技术经济研究》,2013年第9期.

[41] 李昕:"基于MB及ES分析框架估算我国经常性账户失衡",《当代经济科学》,2011年第6期.

[42] 李昕,徐滇庆:"中国外贸依存度和失衡度的重新估算——全球生产链中的增加值贸易",《中国社会科学》,2013年第1期.

[43] 毛中根,孙豪,黄容:"中国最优居民消费率的估算变动机制分析",《数量经济技术经济研究》,2014年第3期.

[44] 潘雷驰:"可税与否未改变我国GDP与税收的基本关系——基于1978~2005年数据的实证检验",《财经研究》,2007年第7期.

[45] 邱东:"国民经济统计方法论研究的中外比较",《统计研究》,2003年第11期.

[46] 邱东,蒋萍:《国民经济统计前沿问题》,中国统计出版社,2008年.

[47] 邱东:《国民经济统计学》(第二版),高等教育出版社,2011年.

[48] 青木昌彦:"对中国经济新常态的比较经济学观察",《中国经济转型与增长》,2015年第2期.

[49] 齐鹰飞:《短期通货膨胀动态——理论和中国实证》,科学出版社,2012年.

[50] 任保平:《经济增长质量的逻辑》,人民出版社,2015年.
[51] 任保平,魏语谦:"十三五时期我国经济质量型增长的战略选择与实现路径",《中共中央党校学报》,2016年第4期.
[52] 饶晓辉,刘方:"中国生产性支出与中国的实际经济波动",《经济研究》,2014年第11期.
[53] 史玉伟:"消费函数理论主要假说述评",《经济经纬》,2005年第3期.
[54] 唐家龙:《中国经济增长可持续性》,科学出版社,2013年.
[55] 王诚:"从零散事实到典型化事实再到规律发现:兼论经济研究的层次划分",《经济研究》,2007年第3期.
[56] 万广华:"不平等的度量与分解",《经济学》(季刊),2009年第1期.
[57] 王少平:"宏观计量经济学研究现状与展望",《经济学动态》,2003年第9期.
[58] 王少平,欧阳志刚:"中国城乡收入差距对实际经济增长的阈值效应",《中国社会科学》,2008年第2期.
[59] 王军平:"关于宏观税负与经济增长关系的探究",《山西财经大学学报》,2005年第4期.
[60] 王军平,刘起运:"如何看待我国宏观税负——基于非应税GDP的科学评价",《财贸经济》,2005年第8期.
[61] 王秋石,王一新:"中国居民消费率真的这么低么——中国真实居民消费率研究与估算",《经济学家》,2013年第8期.
[62] 徐诺金:《回归恒等式》,中国金融出版社,2011年.
[63] 徐诺金:《中国优势——经济增长的路径抉择》,中国经济出版社,2014年.
[64] 许宪春:《中国收入分配统计问题研究》,北京大学出版社,2015年.
[65] 许宪春:"论中国国民经济核算体系2015年的修订",中国社会科学,2016年第1期.
[66] 许宪春:"准确理解中国的收入、消费和投资",中国社会科学,2013年第2期.
[67] 许宪春,彭志龙,吕峰:"SNA的修订对GDP核算的影响研究",统计研究,2012年第10期.
[68] 许宪春,彭志龙,吕峰:"SNA的修订及对中国国民经济核算体系改革的启示",统计研究,2012年第6期.
[69] 任重,周云波:"垄断对我国行业收入差距的影响到底有多大",经济理论与经济管理2009年第4期.
[70] 李实:"对基尼系数估算与分解的进一步说明——对陈宗胜教授评论的再答复",经济研究,2002年第5期.
[71] 杨灿:《国民经济核算教程:国民经济统计学》(第四版),中国统计出版社,2015年.
[72] 杨天宇,刘韵婷:"中国经济结构调整对宏观经济波动的熨平效应分析",《经济理论与经济管理》,2011年第7期.
[73] 张成思:《中国通货膨胀动态形成机制的多重逻辑》,中国人民大学出版社,2016年.
[74] 中华人民共和国国家统计局:《中国主要统计指标诠释》(第二版),中国统计出版社,2013年.
[75] 张勋,徐建国:"中国资本回报率的再测算",《世界经济》,2014年第8期.
[76] 赵彦云:"宏观经济统计分析发展的基本问题",《经济理论与经济管理》,2013年第5期.
[77] 赵彦云:《宏观经济统计分析》(第二版),中国人民大学出版社,2014年.
[78] 张泽厚:"宏观经济统计分析学科建设的开拓性成果:《宏观经济统计分析》评介",《统计研

究》,1994年第1期.

[79] Akerlof, George A., R. E. Kranton, 2000, "Economics and Identity", The Quarterly Journal of Economics, 115(3), 715−753.

[80] Blanchard, O. J., Quah, D., 1989, "The Dynamic Effects of Aggregate Demand and Supply Disturbances", American Economic Review, 79(4), 655−673.

[81] Bry, G. and Boschan, C., 1971, "Cyclical Analysis of Time Series: Selected Procedures and Computer Programs", Technical Paper No. 20, Columbia University Press (for National Bureau of Economic Research), New York.

[82] Burns, A. F., Mitchell, W. C., 1946, "Measuring Business Cycles", volume 2 of Studies in business cycles, National Bureau of Economic Research, New York, 3.

[83] Cecchetti, Stephen G., M. S. Mohanty, and F. Zampolli, 2011, "The Real Effects of Debt", Bis Working Papers, 68 (3), 145−196.

[84] Cogley, T., 2002, "A Simple Adaptive Measure Of Core Inflation", Journal Of Money, Credit And Banking, 34, 94−113.

[85] Gomme, P., & Rupert, P., 2004,. Measuring labor's share of income. Social Science Electronic Publishing(Nov).

[86] Culter, Joanne, 2001, "A New Measure Of Core Inflation In The U. K.", Mpc Unit Discussion Paper, No. 3.

[87] Dolado, J. J., H. Lütkepohl, 1996, "Making Wald Tests Work for Cointegrated VAR Systems", Econometric Reviews, 15(4), 369−386.

[88] Fabio Canova, 1998, "Detrending and business cycle facts", Journal of Monetary Economics, 41, 475−512.

[89] Foster J, Greer J, Thorbecke E, 1984, "A class of decomposable poverty measures", Econometrica: Journal of the Econometric Society, 761−766.

[90] Gollin D, 2002, "Getting income shares right", Journal of political Economy, 110(2), 458−474.

[91] Harding, D. and Pagan, A. R., 1999, "Dissecting the Cycle", Melbourne Institute Working Paper No. 13/99.

[92] Lucas, R. E., 1977, "Understanding Business Cycles", in Brunner and Meltzer eds, Stabilization of the Domestic and International Economy, volume 5 of Carnegie-Rochester Series on Public Policy, North-Holland, 7−29.

[93] Mankikar, A, Paisley. J, 2004, "Core Inflation: A Critical Guide", BE Working Paper, No. 242.

[94] Michael F. Bryan, Stephen G. Cecchett., 1993, "Measuring Core Inflation", Chapter 6 In N. Gregory Mankiw(Ed.), Monetary Policy, University Of Chicago Press, 195−219.

[95] Mishkin, F. S., 2000, "Inflation targeting in emerging-market countries", NBER Working Papers, 90(2), 105−109.

[96] Mitchell, W. C., 1927, "Business Cycles: The Problem and its Setting", NBER, New York, 468−469.

[97] Roemer J E, 2009, "Equality of opportunity", Harvard University Press.

[98] Roger. S. ,1998,"Core Inflation:Concepts,Uses and Measurement",Reserve Bank of New Zealand. Discussion Paper No. G98/9.

[99] Anderson,R. G. ,Andersson,F. N. ,Binner,J. ,& Elger,T. ,2007," Core inflation as idiosyncratic persistence:a wavelet based approach to measuring core inflation",Financial Times.

[100] Diewert,W. E. ,1995,"On the stochastic approach to index numbers",Journal of Business & Economic Statistics,7(4),471—474.

[101] Sichel,D. E. ,1993,"Business Cycle Asymmetry:A Deeper Look",Economic Inquiry,31,224—236.

[102] Cecchetti,S. ,Flores-Lagunes,A. ,& Krause,S. ,2006,"Assessing the sources of changes in the volatility of real growth",Social Science Electronic Publishing,115—138.

[103] Sundrum. R. M,1992,"Income distribution in less developed countries",Psychology Press.

[104] Toda,H. Y. ,& Yamamoto,T. ,1995,"Statistical inference in vector auto regressions with possibly integrated processes",Journal of Econometrics,66(1—2),225—250.

[105] Wynne, M. A,1999,"Core Inflation:A Review Of Some Conceptual Issues" ,ECB Working Paper Series,No. 5.

[106] Yamada,H. ,H. Y. Toda,1998,"Inference in Possibly Integrated Vector Autoregressive Models:Some Finite Sample Evidence",Journal of Econometrics,86(1),55—95.

[107] Zarnowitz,V. ,1992,Business Cycles:Theory,History,Indicators,and Forecastin",The University of Chicago Press.